LA DULCE ESPAÑA
Memorias de un niño partido en dos

JAIME DE ARMIÑÁN
LA DULCE ESPAÑA
Memorias de un niño partido en dos

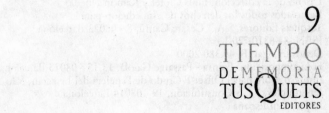

9

TIEMPO
DE MEMORIA
TUSQUETS
EDITORES

1.ª edición: diciembre 2000

Fotografía de la sobrecubierta: Carlos Iglesias
Diseño de la colección: Lluís Clotet y Ramón Úbeda
Reservados todos los derechos de esta edición para
Tusquets Editores, S.A. - Cesare Cantù, 8 - 08023 Barcelona
ISBN: 84-8310-720-1
Depósito legal: B. 49.380-2000
Fotocomposición: Foinsa - Passatge Gaiolà, 13-15 - 08013 Barcelona
Impreso sobre papel Offset-F Crudo de Papelera del Leizarán, S.A.
Liberdúplex, S.L. - Constitución, 19 - 08014 Barcelona
Impreso en España

Índice

A Carmita Oliver y a Luis de Armiñán,
y también a mis abuelos y a mis tíos
José Manuel de Armiñán y Pepe Oliver.
In memóriam

En la Plaza Mayor está la confitería más elegante del pueblo, donde también se fríen churros y buñuelos con aceite de oliva. Es saludable hacer churros y buñuelos, aunque no les caigan bien a todo el mundo. El escaparate de la confitería brilla al sol y relucen los piononos, las yemas de Santa Teresa y las de San Leandro, los bizcochos borrachos de Guadalajara, las almendras de Alcalá, los mazapanes de Toledo, los roscos burgaleses, la crema catalana, los sobadillos y las perrunillas, las rosquillas tontas y las listas, las mantecadas asturianas, el bizcocho de Carballino, las ánimas del purgatorio, el flan de San Franco, las cocas, las ensaimadas, los polvorones y el Roscón de Reyes. Todo es dulce y sería de desear que nunca amargara el dulce y que sólo agriara el limón. En medio de tantas glorias luce una botella de anís Machaquito, el más fuerte de todos. La figura de un niño se refleja en el escaparate. El niño mira, goloso, todas aquellas delicias. De pronto una piedra hace añicos el escaparate de La Dulce España y la imagen del niño se parte en pedazos.

Y era un día de nieve cuando al niño le
regalaron el primer libro de cuentos.
Desde entonces dejó el caballo y el aro, y
casi olvidó la bicicleta.
El niño encontraba en su cabecita el poder
de crear. Bebé, el antiguo bebé rubio y rosa
soñaba.
Una briznita de inquietud brotaba en su
alma. Las hadas, los gnomos, los gigantes,
acompañaban su vida diaria.
Yo veía crecer su fantasía, afirmarse su personalidad. Para mi hijo iba inventando
cuentos al volar de mi imaginación.
Hoy, en sus manos que tienen ya la tinta
del colegial, dejo mi libro, lleno de amor a
los viejos temas de mi infancia, avalorado
por el arte de un compañero de juegos.
Para ti, mi pequeño de ojos negros, y para
todos los niños que gusten soñar.

María Teresa León

Mi padre murió al amanecer del día 31 de julio de 1987 en el hospital Puerta de Hierro de Madrid. Tenía ochenta y ocho años, ochenta y ocho años valientes y trabajados. Mi madre había cumplido ochenta y dos, y se quedó sola en su piso del paseo de La Habana. Murió en el hospital de San Rafael durante la noche del 10 de febrero de 1991.

Me gustaría poder unir aquí a mis padres, Luis de Armiñán y Carmita Oliver. Para Carmita Oliver —a quien muchas veces voy a llamar así— no existía la palabra rencor, aún menos odio y no digamos venganza, porque estaba hecha de ternura y lealtad.

Sucedió una mañana de 1987, mi padre acababa de morir tan dignamente como vivió. Yo esperaba a Carmita Oliver en el bar de siempre, adonde iba ella con su marido a tomar un café y a charlar de otros tiempos y de otras gentes. Cruzaba la calle de Concha Espina con singular firmeza, con la cabeza levantada, sin fuerza al caminar, pero segura de su territorio. Pensé entonces en mi abuela Carmen Cobeña, cuando tenía la edad de mi madre: era pequeña, mucho más rápida y más delgada, nerviosa. Caminaba a grandes zancadas, ayudándose con un bastón y hablando sola, casi siempre de sí misma o de lo feos, torpes e ineptos que eran los demás. Se sabía una frase en latín —como otras muchas, sacada de una comedia— que repetía gozosamente a la menor ocasión: *Stultorum numerus est infinitus,* el número de idiotas es infinito.

Mi abuela parecía un personaje de historieta, y me recordaba a *Doña Urraca,* la viejecita del pañuelo negro, botas y paraguas justiciero. Lo digo con todo el amor del mundo.

Carmen Cobeña estuvo siempre obsesionada por la belleza, la higiene y las buenas formas, mañas que trasladó a su profesión de cómica. Cuando ya era mayor, muchas veces con un libro entre las manos, armada de sus impertinentes —gafas de mango que sostenía con una varilla de carey— meditaba:

—A una actriz se le tiene que notar que es actriz al andar, al sentarse, al mirar, al sonreír, pero sobre todo al hablar, porque ahora nadie sabe hablar y no digamos decir el verso como Dios manda, que no se les entiende una palabra, hijo mío, que parece que hablan con un mojicón en la boca.

En 1965 vivía con mis padres, en el paseo de La Habana, y se sentaba al sol en invierno y a la sombra de las persianas en verano. Siempre limpia, oliendo a colonia, con su blusa blanca, haciendo punto, preocupada por la pulcritud y el buen orden de la casa. Pensando en sus pobres cómicos, en la casa que les iba a construir, sonriendo alguna vez al recordar ciertas maldades, y enjugándose una lágrima derramada en honor de mi abuelo Federico.

A mí me gustaba escucharla y mucho más sabiendo lo que me iba a contar:

—Don Tomás Luceño era un autor muy popular y muy sabio, de notable cultura y verso fácil. ¿Tú sabes lo que dijo de mí?

La abuela Carmen hablaba de sí misma, aunque repetía frases y sucedidos, porque, como a todos los viejos, le fallaba algún resorte de la memoria.

—Despúes que Dios te creó...

Se señalaba con un dedo largo y descarnado, indicando que la creación de Dios era ella, y cuando comprendía que aquel asunto estaba bien claro, continuaba:

—Fue tanta su vanidad, / que dijo al mundo: «Mirad, / ahí va lo que sé hacer yo».

Luego bajaba los ojos con mentiroso pudor.

—Pero una duda dejó / que en su infinito saber / no ha podido resolver, / ni resolverá jamás: / si como actriz vales más, / que vales como mujer.

La voz de mi abuela Carmen sonaba llena, juvenil, sin temblores, ni achaques.

—¿Tú sabes quién era don Eugenio Sellés?

Yo me hacía el tonto.

—Era un granadino muy *salao* y un gran dramaturgo.

Después recitaba:

—Cual tú, de gloria y de virtud no escasa, / la buena, para ser en todo buena, / olvida que es actriz cuando está en casa, / y olvida que es mujer si está en escena.

Inmediatamente rectificaba a Sellés:

—Se equivocaba don Eugenio: jamás olvidé en casa que era actriz, ni en un escenario, que era mujer.

Y yo sentía ganas de aplaudir el mutis, pero me contenía porque mi abuela siempre fue una cómica sobria y odiaba los aplausos fáciles.

Carmita Oliver Cobeña no heredó aquella semilla trepidante y orgullosa, que más bien le vinieron gérmenes andaluces, muy gaditanos, muy epicúreos, y un tanto respetuosos con los del prójimo.

Cuando Carmita Oliver se sentó a mi lado, después de pedir un café, y de interesarse por la salud del camarero, me confesó: hijo, la verdad es que me han hecho la cusca mandinga. Yo la entendí perfectamente: quería decir que entre todos —incluido yo— le habíamos hecho la puñeta o algo más rotundo.

Mi madre nunca dijo tacos, ni malas palabras, aunque toleraba las expresiones sonoras, sobre todo cuando las veía escritas y venían a cuento. La cusca mandinga —extraña frase heredada— significa muchas cosas, que ella misma me aclaró.

En aquellos felices años veinte, cuando era la actriz de más porvenir de España, a sus dieciocho años, conoció a un joven y brillante abogado, escritor de buena familia, y se enamoró de él. Él también se enamoró de ella, y como era lógico entonces y casi ahora, el destino, la inercia o quizá la costumbre, les llevaba al matrimonio sin remedio. Pero las buenas familias, donde suelen abundar los militares, los políticos, los catedráticos, los ingenieros de caminos e incluso los curas, no son nada proclives a emparentar con cómicos. Como mucho transigen con ellos, siempre y cuando rindan sus armas y su talento, y se pasen al bando dominante, jurando que nunca volverán a pisar un escenario. Algunas veces esto suele ocurrir por dinero, otras por prestigio social y otras por amor. Carmita Oliver no se casó por dinero, ni por prestigio social, pero aceptó el dictado del patriarca: nunca más trabajes en un escenario, ni te disfraces de princesa, ni de gitana, si quieres pertenecer a una familia de hidalgos con casa, solar conocido y armas pintar. Hizo entonces polvo su vocación, y de paso se cargó la compañía de sus padres, a los que encerró entre las tres paredes de sus recuerdos. Perdió un tesoro.

Cosas de mujeres, cosas de cómicas, que a los hombres tal situación ni por la cabeza se les va.

Imaginemos que aquel encuentro se rematara de otra forma. El actor de carácter de la compañía recibe al joven licenciado y escritor, y le dice: bien, puede usted casarse con mi hija, yo no me opongo, pero cumplirá una condición. De momento dejará usted de escribir, no hará el doctorado, jamás volverá al periódico, y entrará en esta compañía de meritorio, luego dispondrá de una frase o quizá de dos y después, ya que tiene usted buena planta, tal vez haga de galán. El joven licenciado y escritor responde: escucho y obedezco, destroza su inclinación y su porvenir, y a los ochenta años descubre que no ha vivido, que no ha sido feliz, que le han hecho la cusca mandinga.

Claro que a los hombres es mucho más difícil hacerles la cusca mandinga.

—Hoy pienso que corté mi vida en dos mitades y esas dos mitades se juntan para tratar de saber algo de mí misma. En realidad no hay nada que nos importe tanto como saber de nosotros mismos.

Carmita Oliver me lo dijo aquella mañana, y yo no he olvidado sus palabras.

Cuando esa misma noche entré en casa de mi madre eran más de las diez, y aún había luz en Madrid. Yo pensaba encontrarla llorando o ensimismada, mirando al sillón que siempre ocupó su marido; «mi Luis», solía decir. De ninguna manera. Se estaba tomando una copita de jerez, de cuando en cuando daba lentas chupadas a un cigarrillo rubio, y escribía en un grueso cuaderno. No me sintió llegar. Tenía los ojos húmedos, sonreía levemente, escribía con pulso firme, como si alguien le llevara la mano. Al descubrirme se puso colorada, como una niña, y no sabía si tapar el cuaderno o apagar el cigarrillo. Por fin me dijo, un punto inquieta:

—A la vejez viruelas.

Carmita Oliver nunca había fumado mucho; quizá para dárselas de moderna gastaba algún pitillo con sus amigas, por echar humo, como las chicas de los años treinta, pero cuando a mi padre le prohibieron fumar —por culpa del corazón— ella abandonó el cigarrillo con toda naturalidad. Los dos conservaron la copita del aperitivo y el vaso de vino de la comida. Todas las mañanas se iban al bar Parsifal, y allí se tomaban un vinillo semidulce. Sin embargo nunca se le había ocurrido escribir, para eso estaba su padre, Federico Oliver, el primero de todos, y luego su marido Luis de Armiñán, y por si faltaba algo, su hijo Jaime, que vino detrás.

—Pero ¿cómo voy a escribir, si soy medio analfabeta?

Se había pasado la vida leyendo, aprendiendo textos casi inmortales, buscándome libros, recitándome poesías de Rubén Darío, de los Machado o de Rosalía de Castro, con aquella voz juvenil, que guardaba coquetamente, escondida al otro lado del teléfono.

—Yo soy una vieja, pero mi voz es joven.

—¿Qué haces?

—Cuentas: ahora tengo que hacer muchas cuentas.

—¿Por qué no escribes?

Negaba, negaba, sabiéndose tentada. Escribir, como había escrito Federico Oliver, o Luis de Armiñán, su marido, no enseñárselo a nadie, si acaso a un único lector.

—Yo adoraba a tu padre, nunca quise a un hombre como a él, ni lo puedo imaginar, pero me hizo polvo, hijo mío... Entre tu padre y mi madre me hicieron la cusca mandinga, pero no sabes cómo los quería.

Y se echaba a reír con la misma frescura con la que renunció a su vida entera. Pudo ser la mejor actriz de su tiempo y abandonó el teatro por amor. Un día de 1987, ya vieja, recuperó la memoria, se compró una cajetilla de rubio, una botella de fino, y otra de whisky. Se le vinieron encima las sombras y los claros de su niñez y de su juventud, y escribió unas páginas púdicamente, asustada, como si estuviera haciendo algo malo.

—Pon todo lo que se te ocurra, Carmita Oliver, y siempre será poco.

En un cuaderno de hule escribió mi madre:

18 de agosto de 1987

Luis mío de mi alma,
Son casi las once de la noche, y no sé si es muy tarde o muy temprano. Te quiero escribir como si un milagro te llevara mis palabras donde estás tú. Esta tarde entré en la iglesia. Había un frailecico en el confesonario y me acerqué a él para decirle lo que me pasaba. Me consoló como pudo. Yo le conté que habíamos estado casados durante mucho más de sesenta años y que ahora nos habían separado. Tenía razón. Esta ausencia infinita me ha podido ocurrir hace diez años. Es muy triste que sea ahora, pero esos diez años que me regalaron con tu presencia querida me dieron ocasión de demostrarte todo mi amor de hoy y mi amor de muchacha. Hemos vivido juntos, no siempre fue fácil, tú lo sabes. Los nuestros nos hicieron daño, nos pusieron en peligro. Nuestras familias fueron como dos tribus enemigas, y tú y yo zarandeados entre ellas, en esos años difíciles del matrimonio, cuando todo se convierte en costumbre: el dinero anda justo y son muchas las obligaciones. Y aquella mujer que quería llevarte. Yo pensaba: cuando Jaime sea un hombre y me necesite menos, me voy. Y cuando llegó aquel momento pensé que no valía la pena romper nuestra manera de vivir. Juntos con todo, y contra todos; hasta contra nosotros mismos.
Ya nada tiene remedio, ni es bastante importante, ni lo fue nunca. Nos hemos perdonado los horrores, sin decírnoslo. Los hemos olvidado, hasta creer, como tú decías, que jamás hubo una sombra entre los dos. Lo más hermoso es que, en momentos graves, decisivos, a la pregunta tremenda se respondía con la verdad, por muy cruel que fuera. Esa lealtad salvó nuestro matrimonio.

19

Luego pasaron los años. Poco a poco la fuerza de otros amores fue alejándose, y comenzamos a ser viejos. Era maravilloso.

Para la gente sólo cuenta la juventud, y no saben gozar de estos años, en los que el sexo ya no importa. Yo he sido la vieja más feliz del mundo. He sabido acompañarte, he sabido cuidarte, has sido mi hijo mayor. He temblado por ti, te he visto en peligro, y he puesto mi voluntad y mi amor en recuperarte.

Cada vez más viejos. Tus ojos queridos apenas me veían, pero alargabas tu mano entre las dos camas juntas, y nos las estrechábamos antes de dormir. Tú me decías con palabras, o en silencio, un ¡adiós! que me estremecía, y yo con miedo, hasta mañana, si me necesitas antes llámame. Si no podías dormir yo te preparaba una taza de leche templada, que tenía la virtud de tranquilizar tu imaginación, como si fueras un niño asustado.

Mi viejo querido, que aún conservaba su planta de galán. Tus ojos claros habían perdido la transparencia, pero aquellos ojos eran los mismos que me miraron cuando yo tenía tan pocos años, una noche que me conociste vestida de reina de Francia, tan joven y tan llena de ilusiones. Ya no te puedes acordar. Yo sí, y te veo vestido de etiqueta. Aquella noche me aplaudieron mucho, me llenaron de flores. Yo estaba segura de ser una gran actriz, pero aquella noche el sueño pasó a segundo lugar, y fuiste tú, Luis, el primer sueño que todo lo borraba.

Ya no tengo Luis, te disfrazaron de muerto, y esa imagen la llevo clavada como un cuchillo.

Es tarde, casi las doce. Mi hora más temida es la de la mañana. Al despertar parece que me lo cuentan todo, y me asustan las horas, que son tantas, hasta llegar a otra noche. La noche me acerca a ti. De día cuido un poco mi casa, intento arreglarme para no parecer la viuda maldita, alguien sin pareja. Hemos nacido para ser pareja: un hombre y una mujer. No enciendo la televisión, ni la radio. Me da terror oír nuestra música, la que te gustaba a ti, y la que me gustaba a mí. Sólo encuentro consuelo escribiéndote.

No es nada la soledad aunque la gente lo diga. En esta casa no hay ruido. Es el mes de agosto. Me asomo al patio. Está negro del todo. Mejor. Me encuentro sola, es decir: estoy conmigo. Me acompaño como si me desdoblara en dos mujeres, la que fui y la que soy, y me hablo, es decir, nos hablamos.

Ahora mi mano la guía Carmita Oliver; mi mano no hubiera existido sin ella, y si recuerdo —desde casi un fondo de cenizas, por donde vienen llegando mis memorias infantiles—, es porque ella las conduce. Tal vez a nadie le importen estas páginas, pero bien pueden servir de testimonio de un tiempo confuso donde todos acabamos perdiendo. Yo soy el niño que las escribe y que tiene la suerte, la enorme fortuna de contar con los testimonios de sus padres —de él y de ella— que fueron llenando cuartillas, cuadernos y diarios, de los que ahora este niño viejo se va a servir.

¿Cómo era España en 1899? Volvían de Cuba los soldados enfermos y derrotados, Mazzantini mataba recibiendo un toro en la plaza de Madrid. ¿Qué pasaba en la calle del Prado en 1905? La actriz Carmen Cobeña había suspendido la temporada, porque iba a tener una niña. Muchos años después, aquella niña se describía burlonamente:

Hoy estoy sentada en mi butaca, frente a la butaca que Luis ha dejado vacía. Desde mi sitio veo el retrato de mi madre. Es un precioso retrato pintado al pastel. Ella representa, gracias al arte de Simonet, una hermosa mujer vestida con una blusa blanca de cuello cerrado y alto, sobre el pecho lleva prendida una gardenia. Me sonríe a medias. Cuando estoy a solas con ella, como esta tarde, hablamos. Cuando estoy triste, como esta tarde, seca mis lágrimas con su sonrisa. Cuando me han hecho daño se lo cuento: ¡Mira, madre, lo que me han hecho! Y ella, desde su retrato, con sus ojos negros, me contesta: sé valiente como yo lo fui, sigue adelante como yo lo haría, busca el consuelo y la fuerza en tu corazón. No mires atrás, hija, todo depende de ti.

Pienso en ella y en mí. Tengo tres edades: la de mis arrugas, la de mi espíritu, y la de mi voz. No represento los años que cuento por fuera y por dentro soy mucho más joven. Me aburren los viejos y comprendo a la gente joven, y a veces lo soy yo también. Si me enfado echo chispas como si tuviera cuarenta años y muchísima razón. Cuando hablo mi voz suena fresca, firme, alegre, juvenil. Es mi única coquetería, total soy un pequeño monstruo y me río al pensarlo. Son gajes de la soledad. También sé saborear una copa de jerez, y cuando nadie me ve, enciendo un cigarro. Me gusta escribir, me hace bien y aunque este placer no sirva para nada, a mí me calma, me distrae, hace que las horas se me escapen sin sentir.

¿Te acuerdas, madre? ¿Te acuerdas de la última vez que cayó el telón, cuando tú y yo nos fuimos juntas del teatro?

Yo no puedo olvidarlo.

Primera parte
Las casas de Madrid

1
Calle del Prado

Año 1905. Mis hermanos y yo nacimos en la calle del Prado, cerca de la plaza de Santa Ana, donde estaba y sigue estando el teatro Español. Para mis padres, que trabajaban allí, era fácil llegar entre función y función, tomar una cena ligera, darnos un beso y volver a lo suyo. Nosotros quedábamos al cuidado de la abuela Julia, madre de papá. Esta santa mujer nos cuidaba, llevaba la casa con las llaves a la cintura, cosía y bordaba primorosamente, ordenaba el servicio y en ausencia de mis padres, cuando se iban al camino, lo era todo para nosotros. Andaluza de la provincia de Cádiz, Chipiona, era alta y arrogante, y por algo le llamaban la Romana. Tenía el pelo oscuro, los ojos claros —entre azul y verde— y un mechón blanco que le arrancaba de la frente y se mezclaba con el oscuro, en un grandioso moño alto. Un peine pequeño sujetaba los abuelillos de su nuca. Nos adoraba, nos regañaba cuando lo merecíamos: era nuestra segunda madre, y a veces la primera.

Entre ella y mi madre había un abismo de celos.

Papá la trataba de usted, no sé si por costumbre de su pueblo o porque ella marcaba la distancia. Había quedado viuda muy joven con dos hijos pequeños: Federico, mi padre, y José su hermano más chico. Su marido nació en Chipiona y fue maestro de escuela. Se llamaba José Oliver. Fue severa con sus hijos y blanda con nosotros.

Nuestra calle del Prado, silenciosa en aquella época, no era ancha aunque a mí me lo parecía, tenía tiendas para abastecer el barrio, frutería, carbonería y mercería con un escaparate lleno de cintas y de puntillas. Y llegando a la esquina con la plaza de Santa Ana, Casa Álvarez, escaparate deslumbrador, toda clase de charcutería y de mariscos. Dentro, la bollería y mesitas y sillas para merendar tranquilamente. En la misma plaza, en otro ángulo, había una tienda sólo dedicada a café. Café de todas clases, Puerto Rico, Caracolillo, Brasil, molido y en grano, natural y azucarado. Por la mañana sacaban a los jardincillos un tostador, y un dependiente, con toda solemnidad, tostaba el café hasta darle el punto adecuado. La plaza entera olía a gloria.

Nuestra casa era como todas las casas de Madrid: un pequeño recibimiento y las dos habitaciones que daban a la calle. El despacho de mi padre, carga-

do de libros, se comunicaba con un gabinete, y al fondo estaba la alcoba principal. Seguía el pasillo con dos habitaciones, la de mis hermanos y la de la abuela Julia, con quien yo dormía. Esos cuartos recibían la luz de un patio limpio y ancho. Un recodito en el pasillo tenía acceso al comedor, iluminado por un balcón que daba al mismo patio. Seguía el pasillo, esos pasillos largos de Madrid, donde teníamos el cuarto de baño y el de servicio. Al fondo, la cocina y la escalera interior.

La reina de la cocina era Pachela. Venía por las mañanas cargada con una de aquellas cestas abiertas en dos alas, por donde se escapaba la verdura y la fruta. La ponía sobre la mesa e iba depositando sus tesoros, cada cosa en su sitio. Además teníamos una muchacha, la Desgraciadita, que recibía órdenes de todo el mundo, a veces contradictorias. Y la doncella de mamá, Julieta, casi una señorita. Vivíamos con holgura, pero sin lujos. Cuando mis padres se marchaban a trabajar, José venía por las maletas. José era gallego, como Pachela, su mujer, mozo de cuerda con blusón, soguilla al hombro y gorra de plato con un número.

Mis hermanos tenían un profesor particular: en aquel tiempo era corriente, antes de mandar a los niños al instituto o a la escuela, se les ponía un preceptor. Éste era gordo y orondo, apasionado del teatro y se llamaba Jaro de Luna. Su locura era escribir, estrenar y efectivamente lo consiguió. Llevó al Español un entremés que se titulaba Una buena baza. Había entonces la costumbre de hacer, después de una obra dramática, estas piececitas, muchas de los Quintero, para endulzar el final del espectáculo con algo risueño.

Yo no tenía clase, Federico y Pepe eran mayores que yo. La abuela me daba un trapito para ir acostumbrándome a la costura. Yo era una niña feliz, alegre y sana, con buen apetito. Mis hermanos vivían su vida prescindiendo de mí y mi padre los reñía, argumentando con una frase que se me quedó grabada para siempre:

—Bastante tiene la pobrecita con haber nacido mujer.

Apenas la entendía, pero me dejaba seria, y era muy difícil ponerme seria, porque yo fui una niña feliz por naturaleza. Al cabo del tiempo llegué a comprender el sentido de aquellas palabras, y cuánta razón tenía papá: bastante desgracia tiene una con haber nacido mujer.

Una tarde mi padre le dijo a la abuela Julia:

—Mamá, vístame usted a la niña muy bonita, que me la llevo.

Mi padre era muy elegante y muy delgado, a mí me parecía el hombre más guapo del mundo con sus grandes bigotes y sus ojos negros. Yo tendría cinco o seis años. La abuela Julia me puso el traje blanco, el bordado con mariposas, el que más me gustaba. Bajamos a la calle. Papá me dio la mano, en mi vida he visto una mano tan bonita, tan fina como la que él tenía. Bajamos por la calle del Prado, sin perder nuestra acera. Siempre me gustó mucho la calle del Prado.

Calladita, mirándole con admiración y ternura, me dejaba conducir. Llegamos ante una puerta muy grande, alta y abierta, él se detuvo y me ayudó a subir los escalones. El portal estaba muy oscuro. Caminamos juntos por los corredores, atravesamos puertas. Se paró delante de una de ellas y, casi sin llamar, entramos. Era una habitación muy grande, con un balcón a la calle por donde entraba la luz de la tarde. Alrededor, unas mesitas pequeñas con pantallas verdes de cristal, que invitaban a escribir en soledad, y en el centro, una muy grande y redonda. Sentados y de pie había unos señores, que al vernos entrar, entre extrañados y risueños, dijeron a papá:

—Pero, Federico, esto es el Ateneo, aquí no pueden entrar señoritas, está prohibido.

Papá se reía satisfecho y uno de aquellos señores, el más joven, me alzó en sus brazos, dejándome sentada encima de la mesa grande. Ellos me daban la mano como en un juego:

—Mira, hija, este señor se llama Eugenio Sellés, es muy importante. Escribe comedias como yo, pero además es académico. Este otro señor se llama Franco Rodríguez, es médico, cura enfermedades, ¿sabes?, y también escribe en los periódicos. Este otro señor —el que me había sentado en la mesa— conoce el cielo como tú el jardín, con sus ojos descubrió una estrellita, un asteroide, que lleva su nombre: es Roso de Luna.

Acabada la ceremoniosa visita me bajaron al suelo y, al despedirme, me fueron besando. Papá y yo salimos de nuevo a la calle. En casa todo fue contarlo y contarlo, y aún me pregunto la razón que llevó a mi padre para presentarme en el Ateneo, como si fuera una princesa. Es uno de los recuerdos más hermosos que tengo de papá, y son muchos los que guardo. Cuando fui casi mayor comenzó a preocuparse por mis lecturas, que él mismo elegía. ¡Lo que he llorado yo con la pobre Niña Dorrit! Cuando le parecí más mujercita quiso que comprendiera cómo era el amor entre un muchacho y su amada, y me dio a leer Dafnes y Cloe, *una preciosa versión de don Juan Valera. Lo entendí perfectamente, y se lo devolví sin comentarios. Él sólo me preguntó si me había interesado. Lo puso en su sitio, entre otros libros, y yo no se lo conté a nadie. La opinión de mamá era distinta, pero respetaba la de mi padre, y así aprendí lo grave, dulce y peligroso que puede ser el amor.*

Cuando terminaba la temporada del Español, y se marchaban a provincias, la casa se quedaba vacía y, en cierto modo, liberada, porque el orden, la disciplina y la pulcritud de mi madre llegaban a extremos inverosímiles. Pachela cambiaba de tono. Se acababan los pollitos, que entonces suponían un lujo atroz, y aparecía el cocido madrileño para todo el mundo, o el andaluz con calabaza. Mis hermanos torcían el morro y esperaban el principio: unas pescadillas o cosa así, porque siempre había principio. A mí la abuela me hacía lo que ella llamaba la pringá *y alguna vez Pachela se sentía gallega, nos pre-*

paraba cosas de su tierra, caldiño, por ejemplo, y ese día invitaba a José, su marido.

Poco tiempo después mis padres me llevaron al colegio; yo iba a la escuela de la Enseñanza Libre de la Mujer, que había fundado don Fernando de Castro. Naturalmente aquel colegio lo había elegido papá, porque mi madre hubiera preferido uno de monjas. Aún recuerdo alguno de los profesores: la señora Albéniz, hermana del músico, que daba Ciencias Naturales, Asunción Vela, de Geometría, un cura de religión, una profesora, costura y labores, y otra piano y solfeo, porque aquel colegio, pese a su nombre revolucionario, creo yo que seguía anclado en lo más rancio del siglo XIX. No duré mucho en la Enseñanza Libre.

Mis padres decidieron ponerme profesores particulares. Me trajeron una profesora de francés y bien sabe Dios que lo que yo necesitaba era que me enseñaran mi propio idioma, que en definitiva acabé por aprender de oído. También tenía un profesor de música, don Arturo Lapuerta. Si es verdad que hay infierno este tipo asqueroso debe de estar en plena combustión. Dirigía el sexteto que amenizaba los entreactos del teatro Español, algo de lo que entonces no se podía prescindir en las compañías como Dios manda. Se quedaba a la altura del primer foso y para llegar a ese espacio los músicos entraban por un estrecho pasadizo y emergían, apareciendo las cabezas de uno en uno, en el patio de butacas. A la derecha y a la izquierda estaban las butacas de orquesta, las más baratas por lo incómodo de su posición. A mí me gustaba mucho observar cómo iban apareciendo las cabezas de los músicos. Se enderezaban, cogían sus instrumentos, para comenzar el pequeño concierto, que siempre empezaba con los compases del minueto de Boquerini. Lo primero que aparecía era la cabezota de don Arturo, horrorosa, casi deforme, de cuento de miedo. La piel, casi roja, le estallaba, el pelo era medio amarillo. Corto de piernas y desproporcionado de tronco. Las manos, que hasta entonces no había visto de cerca, eran chatas e innobles. Las yemas de los dedos, a fuerza de aporrear el piano, parecían cuadradas. El tacto, que luego sufrí, era húmedo y viscoso, como si estuviera hecho de mocos. Yo no sé cómo se les ocurrió a mis padres que aquel individuo me diera lecciones de piano. Llegaba a casa, nos dejaban solos, yo abría con mis manitas de niña la tapa del piano y bajaba el atril. Sentía sobre mi nuca la mirada de aquel hombre asqueroso. Escalas, posición fija, los dedos como martillos, que se movían débilmente, como prisioneros. ¡No, así no! Y para cortar mis ejercicios cubría con su mano enorme mis dos manos pequeñas. Mojaban, era un tacto húmedo, como de barro en un pantano, yo qué sé. Otra vez había que empezar, procurando que la posición fuera correcta. ¡No, tampoco! Yo le miraba desolada. De pronto entraba la Desgraciadita con la merienda de la niña y él, haciéndose el gracioso, cogía mi pan y mi chocolate.

—No te lo doy hasta que no lo hagas bien.

Mi pobre chocolate se redondeaba al calor húmedo de aquellas manos y al cabo me lo devolvía con sus huellas impresas. Cuando salíamos de la habitación sentía su mirada puesta en mi talle infantil y hubiera dado mil años por hacer desaparecer mi cuerpo. Aquello era insostenible. Un día le sorprendí mirándome. Se fijaba en mi blusa, que ya entonces marcaba dos pequeñas puntas con la gracia de la pubertad. Me miraba sonriendo, como si estuviera burlándose de mí. Me asusté. Di un salto. De pie, muy seria, le miré gravemente con una dignidad que amenazaba estallar en sollozos. Se asustó, se asustó de mí. Yo le seguía mirando como una mujer resuelta a todo. Terminó la lección sin palabras, pero me negué a dar ni una sola más. No le conté a mi madre lo que yo sentía, pero ella me tranquilizó prometiéndome que nunca volvería a ver a aquel sátiro repugnante. Y sí le vi, desde lejos, desde mi palco del Español, cuando sacaba su cabezota por la entrada del foso. Me miraba desde lejos, burlón, retándome, y yo erguida sostenía aquella mirada como una reina. Fue la primera vez que un hombre me dio miedo.

Luego vino mi profesora de francés; se llamaba María Teresa Frías y pertenecía a una familia de clase media acomodada, pero ella quería trabajar, ser independiente. Fina, distinguida, vestida con sobriedad, alta, pero no mucho, y elegante sin proponérselo. La carita era feúcha, pero resultaba encantadora. La boca grande y risueña. Se puso de acuerdo con mis padres y comenzaron nuestras clases seriamente, pero con dulce comprensión. Yo me enamoré de Mademoiselle. La esperaba con impaciencia. Al fin llegaba puntual. Empezaron nuestras clases con el sonido de las vocales. Yo tenía oído y adelantaba. Aprendí despacito, con buen acento, ella estaba contenta de mí y yo la adoraba. Las clases se me hacían cortas. Venía a diario con un traje sastre bien cortado y en la cabecita una boina que le sentaba de maravilla. Me sonreía con su boca grande y sus magníficos dientes blancos. Al cabo de algún tiempo pidió permiso a mis padres para llevarme de paseo. Lo hacía por su gusto y por el mío, me daba un tironcito de uno de mis tirabuzones y yo corría por mi abrigo, para no tardar nada. Me llevaba al Retiro, me enseñaba el nombre de las flores en francés, yo lo repetía y me decía ¡Bravo! Acabarás hablando perfectamente. Y yo estallaba de orgullo. Un día paseando, en lugar de continuar nuestra clase, empezó a contarme sus cosas, como si yo fuera una amiga de su edad. Tímidamente deslicé mi brazo bajo el suyo y ella, como si mi gesto fuese natural, siguió hablando. Yo no me lo creía. Otros días le pedía a mamá un vale para ver juntas alguna comedia que nos interesaba: al terminar me llevaba a casa y se despedía de mí con aquel tironcito de los tirabuzones. Sí, estaba enamorada de un hermano de sus discípulas las señoritas de Esparza. Estudiaba Caminos, era alto, guapo, tenía los ojos azules, inteligente, original. Las hermanas valían mucho, una dibujaba maravillosamente, se llamaba Lolín, la otra era muy culta y preparaba oposiciones. Aquella conversación me dejó triste, temí perderla y en efecto, a los pocos meses, vino a despedirse de nosotros. Ya se formalizaban sus relaciones y ella tenía que dejar las clases, para ocuparse de muchas cosas. Sentí que las lágrimas me ahogaban y me mordía los labios para no llorar. Al fin me miró, advirtió mi angustia, me dio un beso, y para consolarme volvió a la broma del tironcito del tirabuzón, y por última vez sentí mi rizo de pelo entre sus dedos.

No la vi más, no supe de ella en mucho tiempo. Alguien me dijo que no se había casado, que trabajaba en una joyería. Acudí a la joyería, donde podrían darme noticias suyas. Me dijeron que sí, que allí había trabajado, pedí sus señas y su teléfono y me lo dieron. A pesar de los muchos años transcurridos seguía siendo Mademoiselle para mí. Llamé por teléfono y me contestó su hermana, le conté quién era, le pedí que me dejara verla y me contestó que no podía ser: la pobre Mademoiselle, por alguna enfermedad que desconocían, había perdido la memoria. No me recordaría, sería una visita dolorosa para las dos, sobre todo para mí. Colgué el teléfono y sentí como si alguien muy querido se me hubiese muerto. Y hace ya tantos años...

[...]

Allí mismo, en la plaza de Santa Ana, cerca de la calle del Príncipe, estaba el teatro Español, que fue mi segunda casa. Desde muy chica le pedía a mamá que me llevara al teatro, pero ella prefería tenerme alejada —como si fuera a contaminarme— aunque por fin se resignó y dejó que una tarde de ensayo, que yo no olvidaré nunca, me llevara papá al teatro Español.

El escenario estaba casi a oscuras. Eran las tres de la tarde. Sólo había una diabla o dos encendidas, luz de arriba, quizá digan ahora zenital. La mesita del apuntador tenía un flexo inclinado, sobre el texto que se ensayaba. Al entrar mamá hubo un movimiento de sillas y se pusieron de pie los actores en un gesto respetuoso. Las señoras hicieron intención de levantarse, mientras todos saludaban casi en voz baja. A mí ya me dijo papá que tenía que estar calladita. Cerca de la silla de dirección había otra para ella. El apuntador y las sillas estaban de espaldas al patio de butacas. Eran escenas de una obra ya hecha para sustituir a dos o tres actores. El escenario me pareció inmenso, y en efecto era muy grande. Habíamos entrado por la puerta que daba a la calle de Echegaray. Noté el declive del suelo y cómo las maderas crujían a nuestro paso. Había trozos del decorado de la obra, que se hacía aquella tarde: La corte de Napoleón. Arriba las bambalinas simulaban un techo blanco. Pasillos en pisos altos rodeaban todo el escenario a distintos niveles, y había también escalerillas, que utilizaban los tramoyistas, para hacer los cambios precisos. De cuando en cuando clavaban clavos, pero mi padre pidió silencio y todos callaron. Yo, muy emocionada, miraba en torno mío. Comenzó el trabajo.

José González Marín ensayaba con mamá una escena del segundo acto. Entonces era muy joven y estaba muy delgado. Este actor —Pepe González

Marín— inventó años después un género que se puso de moda: recitaba poesías andaluzas, cantaba coplas de su tierra —era de Cártama, Málaga— mezclaba el cante con la declamación, un poquito exagerada, pero que gustaba mucho a las señoras. Se hizo famoso, como ahora dicen, y ganó un dineral él solito. Yo lo recuerdo con mucho cariño.

La situación era preciosa: Madame Sans-Gêne esperaba al profesor de baile, que venía a enseñarle cómo había que saludar en la corte de Napoleón. Mamá, graciosa, torpe y popular, quería imitar las artes palaciegas del profesor y no daba pie con bola. Él repetía la reverencia y Catalina —Madame Sans-Gêne— tropezaba, se enredaba en la cola del vestido y lo hacía con tal espontaneidad que resultaba maravilloso. ¡Qué gran cómica era mamá! ¡Qué actriz tan personal y qué distinta! Desde su rincón aquella niña, que era yo, pensaba: ¡Quiero ser como ella, quiero ser como ella!

Días después volví al teatro a ver la función y ocurrió algo que no olvidaré nunca. El actor que hacía de Napoleón se llamaba Pepe Calle, era un cómico magnífico, pero le gustaba una barbaridad empinar el codo, y a veces se pasaba de la raya. Yo asistía a la función desde un palco y la verdad es que no advertí nada raro, hasta que vi a mi madre arrancarse la peluca con desesperación y gritar su ira, ya en su cuarto, como es lógico, y agarrar un bastón. Papá le evitó una desgracia al pobre Pepe Calle, que consiguió escapar de la furia de Carmen Cobeña, que no consentía ni una broma ni un desliz, en su compañía.

Pepe Calle no trabajaba hasta el tercer acto y tenía muy hecha La corte de Napoleón. Empezaba el acto perfectamente caracterizado, vestido con el uniforme clásico, una mano entre los botones de la guerrera y la otra a la espalda, como debe de hacer todo aquel que se precie de imitar a Napoleón. Paseaba a lo largo de la escena. Rustán, su fiel criado, asomaba discretamente por el forillo, guardando a su señor. Así se levantaba el telón. Era un acto precioso y definitivo en la obra. El Emperador estaba celoso, ante casi una prueba de infidelidad de la Emperatriz. Catalina pide audiencia y se la concede el señor, viene dispuesta a salvar a la Emperatriz y guarda una nota que demuestra que Bonaparte le debe tres napoleones, de los tiempos en que ella tenía su taller de lavandería, cuando el joven teniente no pagaba sus deudas. De pronto el Emperador da un traspié y se apoya en la mesa, para no caer. Mamá le mira extrañada, el apuntador le observa desde la concha y se dan cuenta de que Bonaparte lleva una toquilla de muy señor mío. Mi madre trata de cortar la escena y hace un gesto para que el apuntador vaya al pie, que así se dice en el teatro cuando hay que aliviar una situación difícil. Napoleón advierte las miradas que cruzan entre ellos y con la pesadez de los borrachos, se empeña en decir íntegra la escena. No se le entiende una palabra y empieza una horrible lucha entre los tres. Naturalmente el público se da cuenta y hay un contenido murmullo de extrañeza. En la comedia la situación se salva gracias al ingenio y al valor de Madame Sans-Gêne, pero en el teatro Español nadie sabe cómo va a acabar aquella escena. Llega el final de la comedia y Catalina exclama agotada —al ver caer el telón— la frase que debe decir su personaje:

—¡Y ahora vámonos a dormir, que buena falta nos hace!

El público, perfectamente enterado, no de la comedia pero sí de las angustias que mi pobre madre había pasado, acoge la frase con una carcajada y la ovación más grande que una actriz haya recibido de su público. El telón se levantó mil veces, mientras el buen Rustán se llevaba al Emperador, completamente borracho.

[...]

Ahora, mirando su retrato al pastel pienso en ella y en mí, y también en María Guerrero, que se levanta entre las dos. Doña María llegaba más alto en lo dramático, mamá era más humana, mucho más dulce. Tuvieron los mismos maestros: Rafael Calvo, Antonio Vico y Emilio Mario. Había cobeñistas y partidarios de la Guerrero, como fueran en lo taurino los de Joselito el Gallo, y Juan Belmonte. Pero María Guerrero tenía un talismán, su corona de condesa. Se casó con un grande de España, al que hizo actor, y se llevó en el talego al mejor público de estos pagos, junto al teatro de la Princesa —hoy María Guerrero— donde solía actuar mamá. La señora condesa lo compró por celos artísticos, ésa es la verdad, se hizo una casa palacio en el último piso, y echó a Carmen Cobeña de Madrid. Carmen Cobeña se casó con un escultor ilusionado y pobre, que luego se hizo autor de teatro, más preocupado por la política y el mensaje social de sus dramas, que por las comedias burguesas que representaban doña María y don Fernando, a quien yo quise y admiré mucho, que así debo decirlo.

[...]

¿Y yo? ¿Qué fue de mí? ¿Dónde están mis casas, la del Prado, y el teatro Español? ¿Qué hicieron de Carmita Oliver? ¿Por qué tuve que dejar el teatro a los veinte años? ¿Y ahora, qué hago en el mundo a los ochenta? No me basta con escuchar mi voz. Paso los ojos del retrato al pastel, al sillón vacío de Luis. Cada uno tiraba de una mano y a mí me partieron el corazón, aunque ahora la frase pueda parecer melodramática, es decir, teatral. He querido mucho a Luis y no puedo olvidarlo —ni quiero, ni puedo—, pero también he querido mucho al teatro y me separaron de él. Me gustaría sonreír y decir, como en un drama de capa y espada:

—¡Voto a bríos, que ahora no hubiera ocurrido!

2
Calle de Serrano

Me llamo Luis de Armiñán Odriozola y nací al borde del siglo XX. Mil veces he oído contar a mi madre Jacoba y a mi madrina Ángela lo que ocurrió el día de mi bautizo.

La Linda se resbaló al dar la vuelta para entrar por la puerta de casa, librándola de su caída un leve fustazo del cochero Bonifacio. Mojada la calle, el viento la barría. Habían caído unos granizos gordezuelos y la mañana era fría y desapacible. Abrió mi padre la puerta de la berlina y descendieron mi tía Ángela y mi tío Evaristo, padrinos del bautizo. Bonifacio, con la cabeza leve- mente inclinada y la fusta al borde del ala de su chistera, de cuya escarapela negra caían dos chorritos de agua, les veía bajar respetuoso. En la cuadra un relincho del Noble puso más nerviosa a la yegua a la que contenía el freno. En la puerta de arriba, sin salir al descansillo de la escalera, mi madre decía dul- cemente:

—¡Daos prisa, que hace frío para el niño!

A sus faldas se agarraba mi hermano José Manuel, a punto de cumplir los tres años. Era un chico delgado, inteligente y mimoso, al que los caprichos acon- gojaban hasta darle terribles soponcios. Lo peinaban con flequillo y rizadas patillas, comiéndole la cara dos ojos negros, vivísimos y enormes. Mirándole comentó mi madrina:

—Luisito es más nuestro, rubio y ojos azules, como mi padre.

En sus palabras había un suave acento cubano, que contrastaba con el buen decir de mi madre, que había nacido en Villaba, el pueblo de su familia, en Navarra. Mi padrino me arrancó de los brazos de Ángela, para ponerme en los de mi madre.

Era la una de un día de febrero de 1899, que entonces se bautizaba a los niños a la primera, y yo había nacido el 27 de enero. Un loro, en su percha, al lado de una palmera, gritó:

—¡Carta de Cuba! ¡Carta de Cuba!

Mi tía Eloísa lloró un poquito, y mi prima Angelita le tiró una miga de pan. El loro la miró con su ojo izquierdo:

—¡Carta de Cuba!

33

En aquellos tiempos Cuba era el problema nacional y en mi casa, la conversación de todos los días. Mi abuelo —el capitán general Manuel de Armiñán— había muerto de pulmonía, y la fortuna de su mujer estaba en Cuba. Mi padre ya era un político notable. Había nacido en Sancti Spiritus y nunca pudo volver. Casó con Jacoba Odriozola y vivieron en Madrid, en la calle de Serrano, 90, al límite de la ciudad, en una casa que todavía existe. Ancho portal, escalera amplia, jardín a la espalda con salida a Juan Bravo, y grandes habitaciones, altas de techo. Mi madre había terminado la carrera de piano y era una señorita dulce y tímida, de pálida y regular belleza. Como entonces era muy difícil tratar a una mujer de la clase de Jacoba Odriozola, el pretendiente —el joven Luis de Armiñán— alquiló el piso de al lado de donde ella vivía, sólo para poder mirarla desde el balcón. Mi padre, con su hermano José Manuel, estaba en una pensión, pero tenía aquel piso de la calle de Serrano para pelar la pava. Cuando se casaron teníamos dos coches, una berlina y un milord, y en la cuadra un caballo de montura y una yegua de tiro. Mi padre paseaba por La Castellana, a la que bajaba por la calle de la Ese, espalda de hoteles y casas con cuadras y sin vecinos. El barrio de Salamanca era entonces solitario y señorial. Yo no recuerdo nada de la casa de la calle de Serrano, pero sé que hubo que venderla, porque mi padre no congeniaba con su cuñado Cándido Soto, que estaba casado con mi tía Pepita Odriozola. Mi padre no quería ver a Cándido Soto ni en pintura, y huyó de su vecindad; tanta tierra puso por medio, que acabó por negarse a compartir panteón en la Sacramental de San Isidro, en Madrid.

En Génova 17 vivimos trece años. Esta casa era muy cara, cerca de cuarenta duros al mes. Tenía un mirador en el que en invierno, cuando hacía sol, mi madre ponía las botas de sus hijos, para que se calentaran al sol. Un salón con dos balcones y una alcoba en la que dormíamos los chicos. Dentro, el despacho, y todos los servicios, con un comedor que daba al patio. En el comedor hacíamos la vida. Un diván y dos butacas, una chimenea de leña y la lámpara sobre la mesa componían nuestra intimidad. En el mirador de mis padres pasábamos las tardes buenas. Y en el recibimiento de la puerta interior, junto a la escalera de servicio, jugábamos.

Mi padre avanzaba rápidamente en su carrera política. Su amigo y protector era el general Weyler. No tenía ningún apego a la abogacía, sólo en una ocasión se dio de alta en el Colegio de Abogados, para defender un caso, que ganó. La política le absorbía. Desarraigado, sin raíz familiar en ningún lugar de España, casi desconocido para sus parientes asturianos, no podía apoyarse en ninguna parte para lograr el acta de diputado a Cortes, si quería jugar a la ruleta nacional. Por entonces los diputados salían de los ayuntamientos y de las diputaciones provinciales, escuela política en las que velaban sus primeras armas; o los hacían los gobiernos desde el Ministerio de la Gobernación. Mi *padre era un cubano que había elegido España y no podía contar ni con Cuba, ni con España. Paradójicamente obtuvo su primer acta de diputado por Borjas Blancas (Lérida), aunque luego vivió su vida política en Gaucín (Málaga), provincia donde dejó profunda huella: una de las calles más antiguas de Ronda se llama Armiñán; en Málaga hay un puente también Armiñán y una taberna a la que dicen La alegría del Puente Armiñán. Siempre me ha emocionado ese humilde rastro, porque mi padre no le sacó ni un duro a la política y murió pobre.*

3
Calle de Núñez de Balboa

A partir de ciertas noticias y de un viejo documento, supe que había nacido en la calle de Núñez de Balboa, en Madrid. No en las casas nobles del barrio de Salamanca, sino entre las más modestas, donde mis padres pudieron encontrar un piso barato. En la casa de enfrente vivía Francisco Franco, ya casado con doña Carmen Polo, y no es difícil imaginar que mis ojos recién abiertos se cruzaran alguna vez con los del futuro caudillo, y que doña Carmen Polo me hiciera una aburrida carantoña en la esquina de Hermosilla, e incluso quizá cambiáramos cordial pedorreta Carmencita Franco –que también era hija única– y este niño de los Armiñán.

> Nací en un bosque de cocoteros
> una mañana del mes de abril,
> era mi madre una mona grande,
> era mi padre un mono mandril.

Carmita Oliver me recitaba esta poesía, cuando yo apenas sabía hablar, y según cuentan ciertos afortunados testigos yo me quedaba embobado, escuchando aquella preciosa voz. Claro que en realidad recitaba la poesía una mona llamada *la Enfermiza,* porque tenía grandes ojeras de color morado y tosía con frecuencia. Mi madre metía el brazo por el cuerpo de *la Enfermiza,* con el dedo índice y el corazón le sostenía la cabeza y con el pulgar y el meñique movía las manos. *La Enfermiza* era un portento de gracia y de ingenio, con una voz ronquilla muy especial. Me mandaba hacer cosas, pero casi nunca me daba lecciones, y mucho menos lecciones de moral. Sobre todo estaba pendiente de que comiera bien y de que durmiera a mis horas. Muchas veces he pensado en los muñecos que accionan los ventrílocuos –que, por cierto, ya van quedando pocos– pero ninguno alcanzó las cotas de *la Enfermiza,* si acaso el loro *Kiko,* gran amigo del artista Felipe Moreno y de mi abuelo Federico Oliver. Cuando yo me dormía *la Enfermi-*

za se dejaba caer sobre una silla, se doblaba por el talle vacío, y cerraba los ojos de párpados azules, porque también podía abrir y cerrar los ojos. Por la mañana venía a despertarme:

Nací en un bosque de cocoteros
una mañana del mes de abril...

Ya no era tan bosque, porque circulaba el metro bajo tierra y los tranvías iban por Torrijos, la única calle de Madrid que andando el tiempo y recuperada la democracia, no ha vuelto adonde solía.

En los últimos años de su vida mi padre puso en orden muchos de sus recuerdos escritos, y algunos que le dejaron mal sabor. No son historias de política, ni de guerra, son pequeños lamentos, frustraciones, y justificaciones. Algunos pertenecen al tiempo oscuro del que yo no puedo saber nada. Pero no resisto la tentación de hacer una muesca, en la rama que dejó sin marcar Luis de Armiñán, tal vez por cariño a los suyos o quizá por timidez.

Ni mis hermanas, ni nadie, pusieron el menor interés en mi futuro hogar. Sólo me ayudó con dos mil pesetas mi madre y tuve la certeza de que las había sacado empeñando la Cruz del Mérito Militar, que los malagueños regalaron a mi padre por suscripción popular.

Perdidos debían de estar mis cuatro abuelos. Los Oliver-Cobeña, ya mayores, se habían quedado sin su dama joven, la Cobeñita, continuadora y redentora de la vieja compañía de teatro, y los Armiñán, traicionados en la política y ahora bajo la bota del dictador Primo de Rivera. Mi padre y mi tío José Manuel habían escrito dos libros peligrosos: *Epistolario del Dictador*, y *Francia, el dictador y el moro*. Mi abuelo Luis era un proscrito, un político abandonado a su mala suerte, un conspirador sin porvenir. Por la derecha ganaba Calvo Sotelo, y por la izquierda Largo Caballero, que también coqueteaba con Primo de Rivera, aunque ahora suene mal decirlo.

En aquellos tiempos la figura del ginecólogo no era habitual y se paría en casa. Mi tío Federico Oliver era el médico de cabecera de mi madre y él tenía que tragarse el parto de su hermana. Empezó por expulsar al pobre perro *Pascual*. Mi tío Federico, un hombre muy sensible, muy guapo y muy inteligente, había heredado las manías de mi abuela Carmen, en cuanto a la limpieza y a la sanidad se refiere. Le horrorizaban los contagios, los microbios, los bacilos de moda, los ambientes cerrados, las toses, los gargajos y las huellas sucias: el ideal para un médico errante. *Pascual* fue su víctima. El niño que iba a venir al mundo no podía tener contacto con un perro, que con una simple mirada –y no digamos con un lametón– se lo llevaba al limbo. Carmita Oliver lloró, suplicó, defendió a su perro, pero todo fue inútil: *Pascual* –como don Miguel de Unamuno– fue desterrado.

El día 9 de marzo de 1927 mi madre sintió que se le venía el mundo encima. Un niño nuevo le daba patadas en la tripa, por dentro, y había equivocado el rumbo. ¡Maldición! Todo fueron prisas y carreras en Núñez de Balboa, hasta que alguien decidió que lo mejor era parir sobre la mesa del comedor.

Mi parto fue como un parto de película antigua. Sobre la mesa del comedor, pusieron agua hirviendo, gasas y cerca un equipo, que así se llamaba en estos casos, compuesto de pinzas, tenazas y objetos atroces.

«Pobre de mí», pensaba yo.

Luis estaba con su padre, detrás de una puerta cerrada, asustado y esperando.

El niño venía mal, el médico que me asistía era un pobre señor, que casi no recuerdo. Mi hermano Federico había terminado la carrera de medicina y era ayudante del doctor Recasens, una celebridad entonces. El niño se ahogaba y el cordón que nos unía rodeaba su cuello, y en aquella angustia me preguntaron si yo quería aguantar, que sólo con ayuda de unos fórceps feroces podrían salvar al niño.

—Claro que quiero aguantar... –le dije a mi hermano–, aunque me muera.

Recuerdo el dolor y el horror, me estaban desgarrando, partiéndome en pedazos, pero ni grité, ni me desmayé. Me quedé mirando a aquel ser ensangrentado, que no lloraba. Federico lo azotó, le hizo no sé qué respiración, las patitas del niño estaban entre sus manos, las patitas colgaban y de pronto rompió a llorar. Y yo con él, pero de alegría. Nos lavaron a los dos, me cosieron como pudieron, envolvieron al niño en una toquilla, de la que apenas salía su cabecita pelada, y me lo entregaron. Luis dijo que me oyó exclamar:

—¡Qué mono!

Ya no he parido más hijos, pero aquel montoncito chiquitín, que me gané a pulso, es el hombre que tengo ahora.

—¿Te he contado alguna vez mi viaje de novios?

Mi madre me lo contó muchas veces, sobre todo cuando estaba sola y se quedaba mirando la butaca vacía. Ya no hacía falta, porque Luis de Armiñán había dejado escrita su particular experiencia viajera:

Nos casamos. Yo tenía que ir a Italia con Eduardo Aunós, porque así lo exigía mi cargo en el Consejo Superior del Trabajo. Fuimos a ver a Mussolini con él, Azpiazu que se hizo un uniforme con el que estaba desconocido, Gómez Gil —capo de gabinete— y yo. Así a los tres días de mi boda salí para París, Milán, Roma, Florencia y Venecia, y soy quizá el único hombre en el mundo que hizo solo su viaje de novios.

Ya lo sabía Carmen, y de acuerdo ambos nos casamos sin posponer nuestra boda, por temor a las hablillas de bastidores.

Quedó ella en mi casa y no creo que fuera muy feliz en esa circunstancia.

Yo pasé el trance del parto, que me dejó inscrito en la categoría de hijo único, porque mi madre había quedado inútil para repetir la suerte. Ni siquiera me podía dar de mamar. Se negó a buscar un ama mercenaria, porque decía que la leche ajena influye en el carácter de los niños y así me criaron con leche condensada de la marca Sam, que seguramente fue culpable de mi mala salud en aquellos primeros años, aunque luego, con efecto retroactivo, cumplió su misión nutritiva.

Entonces llegó a casa una moza. Se llamaba Nati, era morena y tenía los ojos muy negros, siempre me llamó «mi niño», y pasados los años venía a visitarnos, hasta que se hizo vieja y murió. Nati me quería como si fuera hijo suyo y mi madre la dejaba quererme, sin el menor asomo de celos. Carmita Oliver era una señora pobre; Nati, una chica de pueblo perdida en Madrid, que aprendió a leer y a vivir en casa. Un día sacó novio e hizo bodas con un buen hombre que tenía un puesto en el mercado de Ventas. Muchas veces venía a casa —en los malos tiempos de la posguerra— y nos traía embutidos, mantequilla, huevos frescos y rico queso manchego. Hasta que desapareció.

Como es lógico no tengo ningún recuerdo de aquel piso de Núñez de Balboa, ni de la presencia de mis padres, ni de los buenos cuidados de Nati. Mis primeras sensaciones están relacionadas con la luz y, por tanto, con los colores. Me parece ver una ventana brillando al sol. Muchas veces me he quedado observando a los niños que miran la luz, sin pestañear y luego observan sus puñitos, o algún objeto que se mueve.

Algún tiempo después, seguramente yo tendría dos años o quizá dos años y medio, me llevó mi padre al Casino de Madrid, en la calle de Alcalá. Desde un ventanal vimos un desfile, que me llamó mucho la atención. Eran moros a caballo, vestidos con chilabas y turbantes, pero no iban de uniforme, y seguramente aquel detalle se me quedó en la memoria, porque mi padre confundía la parada de la calle Alcalá con los desfiles de la Guardia Mora, muchos años después.

—¿Estás seguro? —me preguntaba.

Hacía números y caía en la cuenta, cada vez más asombrado. Aquellos moros eran de 1930, aún no había llegado la República.

Con mi padre –o quizá con mi abuelo Luis– fui por primera vez a los toros. Sin duda alguna estuve en la plaza vieja de Madrid, en la calle de Alcalá, porque las Ventas no dio espectáculos regularmente hasta 1934. Del recuerdo de la corrida –que era una novillada– desaparecieron los toros y los lances de la lidia. Me parece ver a un torero, que vestía de plata y tal vez de blanco o rosa, cruzando el ruedo entre el griterío del público que le tiraba almohadillas y, según creo, naranjas. Mucho me debió de impresionar la imagen del torero derrotado y del público enfurecido. Años después conseguí averiguar que aquel novillero se llamaba Silvino Zafón –nada menos–, de apodo Niño de la Estrella, porque había nacido en La Estrella, Teruel, en 1908. Ese Niño abroncado por el público inició mi afición a la fiesta taurina y compuso una de mis primeras imágenes en color.

Ya vivíamos con el abuelo Federico, la abuela Carmen y la bisabuela Julia en la calle de Agustina de Aragón. La dictadura de Primo de Rivera había dado paso al gobierno del general Berenguer y la República estaba a la vuelta de la esquina. Recuerdo que sonaban las notas de la *Marcha de Granaderos* –hoy es el himno nacional– y que mi abuelo Federico Oliver me enseñó a apagar la radio. También me enseñó a desfilar al grito de «¡Un, dos, tres, muera Berenguer!». Mi madre me lo contaba riendo, pero de todas formas reñía al abuelo:

—¡Papá, no metas al niño en política!

Pero el abuelo Federico no hizo el menor caso y me enseñó a ponerme de pie cuando sonaba el *Himno de Riego:* había llegado el 14 de abril y todos éramos republicanos.

Calle de Agustina de Aragón

Nunca hablé con mis padres de sus problemas familiares, ni de cómo —entre unos y otros— estuvieron a punto de cargarse su matrimonio. La familia Armiñán andaba en trancos de decadencia, porque el abuelo Luis —desde el golpe de estado de Primo de Rivera y aun antes, desde la muerte de Canalejas— estaba injustamente fuera del juego político. José Manuel —mi inolvidable y querido tío Alel— iba por libre, a mis tías Carmen, Marisa y Toya, aún les quedaba tiempo para aprender a trabajar. La familia Oliver tampoco salía ganadora. La gran esperanza había sido Carmita Oliver, pero el amor, y las conveniencias, desgajaron aquella rama prometedora, que tanto mimaban los comediantes. Mal asunto cuando entre gentes de farándula y feria, se cruzan señores —o señoras— hidalgos, y más aún si los hidalgos son pobres. Hoy no hubiera ocurrido, pero entonces perdía la parte más débil. La compañía de teatro Oliver-Cobeña tenía una perla, un as que se hubiera convertido en manantial dorado, en baza de primera. Bien lo merecía la Cobeña. Pero se cruzó un chico de buena familia —que no tenía un duro— y saltó la inocente chispa del amor. La familia bien —para hacer bodas— mandó a los cómicos que vendieran sus carromatos, y lo que es más curioso: que vendieran sus carromatos a cambio de nada. Los pobres feriantes, siempre apabullados y maltratados, firmaron su derrota en una estación de paso.

De la calle Núñez de Balboa mis padres se fueron a la de Agustina de Aragón. Mis abuelos, Federico y Carmen, la bisabuela Julia y el tío Pepe los acompañaron. En medio quedaba yo con la chacha Nati. Creo que fue un error gravísimo y aún no comprendo cómo sobrevivieron al fracaso de las dos familias que se reunieron, juntando pequeños haberes: el sueldo de mi padre en el periódico, el de profesor de la Escuela de Comercio, y el de mi abuelo Federico que había sido nombrado director de la Escuela de Artes y Oficios.

Carmita Oliver, según me dijo cuando le llegó el momento de la sinceridad, vivió siempre añorando al teatro. Ya de viejos miraba a sus padres con ternura, escuchaba las historias de Carmen Cobeña y de los cómicos, que habían sido sus compañeros, y a veces se le humedecían los ojos. Iba por delante el abuelo Federico, bondadoso y comprensivo, pero dejaba amplio espacio a la abuela Carmen, que supo conducir su compañía sin desmayar nunca, y sin ceder un centímetro de sus derechos.

Nació Carmen Cobeña en la calle de Toledo, sus padres fueron actores modestos, que entonces trabajaban en el teatro Novedades, de Madrid. Empezó muy joven, siempre contra la voluntad de los suyos –mis bisabuelos Benito Cobeña y Josefa Jordán–, que no consiguieron impedir que la niña emprendiera el camino de sus cómicos mayores.

* * *

Quisiera hablar de Carmen Cobeña [escribió Carmita Oliver] *como actriz y como mujer. Como esposa y como madre fue intachable. Todo lo que yo fui en el teatro se lo debo a ella. Era una maravilla, podía hacer sonreír, reír, pensar, yo no he visto en mi vida una actriz más completa, ni más distinta. Cuando asomé al escenario se ocupó de mi voz aniñada, después me enseñó el valor de las pausas, lo importante que es en el teatro saber escuchar, y me repetía, señalándose su preciosa frente:*

–Cuanto se dice en escena ha de pasar por aquí.

Me declamaba los versos bajito, para enseñarme a respirar, a alentar decía ella, y lo hacía sin ampulosidad, sintiendo y pensando, como si los improvisara. Era su escuela la sencillez, la sinceridad. Me enseñó a llorar, a quebrar la voz en un sollozo...

–Reír ya sabes tú.

Fueron auténticos conciertos para mí sola. Mi voz, poco a poco, iba adquiriendo calidad, me contaba las dificultades que hubo de vencer hasta encontrar el verdadero timbre de su voz, y cuando la llamaban antes de empezar la comedia, como si fuera una soprano, probaba su garganta, desde un tono agudo a uno grave. Me daba lecciones en su cuarto del teatro, mientras se caracterizaba para interpretar La madre, *de Rusiñol, y terminaba un minuto antes de que se levantara el telón.*

–¡Vamos a empezar!

* * *

Agustina de Aragón era lo que se llamaba una calle particular –con su SE PROHÍBE EL PASO– y estaba entre Alcántara y Montesa, cerrada

42

por dos verjas de hierro. En el centro había una casa grande, de cuatro pisos, y alrededor los hotelitos, algunos gemelos y otros individuales, todos con su pequeño jardín. En aquel tiempo, Madrid había descubierto la solución de los hotelitos, y así nacieron colonias, algunas modestas como la Guindalera, la Prosperidad, la Fuente del Berro, y otras más lujosas, como la Cruz del Rayo y, sobre todo, el Viso. Casi todas cayeron por culpa de la carnicera especulación, pero algunas se han salvado, muchas gracias a la defensa que de ellas hicieron los socialistas a la muerte de Franco.

Hoy día los llamados hotelitos son joyas de alto precio. El nuestro era bastante amplio, tenía incluso azotea y patinillo interior. El despacho grande de mi abuelo Federico —así lo decía yo—, el comedor, un cuartito de estar, las alcobas de mis abuelos y de mis padres, la habitación de mi bisabuela y la que compartía con el tío Pepe. Y un solo cuarto de baño para todos, que debía de resultar muy incómodo para las dos familias reunidas. Lo que más me gustaba de mi Agustina de Aragón particular era el jardincillo, sobre todo los lilos y un árbol del amor de color morado, que se cubría de flores en primavera. Los vecinos eran, por lo general, gente afable, bien educada, modesta, de clase media, con algún toque colorista. A nuestra izquierda vivía el señor Suárez Inclán, que era ciego y se dedicaba a dar masajes. Un poco más allá, don Carlos Batalla, marino retirado que saciaba sus nostalgias mirando a la lejanía con prismáticos, y enfrente un señor llamado Juan Mínguez, que reunía toda clase de animales y era antipatiquísimo con los niños. Por la banda derecha vivía el cónsul honorario de Venezuela, que terminó sus días trágicamente.

La estrella de la vecindad era un torero de nombre Antonio García, Maravilla, nacido en Madrid. Era delgado, moreno, guapo, con cara de buen chico y estuvo muy de moda en aquellos años treinta, cuando alternaba con Manolo Bienvenida, Domingo Ortega, Marcial Lalanda, Nicanor Villalta, Armillita, Victoriano de la Serna y Vicente Barrera. Los niños íbamos a verle salir de casa, vestido de torero, para dirigirse a la vecina Plaza de las Ventas del Espíritu Santo, recientemente inaugurada. Volviendo a los colores y a la luz, me parece verlo de azul y plata, y meterse en el coche, donde le aguardaba su cuadrilla. Daba un beso a alguien, en la puerta, y nos dirigía una sonrisa pálida. Una tarde —quizá fuera aquella misma— sufrió una tremenda cornada, que le tuvo al borde de la otra orilla durante largos meses. En 1935 fue el protagonista de la segunda versión cinematográfica de *Currito de la Cruz* —dirigida por Fernando Delgado—, película que yo vi algunos años después en recuerdo de mi vecino Antonio García, Maravilla, nacido en el madrileño barrio de Las Maravillas.

Los días de corrida solíamos ir a la verja de la calle Montesa, sobre todo con la esperanza de ver pasar los coches descubiertos de los picadores e incluso alguno, que iba montado a caballo como en los tiempos de Frascuelo.

Mi madre tenía pocas amigas en Agustina de Aragón: Isabel Laso de la Vega, Ana María Lozano —con quien después vivimos en Vitoria— y María Luisa Arche, de la que fue inseparable hasta última hora.

Nuestra amistad se remonta al año 1930 o 1931, y yo la inicié brillantemente. Por la mañana temprano había llegado un enorme coche de mudanzas, que a mí me impresionó mucho, porque parecía de cuento. Iba tirado por un caballo percherón, peludo y espectacular, de enormes patazas y cascos como medias sandías en sazón. Dos sujetos tan grandes como el caballo, vestidos con monos azules, se dedicaron a trasladar muebles, lo que ignoro es si eran viejos o recién comprados. Mi madre observó aquel trasiego con indiferencia y luego siguió en lo suyo, aunque tal vez saludara a la hermosa señora rubia, que acababa de desembarcar en el hotelito vecino. La señora rubia se llamaba María Luisa Rodríguez y estaba casada con el señor Juan Vicente Arche. Muy pronto entró en el jardín una niña de pelo liso y flequillo. No es que recuerde todos estos detalles —lo cual sería casi imposible— sino que he oído contar tal historia en muchas ocasiones, unas veces por María Luisa Arche y otras por Carmita Oliver. Debí de estar reflexionando qué actitud tomar ante la invasión de los vecinos. Mi casa formaba parte de la suya, y no me hacía ninguna gracia tener que compartir el condominio. Muchas guerras han empezado de forma parecida. Además los intrusos eran niños y aquello resultaba intolerable. Decidí, entonces, pasar a la acción. Crucé ante mi madre y cogí un paraguas.

—¿Adónde vas? —me preguntó ella.

—A darle un paraguazo a la niña de Arche.

Tan curiosa respuesta dejó a mi madre indiferente o pensó que había oído mal, porque la palabra paraguazo no suele ser de uso infantil, y además yo no era un sujeto de carácter violento. A los pocos segundos un alarido rompió la paz de la mañana de mudanza y Carmita Oliver comprendió que mis amenazas no habían sido vanas. Mientras yo pasaba dignamente, arrastrando el paraguas, ella corrió a casa de los vecinos. María Luisa Arche estaba sentada en el suelo y lloraba de risa, en cambio la niña lloraba de pura rabia y seguramente se sentía traicionada. Mi madre no sabía dónde meterse y se disculpaba formalmente, dándole tratamiento a la señora de Arche, que muy pronto puso las cosas en su sitio. Entonces las dos se rieron juntas, siguieron riéndose muchos años, y aquel incidente del paraguazo sirvió para unir nuevas amistades.

A la niña Arche le decían Pirula, y al niño –también era guapo y rubio–, Currinche. Estos apodos se inspiraban en un periódico infantil, *Pinocho*, o quizá en *Gutiérrez*, que escribía y dibujaba nuestro amigo Ricardo García, K-Hito, que fue muchos años de la tertulia de mi abuelo Luis. *De cómo pasan el rato Currinche y don Turulato*. Los Arche tenían un tercer descendiente, que entonces era muy chica y se llamaba Ana Mari. Más raro era mi nombre de guerra, que no sé de dónde sale. Entonces yo era Paupico, curioso apodo que no venía en los periódicos infantiles. Nadie me llamaba Jaime y a mí me parecía este un nombre extraño, que no tenía que ver conmigo. Yo fui Jaime porque mi abuela era Jacoba y todos mis parientes, y los amigos de mis parientes, decían que Jacobo era un nombre muy feo y por eso me pusieron Jaime, que es lo mismo. Ya no es feo Jacobo, e incluso está de moda. El caso es que me plantaron la divisa de Paupico y la llevé en los lomos hasta después de la guerra, con leves variaciones como Paupo, que decía mi padre, y Zampico, que decía Ricardo Arche, tío de Currinche y de Pirula.

Los años treinta –desde la proclamación de la República, hasta el principio de la guerra civil– fueron cruciales para mi salud, que al parecer se resentía gravemente. Mi tío Federico Oliver me llevó a un médico muy renombrado, que se llamaba Garrido Lestache, y diagnosticó que tenía ganglios. Todo el mundo tiene ganglios, pero los míos estaban infartados, lo cual quería decir que yo no medraba, pero mis ganglios crecían patológicamente. Semejante panorama –que ahora no tiene la menor importancia– te llevaba entonces al borde de la tuberculosis. Debo añadir que mi hígado, en opinión de mi gabinete médico, era de muy pobre calidad, que no toleraba los huevos y que estaba a punto de rendirse. Tampoco el estómago era de recibo, y debía olvidarme de los garbanzos, de las judías y de las lentejas. Y no digamos del chorizo y del tocino. Si a un niño español le prohíben el chorizo y el tocino, lo han deshonrado como hay Dios. Yo lo tenía todo prohibido, era un individuo de tercera clase, que no podía hablar al salir del cine –por aquello de las anginas– ni bañarme en el mar, por culpa de los ganglios. Estaba muy delgado y me peinaban con flequillo, de cara finita, ojos grandes y buena dentadura, de carácter alegre, aunque demasiado vergonzoso, probablemente por culpa de mi inferioridad. A pesar de todo era ágil y bien dispuesto y corría tanto o más que los otros chicos. Mi madre me acribillaba a inyecciones: las de hígado, las de huevo... ¡oh, paradoja!... que me podían inyectar huevos, pero no freírmelos; las de cal, diarias y acongojantes, y otras para los catarros. Además de las friegas con alcohol de romero, y diferentes delicias que he olvidado.

Muchas veces hablé con Carmita Oliver de aquella penosa etapa, que yo atribuía a excesivo mimo, al deseo de conservar al hijo único, y a ella se le llenaban los ojos de lágrimas.

—Te juro que, si yo no te protejo, te hubieras muerto cien veces por lo menos, glorioso.

Yo prefería, entonces, cambiar de conversación. Las madres son muy viejas y saben mucho, y los hijos salvados lo ignoran todo. Es posible que Paupico no llegara a los nueve años sin las inyecciones de huevo y, de rebote, sin el calcio y el aceite de ricino, que aún no habían debutado las sulfamidas y, muchísimo menos, la penicilina.

La hora peor del día era la del almuerzo. Mi madre se empeñaba en darme un puré, que seguramente estaba soso, y yo reclamaba un huevo frito con chorizo, imposible para mi salud. Luego me traían filete de ternera o una merlucita en blanco, como decía mi bisabuela Julia. No podía tragar, masticaba y masticaba de forma insoportable, rechazaba el plato, me negaba a ensalivar aquella especie de tasajo. Mi pobre madre me suplicaba primero, me amenazaba después, intentaba jugar, pero todo era inútil. Casi siempre terminaba llorando. Algunas veces le hacía el relevo mi abuela Carmen o, si estaban en casa, el abuelo Federico o el tío Pepe.

Alcanzar el plato de postre era una heroicidad diaria. De aquella lejana época me han quedado trucos y manías, y aunque soy de buen diente —nada que ver con el niño Paupico— prefiero ignorar a las pescadillas que se muerden el rabo, las ricas pijotas, y no digamos al dulce de membrillo —muy bueno para la tripa suelta—, la batata y, sobre todo, las compotas de pera y de manzana. Si la hora de la comida era un drama previsto, el tiempo del *reposeo*, del verbo *reposear,* no le iba a la zaga. De lunes a domingo, después de comer, y por orden de mi tío Federico tenía que echarme una hora en la cama, y no dormirme. Era el maldito reposeo de lo peor del día. Casi siempre me acompañaba la abuela Carmen, que me leía —con su voz magnífica— cuentos y más cuentos, y a veces se los inventaba, como el de *Pitusilla* o el de *Los buenos mozos,* que eran todos muy brutos. Tener dos grandes actrices a mi disposición era un lujo que no supe apreciar en su momento, como otras venturas que desprecian o ignoran los niños y que luego, cuando ya no tiene remedio, añoran.

Una de mis obligaciones era pesarme todas las semanas en una farmacia de la calle de Padilla. Podía ir solo, porque no era necesario cruzar la acera. Me daban un ticket y se lo enseñaba a mi madre, que se llevaba unos disgustos terribles, porque no engordaba ni un gramo. Descubrí entonces la mentira, la argucia, la treta, y siempre que iba a la botica me guardaba en el bolsillo un soldadito de plomo. A la semana siguiente el soldadito era de caballería, y a la otra les acompañaba un artillero. Mi madre era feliz comprobando que el niño, semana a semana, engordaba unos gramos. Aprendí a mentir entonces y como siempre ocurre, me lo habían enseñado los mayores. Los niños viven engañados desde que aprenden a hablar, sus padres, sus abuelos, sus tíos —todos cuantos les rodean— mienten sin el menor rebozo. Los niños vienen de París o los trae una cigüeña de puro milagro. A cada pregunta se responde con una trampa, que algunas veces resulta ridícula, y lo curioso es que nadie le da la menor importancia.

La joven República no había variado las costumbres en casa, donde se vivía un especialísimo régimen de alegría, de libertad y de esperanza. Manuel Azaña y los amigos del abuelo Federico gobernaban, pero —como siempre ocurrió en mi familia— no sacó ningún provecho del caso, todo lo más llegar a presidente —sin sueldo— de la Sociedad de Autores. También pesaban los amigos del abuelo Luis, Santiago Alba, Sánchez Guerra y don Niceto Alcalá Zamora, presidente de la República, a la que habían votado el 13 de abril. E incluso el general Sanjurjo. Mi madre tenía sus preferencias y se apuntaba a la figura, entonces transgresora, de Miguel Maura y todos admiraban el buen sentido del grupo Al Servicio de la República, con Ortega y Gasset, Pérez de Ayala y Gregorio Marañón.

Mi padre era íntimo amigo de Rafael Sánchez Guerra, hijo del viejo político, y secretario particular de don Niceto. Rafael Sánchez Guerra, a quien yo conocí de pequeño, había sido redactor de *Abc*, crítico taurino y jefe de la sección de deportes. Al acabar la guerra civil entró de hermano lego en un convento de frailes. Vino a contarlo a casa y le regaló un bastón a Luis de Armiñán, un bastón de puño de marfil, que había pertenecido a su padre. Fue también presidente del Madrid FC, que ya no llevaba el título de Real. Tenía un hijo de mi edad, más o menos de cinco años o un poco mayor, y los dos fuimos a una merienda, homenaje o banquete, en el Palacio de La Granja, residencia de verano del presidente de la República.

Imágenes sueltas, como de una película medio olvidada. Creo

que íbamos en el coche de Sánchez Guerra, precedidos por dos motoristas. Aquello debía de ser de lo más emocionante. Alguien nos condujo por los salones del palacio, enseñándonos cuadros y cosas de valor, estatuas, tapices y armaduras. Me queda el recuerdo de los desvanes de aquel palacio, de alguien que nos subió por escaleras empinadas, pero no acierto a darle un sentido: es como un sueño o mejor una ensoñación. A mí me gustaron mucho los soldados de la guardia. Luego, medio escondidos en un tramo de escalera o quizá desde una galería, vimos el comedor —con largas mesas y manteles muy limpios— donde se celebraba un banquete oficial, con todos los políticos de la República reunidos y en el centro don Niceto Alcalá Zamora, de bigote y pelo blanco. Dicen que era un gran orador, pero que tenía fuerte acento cordobés, también dicen que fue un cacique, un ambicioso, un resentido y uno de los grandes culpables del desastre nacional. Yo sólo conservo cierto recuerdo de aquel día, entre grises y blancos.

Era tan hondo —y tan sincero— el fervor republicano de mi familia, que Carmita Oliver decidió jubilar, o mandar al exilio, a los Reyes Magos de Oriente, que podían recordar a la monarquía de Alfonso XIII. Fue una broma, un juego, que al final se aceptó. Yo creo que en casa de los Armiñán no se enteraron de la crisis, y que la abuela Carmen —y por supuesto la bisabuela Julia— no eran partidarias de tan gran revolución. En cambio el tío Pepe se divertía pintándome Monitas Republicanas volando sobre los tejados de Madrid. Las Monitas Republicanas sustituyeron a los Reyes Magos, y en la madrugada del 5 de enero de 1932, capitaneadas por la Enfermiza, me dejaron los juguetes en el balcón.

—Vais a armarle un lío al chico —decía mi padre, que siempre me llamaba chico.

La realidad es que el chico se aprovechaba del trance y aceptaba los regalos de la Monarquía de Oriente y de las Monitas Republicanas, que años después, tras los sucesos del Octubre asturiano, desengañadas y tristes, dejaron paso —esta vez para siempre— a los Reyes Magos.

Prohibidos los baños en los ríos de la Sierra, y prohibido tomar el sol, que era muy perjudicial para los ganglios o mejor, colaboracionista. Mientras los Arche se bañaban en el río Moros, en el Lozoya o en el Guadarrama, yo tenía que jugar a la orilla con un velero de mentira. Aquello era de risa, y de vergüenza. Mil veces prohibido el viento, que venía del mar, y no digamos los baños en la playa. Paupico necesitaba el aire de la montaña, y además era obligatorio veranear. Mi primer verano lo pasé en Piedralaves (Ávila), el segundo y tercero en el Ventorrillo, del Club Alpino, muy cerca del Puerto de Navacerrada, y el de 1934 y quizá 1935, en Cercedilla.

Muy poco recuerdo de Piedralaves, quizá las tertulias que hacía mi madre con los chicos y las chicas de su edad. El fondo de las montañas de Gredos, y esos pequeños detalles que se fijan en los ojos infantiles. En Piedralaves yo tenía dos falsos tíos: uno era el Tío Toro y otro, el Tío Tonto, vaya usted a saber por qué. Tío Toro —como su nombre indica— me embestía, cuando yo jugaba a torear. Tío Tonto me paseaba a hombros. Un día, en un camino polvoriento, se nos cruzó un enorme lagarto: Tío Tonto sacó un revólver del bolsillo y le voló la cabeza. El estampido me sobrecogió, pero sobre todo los movimientos angustiosos y desesperados del lagarto, partido en dos por la bala. Me parece que no hablé del suceso, pero siempre lo guardé como algo terrible. Al cabo de tantos años no consigo entender por qué Tío Tonto llevaba un revólver en el bolsillo y lo utilizaba como si tal cosa, ante un niño chico, frente a un inofensivo lagarto verde. O quizá no sea tan difícil de entender.

Después del verano en Piedralaves volvimos a Madrid. En Agustina de Aragón hacía frío, porque se encendía poco la calefacción, que era costosa y de complicado funcionamiento. Recuerdo muy bien que algunas mañanas de invierno la casa se llenaba de humo y era necesario abrir las ventanas. Entonces me ponían abrigo y bufanda, como si estuviera a la intemperie, y yo me moría de vergüenza. Lo que jamás fallaba era el brasero del cuarto de estar. Se encendía con cisco de erraj en el patinillo, se cubría de ceniza y así, mimándolo como a un bebé, duraba hasta la noche. La bisabuela Julia ocupaba su sitio por la mañana y allí aguantaba hasta la hora de dormir. En cuanto podía, la abuela Carmen se ponía las gafas y le leía el periódico a su suegra, que además de ciega estaba sorda como una tapia. Mi bisabuela Julia —debía de tener entonces casi noventa años— había sido una mujer muy guapa, muy activa y muy mandona y no se resignaba a permanecer inmóvil, cerca de la camilla. Quería gobernar la casa, como había hecho siempre, y daba órdenes que nunca se cumplían. Muchas veces hablaba en voz alta de las criadas y las ponía verdes, sin la menor piedad. Las pobres muchachas le contestaban airadas y se querían despedir, a excepción de la Nati, a quien le traían al fresco las opiniones de la abuela Julia. Por fin se enteró de que aquel sistema funcionaba mal y decidió utilizarme a mí como cómplice.

—¿Estás ahí, niño?

Yo a gritos le decía que sí. Entonces la abuela Julia se despachaba a gusto contra el servicio y si se acercaba alguien yo le tiraba discretamente de la manga. Algunas veces –creo que más de las previstas– el blanco de sus críticas era la abuela Carmen Cobeña e incluso su hijo Federico. En cambio mi madre gozaba de todas sus preferencias, y así se dormía repitiendo su nombre, acunándose como si fuera una niña chica, sonriendo como si nunca hubiera roto un plato. A mí –y también a todos mis amigos– me encantaba la abuela Julia, a quien un día perdí de vista, para no recuperarla jamás.

En la primera mitad del siglo XX –yo creo que hasta pasados los años cincuenta– las distancias se contaban de muy distinta forma. Una legua siempre será 5.572 metros; un kilómetro, mil metros, pero qué diferentes a los de ahora. En Madrid se veraneaba en la calle de Arturo Soria o en la Dehesa de la Villa, que hoy casi es el centro de la ciudad. El tranvía daba la vuelta en los Altos del Hipódromo –en plena Castellana actual– y un poquito más allá estaban los bueyes arando. Era malo vivir en la Puerta del Sol, y se respiraban aromas de resina en el Campo del Moro.

–El niño tiene que cambiar de aires –sugirió el tío Federico.

Mi madre tembló seguramente.

–El aire de Madrid no le sienta bien.

Así mi madre y yo pasamos aquel invierno en El Pardo, donde habíamos alquilado una casita de pueblo. Creo que en aquel traslado, que para Carmita Oliver debió de ser traumático, mi gabinete médico rizó el rizo. Por lo visto el clima de Madrid no era bueno para mi pobre salud, y sin embargo resultaban muy convenientes los vientos cruzados de El Pardo, que está a dos leguas de la Puerta del Sol.

El llamado Madoz, prestigioso *Diccionario Geográfico-Estadístico-Histórico*, Madrid 1849, consultado por mí cincuenta años después del viaje, dice algo muy curioso: «El clima de El Pardo es húmedo, reinan los vientos N y O y se padecen con exceso fiebres intermitentes, efecto de las emanaciones malignas de las aguas del río Manzanares, estancadas durante el verano». Luego añade que «las casas de dominio particular son mezquinas y de miserable aspecto». Y por último advierte que hay caza abundantísima, aves de rapiña, animales dañinos, especialmente lobos y zorros. Menos mal que por una verja –llamada Puerta de Hierro– se puede ir a Madrid. Como en nuestras tierras se evoluciona despacio supongo que habíamos alquilado una casa mezquina y miserable, que nos cercaban las emanaciones malignas del río Manzanares, pero que a cambio de la pobre vivienda podíamos cazar lobos y otros animales dañinos.

Para Carmita Oliver, que entonces tenía veintiséis años, aquel invierno fue muy duro. Nos trasladamos a El Pardo con la Nati. Mi padre —que además de periodista era funcionario del Ministerio de Fomento y profesor de la Escuela de Comercio— no podía venir a vernos con frecuencia. Creo recordar que en la casa había dos o tres bombillas de cuarenta vatios, y que no teníamos radio, aunque me parece que mi madre consiguió llevarse un gramófono, de aquellos de cuerda, los de La Voz de su Amo. Sonaban las mismas piezas de Agustina de Aragón: *El vals de los patinadores, Ojos negros, En un mercado persa, Danzas húngaras, Adiós a la vida, ¡Ríe payaso!*, y muchos tangos del trío argentino Irusta, Fugazot y Demare, junto con algunos de Celia Gámez, y los primeros de Gardel. Yo podía haber odiado los tangos, pero como a Carmita Oliver le gustaban muchísimo, me pegó el vicio. Los cantaba en voz muy baja, con vergüenza, sólo para ella. Y tenía algunos, casi misteriosos, como este de Enrique Cadícamo, grabado por Carlos Gardel en 1930:

> La otra noche mientras iba
> caminando como un curda,
> tranco a tranco, solo y triste,
> recorriendo el veredón,
> sentí el filo de una pena
> que del lado de la zurda
> se empeñaba traicionera,
> en tajarme el corazón.

También se llevó su teatrito, el que le habían regalado sus padres cuando cumplió diez años. Era de cartón, con varios decorados, personajes e incluso algunos libretos. Carmita Oliver hacía todos los papeles, desde el viejo aristócrata a la inocente doncella, cambiando la voz, y yo me quedaba embelesado, escuchando. Aquel teatrito, con el que yo después jugaba en secreto, sin testigos ni colaboradores y también haciendo todos los papeles, desapareció en la guerra civil.

En la casa de El Pardo, destartalada y fría, de camas de hierro y colchones de lana, aprendí a leer. Mi madre se trajo libros de cuentos, con bonitas ilustraciones, porque ella ponía mucho cuidado en la encuadernación y en los dibujos. Se llevó libros de poesía, que me recitaba despacio, tratando de que yo entendiera el significado de los versos, que muchas veces repetía, para que las estrofas completas se me quedaran en la memoria. Casi siempre, Rubén Darío, las poesías que le gustaban a ella, y las que pensaba que me iban a llamar la atención por el argumento, como *Los motivos del lobo*. De cuando en cuando se perdía por el camino de los hermanos Machado, que entonces Antonio casi era Manuel, y Manuel, Antonio. O dejaba los libros y me recitaba a santa Teresa de Ávila, que aprendió de chica, o los versos que había oído de labios de la Cobeña, en el teatro Español, como *La moza de cántaro*, de Lope de Vega, que aún sigo escuchándola, si cierro los ojos:

Aprended flores de mí
lo que va de ayer a hoy,
que ayer maravilla fui,
y hoy sombra mía no soy.

Es probable que haya cambiado alguna palabra, pero no quiero buscar la página de Lope, prefiero quedarme con el recuerdo de Carmita Oliver y de mi abuela, que cuando estaba de buen humor utilizaba frases de las comedias de su repertorio:

—¡Basta de aplausos, bravos pecheros! No te digo nada con la voz... Esa llamada postrera ha sonado en la escalera... Al rey la hacienda y la vida se ha de dar, pero el honor es patrimonio del alma, y el alma sólo es de Dios. ¡Aparta de mí, sombra vana! Contra miasmas sutiles, no hay manera de luchar... ¿No es verdad, ángel de amor, que en esta apartada orilla más pura la luna brilla y se respira mejor?

A El Pardo fuimos con mucha utillería, intendencia, ropa de abrigo, medicinas, algunos libros selectos y el aludido gramófono. Incluso mi pobre madre se trajo un invento, al que ella llamaba *miráscopo*. Era como unos prismáticos de madera donde se metían fotografías de cristal, reproducidas dos veces. Aquella duplicidad, y la perfección de la imagen, hacían del miráscopo un adelanto del cine. Yo me quedaba pasmado ante los retratos de mis abuelos, de la bisabuela Julia, de las meriendas campestres, de los hermanitos Oliver. Los árboles —casi siempre eran exteriores— parecían salirse de la vista, y las cestas de la merienda rezumaban aceite rico. Mi madre me hablaba de su juventud, de cuando era mocita y bailaba el *one-step* en el balneario de Trillo, y de los veraneos en Llanes, donde el abuelo Federico escribió una de sus mejores comedias: *La neña*, y mira por dónde se la dio a María Guerrero, la rival de su mujer, en los escenarios, se entiende.

Un mal día se perdió el miráscopo y con él su dualidad de espejos, y el niño Paupico se quedó sin saber si aquél era un invento de Julio Verne o un recuerdo de infancia.

* * *

Poco tiempo después hubo un acontecimiento político que conmovió a toda España y, por supuesto, a la familia Armiñán. El 10 de agosto de 1932 se sublevó el general Sanjurjo en Madrid y en Sevilla. Un golpe militar a la antigua usanza, al estilo de los del siglo XIX, y que no tuvo la menor consecuencia para la República, pero sí para los militares que habían participado en la intentona, especialmente para Sanjurjo, juzgado y condenado a muerte. El gobierno lo indultó, fue encarcelado a perpetuidad en Canarias, pero poco tiempo después consiguió huir del archipiélago, con el consiguiente escándalo político.

El general Sanjurjo era íntimo amigo de mi abuelo Luis, que lo llamaba familiarmente Pepe. Se conocieron en África, cuando mi abuelo estuvo de corresponsal en la guerra de Marruecos. Sanjurjo era —según creo— capitán y, desde entonces mantuvieron su amistad, aunque políticamente nunca fueron afines. Sin embargo se divertían juntos e incluso mi abuelo se disfrazaba de moro para retratarse con Pepe Sanjurjo. Durante aquellos días —fuera en El Pardo, en Madrid o en la Sierra del Guadarrama— recuerdo haber rezado por la salvación del general Sanjurjo, pero ignoro de dónde procedía el impulso. Descarto a mis padres y al abuelo Luis, que no era muy aficionado a los curas, ni a los temas religiosos. El misterio de los rezos por el general Sanjurjo no conseguiré descubrirlo jamás.

* * *

El Club Alpino Español —que se fundó en 1910— a lo largo de mi infancia fue trascendental para mí, y oportunísimo en la difícil adolescencia, tanto que me atrevo a decir que, sin aquel familiar escenario, mi camino hubiera sido otro y me temo que de malas consecuencias. Al menos yo quiero pensarlo así.

El Club Alpino Español respondía al amor que se despertó por la naturaleza y el aire libre en los jóvenes —y también en los maduros— durante los últimos años del siglo XIX y los primeros del XX. Mucho tuvo que ver la Institución Libre de Enseñanza, y el incipiente movimiento de liberación de la mujer, con la querencia a las sierras de Guadarrama y de Gredos y, por supuesto, con los deportes de nieve y de montaña. Mi tío Luis Armiñán —de otra rama de la familia y primo lejano de mi padre— fue uno de los fundadores de la sociedad alpina, y con él los hermanos Arche, los Urgoiti, González Amezúa, Arenillas, Zabala, Enterría, Kindelán, Sócrates Quintana, Sainz de Aja, Catalán, Sainz de los Terreros, y un par de centenares, entre los que luego se contó mi padre y después yo mismo.

A partir del verano de 1932 fuimos al chalet del Ventorrillo mi madre, mi tía Toya y yo. Estaba a cuatro kilómetros de Navacerrada, en plena subida al puerto. Era una casa grande, de buen trazo, pintada de amarillo, dos pisos y sótano, que tenía una gran terraza sobre el valle, que hoy —por su lujo luminario— parece el de San Fernando (California). Como era un club privado los precios resultaban razonables y el ambiente, cómodo y tranquilo. Recuerdo un gran comedor, el salón y las pequeñas y modestas habitaciones que, por supuesto, no tenían cuarto de baño. Yo creo que mi madre se sentía bien en el Ventorrillo, y que allí hizo amistades que le duraron toda la vida. Lo malo es que estaba muy lejos de Madrid —cincuenta kilómetros, nada menos— y que los maridos sólo podían llegar en sábado, fatigando muchísimo a sus coches de hojalata. Precisamente los sábados algunos niños nos situábamos en la terraza para ver venir a los papás, y más que nada para observar cómo hervían sus automóviles. Había un señor que arreglaba el suyo con papel de plata, y otro —llamado Lotelerí— que subía marcha atrás: era emocionante ver el coche del señor Lotelerí, envuelto en una nube de humo, avanzando a trancos hacia el chalet del Ventorrillo. Por desgracia, en 1936 —ya en la guerra civil— ardió el edificio, que nunca fue reconstruido.

En el Ventorrillo tenía yo varios tíos honorarios, uno de ellos se llamaba Josechu Escriva de Romaní, que con Blanca, su mujer, se hicieron muy amigos de mi madre. Quizá fuera el verano de 1933, cuando yo me enamoré sin remedio de una chica que se llamaba Bernarda. Debía de ser muy joven, pero a mí me parecía mayor. El amor que me inspiraba Bernarda tenía su motivo. En aquel tiempo yo seguía llevando un flequillo liso que me llegaba hasta los ojos, y aunque no lo decía nunca, me avergonzaba, porque el flequillo era cosa de niños. Bernarda le propuso a mi madre peinarme con raya y yo, por poco me desmayo, cuando aceptó Carmita Oliver. Desde aquella dichosa mañana, Bernarda me sacaba una impoluta raya, en el lado izquierdo, justo encima de mi corazón, que latía apresuradamente.

Al año siguiente —mi padre ya era gobernador civil— alquilamos una casita en Cercedilla, frente a la plaza de toros, y allí fuimos toda la familia, como siempre arrastrada por el niño Paupico. Fuimos mi tía Toya —mi joven madrina—, la bisabuela Julia, la abuela Carmen, el abuelo Federico, Carmita Oliver y yo, según costumbre con el gramófono y los discos, y un buen montón de libros. Conocí entonces mucho mejor a mi abuelo Federico, que era un prodigio de inteligencia y bondad: sólo pensaba en el teatro, en las comedias que escribía y que ya no le estrenaba nadie, en la Sociedad de Autores, en la Escuela de Artes y Oficios, en la República, en los obreros y en comer. La diabetes era culpable, las inyecciones diarias nos unían y a mi abuela Carmen se la llevaban los demonios.

Muchas veces he pensado en Federico Oliver, en el abuelo Federico de mi niñez, en el escultor, en el autor dramático, que yo nunca vi representado, en el director de la compañía Oliver-Cobeña, en el hombre comprometido con su tiempo, y hoy —al evocar el pueblo de Cercedilla— mientras por el gramófono de La Voz de su Amo suena un fragmento de *Las hilanderas*, la zarzuela que escribió con el maestro Serrano —el músico que le enseñó a beber en porrón— quiero recordarle de camino, como cuando íbamos a ver pasar el ferrocarril por la estación del pueblo, que unos paraban y otros seguían.

A mi abuelo le gustaban mucho los trenes, que le llevaban a las madrugadas de su juventud, en las estaciones de paso —Monforte de Lemos, Miranda de Ebro, Alcázar de San Juan o Alsasua—, café con leche hirviendo, sueño y prisas para llegar a tiempo a Bilbao o a La Coruña, donde debutaba la compañía, precisamente con *El pueblo dormido*, de Federico Oliver, quizá con *La corte de Napoleón, Casa de muñecas, La Celestina* o *Los condenados*, de don Benito Pérez Galdós.

Fue huérfano de padre desde muy chico. La abuela Julia se casó, en segundas nupcias, con un buen hombre, un imaginero y restaurador, de Sevilla, que tenía una tienda de antigüedades. Federico Oliver aprendió el oficio de su padrastro y trabajó, incluso, en la catedral. Con su primer salario —a los diez años— se compró un ejemplar de *Don Quijote de la Mancha*, que leía todas las noches, hasta aprendérselo casi de memoria. Luego fue escultor y obtuvo una tercera o segunda medalla, en una exposición nacional, con una obra realista titulada *Sin pan*. Y por fin, autor dramático desde *La Muralla*, cuando conoció a la abuela Carmen Cobeña, hasta *Los cómicos de la legua*, ya con Carmita Oliver de dama joven.

De vuelta de la estación se le ocurrió comprar dos gorritos blancos, como los que llevan los marinos americanos, y así fuimos paseando por Cercedilla, yo un poco avergonzado, porque los niños son muy especiales para esto de los rubores. A mi abuelo le quedaba el gorro un poco pequeño y a mí algo grande. Cuando nos vio Carmita Oliver, dijo sencillamente:

—Estáis hechos dos tiros.

Y la abuela Carmen comentó:

—Federico, pareces Oliver Hardy.

Pero a él no le importaban los comentarios de los demás. Aquel verano me enseñó a jugar al ajedrez, cosa que la abuela Carmen también le afeaba:

—Federico, le vas a derretir los sesos al niño.

—Los grandes maestros empiezan a jugar a su edad.

—A lo que tiene que jugar el niño es a la oca.

Muchos años después —cuando ya empecé a escribir comedias— me hablaba del teatro y de sus tiempos, de la admiración que profesaba a Galdós y a Unamuno, a quienes llamaba maestros, y de la debilidad que había sentido por Valle Inclán, aspirante a cómico a finales del siglo XIX. Mi abuelo Federico tenía la copia de una carta, que don Ramón había escrito a Galdós para que lo recomendara a la compañía de mi abuela, que iba a estrenar *La comida de las fieras*, del prometedor autor Jacinto Benavente:

«Sr. Don Benito Pérez Galdós

»Mi querido amigo y maestro,

»desde hace mucho tiempo acaricio la idea de dedicarme al teatro, como actor, para lo cual he estudiado un poco y creo tener algunas disposiciones. Pero usted sabe las dificultades con que aquí se tropieza para todo. Necesito el apoyo de una gran autoridad, y ruego a usted que me preste el suyo, recomendándome a Carmen Cobeña, a Emilio Thuiller y a Donato Giménez —empresa nueva y flamante que acaba de tomar La Comedia—. Si usted echa mano de toda su respetabilidad, yo sé que la recomendación de usted será para ellos un hukasse [sic]».

La recomendación surtió efecto y la noche del 7 de noviembre de 1898, Valle Inclán hizo el personaje de Teófilo Everit en la comedia de Benavente *La comida de las fieras,* que estrenó la compañía de la joven actriz Carmen Cobeña.

Estaba sentado en su butaca con la boina y la bufanda puesta —vestuario de abuelos—, las gafas de culo de vaso, y su paciencia para esperar todo, todo menos la hora de la comida. Sobre la una llegaba el practicante:

—Buenos días, don Federico.

—Buenos días.

Era el mismo, el de siempre. Mi abuelo se remangaba la camisa y dejaba al aire un brazo blanco y blando, lleno de pinchazos nazarenos, donde el practicante metía la insulina de todas las mañanas. Allí murió, en aquel piso de Altamirano, 34, con sus hijos y con su Carmen Cobeña, sin renunciar a nada, y menos a su escondida libertad.

—Yo no sé si tu abuelo —me dijo mi padre en cierta ocasión— era marxista o anarquista.

—Imposible: marxista y anarquista no se junta —le respondí yo.

Anarquista, autor de *Los pistoleros*, romántico y revolucionario. Incapaz de tirar una bomba, ni de disparar un revólver.

Un día, cuando ya teníamos cierta confianza, me dijo:

—He descubierto a un gran autor y es un milagro, si me es dado pronunciar esta palabra, que en la España que vivimos nazca un escritor con la cabeza bien puesta y el corazón en su sitio.

La sociedad Amigos de los Quintero había convocado un premio para autores noveles. El abuelo Federico era el presidente del jurado y el agua llevó la gloria al molino de Buero Vallejo con *Las palabras en la arena*. Buero Vallejo se convirtió en el autor más importante del teatro español a partir de *Historia de una escalera*, pero nunca olvidó al anciano Federico Oliver, que le echó el ojo en su primer acto.

—Hermanito, tú y yo somos de la misma sangre.

Aún me parece sentir la sonrisa y el humor generoso de mi abuelo Federico. Repasando un viejo álbum de fotos y los discos rayados de setenta y ocho revoluciones, siento que durante aquellos meses en Cercedilla —que aún era un bonito pueblo serrano— fui feliz.

* * *

Ya era tiempo de que fuera a la escuela, porque había cumplido siete años, los siete años que dan permiso para sacar carnet de uso de razón.

Carmita Oliver no era partidaria de mandarme al colegio, uno de los sitios más peligrosos del mundo, donde los niños se contagian de toda clase de enfermedades, y los mocos, el pis, la caca y la saliva transportan infinito número de bacterias, miasmas, microbios y virus. Mi padre insistía en que los tiempos eran otros, que los profesores particulares salían muy caros, y además estaban pasados de moda, y los niños —aun a riesgo de contagio— debían relacionarse y, si era necesario, lamerse a conciencia.

Una vez asumida la situación, mi destino estaba claro: iba derecho al Instituto Escuela, el hijo predilecto de la Institución Libre de Enseñanza, donde acudían niños y niñas, en saludable promiscuidad, y la educación —según don Francisco Giner de los Ríos— se propone elevar a la plenitud nuestra individualidad. El método no debe ser abstracto ni mecánico, ha de ser social, humano, obra de paz y de amor. Así se manifestaba el dilecto don Francisco.

En aquellas aulas estaba reservado mi pupitre y además los Arche iban al Instituto Escuela. Una mañana Juanito Arche —el padre de Currinche, Pirula y Ana Mari— me llevó al colegio en su magnífico automóvil. El Instituto Escuela estaba al final de la calle de Serrano, donde terminaba la ciudad y daba la vuelta el tranvía número 3. Yo ignoraba que aquel patio de columnas, y las clases limpias y ventiladas, eran el territorio de tres mujeres muy especiales: Jimena Menéndez Pidal, Ángeles Gasset y Carmen García del Diestro. Habría otras *señoritas* —y quizá otros profesores— pero aquéllas fueron las mías, no cuando llegué al Instituto Escuela, sino años después. Y si afino un poquito —que tiempo habrá para todo— de tres me voy a quedar con una.

Siempre sentí vergüenza al inicio de cada curso, sobre todo si me incorporaba con las clases ya iniciadas, como ocurrió en el Instituto Escuela. Además yo era pequeño, enfermizo, poca cosa, y tímido por añadidura. Aparte de mis amigos de Agustina de Aragón no había visto tribus de niños, ni en libertad ni en cautividad. Por fortuna sabía leer, y escribir muy despacio, e incluso dibujar. Una de las señoritas de la escuela me llevó a mi futura clase, me sentó en un pupitre y se puso a cuchichear con una compañera: las dos me miraban y yo quería que me tragara la tierra. Los niños y niñas del aula —con mezcla de curiosidad y asco— también me miraban. Por fin la señorita número uno, que se había puesto de acuerdo con la señorita número dos, me sacó del aula. Juntos recorrimos largos pasillos, luminosos y bien aireados, hasta llegar a una clase de párvulos: era precisamente la 1-2, la de los más pequeños. Y allí fui confinado. Y bien recibido por una nueva señorita, que me sentó ante un pupitre muy pequeño, junto a una niña diminuta. Poco después todos los niños empezaron a hacer disparates y a gritar y luego cantaron canciones desconocidas. Ninguno sabía leer, ni por supuesto dibujar la cara de un gato. La señorita número tres comprendió que yo era pequeño de cuerpo, pero llevaba ventaja a mis compañeros en el Registro Civil, ya que había cumplido seis años. De nuevo recorrimos los ventilados pasillos, hasta llegar a la clase que me correspondía, la 7-9.

Recuerdo poco del Instituto Escuela porque los ganglios, las décimas y las anginas me volvieron a casa. Yo estaba a gusto en el colegio, había hecho amigos, aprendía y me comunicaba con facilidad. La clase más divertida era la de trabajo manual, porque se pegaban cartulinas de colores con sindeticón, se utilizaban reglas y tijeras de punta roma. Creo que llegué a hacer una pirámide y un cubo. Sin embargo me espantaba la clase de gimnasia rítmica.

—Pero niño, ¿cómo te vas a poner las botas katiusca, si hace un sol de justicia? —me dijo un día mi abuela Carmen, un poco asombrada.

Yo estaba empeñado en llevar las botas katiusca, que eran de agua y se metían de un tirón, porque aquella mañana dábamos gimnasia rítmica.

Una nueva señorita tocaba el piano, los niños habían recibido la orden de quitarse los zapatos, para poder deslizarse con facilidad sobre el cálido suelo de madera encerada. Yo, resignado, hice como los demás. Al terminar la clase tenía que ponerme los zapatos. Vino la señorita:

—Armiñán, átate los zapatos.

—Sí, señorita.

Fingí que me ataba los zapatos e intenté salir del estudio, disimulando.

—Armiñán, te vas a pisar los cordones... ¿No te he dicho que te ates los zapatos, hombre?

Yo estaba a punto de echarme a llorar... Por eso quería ponerme las botas katiusca... Era capaz de pintar un pájaro, un gato de frente o un mono de perfil, había leído *Pipo y Pipa*, y *Pinocho contra Chapete*, pero no sabía hacer una simple lazada, porque nadie me había enseñado a atarme los zapatos.

Mi padre era entonces un joven y prestigioso periodista, que se había formado en varias redacciones; empezó por pegar telegramas, luego estuvo en la crítica teatral, hasta que llegó a la sección de política, que llevaba en *El Heraldo de Madrid*. Tenía publicados tres libros, uno puramente literario —*Por el camino azul*—, y otros dos que cuestionaban la dictadura del general Primo de Rivera, y ahora un cuarto, que se titulaba *La República... ¿es esto?* Mientras yo aprendía a atarme los zapatos, él pasaba todas las tardes por el Casino de Madrid, en la calle de Alcalá, para encontrarse con mi abuelo Luis.

A la hora del café, en el vestíbulo del Casino, mi padre se colocaba al abrigo de la puerta, en un sillón de mimbre, y allí leía un libro o los periódicos que le iba dando el conserje. La gente, desde los días anteriores a la República, insultaba a los socios que se sentaban en la calle. Llamaban al Casino el Círculo de Trabajadores. La Gran Peña no ponía sillas en las aceras, el Nuevo Club nunca lo hizo, los militares casi se ocultaban y Bellas Artes era el Casino de los Pintores. El gobierno había caído. Don Niceto elaboraba una de las crisis, que hacía eternas, porque tenía las mismas mañas que Alfonso XIII: el poder era cosa suya y de nadie más. Estábamos mi padre y yo, sentados en el vestíbulo del Casino, cuando entró Diego Martínez Barrios, que acababa de pronunciar en el Congreso un brillante discurso, el discurso «Sangre, vergüenza y lágrimas», que tantos pesares le trajo. En su día lo comenté con don Alejandro Lerroux, que asintió:

—Sí, es verdad: Martínez Barrios siempre está bien... con todos.

Allí se plantó don Diego, en medio de la doble escalera del vestíbulo.

—¿Quiere hacerme el favor, Armiñán?

Yo me acerqué a él que, sin más palabras, me hizo una inesperada proposición:

—¿Aceptaría usted un Gobierno Civil?

—Claro.

—No diga nada hasta que Lerroux se lo autorice.

Y fui, in partibus, *gobernador civil de Soria. Lo supe a los dos días, porque me lo contó Ubaldo Azpiazu, gran amigo de mi padre, visita familiar de muchas tardes y diputado radical por Lugo, donde no tenía demasiadas simpatías —justo es reconocerlo— pero sí poder e influencia, que mantuvo durante todos los gobiernos de Alejandro Lerroux. Él me dijo que me habían nombrado gobernador civil de Lugo, y a mí me daba lo mismo, porque ni conocía Soria, ni Lugo. Azpiazu se brindó a acompañarme en el viaje, y a mí no me hizo demasiada gracia, pero tuve que aceptar por respeto a la personalidad de don Ubaldo, y en nombre de la amistad que le unía a mi padre.*

En el andén de la estación de Lugo estaba la plana mayor del lerrouxismo, que me recibía sonriendo afectuosamente, y que al ver a Ubaldo Azpiazu se quedaron helados y dejaron de sonreír. Don Ubaldo me presentó a todos aquellos caballeros y discretamente se fue. Había entrado con mal pie en mi ínsula. Aquella misma noche las fuerzas vivas le pusieron un telegrama a don Alejandro, que me llamó por el teléfono oficial, a la una de la madrugada:

—Le va a hablar el presidente del Consejo.

Entre sueños me espabiló la alarma.

—Armiñán, procure no crearme más conflictos de los que tengo, por favor.

—Don Alejandro, hasta ahora no he puesto el dedo en un papel, ni en un teléfono.

Hizo una pausa y carraspeó.

—Bueno, pues cuide sus amistades, y no olvide que los pueblos son muy celosos.

No comprendí aquello bien, hasta que, medio dormido, di con la clave: Ubaldo Azpiazu. De todas formas por primera vez era algo en política, algo importante, porque entonces ser gobernador civil era mucho, tanto, que mandaba sobre los obispos y los gobernadores militares, y llegaba hasta el último ayuntamiento de la provincia.

Mi primera visita fue para Azpiazu.

—Ubaldo, me parece que aquí no le quieren demasiado sus correligionarios. Algunos han pedido ya mi cabeza, porque vino en el tren conmigo.

—Esta tarde me voy a Madrid y te dejo solo —me contestó—. Si me necesitas me llamas. Los gallegos llevan la política en la sangre y temen a la competencia, pero lo que no saben es que yo no los necesito. Quizá me haya equivocado, por querer ayudarte.

—No, usted ha hecho lo que habría hecho mi propio padre. Yo estaré en contacto con usted sin que se enteren estos señores, sobre todo para saber quién es cada uno... Claro que usted también es gallego.

Se echó a reír alegremente, con aquella bocaza inmensa que tenía, y me dio los informes personales de sus correligionarios en menos de media hora: vaya tropa, don Ubaldo, me dije recordando al conde de Romanones.

Mi madre se marchó a Lugo a vestir el cargo de gobernadora, que acababa de estrenar. Mi abuelo Federico seguía escribiendo comedias, mi abuelo Luis esperaba que la política —en este caso el Partido Radical— le abriera de nuevo sus puertas. Yo andaba mejorcillo y tanto es así que Carmita Oliver decidió llevarme a Lugo, cosa que me llenó de emoción. Hasta aquel momento mis viajes habían alcanzado la raya de Las Navas del Marqués y las primeras estribaciones de la cordillera de Gredos: ahora iba a llegar hasta Galicia, nada menos.

No fue un viaje cualquiera.

Una mañana, muy temprano, me subió mi tío Pepe a un taxi de los caros, porque entonces también los había baratos. Me extrañó que el tío Pepe fuera vestido como a una boda y que incluso llevara sombrero flexible. Yo también iba muy arreglado, con camisa nueva y oliendo a colonia. Llegamos a una calle de Madrid y esperamos ante un portal, mientras en un coche cargaban algunas maletas. Por fin salieron un señor y una señora de muy buen porte. El tío Pepe los saludó finamente, me empujó un poco, la señora me dio un beso, y el señor me hizo una caricia en la mejilla. Parecían simpáticos.

—¿Se marea el niño? —preguntó ella.

—Nunca jamás —respondió el tío Pepe.

Me senté junto al chófer —entonces se escribía *chauffeur* y se decía mecánico— y emprendimos un largo viaje en aquel magnífico automóvil. De cuando en cuando, la amable señora me preguntaba si todo iba bien. Yo procuré portarme como un mayor y no dar la lata. A veces veía la carretera, las curvas que íbamos tomando a gran velocidad, y me acordaba de mi amigo Currinche, o cerraba los ojos y dormitaba. Al cabo de varias horas llegamos a un pinarcillo verde y allí nos detuvimos. El mecánico sacó una cesta de mimbre, extendió manteles en el suelo y nos sirvió la merienda. Mientras tanto el señor se alejó unos metros, se volvió de espalda e hizo pis, como si fuera una persona corriente. Lo que yo no esperaba es que en la merienda hubiera tortilla de patata. Mis manos temblorosas —que sostenían un plato de aluminio— recibieron aquel regalo inesperado, porque yo sólo podía tomar tortilla de clara de huevo, a causa del maldito hígado. Luego me dieron un filete empanado.

Ya de noche llegamos a Lugo y, medio dormido, me dejaron en el Gobierno Civil. Y yo sin enterarme de que me había llevado a Lugo don José Ortega y Gasset.

Me desperté en un enorme caserón, como de cuento de miedo, de puertas muy altas, muebles solemnes y ventanas ajustadas. Yo nunca había visto nada igual. Me arreglaron muy bien, vino un señor a recogernos, y me llevaron a dar un paseo por Lugo. Me gustó mucho aquella ciudad tan distinta de Madrid, húmeda, y de grandes piedras cubiertas de musgo.

Es mentira que los niños no se fijan en nada, porque muy al contrario suelen estar atentos a todo lo que les rodea, y que raramente comentan, como los chimpancés, que tampoco hablan, pero se acuerdan luego. Me fijé en que no había tranvías, en los grandes zapatos de madera —después supe que se llamaban zuecos—, en los paraguas abiertos, en las mujeres que llevaban cestos sobre la cabeza, con verduras o pescado, y sobre todo en la lluvia, que caía como si saliera de un perfumador, y parecía que no mojaba. Lo que más me gustó de aquella ciudad fue la muralla, por donde dimos varias vueltas, y el río, que yo no había visto nada parecido, de tanta agua que llevaba.

En el Gobierno Civil no había servicio, ni cocinera, ni nadie. Todos los días —al menos los que yo estuve en Lugo— venía un chico con tres tarteras calientes, sujetas por varillas de metal, y el postre en una cesta. Una de las tarteras traía caldiño, siempre caldiño, por la mañana y por la noche; la otra pescado, supongo que pescado de buena clase, y la última, carne de ternera. Creo recordar que mi madre me dijo alguna vez que el cubierto —que venía de un hotel o de un restaurante— costaba tres cincuenta.

Mi estancia en Lugo fue corta e intensa —también la de mi padre— y allí encontré el mar. El mar de Galicia, el gran océano Atlántico. Supongo que Luis de Armiñán fue a La Coruña, siguiendo el camino del abuelo Luis, gobernador de aquella ciudad en 1906. Debía de ser un domingo o fiesta de guardar, porque mi padre —con su máquina de fotografías Kodak— vino con nosotros. En el coche me fueron contando la impresión que me iba a hacer el mar, que llegaba hasta América, y parecían mucho más excitados que yo. Mi padre hablaba de su niñez, de Algeciras, de Gibraltar, de Marruecos, del Mediterráneo, que era su mar, azul y tranquilo unas veces y otras desatado y furioso, claro que el de La Coruña era un océano, el mismo que cruzara Cristóbal Colón, cuando se fue a descubrir América. Mis padres se quitaban la palabra, ilusionados con mi virginidad marina, sin pensar que aquellos aires no eran buenos para mis pulmones. Quizá mezclaran cuentos y novelas de piratas: *La isla del tesoro, Lord Jim, 20.000 leguas de viaje submarino, Moby Dick, Capitanes intrépidos...* Hablaban sin parar y yo buscaba afanosamente las primeras huellas del océano.

—Fíjate, ya se huele el mar.

Por fin llegamos a la playa de Riazor, me abrieron la puerta del coche y yo salí corriendo como un perrillo. Salté a la arena, corrí hacia las olas, me volví de espaldas al horizonte y me puse a escarbar con verdadero entusiasmo. Los gobernadores de Lugo estaban atónitos y apenas reaccionaron para hacerme una fotografía. Por fin mi madre se echó a reír:

—Este niño tira mucho más a beduino que a marinero.

A veces he pensado en aquella curiosa reacción y creo que se debió a una venganza instintiva: si el mar era perjudicial para mi salud, yo, como si no existiera, y estaba dispuesto a darle una lección histórica.

Sólo estuve un mes de gobernador civil en Lugo. En Madrid la situación era insostenible. La mujer que fregaba los suelos del gobierno me había dicho aquella mañana:

—¿De modo que es usted el saliente?

Alejandro Lerroux tenía el veto de todos los políticos que no querían que presidiera la segunda cámara de la República, y la enemiga cautelosa de Martínez Barrios. Yo hice lo que pude en Lugo, traté a los amigos de Azpiazu con amabilidad, y también a sus enemigos. Poco a poco me fui ganando el aprecio de los radicales y el respeto de algunos adversarios.

La tarde de mi partida los andenes de la estación estaban llenos de gente. Cuando aparecí sonaron tantos aplausos, que me obligaron a quitarme el sombrero. Entre apretones de manos subí al vagón, y entonces, al fondo gritó alguien:

—¡Viva la buena educación!

Había conquistado a la provincia con buenos modales: menos da una piedra.

2
Córdoba

Don Alejandro Lerroux volvió a la presidencia del Consejo de Ministros y me llamó:

—En Bujalance las cosas están muy mal. Córdoba tiene un gobernador, amigo de don Niceto, que me pide a gritos que lo releven y me amenaza con abandonar la provincia. Vaquero está informado de su gestión en Lugo, y aprueba su nombramiento. ¿Quiere usted ir a Córdoba?

—Yo voy adonde usted me diga.

—Prepárese para salir mañana.

El Partido Radical tenía dos diputados en Córdoba: uno Eloy Vaquero y otro Joaquín de Pablo Blanco. Vaquero era jefe de los radicales, un maestro de escuela basto, duro y torpe, que según las malas lenguas había disparado a un Cristo en una procesión de Semana Santa. Llegó a ministro y al enterarse un cordobés, sin dárselas de gracioso, telegrafió al Círculo de la Amistad: por mi salud que han nombrado ministro a Vaquero. Joaquín de Pablo Blanco era un abogado de prestigio, fino, culto, y lleno de buenas intenciones, pero también con sus conchas o gatos en la barriga. El alcalde era un maurista neutro, gordo y pacífico, que no se metía en ningún charco; lo único que le importaba era presidir las procesiones de Semana Santa. El presidente de la Diputación era un tirillas que lo ignoraba todo, antiguo dependiente del comercio, pero criatura de Vaquero, y había mamado a sus pechos cierta peligrosa ambición. Y por último, por encima de todos, como una enorme carpa de circo, estaba el presidente de la República, don Niceto Alcalá Zamora, señor y amo de su pueblo (Priego de Córdoba) y, de momento, intocable.

—Ten muchísimo cuidado con don Niceto —me había dicho mi padre, que lo conocía bien y de antiguo.

A la mañana siguiente de mi conversación con Lerroux salí por carretera, en el automóvil de Emilio Serrano, con mi hermano José Manuel, don Paco Segovia y mi cuñado Pepe Oliver.

* * *

El tío Pepe, que entonces tendría algo más de treinta años, me estaba leyendo un cuento de la bruja *Pirulí* y el malvado *Camuñas*. Dormíamos en el mismo cuarto. Él se acostaba con chaqueta de pijama y calzoncillos blancos abotonados: yo, con un pijama crecedero, y todas las noches escuchaba las lecturas de mi tío, que se producían casi en secreto. Algunas veces entraba Carmita Oliver, apagaba la luz, y ordenaba:

—¡Ya os estáis durmiendo!

Y no nos atrevíamos a rechistar. Aquella noche el tío Pepe me confió, ya en voz baja:

—Mañana me voy a Córdoba con tu padre.

No me hizo ninguna gracia, aunque, como de costumbre, me callé la boca. Iba a quedarme solo, porque el tío Pepe era mi amigo y mi hermano mayor, todo en una pieza. Luis de Armiñán —el nuevo gobernador de Córdoba— se lo llevaba en calidad de secretario particular, porque le era necesario tener a su lado una persona de confianza y el tío Pepe Oliver estaba medio en paro, esperando que se convocaran oposiciones.

Cuando yo aún no había cumplido los seis años, se sentaba a mi lado, con un mazo de lápices de colores, y pintaba personajes inventados, animales, barcos, soldados... Desde que eran muy jóvenes él y el tío Federico Oliver, dibujaban perfectamente, a veces con meticulosidad oriental. En cierta ocasión me regalaron dos o tres regimientos de soldados, de los de la Gran Guerra, copiando exactamente los uniformes y sus colores: alemanes, cosacos, turcos, italianos de plumas en el gorro, ingleses, también escoceses y las tropas coloniales, que eran las que más me gustaban. Aquellos soldaditos de cartulina no medían más de dos centímetros y tenían su peana. Durante la guerra de Abisinia le pedí que me hiciera legionarios italianos, y guerreros abisinios también, con el Negus comprendido: me pintó más de cincuenta.

Como yo tenía que permanecer diariamente en el *reposeo* y muchas horas en la cama, se le ocurrió despertar en mí la afición filatélica. Fuimos comprando sellos baratos, el abuelo Federico nos traía los que llegaban a la Sociedad de Autores y algunas veces colaboraba mi padre con los sellos del Casino de Madrid. Incluso el tío Pepe se agenció un catálogo viejo. Pero lo que más me gustaba era ir a la Puerta del Sol, en el metro, que era una verdadera fiesta. Íbamos a comprar Sellos Otto, que los vendían en la calle de Carretas, a perra gorda el sobre transparente.

El tío Pepe Oliver había estudiado la carrera de derecho en la Universidad de Madrid y estaba preparando oposiciones a notarías. Se pasaba encerrado muchas horas, leyendo en voz baja derecho civil, procesal o mercantil o cualquier otro tema, y entonces yo me tenía que callar y, si estaba en buenas condiciones, salía a jugar a la calle con mis amigos. El tío Pepe tenía un defecto, una tara, cierta inferioridad: su enorme timidez, su incurable vergüenza, el miedo a enfrentarse a los demás. En estos tiempos quizá se hubiera curado fácilmente, en aquéllos tenía que vivir su problema y hacerse fuerte. Además de bueno era muy capaz, culto, fiel y leal, pero sobre todo, muy divertido.

Las oposiciones a notarías siempre fueron un jugoso reclamo para los estudiantes de derecho. Los notarios —con todos mis protocolarios respetos— se tiran cinco, seis, siete o hasta once años desojándose para pasar el resto de su vida firmando escrituras, poderes y otras delicias, y cobrando un dineral por echar una complicada rúbrica. Es cierto que hasta los treinta y cinco años apenas duermen, pero después la vida se les muestra sonriente, las bodegas de pueblo y los jamones se les entregan, e incluso algunas ricas herederas les abren su cama. Hay casos en que los notarios planean por Madrid, Barcelona o Valencia, mientras algunos se enrocan en sus municipios. Delicias de las oposiciones ibéricas, donde es obligatorio empollarse leyes, decretos, códigos y ordenanzas, golpe a golpe de memoria, sin tiempo para reflexionar, ni mucho menos para discutir. Mi tío Pepe quería ser notario y mi abuela Carmen le empujaba a serlo: busca lo segurito, un burladero contra el hambre y el invierno, todo menos ser cómico, hijo mío.

En casa teníamos un ejemplo de notario rural: el buen Manuel Valdemoro, joven amigo y amanuense de mi abuelo Luis, notario en Torralba de Calatrava (Ciudad Real), soltero, de cuidado bigote —que yo siempre conocí blanco— y protector del tío Pepe. Ya en 1933 le animaba a presentarse a las lujosas oposiciones, y pasados los años, al borde de los cincuenta, le seguía echando su benéfico aliento jurídico.

* * *

Me desperté pronto, cuando llegó el automóvil de Emilio Serrano con mi tío José Manuel y don Paco Segovia, todos muy serios, dispuestos a cumplir una difícil obligación. Emilio Serrano era de Sevilla, amigo de la niñez de Manolo Bienvenida, el Papa Negro, y antiguo secretario de mi abuelo Luis. Tenía una fábrica de camas metálicas —muy de los años treinta— y a mí me parecía riquísimo. Era bajito, pero estaba fuerte y ágil, y siempre sonreía con sus dientes muy blancos, y cierta malicia. Al ver mi triste aspecto me dio un duro, un duro de plata, de los que sonaban. En casi todas sus visitas —y no eran pocas– me regalaba cinco pesetas, que entonces era un capital. A mi abuela Carmen aquello no le gustaba mucho y decía que Emilio Serrano me estaba acostumbrando a vivir en la opulencia. No iba descaminada, porque con un duro yo podía invitar al tío Pepe y a Currinche al cine, pagábamos los transportes, merendábamos después –pongamos en Acuarium– y me sobraba dinero para comprar un par de sobres de Sellos Otto y cromos de animales salvajes.

Mi padre me dio un beso, todos dijeron que me portara bien, porque ya era un hombre, y se perdieron por la calle de Agustina de Aragón. Carmita Oliver se fue a llorar a su cuarto, la abuela Carmen estaba angustiada, y yo tenía los ojos llenos de lágrimas, pero aguanté como pude, porque ya era un hombre.

Toda la mañana estuve pensando en el automóvil de Emilio Serrano y en el camino que seguiría mi padre. El abuelo Federico me enseñó un mapa y con un lápiz, me fue señalando la carretera. Habían salido de Madrid, y pasaron por Aranjuez, que es un pueblo muy bonito, que está lleno de jardines, por donde corre el Tajo. Luego toda esta comarca, que es La Mancha, donde hay molinos de viento y vivió don Quijote, y donde también hay buen vino de Valdepeñas. Por aquí la carretera se hace muy peligrosa, con cientos de curvas y de barrancos, pero no te preocupes, porque Emilio Serrano guía muy bien. Estamos en Despeñaperros, que allí se escondían los bandidos antiguos, como los Siete Niños de Écija, el Tempranillo y Tragabuches. Pasarán por Bailén, donde hubo una gran batalla contra los franceses, que ganó el general Castaños. Y por fin Córdoba, una de las ciudades más bonitas del mundo, que está en Andalucía, la tierra donde yo nací.

Entonces nació mi afición a los mapas, afición que conservo. El abuelo Federico me regaló aquel mapa de carreteras, y añadió como disculpándose:

–Lo demás te lo contará tu padre.

* * *

Llegamos a Córdoba a las cuatro de la tarde y fui al gobierno inmediatamente. Era un caserón destruido, a medio terminar, que estaba en una calle estrecha. El gobernador no pisaba la acera, y vivía rodeado de guardias de asalto y de civiles. Me tendió la mano, sin mirarme, recogió sus últimos papeles y me dijo:

–Ya que usted ha venido, dejo ahora mismo el gobierno. Esto no hay quien lo domine. No se fíe de nadie y suerte.

Escapó, escapó literalmente. Llamé al teniente de asalto, que estaba en otro despacho con el secretario oficial, de nombre Hita, socarrón y cauteloso, amigo de los nicetistas y adversario de todos los demás.

—Teniente, ponga a los guardias que tenga por costumbre en la puerta, y diga a los demás que pueden marcharse.

Llamé al secretario.

—Señor... Hita... —me acostumbré a hacer una pausa entre el tratamiento y el apellido—, me dicen que se deja la ciudad encendida por la noche. ¿Es cierto?

—Se deja encendida para patrullar mejor.

—Pues esta noche, cuando el público salga del cine, y se cierren los cafés, se apaga la luz, como siempre. Se lo dice al alcalde. Ni un farol de más en ningún sitio.

—Entonces... ¿ya no se patrulla?

—Ya no se patrulla.

Entró en el despacho el capitán Baraibar, de la Guardia Civil.

—Mañana vamos a ir a Bujalance.

—Ayer estuve yo y tengo el tricornio agujereado de un balazo.

—Enhorabuena, y no avise usted a nadie: vamos usted y yo solos.

—A sus órdenes.

Vino a verme mi amigo Rafael Vidaurreta, que había sido concejal con Primo de Rivera y en los tiempos de la universidad, revolucionario. Viajamos juntos, nos repartíamos el poco dinero que caía en nuestras manos, hicimos versos, compartimos alguna novia... y me traicionó después. Cuando yo iba a Córdoba vivía en su casa, y cuando él viajaba a Madrid, en la de mis padres.

—Vamos a cenar todos juntos y vosotros, mañana, os volvéis a Madrid. Tú, Rafael, no vendrás por aquí hasta que yo te llame.

—Lo que usté mande, gobernaó.

Llegó la luz entre las sombras del viejo caserón. El antiguo gobernador dormía con una pareja de guardias de asalto a la puerta de su alcoba. Mi cuñado Pepe se quedó conmigo, como secretario particular, y mi hermano José Manuel, don Paco Segovia y Emilio Serrano, se marcharon a Madrid.

Todo eran temores y prejuicios, miedo y recelo, y Córdoba no merecía aquel trato. Cuando los cordobeses vieron que a la una de la madrugada se apagaban los faroles, que por la calle no patrullaba la Guardia Civil, ni los de asalto, que no había censura, ni en el periódico, ni en los espectáculos, ni en las tabernas, se fueron tranquilizando.

Viajamos a Bujalance, en el coche oficial, sin ningún alarde de fuerza. En Bujalance la policía acababa de descubrir —en el pozo de una casa de vecinos— un verdadero arsenal de armas y se hacía fuego contra todo lo que supusiera autoridad. No vi por la calle a nadie. El capitán de la Guardia Civil y yo paseamos largo rato.

—Capitán Baraibar... —le advertí—, cuando perciba usted un pueblo inquieto, avíseme inmediatamente. Allí estaremos usted y yo. Informe a las comandancias y que lo digan por las calles a quienes crean de su confianza.

Al tercer día se me llenó el despacho de ciudadanos. Entre otros el director de mi primer periódico —Diario Liberal— a quien llamé de esa manera, director, y me lo gané para siempre. De cualquier forma el personaje más difícil de la provincia de Córdoba era el presidente de la República. Muchas veces diputado por su pueblo —Priego—, dueño de fincas en aquel término, donde no se podía alzar la voz sin su permiso, ni siquiera en tiempo de elecciones. Un día vinieron a verme los adversarios de don Niceto, los jefes políticos de los partidos que no acataban sus órdenes... Ni las de su señora, que también mandaba lo suyo.

—Nos arruinan, señor gobernador. El ayuntamiento no admite el pago de las contribuciones, aunque las queramos depositar en el juzgado, porque el secretario dice que no tiene tiempo para atendernos. Cuando acaban los plazos legales pasan nuestras fincas a subasta, y tenemos que pujar para no perderlas. Las suben mucho los amigos de Alcalá Zamora e ignoramos adónde va a parar el dinero, que se oculta en el misterio de los libros municipales. De esta manera, poco a poco, nos quedaremos sin un céntimo, porque hay que hipotecar una finca para salvar otra.

Se lo comuniqué minuciosamente al ministro de la Gobernación, que horas después me llamó por teléfono y me dijo que las cosas de Priego se le escapaban a él, y por tanto también se me escapaban a mí.

—Que alguien haga una pregunta en el Congreso —sugirió—. No veo otro camino.

[...]

El presidente de la República llegó un buen día a Priego, y yo me consideré obligado a presentarme allí con el capitán de la Guardia Civil. La casa de don Niceto era la típica de una familia rica de pueblo y, lo poco que pude ver, me pareció de muy notable mal gusto, a excepción del patio interior y de las macetas con flores. La habitación que ocupaba don Niceto, que no nos ofreció ni un triste vaso de agua, ni nos dejó sentarnos, tenía una espantosa puerta de cristales de colores.

—Cuando yo esté en Priego no hace falta que venga. Si quiero algo, ya le avisaré. Buenos días.

Al salir el capitán Baraibar tropezó en la puerta y se cargó los cristales de colores. Yo me volví para pedir perdón, en un gesto instintivo, y nunca olvidaré los ojos de don Niceto, que si puede, en aquel momento, fusila al capitán de la Guardia Civil y a mí me manda a galeras. Recordé entonces la frase de mi padre:

—Ten cuidado con don Niceto.

Carmita Oliver se empeñó en ir a Córdoba, discutió mucho con la abuela Carmen y con el abuelo Federico, que seguía los sucesos de la provincia por los periódicos y escuchaba los comentarios en el Ateneo. España entonces estaba en situación prerrevolucionaria, en el campo andaluz había hambre y miedo, y el gobierno de Lerroux no tenía crédito, ni autoridad. Lo cierto es que faltaba muy poco tiempo para que llegara el Octubre de Asturias. Mi padre se sostenía dignamente en Córdoba y aguantaba las presiones de los caciques, el miedo del gobierno de Lerroux, las huelgas de los sindicalistas y los atentados de los anarquistas. Carmita Oliver tenía razón, su sitio estaba junto a su marido, y de tal forma yo me quedé en Madrid con mis cinco abuelos.

Quise traerme a Carmen, aun sabiendo el riesgo que corría, para dar apariencia de normalidad al gobierno de Córdoba, que habíamos trasladado a un sitio más limpio y menos truculento: un palacete que alquilaban los marqueses del Mérito. Carmen puso aquel Gobierno Civil como si fuera su casa para siempre, utilizando muebles que habían sobrado del Pabellón de Córdoba, el de la Exposición de 1929. Lo malo es que casi todo el mobiliario era de estilo árabe, y así fue como cambiamos el castillo de Drácula por una quinta de Boabdil.

Cada mañana me llamaba el diputado Eloy Vaquero preguntándome a cuántos alcaldes había destituido, porque quería hacerse con todos los ayuntamientos de la provincia, sin faltar uno solo. No le importaba que fueran socialistas, de Izquierda Republicana, nicetistas, de Acción Popular, independientes o monárquicos: tenían que pertenecer al Partido Radical, pero sobre todo habían de ser incondicionales suyos, más que incondicionales: servidores. Yo le entretenía con pretextos, hasta que pidió a Lerroux que me destituyera. El presidente me llamó:

—¿No puede usted complacer a Vaquero?

—Sin una razón, no. Se le pondría don Niceto de manos, y se iba a usted a ver en muchos apuros en el Congreso. Usted y yo seríamos el pararrayos de la singular democracia del señor Vaquero.

—Procure apaciguar a Vaquero, Armiñán, y no olvide a don Niceto.

Casi era una súplica del presidente. Pensé entonces que ni él ni yo íbamos a durar mucho. El gran inconveniente de don Alejandro Lerroux eran los años. Ya estaba viejo y cansado. Aquel ímpetu, aquella su valerosa condición habían desaparecido. Eloy Vaquero, un individuo gris, de mala clase, le dominaba, y nadie le tendería una mano, ni don Niceto, ni Gil Robles. Gil Robles hacía sólo lo que le ordenaba Ángel Herrera Oria, director de El Debate, fundador de Acción Católica, inspirador de la CEDA, que luego fue obispo de Málaga y creado cardenal por el Vaticano. Claro que don Ángel Herrera carecía también de autoridad.

Hablé entonces con Salazar Alonso, ministro de la Gobernación, y le dije que había pensado volver a celebrar la Semana Santa en Córdoba, que las cofradías no eran hostiles a la República, y que en definitiva —nunca mejor dicho— nada tenía que ver el culo con las témporas. Para Córdoba, la Semana Santa no sólo era motivo de fiesta —o de fervor religioso— sino que significaba una cuantiosa entrada de dinero. Córdoba necesitaba, además, sentir la normalidad en sus carnes, y no la amenaza del estado de sitio. Salazar Alonso me dijo: adelante con la Semana Santa, que en Sevilla también se celebrará, e incluso en Madrid.

No hubo el menor incidente, la ciudad se llenó de forasteros y de periodistas, que vinieron de Francia, de Portugal y de Inglaterra. Y muchos de los que llamábamos rojos fueron penitentes, acompañantes o al menos espectadores, porque no era lo mismo aguantar a los curas de Gil Robles que quitarse el sombrero al paso de la Virgen de los Dolores.

Mi padre decidió llevarme a la Semana Santa de Córdoba —al fin y al cabo eran vacaciones— e intentó convencer a Carmita Oliver, diciéndole que los aires de la sierra cordobesa me sentarían muy bien. Mi madre no era partidaria del viaje y se opuso, alegando que la situación en la ciudad era más que difícil y que un niño en aquel Gobierno Civil no pintaba nada. Pero lo que quería Luis de Armiñán era tener a su familia durante aquellos días, para que los cordobeses advirtieran el clima de normalidad y del «aquí no pasa nada», que debía sentirse en las calles, empezando por la familia del gobernador. Años después me dijo que corrían rumores alarmantes, pero que él estaba seguro de que los cordobeses —fueran de izquierdas o de derechas— eran incapaces de atentar contra sus propias raíces. Y así ocurrió.

El tío Pepe vino a buscarme y los dos nos fuimos a Córdoba. Yo creo que era la primera vez que viajaba en un tren como aquél. Mucho me impresionó la estación de Atocha, los silbidos de las locomotoras, el humo, el repique de las campanas, el olor, los mozos de cuerda cargados de maletas y baúles, los pregones de los vendedores de golosinas y bocadillos, y el trajín de los viajeros. Entonces la compañía de ferrocarriles se llamaba Madrid-Zaragoza-Alicante, pero aquel tren no iba a Zaragoza, ni a Alicante. La abuela Carmen nos preparó la merienda, en este caso sin tortilla de patata. Entramos en un vagón de primera clase y fuimos a un departamento con el sitio reservado. Recuerdo el viaje por mis locas carreras por el pasillo, la emoción al parar en las estaciones del trayecto, y porque el tío Pepe no me dejaba asomarme a la ventanilla y me prevenía, sacando las desgracias al fresco:

—Te va a entrar una carbonilla en un ojo.

Sin embargo lo que más me emocionó fue la amistosa actitud de los viajeros, que, en cuanto hubo ocasión, tiraron de cesta, zurrón y merienda.

—¿Usted gusta?

—No, muchas gracias —respondía el tío Pepe.

—¿Y el niño?

—No, tampoco, gracias.

Yo tenía los ojos redondos a la vista de un magnífico chorizo, delicia que no me dejaban catar en casa, porque si bien era melindroso, en ciertos momentos estaba dispuesto a hacer excepciones. El benéfico viajero insistía en lo del chorizo, y el tío Pepe avisaba de que mi constitución no toleraba ciertos embutidos.

—Este chorizo es de toda confianza: está hecho en casa.

El tío Pepe se resignó y yo comí chorizo, por primera vez en mi vida. Luego otro viajero sacó tortilla de patata, y también nos dio una buena porción. Por estas circunstancias —sobre todo las gastronómicas— es imposible que yo olvide aquel viaje a Córdoba, como no se olvida la primera travesía en barco o el primer vuelo en avión. Supongo que desprecié la merluza rebozada y el jamón serrano, y que el tío Pepe me entregó a las autoridades sucio de carbonilla y confabulado en inconfesable secreto.

Chorizo, salchichón, la Mezquita, las ermitas de la sierra de Córdoba, la calavera del fundador de una ermita, la Judería, las calles blancas y estrechas, llenas de flores, y el olor de la primavera. No sé si fui consciente de todas estas maravillas —exceptúo al chorizo y al salchichón— pero estoy seguro de que Córdoba me impresionó, porque no había visto nada parecido. Pero sobre todo el museo de Romero de Torres.

En su juventud mi padre había sido amigo de la familia Romero de Torres, aún más del hijo del pintor, que se llamaba Rafael, como casi todos los cordobeses. Julio Romero de Torres había muerto unos años antes, y Córdoba seguía de luto. En aquella casa solitaria mi madre y yo paseamos los cuadros en silencio, deteniéndonos ante algunos. A mí me daba un poco de vergüenza ver tantas mujeres desnudas, sobre todo una que estaba de espaldas rodeada por cuatro viejas que parecían cuervos.

Fuimos en coche de caballos, andando y en automóvil, Carmita Oliver me paseaba por la ciudad, me llevaba con sus nuevas amigas, intentaba entretenerme en el Gobierno Civil, pero a mí me faltaban niños de mi edad. En sus cuadernos, después de disculparse por sus faltas gramaticales –que no eran tantas– lo cuenta:

Cuando iba a visitar a Mimí Santoña –la marquesa del Mérito– Jaime venía conmigo. Miraba a los niños muy serio y no jugaba con ellos, porque nunca le interesaron. Eso sí, le gustaba la señora marquesa. Mimí era una persona estupenda, que no tenía nada que ver con otros aristócratas que he conocido. Amable y risueña, poco habladora, de ojos castaños muy claros, que sabían sonreír. Se ocupaba de mi niño, le llevaba a ver los perros y le enseñaba dónde estaban los juguetes. A las seis un criado nos servía el té con tostadas, mermelada inglesa y mantequilla, y entre dos luces volvíamos al gobierno. El niño se dormía casi apoyado en mí y al llegar le desnudaba, casi sin despertarlo, lo preciso para darle un vaso de leche y que continuara ese dormir precioso, que a mí me embelesaba. No hay nada tan bonito como un niño dormido con las mejillas encendidas. El mío dormía con los brazos en alto y el respirar acompasado y suave. Mientras le miraba recogía sus zapatos, con esas arrugas que marcaban su forma especial de caminar, y la punta pelada por los tropezones. Vaciaba los bolsillos del pantalón: una goma de borrar, una chapa, una piedra redondita, un soldado de plomo y un pañuelito muy arrugado. Me acercaba para rozar su flequillo con los labios, y él cambiaba de postura: girando sobre su cuerpo, cruzaba la pierna izquierda sobre la derecha, y quedaba como si fuera a echar a correr.

Mi padre me llevó un día al Círculo de la Amistad, que era un casino con sillas y mesas en la calle, y me presentó a un señor que iba vestido con traje corto y sombrero cordobés. Me dijo que era un torero muy grande, que se llamaba Rafael Guerra, Guerrita, ya retirado y que se vestía de corto, para no echar tripa. El Guerra era un hombre muy rico –incluso consejero del Banco de España– y a mí me pareció algo viejo para torero. En el campo de Córdoba también vivía Machaquito, pero estaba casi ciego y no se acercaba a la ciudad. Había muerto Lagartijo, y Manolete andaba por las capeas. Fueron los califas cordobeses, de los que mi abuelo Luis hablaba muchas veces en su tertulia de Madrid.

Me vistieron cuidadosamente y me llevaron a ver procesiones, seguramente la noche del Jueves Santo. El gobernador estaba en alguna parte y yo, con mi madre, el tío Pepe y otros señores, en una tribuna. También es difícil que olvide aquel espectáculo –que ese año debió de ser excepcional– con los penitentes –muchos iban descalzos–, las velas encendidas, los encapuchados, que con sus capirotes me parecían personajes de película de misterio, los tambores batiendo y las trompetas, casi ensordecedoras; y el olor a cera y a flores.

Los niños mezclan muchas sensaciones, pero suelen quedarse con un resumen para los restos, sobre todo en las imágenes, en los olores y también en el sonido. Aquellos pasos —yo no sabía que se llamaban así— se detenían a veces y alguien, desde un balcón, cantaba y luego todos aplaudían. Nunca olvidé la Semana Santa de Córdoba; claro que ya había cumplido siete años.

El lunes siguiente volví a Madrid con mi madre y el martes ya estaba en el Instituto Escuela, porque las vacaciones se habían terminado. Pienso ahora que, en la República, quizá no hubiera vacaciones de Semana Santa, pero el caso es que yo estuve en Córdoba, cuando la ciudad aún no estaba invadida por el turismo, y nunca lo olvidé.

Don Alejandro Lerroux me quitó de Córdoba para enviarme a Cádiz, y me endulzó la píldora, que era difícil de tragar.

—Lo necesito en Cádiz, para que ordene un poco el proceso de Casas Viejas. Ya le visitará el magistrado don José Cortés.

Yo estaba triste y solo, abandonado por mis amigos, lejos de mi familia, acosado por Vaquero, aunque contaba con la simpatía de los cordobeses. Una tarde encontré al Guerra en la calle Gondomar:

—¡Armiñán! —gritó desde la otra acera.

Rafael Guerra no se mordía la lengua y en aquella ocasión se manifestaba a voces, para que todo el mundo le oyera bien. Así me abrazó en medio de la calle:

—¡Me cago en la leche, ya se salió con la suya ese cabrón de Vaquero, asesino de nuestro Señor Jesucristo, hijo de su madre, peste de la política!

Yo no sabía dónde meterme.

—¡Y no me cago en la República, gobernador, porque le quiero y le respeto a usted!

Hay cariños que matan, y voces cariñosas que nunca se olvidan.

[...]

Me fui a Cádiz una mañana. Estaba solo en la estación, paseando de arriba abajo. Nadie había acudido a despedirme, porque los radicales temían ofender al diputado Vaquero, y mis adversarios no iban a venir. Incluso me había traicionado mi amigo Rafael Vidaurreta. Un guardia de asalto, de servicio, me miraba pasear con curiosidad. Alguien me llamó entonces: era Joaquín de Pablo Blanco, que nunca había estado de mi parte. La verdad es que no me extrañó verle allí. Le abracé, y él me estrechó un poco emocionado.

—No quiero que se vaya de Córdoba con mal sabor de boca.

—Amarga un poco, amigo De Pablo, pero ya me tragaré el sapo. Todo lo he dado por Córdoba, y sólo ha venido un hombre a despedirme. La política es un asco.

Llegó entonces el tren. Tabletearon los círculos de las vías para dar vuelta a la máquina, que era entonces una característica de la estación de Córdoba, subí al vagón y me asomé a la ventanilla, siempre bajo la distraída mirada del guardia de asalto. Luego me dirigí al diputado, llamándole por su nombre:

—Gracias otra vez, Joaquín. Nunca olvidaré que vino usted a la estación, a despedir a un hombre que ha servido a Córdoba con toda su alma.

Levantó la mano y me dijo:

—Dios le guarde.

Miré hacia el guardia, que en el último momento se cuadró, llevándose la mano a la visera de la gorra. Yo le respondí con un gesto de despedida.

—Ya somos dos... —comentó Joaquín de Pablo Blanco.

Me senté en mi departamento, miré hacia la sierra, donde están los montes moteados de cortijos, y más allá las ermitas. Córdoba se alejaba.

79

3
Cádiz

Dormitaba en el tren. Llevaba en la imaginación continuar en el puesto de gobernador dos o tres meses y dimitir públicamente, contando en los periódicos todo lo que ocurría, si alguno admitía el folletón de un hombre desengañado. El paisaje era familiar para mí. Olía el mar, pero el otro mar, el mío por la banda de Algeciras. Ahora el destino me había hecho gobernador de aquellos pueblos que recorrí y viví en mi infancia, como antes fue en Córdoba, la capital que más viví en mi juventud. Cádiz, bien lo sabía yo, era más fina, más sutil, más grata. Quizá más arisca en el campo. Cádiz, más que una, son tres provincias con dos capitales. La segunda es Jerez, rica y llena. Había el Cádiz atlántico, el Cádiz mediterráneo y el Cádiz serrano. De Chiclana a San Roque, un mundo. De La Línea a Ubrique, tres o cuatro mundos.

Ya estaba ahí mismo el mar. No había avisado a nadie, pero en la estación aguardaba un grupo de personas. Don Julio Varela, almirante y candidato a diputado a Cortes, jefe del lerrouxismo, al que había conocido en las primera horas de la República, como subsecretario de Marina; los tres hermanos Piñero, cada uno en un partido al principio y ahora dos en el Radical y el tercero en el Agrario; Rosal, mi fiel y valiente secretario del Gobierno, y el teniente coronel de la Guardia Civil, señor Hazaña, con hache. No teníamos ni un diputado radical, porque todas las actas se las habían repartido los de Acción Popular y las izquierdas. Sus jefes eran el notario señor García Atance y el capitán Muñoz Martínez, a quien se conocía como Capitán Veneno. No contaban los otros, sólo el almirante don Ramón de Carranza, viejo monárquico al que respetaban casi todos. Carranza fue alcalde de la ciudad durante la dictadura de Primo de Rivera y mejoró Cádiz: dio agua y luz, empedró las calles y hasta levantó un cine, con cargo al Ayuntamiento. Tenía un concepto paternal del gobierno, pero le faltaba malicia política y le sobraba inocencia y dinero.

Había huelgas, descontento en el campo, tensión y mucho miedo, más que en Córdoba. Yo tenía en el Gobierno Civil un comisario camandulón, que andaba por las marisquerías, bebiendo manzanilla, y que no sabía nada de nada. De pronto se asustó y me dejó en ridículo. Pedí entonces que trasladaran a un comisario, que estaba castigado en Córdoba y se llamaba Fernando Fagoaga. Se presentó huraño y desconfiado.

—No sé lo que le habrán contado de mí.

—Nada —le dije—. Yo no he oído nada. Esté tranquilo.

Sabía que era el comisario que llevó el asunto de Las Niñas Desaparecidas, en los desmontes de Vallehermoso, de Madrid, y que había descubierto más de lo que quería saber el gobierno de entonces. Al juez que llevaba el caso lo destituyeron y creo que se fue a Cuba. El comisario Fagoaga fue zarandeado, trasladado y humillado.

—¿Qué ocurrió realmente? —le pregunté.

—Usted me pide que me tire por esa ventana y me tiro ahora mismo de cabeza, pero le ruego que no me pregunte nada de aquellos horrores.

—¿Qué pasó? —porfié.

—Vamos a olvidarlo todo... Somos hombres, y ya no hay santos en este siglo, señor gobernador.

No hubo modo de sacarle una palabra.

Los sindicatos en Jerez y en Cádiz tenían mucha fuerza, y también armas y prestigio. En la capital el jefe de los sindicatos, un hombre de gran influencia, era camarero de un cafetín muy castizo del barrio de Santa María. Yo iba a tomar una cerveza de cuando en cuando. Ya había hablado con él en mi despacho del Gobierno Civil. Era un andaluz, muy andaluz.

—Don Luis, que el que avisa no es traidor, que le llega la turbonada...

—Y se lo lleva a usted por delante el primero.

—Ole... Que así sea y me libro de dar disgustos a un amigo.

Los toneleros de Jerez estaban en huelga y también los vendimiadores, entraban armas y explosivos de contrabando, y el ambiente en Cádiz se iba cargando de electricidad.

Abrí el balcón que daba a la plaza. Del mar venía un viento húmedo, el levante gaditano que seca las salinas. Brillaba el suelo. La tarde se marchaba sobre la bahía. Entró Rosal en el despacho. El comisario Fagoaga —sin que yo lo supiera— había puesto un agente en la sombra de la plaza. Ya había detenido a un hombre maduro, que se me pegó a la espalda en la puerta de un cine. Parece que al paso del coche que yo conducía, alguien probó una pistola Start. Oí un chasquido, no lo sé. Tampoco ignoraba que al secretario del Gobierno, cuando iba en el coche oficial, le tirotearon en la carretera de Jerez. Me entró curiosidad por ver mi mesa desde la calle y le dije a Rosal que se sentara en mi butaca, un experimento... Se sonrió con su mella delantera, que no le quitaba nobleza a su rostro. Bajé. Los guardias de asalto se cuadraron. Di la vuelta a la plaza, hasta llegar al punto justo: desde allí veía la silueta de Rosal, alumbrado por la lámpara de la mesa. Blanco perfecto.

* * *

Ya estaba adelantada la primavera y yo seguía con el abrigo puesto, aguantando la rechifla de mis amigos, con el *reposeo* después de comer y la amenaza de los ganglios. Carmita Oliver, reclamada por el gobernador, se fue a Cádiz y prometió llevarme pronto, cosa que yo no creía, porque en Cádiz —según el mapa del abuelo Federico— había mar. Con el buen tiempo se producían ciertas novedades dichosas: algunas veces salíamos a comer al jardín y de cuando en cuando me dejaban ir a la calle de Agustina de Aragón, después de cenar. Nos juntábamos entonces niños y niñas, y celebrábamos la llegada del verano jugando a lo mismo, sin distinción alguna. Solían ser juegos de correr, aunque había alguno ceremonioso, como la *Torre un guardia*. A mí el que más me gustaba era el *rescatao*, que también se llamaba *policías y ladrones*. Por supuesto todo el mundo —chicas y chicos— querían ser ladrón, no por ir contra el imperio de la ley, que también era divertido, sino porque había que correr más, escapar y rescatar. Se «echaba a pies» —monta y cabe— y elegía el primero que pasaba el pie entre la puntera del izquierdo y la de su adversario. Al cabo del tiempo, ya con años encima, llegué a pensar que los juegos de los niños son mucho más racionales que los manejos de los mayores, y que mucho mejor nos hubiera ido si Azaña hubiera «echado a pies» con Gil Robles. Los nombres de aquellos políticos eran familiares para los niños, porque la moda de que «en mi casa no se habla de política, de religión, ni de sexo», vino después, más por miedo pánico, que por otra razón. No conocí a nadie que quisiera a Gil Robles, porque tenía cara de pera, pero tampoco Azaña resultaba muy popular, porque tenía verrugas. Yo creo que los niños estaban por la acogedora barriga de don Indalecio Prieto, y por los bigotes de Lerroux. Poca cosa para resolver los problemas que nos acogotaban. Me refiero a los niños de la llamada clase media, porque los otros —los más pobres— tenían muy presentes los ojos claros de Largo Caballero y el verbo encendido de Dolores Ibarruri, que empezaba a darse a conocer. Y los otros, los muy ricos, iban con la barbilla borbónica de Alfonso XIII, que en Agustina de Aragón había sido olvidado de momento.

De día jugábamos al toro y al fútbol en la calle, por donde no pasaban coches, excepto los de los vecinos. Durante aquellos años no era raro que los niños jugaran al toro, más aún en Madrid y en Andalucía. Yo tenía una muletilla y era figura en las corridas infantiles, donde las niñas se sentaban a observar y, como es lógico, acababan aburriéndose. Por supuesto el fútbol era mucho más popular. Hacíamos parti-

dos en medio de la calle, gritábamos mucho y molestábamos a los vecinos. Lo peor es cuando entraba el balón –o la modesta pelota– en
algún jardín. Si la verja estaba abierta nos deslizábamos furtivamente
al interior y la rescatábamos, pero si estaba cerrada había que pedirla.

–Favor... que se nos ha *colao* la pelota...

Unas veces la devolvían amablemente y otras se negaban, porque
incluso rompíamos las tiernas plantas del jardín. También, en plan
secreto, sabiendo que aquello era un juego peligroso, jugábamos a los
médicos. Uno hacía de médico, otro de marido y una niña de enfer-
ma, porque siempre estaban enfermas las chicas.

–Vamos a ver, vamos a ver... ¿Qué le ocurre a su señora?

–Que está mala de la tripa.

El médico la examinaba cuidadosamente, levantando la camiseta,
tocando la tripita doliente y todo el mundo contenía la risa.

–Me parece que habrá que poner una inyección.

La niña, entonces, se daba la vuelta, el doctor le bajaba las bragas,
dejaba al aire el culito sonrosado y, con un palillo, le ponía la inyección. Nunca los niños estaban enfermos y si alguna vez ellas exigían
la justa contraprestación, no se bajaban los calzoncillos, ni en broma,
porque siempre fueron más pudorosos los chicos que las chicas, desde
la prehistoria hasta hoy mismo, de la niñez a la ancianidad.

Un buen día mis padres decidieron llevarme a Cádiz a pasar el
verano. Seguramente pensaron que en el sur hay menos humedad que
en el norte. Por supuesto, seguían prohibidos los baños de mar, que de-
bilitaban muchísimo, y no se admitían excepciones, ni siquiera con los
de impresión, o con los siete baños en días alternos, que siempre reco-
mendaron las brujas gallegas.

El clima político seguía enrarecido en Cádiz, pero mucho más en
el campo que en la ciudad, que parecía tranquila con la llegada de
forasteros, de gaditanos de permiso y de estudiantes en vacaciones. Sin
duda alguna era la calma que precede a la tormenta, porque en aquel
verano tranquilo se estaba cociendo la guerra civil.

Creo que llegué a Cádiz de noche, medio dormido y sin enterarme de nada: siento que alguien me recogió en brazos, supongo que
sería el gobernador civil, y que unas manos suaves me arroparon en
una enorme cama: tal vez fueran las manos de la gobernadora. Recuerdo, en cambio, que me despertó la luz y que me llevé un susto, porque estaba metido dentro de un enorme cobijo de color blanco, como
si me quisieran tener encerrado o algo así. Toqué una tela, finísima y

transparente y, después de dar varias vueltas por la cama, buscando la salida, conseguí escapar. Era un gran mosquitero, como los que luego vi muchas veces en las películas de África. La habitación donde había dormido me parecía muy grande, seguramente con muebles destartalados, pero de buena calidad, y sobre una silla estaba mi ropa doblada. Tardé tiempo en orientarme, porque no sabía dónde estaba. Me dirigí entonces a un gran ventanal, medio entornado, y lo abrí. Creo que pocas veces en mi vida he recibido una impresión semejante, ni siquiera cuando llegaban los Reyes Magos o las Monitas Republicanas. Lo que estaban viendo mis ojos era la bahía de Cádiz, enorme, limpia, casi de color azul oscuro, cruzada por barcos blancos, pequeños, que parecían de juguete, surcada por unos pájaros bastante grandes, que gritaban al volar. No se movía el mar, no había viento, y si no fuera por los barcos y las gaviotas –que volaban– aquello parecería el dibujo de un cuento. No sé el tiempo que estuve mirando, ni como me reconcilié con el mar, que me entraba por las narices, porque aquel olor también era nuevo para mí, y pese a todos los médicos del mundo me estaba limpiando el aire de los pulmones. Por fin, volviéndome para no dejar de mirar, me di la vuelta, fui hasta la pared de enfrente y abrí una puerta, que tenía un picaporte dorado: era un cuarto de baño, de gran bañera y grifos enormes. Desde el fondo me miró una mujer desnuda, de piel muy blanca, que echó a correr, buscando donde esconderse: era Carmita Oliver. Yo no podía moverme. Mi madre se cubrió con una toalla, me mojó al besarme y me dijo que la esperase allí. Yo volví a entrar en el cuarto del mosquitero, y oí cómo se cerraba el pestillo del baño. Muy despacio me acerqué a la ventana y seguí mirando la bahía de Cádiz.

Bien vestido y repeinado con raya al lado, desayuné en un comedor, que también daba al mar. Mi padre me había traído un guardia de asalto. Dicho así suena raro. Era un guardia de asalto muy mayor, que hacía de ordenanza y estaba medio jubilado, pero iba de guardia de asalto, o sea, de azul marino, botas negras, gorra de plato y pistola al cinto, y se llamaba Navajas. Navajas tenía la misión de cuidarme y de protegerme, pues bien reciente estaba el secuestro del hijo de Lindbergh. Yo no era el niño de Lindbergh, ni mi padre el famoso aviador, pero no estábamos tan lejos de América. Navajas fue mi amigo, mi secretario particular, mi ama seca, mi mayordomo, mi guardia, y yo me sentía orgulloso. Cómo lo he echado de menos a lo largo de toda mi vida entera, y cómo me gustaría tenerlo ahora. Navajas, cómprame un sobre de sellos. Navajas, llévame al cine. Navajas, cuéntame un cuento. Estoy triste, Navajas: no me dejes solo.

Aquella mañana recorrí el Gobierno Civil a mi antojo. Entré en salones polvorientos, que no se abrían nunca; en archivos llenos de legajos, que olían a humedad; en alcobas donde habían dormido reyes, y también don Niceto Alcalá Zamora; en cocinas cerradas, de fuegos apagados, y en azoteas con sábanas colgadas al sol. Por fin —en la parte del Gobierno que seguía viva— llegué al despacho del gobernador. Estaba trabajando con su secretario señor Rosal y con el comisario Fagoaga. Se sorprendió al verme, pero se resignó pronto y me presentó a sus dos colaboradores, que luego se hicieron amigos míos. El comisario Fagoaga me impresionó mucho, era como de novela policiaca, de las que leíamos el tío Pepe y yo: gordo y fuerte, de sonrisa bondadosa y también maliciosa, ojos inquisidores y grandes manos. Sé que era un policía profesional, que nunca se mezcló en política, ni aduló a gobierno alguno, ni siquiera al de Franco. Tal vez yo lo magnifique, pero sin querer, al comisario Maigret, el personaje de Simenon, le pongo cara de Fagoaga, y a Fagoaga le pongo cara del artista Jean Gabin. En cuanto tuvo confianza conmigo me llamó Tutifruti, y así hasta un día en que no le volví a ver nunca jamás, más o menos en 1943.

—Adiós, Tutifruti.

—Adiós, Fagoaga, y gracias.

Cuando Navajas paseaba conmigo no iba de uniforme, porque quedaría un poco chocante, pero estaba todo el tiempo saludando a sus conocidos y soportando bromas, que le hacían mucha gracia. Navajas parecía un abuelo y no un guardia de asalto. Yo le pregunté si llevaba pistola y me dijo que no, que nunca había disparado, salvo en los ejercicios de tiro del cuartel. El primer día, por sugerencia de Luis de Armiñán, fuimos a dar una vuelta en un coche de caballos, lo que para mí era novedad. Fuimos a la orilla del mar, casi hasta el final de la ciudad, y por un parque lleno de palmeras, muy despacio, al paso. Lo de las palmeras no estoy muy seguro, pero merecían estar allí. Yo iba más que orgulloso y me apetecía decir a la gente que era el hijo del gobernador, como si aquello tuviera algún mérito. De todas formas ni hijo del gobernador, ni nada, porque cerraba la boca, y las impresiones me las guardaba para mí, las iba archivando cuidadosamente. Incluso cuando mis padres me preguntaban por los paseos, yo respondía con monosílabos, como si me costara un terrible esfuerzo reconocer que lo estaba pasando bien. Tardé muchos años en poder expresarme con relativa espontaneidad.

De todo Cádiz, de aquellas calles estrechas y blancas, de Puerta de Tierra, la muralla y las torres, lo que más me gustaba era el puerto. Navajas y yo caminábamos despacio y yo me quedaba embelesado, atónito, ante los barcos enormes, los transatlánticos, los mercantes, y algunos de guerra, que amarraban en el muelle. Muchos llevaban banderas extranjeras y Navajas no sabía de qué países eran. Una vez mi padre me llevó a ver un barco por dentro, porque conocía a un almirante que mandaba mucho en Cádiz. Era un crucero gris plomo, precioso, con cañones a proa y a popa, ametralladoras y marineros uniformados de azul. Al llegar a bordo tocaron un pito y se pusieron firmes los marineros. Nos lo enseñaron todo y el capitán me convidó a un refresco y me regaló una cinta con el nombre del crucero, que se llamaba *Libertad*.

De cuando en cuando —si ponían películas que yo pudiera entender— iba al cine Municipal, con Navajas y entrábamos con un pase, que a mí me parecía muy importante. Echaron entonces una que me dejó larga huella: *La vida privada de Enrique VIII*, la historia de un rey de Inglaterra que le cortaba la cabeza a sus mujeres. Navajas me dijo que era Barba Azul. Lo que más me impresionó es que Enrique VIII —o Barba Azul— comía con los dedos, golpeaba las chuletas contra la mesa y luego tiraba los huesos hacia atrás, y todo el mundo estaba conforme. Decidí imitar al rey de Inglaterra y en cuanto tuve un pollo a mi alcance, lo despedacé con las manos; lo tragaba sin ningún recato y tiraba los huesos, como el mentado Barba Azul, costumbre que sumió en terrible dilema a mi madre, porque hacía mucho tiempo que yo no comía tanto y, a la vez, de forma tan asquerosa. Pasados los años me contó estos apuros, riendo, porque ella prefería que comiera con las manos a que no comiera nada. Tras cavilar y pesar pros y contras se decidió por la urbanidad y los buenos modos, más que nada porque nos había sorprendido la cocinera del Gobierno Civil, y en otra ocasión el secretario Rosal. Supongo que yo me vengué con dengues, mañas y melindres marrulleros, que de cuando en cuando cortaba mi padre severamente:

—Si no comes bien, te mando a Madrid.

La amenaza y la seriedad del gobernador me frenaban un poco, pero en cuarenta y ocho horas había olvidado mi buen comportamiento. El régimen de inyecciones —las de cal, de hígado y de huevo— seguía vigente. Además, mi médico —Garrido Lestache— nos había recomendado a un colega, que me examinó concienzudamente, incluso por rayos X, que llevo a cuestas muchas pantallas de cristal frío. Aquel médico dijo que el clima de Cádiz era ideal para curar los ganglios infartados, pero mi madre no se quedó muy conforme, porque era gaditano y tenía la obligación de defender la plaza. En cualquier caso la playa seguía en la lista negra.

Mi padre se sentía muy incómodo en Cádiz, por la dura zona política, y feliz en el campo del recuerdo. Era andaluz de sentimiento, de Algeciras, de Málaga y de la serranía de Ronda, y disfrutaba enseñándome la tierra donde vivió de niño. En 1943 escribió una estupenda novela, que transcurría en Algeciras, titulada *La calle Real y el callejón del Muro*, y me la dedicó. El protagonista era él mismo, Julio Entero, un niño asilvestrado, de buena familia, que se movía entre los contrabandistas del callejón del Muro y los burgueses de la calle Real.

Aquel verano de 1935 me llevó al campo de Gibraltar: La Línea, San Roque, Algeciras y al Peñón de bandera inglesa. Seguramente me hablaba de su infancia, del tío abuelo José Manuel —el hermano mayor de mi abuelo Luis—, de su mujer, Sisina, y su hija, Angelita, su prima valiente y *arrecha*. Era difícil que yo escuchara, porque un mocito, a los ocho años, está más en el censo de las monas de Gibraltar que en el buen orden de Enrico, el niño modelo de *Corazón*, de Edmondo de Amicis.

Como era de suponer lo que más me impresionó fue Gibraltar, en la hermosa bahía de Algeciras. Yo nunca había estado en el extranjero, y aquello era el extranjero. Recuerdo a los policías, que hablaban con acento andaluz e iban vestidos como en las novelas de detectives. Recuerdo también una larga calle de tiendas de colorines, con letreros en inglés, y gente moviéndose arriba y abajo. Mi madre se hizo con alguna cajita de tabaco egipcio o turco, que se llevaba mucho, y a mí me compraron dos pijamas de seda, que no olvidaré nunca. Uno era azul pálido, y el otro negro, como de artista de cine, y los dos lucían sendos dragones bordados en el bolsillo del pecho. Pero lo más emocionante es que todas aquellas tiendas eran de indios de la India, y muchos llevaban turbante y casaca. Además de hindúes, había moros —con fez rojo y chilaba— e incluso chinos de verdad. También vi soldados escoceses con faldita a cuadros. Desde un café de Gibraltar le puse una postal a los abuelos Oliver, otra a los Armiñán, y una tercera a Currinche, Pirula y Ana Mari, todas ellas con sellos de Jorge V. No me faltaba más que montar en elefante.

Aunque no me llevaran a la playa, aunque siguiera sin catar un huevo frito, ni un triste bocadillo de chorizo, fui feliz aquel verano en

Cádiz, y me moví —me movieron— con generosidad e imaginación. Tanto que llegué hasta Jerez de la Frontera, y conocí personalmente a don Juan Pedro Domecq, el padre de Álvaro, rejoneador, el abuelo de Alvarito, también rejoneador. Don Juan Pedro impresionaba lo suyo, con el bigote blanco, la camisa impoluta y el sombrero ancho. Pasamos por las salinas, grandes pirámides que brillaban al sol, y me bajaron del coche, para que yo mismo comprobara que aquello era sal. Menuda sorpresa: era sal de verdad, sal de salero.

Las bodegas de Jerez me dejaron sin habla, y hacía tanto frío que Carmita Oliver me puso un jerseicito. Por aquellas naves se perdían de vista las pipas, la luz tan especial, cientos y cientos de toneles, de barriles, y el olor, que emborrachaba. Mi madre probó una copa, o dos, y se le alegraron las campanillas; el gobernador no podía catar, por aquello de la úlcera de duodeno, y yo era un niño chico. Fuimos a ver a un amigo de mi padre, que se llamaba Pepe Pan, monárquico, pero discreto y respetuoso. Por la casa volaba un periquito, que me dejó prendado. Era azul, se posaba en el hombro de su amo y hablaba, hablaba el periquito como si fuera un loro grande:

—¡Pepe Pan, Pepe Pan! —decía con voz chillona—. ¡Viva el rey! ¡Niceto, vete! ¡Viva el rey!

El periquito era monárquico como su amo, que además tenía un zoo particular, con lobos, zorros, gacelas, linces, jabalíes y aves rapaces, porque en aquellos tiempos no estaba prohibido, y si llega a estar prohibido a Pepe Pan le trae al fresco. Al final de la jornada me regaló dos periquitos singulares: uno blanco y el otro violeta. Por supuesto yo traté de enseñarles a hablar —omitiendo el «viva el rey»— pero fracasé ruidosamente.

Conocí a otros señores en Cádiz y luego le oí a mi padre referirse a ellos con amargura, porque en cuanto dejó de ser gobernador lo borraron de sus agendas. Claro que no le debía de pillar de sorpresa, porque lo mismo le había ocurrido en Lugo y en Córdoba. Mi padre —y mucho más mi abuelo Luis— se podían haber enriquecido con la política y los dos murieron pobres.

Uno de aquellos señores ricos —el más rico de todos— era don Elías Aguja. Lo vi desde uno de los balcones del Gobierno Civil. En ocasión memorable Carmita Oliver había sido nombrada madrina de una bandera de la Guardia Civil y don Elías era el padrino. Mi madre iba vestida de negro, con peineta de concha y, según ella misma, pasó uno de los peores ratos de su vida, porque se encontraba ridícula. Hubo discursos, un pequeño desfile de los guardias y una ceremonia, con Himno de Riego incluido. A la madrina le regalaron una pistola de oro de Éibar y cachas de nácar —una pistola de verdad—, insólito presente, incluso para una gobernadora. Recibió también su banderita republicana, de seda natural y flecos dorados, perfecta reproducción de la auténtica y que yo tuve en mi poder hasta que la guerra se la llevó con otras muchas cosas queridas.

Don Elías Aguja había nacido en Grado (Asturias), el mismo pueblo de mi familia Armiñán, y se decía pariente nuestro. Era uno de los accionistas principales de la General Motors, vivía en Nueva York, y apaleaba los millones, pero los millones de dólares. Estaba casado y no tenía hijos, ni familia, pero sí un automóvil asombroso, negro y largo como la máquina del tren. Digo yo que sería un Cadillac o quizá un Rolls. A mí me tomó especial cariño y, con su señora, muchas veces venían a buscarme y me paseaban por los alrededores de Cádiz, y así llegamos hasta el Puerto de Santa María y Sanlúcar, en la desembocadura del Guadalquivir, y a Ubrique, en la sierra, donde el señor Aguja me compró un monederito de olorosa piel. En la parte de atrás del coche se sentaban don Elías y la señora de Aguja, y yo frente a ellos, en un traspuntín. Delante iba el mecánico, conduciendo a enormes velocidades. Junto a mí, a la derecha, había un armarito con botellas y refrescos. Los señores Aguja se tomaban sus whiskies o sus ginebras, y a mí me traían un cacao con leche, bebida de la que siempre fui partidario. Menos mal que mi abuela Carmen ignoraba aquellas suntuosidades, que podían conducirme a la molicie y al abandono de los estudios. Don Elías había decidido nombrarme su heredero universal, y así me lo dijo, y no sólo me lo dijo a mí, sino a mis padres, en solemne y emocionada ocasión. Tengo la sospecha de que don Elías Aguja ha muerto y de que olvidó su promesa.

El tiempo se alargaba, yo vivía en Cádiz, encantado de la vida —sin advertir las fatiguitas que pasaba el gobernador— e incluso tenía amigos de mi edad, con los que iba a jugar al parque, a Pinogordo, adonde nos llevaba Navajas. Y alguna vez más allá, hasta cruzar la línea de la provincia de Sevilla, con final de etapa en La Gloria, muy cerca de Morón de la Frontera. La Gloria era un cortijo que había comprado Manolo Bienvenida, que entonces era uno de los mejores toreros de España, con Domingo Ortega como rival de fuste. En Madrid yo iba muchas veces a su casa —Príncipe de Vergara, 3— y allí veía cómo Manolo y Pepe se entrenaban en el jardín, bajo la atenta mirada del Papa Negro. Me pasaba horas en silencio, observando, sin moverme casi, hechizado por lo que me parecía un juego. Nunca había visto torear ni a Manolo ni a Pepe Bienvenida. Manolo me hacía caso –algo muy importante para un niño solitario–, me daba caramelos y me hablaba como si fuera mayor. Yo tenía muchas fotografías suyas y las repasaba una a una. Siento cuánto me impresionó la portada de un periódico –*Ahora*– que traía la foto de la cornada tremenda que sufrió Manolo en Madrid.

En La Gloria estaba Manolo, también Emilio Serrano, el Papa Negro y mi tío Alel. No sé qué motivo nos reunió allí, pero ocurrieron cosas inolvidables: a mí me vistieron de corto, con un traje de Juanito Bienvenida, que me estaba muy grande, y me hicieron fotografías a caballo y con garrocha. Carmita Oliver pensaba que el caballo iba a salir disparado, como el de Búfalo Bill, pero no hubo caso. Sin embargo salió disparado. Manolito me subió a su caballo, me puso delante y me dijo que me sujetara bien. Mi madre estaba horrorizada y los demás decían que no pasaba nada. Manolito y yo recorrimos toda la finca al galope, yo no sentía ningún miedo, me agarraba a las crines, y disfrutaba: Manolo Bienvenida era mi héroe, el mejor de todos. Cuando volvimos al patio, Manolo le dijo una frase a mi madre, una frase que yo no olvidé nunca:

–A este niño tan valiente le voy a dar yo la alternativa.

No me dio la alternativa, pero me brindó un toro en Cádiz.

* * *

Yo tenía conmigo a Carmen, mi mujer, y a mi hijo Jaime, que probaba los aires del Mediterráneo. La huelga se había acabado. La provincia estaba dominada y, aquel verano, en paz. Cierto que era una paz engañosa. Entonces fue cuando se disparó mi popularidad. Hasta aquel momento estuve aislado, con mis politiquitos radicales, alguna sonrisa al pasar, y la mirada hostil de Muñoz Martínez, por todo equipaje. Pero muy pronto los ricos, las fuerzas vivas de Cádiz y los señores de Jerez empezaron a invitarme a sus cacerías. La Diputación me propuso para ser nombrado Hijo Adoptivo, pero como era un título provincial tenían que aprobar la propuesta todos los ayuntamientos. Y votaron en contra, como un solo hombre, los gestores municipales de Acción Popular (Gil Robles), mandados por el señor García Atance, una potencia en las derechas, que me distinguía con su personal inquina. Era un hombre de leyes, de tribunales, no un político, y llegó a hacer un acta presidencial, con la firma de todos sus amigos, para pedir mi destitución por desafecto a Gil Robles. No lo consiguió.

Para entregarme el título de Hijo Adoptivo se organizó un banquete con cientos de personas. Lo iba a presidir el alcalde de Madrid, el de Cádiz y el de Villa del Río, pueblo del que también era hijo adoptivo. Fui a Sevilla para reco-

ger al ministro *Rafael Salazar Alonso*, que llegaba en avión. De Sevilla a Cádiz vino durmiendo, porque estaba agotado. En su discurso Salazar Alonso dijo algo que no olvidé nunca: *Soy hombre de muy modesto origen, pero estoy sorprendido de adónde he llegado, y creo que me espera algo trágico y definitivo.* Un año después Salazar Alonso cumplió su destino y fue asesinado en el Madrid revolucionario. Las flores de la mesa se las enviaron a mi madre. Al banquete asistió, en un rinconcito, mi padre, al que fui a recoger a Madrid, de tren a tren.

[...]

El presidente del Consejo me había llamado:

—Voy a Cádiz y quiero almorzar con usted en el Gobierno Civil, para evitar encuentros inoportunos y engorros oficiales.

Don Ale —que así le llamaban sus partidarios— había tenido una novia gaditana, ahora digna viuda, que una vez al año recordaba sus amores con el luchador, a quien admirara en su juventud. Una merienda al año, bien poca cosa. ¿Pero quién sujeta a un partido político?

La llegada a Cádiz del presidente se convirtió en un acontecimiento, los radicales, la Sociedad de Fomento y muchas otras sociedades públicas y privadas no querían pasar desapercibidos. Pensé que asistieran al almuerzo unos cuantos de cada grupo, en mesitas de a cuatro y les anuncié que comerían sin pronunciar discursos y sin pedirlos. Así fue. Pero el restaurante que servía el almuerzo se retrasó y don Alejandro era un maniático de la hora de comer. Su secretario, Sánchez Fuster, me pinchaba dolorosamente. Lerroux, silencioso, no me quitaba los ojos de encima, fulminándome. Todo era muy violento. Menos mal que a las tres llegaron las primeras gambas...

Como había ocurrido en el Palacio de La Granja con don Niceto Alcalá Zamora, conseguí escabullirme y desde un rincón observar aquella comida, y al presidente del Consejo de Ministros, que tenía un buen bigote blanco. A pesar de lo que dice mi padre yo no noté que estuviera violento, y lo que no recuerdo —en absoluto— es que se pronunciaran discursos. Al cabo de un rato me agarró de la mano Navajas y me sacó de mi escondite, recomendándome silencio.

Uno de aquellos días fuimos a los toros —quizá en Cádiz, en San Fernando, o en el Puerto de Santa María— y también asistió don Alejandro Lerroux.

—Manolo te va a brindar un toro —me dijo el gobernador— y tú le tienes que hacer un regalo.

Me dio entonces un encendedor muy bonito y me advirtió que debía meterlo en la montera, que era el símbolo del brindis, y devolvérsela después a Manolo. Yo estaba muy nervioso y no entendía bien.

Iba a ser protagonista, y se me exigía un comportamiento especial. A los ocho años se fijan algunas imágenes de forma imborrable y, sin embargo, otras desaparecen, se pierden las más queridas. Yo sé que aquella tarde toreaban Rafael Gómez, el Gallo, Juan Belmonte y Manolo Bienvenida. El Gallo y Belmonte, con diversa fortuna, habían reaparecido, creo que en 1934. Manolito tenía veintidós años y estaba en la cumbre del toreo. Yo me senté en un palco, junto a mi padre y a don Alejandro Lerroux; no recuerdo si me dirigió la palabra, aunque supongo que hizo un mínimo esfuerzo de cortesía. Como si estuviera en el cine veo el paseíllo en colores y sé que Manolito —mi torero— iba entre los dos grandes maestros. Rafael el Gallo vestía de grana y oro, Juan Belmonte de azul y plata. Tengo la absoluta seguridad de que así eran los colores de los vestidos de los toreros. Sin embargo no sé cómo iba Manolo Bienvenida, quizá de tanto mirarlo se me borraron las luces. De lo que ocurrió en la plaza recuerdo a el Gallo, jadeando, sentado en un estribo y recibiendo una cruel bronca del público. Estaba calvo, me parecía muy viejo, y me daba pena. Ignoro todo lo que pasó en los toros de Belmonte y Bienvenida, excepto el brindis. Manolito se dirigió hacia el palco y se quitó la montera. Don Alejandro Lerroux pensó, con toda lógica, que le brindaba a él, y Manolo —que era persona de buen humor y fiel a sus promesas— en lugar de seguir la corriente y cumplir con la tradición, hizo un gesto amable al político, y se disculpó:

—No es a usted, don Alejandro, es al niño.

El público, al darse cuenta del patinazo, prorrumpió en una gran carcajada, sobre todo en los tendidos de sol, porque no estaba el horno para bollos. Don Alejandro se sentó y yo me puse en pie entre grandes aplausos, y más corrido que una mona.

Lo que no me explico es por qué el presidente del Consejo no destituyó, al día siguiente, al gobernador de Cádiz.

* * *

Se sucedían los ministerios. Yo era un gobernador intangible, pero no avanzaba en mi carrera política, por exceso de éxito. Cada vez que alguien me buscaba, se le iba encima la provincia. Así me lo dijo Rafael Guerra del Río, sentados en un café de Cádiz, en charla cordial e íntima. Hasta que llegó aquello del estraperlo, nombre que junta a los dos creadores de una ruleta con trampa: los centroeuropeos Strauss y Pearl. Strauss, que trató de hacer chantaje a Alejandro Lerroux, denunció el caso directamente al inefable don Niceto, que tiró por la calle de en medio, con la sana intención de cargarse a Lerroux. Don Ale-

jandro no era culpable de la ruleta traidora, quien le metió en la ratonera fue su sobrino Aurelio —su hijo adoptivo—, niño mimado, a quien le gustaban los automóviles caros, diputado a Cortes por simple frivolidad, pero muy querido por el pobre don Ale. Este pollo pera —hoy frase en desuso— era hijo de un hermano malogrado de Lerroux, que se lo entregó en su lecho de muerte, y mire usted por dónde el gris, el mediocre Aurelio, el sinvergonzón, caprichoso, mujeriego y gastador fue uno de los que se cargaron a la República.

La sabiduría política y la mala idea de Indalecio Prieto le ganaron la batalla a la candidez de Rafael Salazar Alonso. Fue aquélla una penosa sesión de las Cortes. Trituración definitiva del Partido Radical. Portela Valladares —notable y brillante masón—, sin ser diputado, ni republicano, fue el presidente del Consejo, que le brindó en bandeja el católico Alcalá Zamora. Yo dimití. Más por lástima y respeto al vencido Lerroux, que por estar al lado de todos aquellos que destruían el viejo tronco liberal.

Fin de la República. Azaña y sus amigos, Largo Caballero y los suyos, Prieto y sus rencores, Besteiro y sus manejos: entre todos harían un nuevo régimen. El que fue.

Tercera parte
La guerra civil

Aquel año crecí más de la cuenta y no me refiero al tamaño físico. Las Monitas Republicanas habían desaparecido de casa. Huyeron o fueron expulsadas. Mi madre ya no confiaba en Gabriel Maura, en don Niceto Alcalá Zamora, en Santiago Alba, ni en los políticos moderados del 14 de abril, si es que quedaba alguno con regular prestigio. Mi padre tenía la vida en juego a dos bandas, era gobernador herido en un gobierno —el de Lerroux— que se había desplomado espectacularmente. Mi abuelo Luis volvía a presentarse a diputado por Málaga, sin advertir que su tiempo olía a cerrado, desde que Primo de Rivera, con las bendiciones de Alfonso XIII, le soplara el cargo de ministro, junto a su compañero Portela Valladares, en aquellas fechas presidente del Consejo. Sólo el abuelo Federico Oliver iba adonde solía, caminando por su vereda, de la mano de Azaña, que fue amigo suyo, sin molestar a nadie, sin pelear con su yerno, sin duda asustado, paradójicamente firme, pero mejor en silencio, con buena educación y sonriendo siempre. Cuando terminó la guerra civil estaba en los huesos, con toda la ropa grande, enfermo de diabetes, tenía la garganta hecha polvo —de fumar hojas de yedra secas— y no se atrevía a discutir con mi padre, ni mucho menos a levantar la voz a nadie, aceptando su derrota como tantísimos españoles de buena voluntad, que no cabían en la España de Franco. Azaña encarnaba al mismísimo diablo, el Ateneo estaba cerrado, los partidos políticos prohibidos, la Institución Libre de Enseñanza había desaparecido, y los periódicos tenían otras cabeceras y otros dueños. A Federico Oliver sólo le quedaba añoranza sevillana —la de su niñez—, la tertulia de Chicote y la Sociedad de Autores, donde no tenía más remedio que aguantar los consejos de sus amigos, el maestro Jacinto Guerrero, Joaquín Álvarez Quintero, Luis Fernández Ardavín y Eduardo Marquina.

Los Reyes Magos volvieron en 1934, dando fin al breve periodo de las Monitas Republicanas. Muchas veces he pensado cómo era posible que yo creyera en la realidad física de sus majestades, las de Oriente, cuando era un niño que jugaba en la calle, que hacía pitos de los güitos de albaricoque, compraba petardos a las piperas y manejaba –con cierta soltura– las bolas del gua, la carioca, juguete moderno, y las proletarias peonzas de madera. Probablemente era una cuestión de conveniencia y ratería, porque me acomodaba mucho más creer en los Reyes Magos, que dar a entender que sabía que eran los papás. Los niños no deberían olvidar nunca que, al perder la inocencia, a su vez los papás pierden la ilusión que da la fecha, y con las mismas se ahorran dinero. Más vale tragar. El caso es que –a los ocho años– yo estaba convencido de la existencia de los Reyes Magos y les escribía largas cartas pidiendo juguetes de reglamento. Hasta la fecha en que me di de narices con la tristísima realidad –un año después– reclamaba con entusiasmo juguetes que nunca me pusieron sus majestades. Un mecano, pero un mecano de verdad. Era aquél un juguete de muchísimo respeto, un rompecabezas con tornillos y tuercas, que iba creciendo del 00 al número no sé cuántos, y con el que se podían armar –en sus versiones más complicadas– la torre Eiffel, un rascacielos de Nueva York, un transatlántico de hierro o una fábrica, con grúas y todo. No sé si desvaría mi imaginación. Mis padres me ponían el mecano del 00, porque era más barato y ellos no tenían dinero para gastar en lujos. Mi otro juguete, nunca alcanzado, fue el tren eléctrico, tozudamente incluido en la referida carta. Un tren eléctrico de verdad, con su locomotora, sus vagones de mercancías, coche restaurante, el de correos, estaciones y cambios de aguja. Era mucho más caro que el mecano. Las modestas majestades me echaban siempre un tren de cuerda y trapillo, de hojalata, de quiero y no puedo, que daba vueltas por una vía circular, una especie de noria, y mi madre se empeñaba en convencerme de que aquel tren era mucho más vistoso que el eléctrico. Por supuesto no me las estoy dando de niño desgraciado, y aún menos frustrado.

La noche del 5 de enero de 1936 me acosté tan nervioso y esperanzado como la del 5 de enero de 1935. Carmita Oliver me había dicho que no se me ocurriera abrir la ventana de la azotea, ni mirar a los Reyes Magos, porque desaparecerían todos los juguetes y sólo quedaría carbón para la cocina y cisco para el brasero, y que antes de levantarme llamara al timbre sin falta. Luis de Armiñán era otra vez gobernador de Cádiz y estaba solo, y cercado, en aquella bonita ciudad. Supongo que a las siete de la mañana toqué al timbre. Llegaron mi madre y mi abuela Carmen, muertas de sueño, y abrieron la ventana. Recuerdo perfectamente algunos de los regalos, sobre todo un uniforme del Madrid FC, un balón de reglamento, y un juguete innovador, un coche que se llamaba «y no cae»: se le daba cuerda, se le ponía encima de una superficie reducida —un libro, por ejemplo— y al llegar al peligroso abismo, giraba solo y tomaba la dirección contraria. Así hasta que se le acababa la cuerda. Es curioso que al cabo de tantos años se pueda recordar una imagen tan lejana, y guardarla para siempre.

Cerca del uniforme blanco, del republicano Madrid FC, había una enorme caja de animales salvajes, una verdadera joya. Estaban hechos de metal, supongo que de hierro, y barnizados cuidadosamente. Allí se presentaban, por su orden, el elefante africano, el león de Abisinia, el tigre de la Malasia, la inocente jirafa, el hipócrita cocodrilo del Nilo, el gorila de la montaña, el terco rinoceronte y el gracioso hipopótamo. Eran reproducciones perfectas y nobles, porque aún no había llegado el plástico a emporcar bazares y almacenes. Tiempo después me enteré de que aquel juguete me lo había puesto Emilio Serrano Carmona, mi amigo del generoso duro de plata.

Lo que por instinto rechazaba era que los Reyes Magos dejaran regalos en el piso de mis abuelos paternos. Los niños tienen un gran sentido de lo práctico, y a mí me parecía que aquellas visitas a una casa de adultos estaban fuera de lugar. Los regalos solían ser bonitos, muy bien elegidos, pero los Reyes de los abuelos Armiñán casi nunca tenían en cuenta mis cartas. Mis tías y mi abuela Jacoba se esforzaban por alegrarme la mañana, pero yo estaba deseando volver a jugar con los animales salvajes de Emilio Serrano. Los niños son muy egoístas y están muy mal educados.

Mis abuelos vivían en la calle de Las Huertas, números 16 y 18, a un paso del teatro de la Comedia y del Casino de Madrid, el punto de referencia del abuelo Luis. La calle de Las Huertas, entonces, era sitio tranquilo, ocupado por pequeños comercios: la tienda de ultramarinos —con sus sacos de arpillera, garbanzos a granel y bacalao salado—, la carbonería, alguna taberna de mostrador de zinc, la bien surtida droguería, la mercería de las viejas, y las fantásticas cacharrerías, que almacenaban desde botijos a peonzas. La casa de Huertas era muy grande, de largos pasillos, puertas con montantes, con un despacho enorme, repleto de libros, de muebles solemnes, de vitrinas y de cuadros. El que más me gustaba era una reproducción —a tamaño natural— de *Venus y la Música*, de Tiziano, que yo miraba de reojo, intentando disimular. Mi abuelo Luis me dejaba hojear *La Lidia*, revista taurina de fin del siglo XIX, que dibujaba casi en exclusiva el sordomudo Daniel Perea. Entre todas aquellas ilustraciones —Lagartijo, Frascuelo, Mazzantini, el Guerra— la que más me impresionaba era la de un toro, que había saltado al tendido de la vieja plaza de Madrid, llevándose por delante a media docena de aficionados. También me gustaba *La Divina Comedia*, ilustrada por Gustavo Doré, más que nada el tomo del infierno, que era muy emocionante, por aquello del eterno martirio de los pecadores, que a veces estaban en pelotas. Pero en el despacho quien mandaba era la Venus, gordita, rubia, blanca y sonrosada, que no debía de gustarle un pelo a mi abuela Jacoba. Desde los balcones principales se veían los árboles del paseo del Prado —que a mí ya me parecía el campo— y desde el interior de la casa, un gran patio que formaba parte de un taller de reparaciones. En el patio había una plataforma circular que giraba con los coches encima, como si fueran el «y no cae».

* * *

Debido a mi delicada salud, que sin embargo iba mejorando poco a poco, apenas salía de Agustina de Aragón y raras veces traspasaba los límites del barrio. Iba al cine o al teatro con mis parientes, de visita con mi abuela Carmen, y al parque del Retiro con Nati, la chacha. También iba al Instituto Escuela, pero casi ningún día seguido. Lo que ignoraba mi madre es que en las horas tranquilas de la mañana, cuando no se echaban cuentas del niño, o si me enviaban a un mandado, a la botica y a la tienda de ultramarinos, me sumergía en las zonas más oscuras del barrio, las que desconocía, colonias particulares que yo consideraba enemigas y calles misteriosas, donde ni siquiera había aceras. Alguna vez tenía que huir de la presencia de otros niños, los más hostiles, los que llamábamos golfos. Cuando alcanzaba la calle Lista, la de Torrijos o la avenida de Los Toreros, respiraba tranquilo y llegaba a casa, donde siempre me reñía la abuela Carmen por haber tardado, y yo siempre contestaba lo mismo, que en la panadería, en la botica, en el estanco o en la tienda de ultramarinos, había mucha gente y como era un niño no me hacían caso.

—Di que eres el nieto de Carmen Cobeña.

Después de la guerra civil me contó el tío Pepe que la abuela iba a las colas del hambre, se ponía la primera en el Madrid sitiado, y se presentaba:

—Soy Carmen Cobeña, una gloria nacional.

Así decía y nunca le falló aquel título —me resisto a escribir truco— porque estaba convencida de que tenía derecho a ocupar el primer puesto de la cola.

De cuando en cuando Nati me llevaba a la Casa de Fieras en el parque del Retiro. Mucho me gustaba ver a los animales, aunque estuvieran encerrados entre aquellos barrotes de hierro, medio sucios y adormilados. Sentía especial interés por los felinos —tigres, panteras y leones—, por los osos y también por los lobos, en continuo movimiento. Me llamaban la atención los muy grandes, elefantes e hipopótamos, y me divertían los monos, sobre todo cuando hacían porquerías que ruborizaban a la Nati. Ya cerca del Retiro oía los rugidos de las fieras, los aullidos de los lobos y, de cuando en cuando, el barritar de los elefantes. Aquel sonido no lo olvidé nunca, ni tampoco el olor. En la puerta del parque me venían olores agrios y ácidos, que no me desagradaban en absoluto. El tufo de los meados de las fieras, de la piel de los osos y de los zorros me acompañó muchos años y los trasladaba a las películas de Tarzán, y otras de la selva, fueran cómicas o de aventuras. Y en las de miedo me llegaban los aullidos de los lobos, en pleno Hyde Park de Londres, como ocurría en *El lobo humano*. Toda la vida me acompañó el sentido del olfato y, misteriosamente, aún puedo recordar aquel de la Casa de Fieras, el de los puerros —marcan mucho los puerros— de Madame Recalde, en Biarritz; el de un hotel de París, que se llamaba Des Académies, en la Rue de la Grande Chaumière, en el ilustre barrio de Montparnasse; el de la tierra quemada en Irún; el del cabello de la niña Carmen Alonso en Madrid, 1942; el de los calamares fritos de la posguerra; la crema Nivea de las chicas del Club Alpino, o la fragancia del alcohol de romero, cuando mamá me pringaba el pecho. Bien venidos sean los olores que sirven para recordar, incluso los de aquel pedo que me turbó en una visita de compromiso.

* * *

Mi madre y mi abuela Carmen le tenían miedo al metro y a los tranvías, y no me dejaban ir al centro, a causa de los peligros del tráfico, pero las pobres ignoraban mis correrías por el barrio, en soledad o acompañado.

Con mis amigos había ido a ver arder —de muy cerca, a tiro de chamusquina— una iglesia de la calle de Torrijos, los recientes destrozos de una bomba puesta en un comercio de ricos o a pelear a pedradas, en algún descampado, contra una tribu de niños enemigos, a quienes llamábamos, despectivamente, los golfos. Los golfos eran los chicos de la calle, los hijos de los menestrales del barrio, los más pobres y los peor vestidos, que incluso sabían emplear la honda y el tiragomas. Por

fortuna —o por prudencia— yo nunca fui herido en aquellas peligrosas
dreas, que a más de uno le hicieron un chirlo notable.

La Puerta del Sol —sin yo saber las razones— me atraía por cateta,
ordinaria, ruidosa y castiza, palabra entonces que desconocía, como
otras muchas. La Puerta del Sol se escuchaba y se veía al mismo tiempo, en días nublados y en días dignos de su luminoso título. Siempre
me gustaron los pregones voceados y allí, frente a Gobernación, a la
entrada del café de Levante, en las esquinas de Carretas, Arenal o
Montera, se vendía lotería, caramelos, gomas para los paraguas, piedras
para los mecheros e incluso sobres con sellos de todos los países del
mundo, para filatélicos sellos, mis queridos Sobres Otto, a perra gorda el ejemplar, matados y sin matar. Y ya en junio al mantecado helado y al rico polo de fresa, limón y chocolate, que nunca me compraban porque soltaba la tripa. Ir a la Puerta del Sol era como viajar a
Andalucía, a Cádiz, a Córdoba o a Sevilla, porque la plaza tenía trazas de la calle de las Sierpes, sin cucurucho de *pescao* frito, ni abanicos
para el bochorno. Y en verano el olor de la manga riega, cuando se
evapora el agua sobre el suelo. Aquel territorio aún no olía a gasolina
y todavía se escuchaban campanillas de tranvía, temblores de ruedas
de carro sobre los adoquines, y bocinas, muchas bocinas de goma.
A la Puerta del Sol —con la Gran Vía, zona del cine Capitol, mi paisaje ciudadano favorito— se iba en el tranvía 51 por la calle de Torrijos, luego Alcalá arriba, Cibeles y fin de trayecto. Los tranvías eran
amarillos, con conductor, revisor y prohibiciones a la vista: PROHIBIDO
HABLAR CON EL CONDUCTOR, SE PROHÍBE ESCUPIR. En 1939 se añadió
otra orden: SE PROHÍBE BLASFEMAR. Lo más divertido era cuando se les
salía el trole a los tranvías, cosa muy frecuente, y el revisor arreglaba
el estropicio con un palo a propósito. La Puerta del Sol estaba llena
de paletos, de vendedores ambulantes, de forasteros, de timadores, de
mendigos y de limpiabotas. También había guardias de asalto, de los
de azul, gorra de plato y polainas negras, y alguna flamenca piro-
peada. Mis paseadores me llevaban, a veces, a tomar un refresco al bar
Flor, donde en un rincón tocaba una orquestina de señoritas, o al
café de Levante, donde tenía su tertulia don Paco Segovia. Entre las
calles de Arenal y Mayor lucía un gran cartel luminoso —con un león
de diez metros— que anunciaba las bodegas de Domecq. A mí aquel
cartel me llenaba de vanidad, porque yo conocía personalmente a don
Juan Pedro Domecq y tenía un perro, fox-terrier pelo duro —*Pimpi* de
nombre—, que don Juan Pedro me había mandado desde su finca Jan-

dilla, en Cádiz. *Pimpi* —que bebía cerveza, comía aceitunas y escupía el hueso— vino con una corrida de toros y se me escapó pronto, cosas de la reconocida independencia de los fox-terrier, o de aquel *Pimpi*, que añoraba el campo andaluz. Frente al cartel de los vinos, entre las calles de Alcalá y la Carrera de San Jerónimo, se extendía un enorme y horrible aviso electoral: Gil Robles —líder de las derechas, a quien los suyos llamaban el Jefe— echaba un discurso a una multitud de partidarios, con el adorno de una frase gráfica, añadida en grandes letras: ÉSTOS SON MIS PODERES y también otro: CONTRA LA REVOLUCIÓN Y SUS CÓMPLICES. Yo no entendía el reclamo, pero nunca me atreví a preguntar a los mayores. Toda la Puerta del Sol, las paredes de los edificios, a veces los escaparates de los comercios, los urinarios públicos y los quioscos de periódicos estaban llenos de propaganda electoral: en realidad Madrid entero vivía empapelado por la izquierda y por la derecha.

Los niños no quedábamos al margen de aquel momento trascendental, y mucho nos gustaba jugar a mayores enconados por la política. En nuestro barrio, entre las calles de Alcántara y Montesa, en Padilla o en Lista, hacíamos propaganda electoral, repartiendo escritos firmados, e incluso pasquines, a todo el que se cruzaba con nosotros. Unas veces nos tocaban las izquierdas —por lo general el PSOE o el partido de Izquierda Republicana— y otras, Acción Popular, de Gil Robles, o el centrista, que se había inventado el presidente Portela Valladares. Daba lo mismo, lo divertido era acertar con el cliente y llevarse unas perras, o en ocasiones algún que otro insulto, que sobre todo iba dirigido a la familia. Aquella actividad casi siempre encerraba sorpresas, porque entonces los ciudadanos —y no digamos las ciudadanas— hilaban muy fino y atribuían a los niños intenciones ocultas o manejos inconfesables. Más de una vez tuve que salir huyendo ante la furia de alguna dama, que me amenazaba:

—¡Ya te conozco, ya te conozco, sinvergüenza! ¡Te voy a romper la cara a ti y a la asquerosa de tu madre!

Este tipo de ciudadana era de la CEDA, daba algún sopapo e insultaba con cierta mesura, porque había ido a colegio de monjas y andaba temerosa de penas infernales. El segundo tipo de ciudadana —las *tiorras*, decía el infalible don Miguel de Unamuno— hablaba con mayor propiedad y repartía hostias, palabra prohibidísima en mi casa y posteriormente en el tranvía.

—¡Ya sé quién eres, hijo de puta! ¡Te voy a arrancar los huevos!

Y los niños tan contentos jugando con fuego.

Durante aquel periodo electoral mis amigos y yo decidimos trasladar la violencia de la calle y los titulares de los periódicos a nuestra colonia particular —Agustina de Aragón, se prohíbe el paso— y preparamos un atentado de verdad. En realidad tuvieron la ocurrencia los mayores, los que ya habían cumplido doce o trece años, y los más pequeños acogimos la novedad con entusiasmo y respeto a la jerarquía, como siempre.

En uno de los hotelitos próximos a la calle Montesa vivía un señor al que llamábamos Papá Peluquín, por razones obvias. Siempre que echábamos partidos de fútbol y se nos colaba la pelota en su jardín, se negaba a devolverla y encima nos reñía. Cuando en junio, por la noche y ya con buen tiempo, jugábamos a policías y ladrones o a la torre un guardia, salía a protestar y amenazaba con chivarse a nuestros padres, cosa que hizo alguna vez. Papá Peluquín era un anciano asqueroso y provocador, y merecía una buena lección. Así que compramos un manojo de petardos a la pipera, un hábil de manos los ató juntos y reunió las mechas en otra de mayor tamaño. Sabíamos que Papá Peluquín salía todas las tardes a las cuatro en punto para ir a tomar café con sus amigos, y nos apostamos cerca de su casa, protegidos por una esquina. Alguien con un pañuelo blanco avisaba de la presencia de la víctima, y uno de los mayores prendía fuego al ingenioso artefacto. Cinco pasos pudo dar Papá Peluquín, sólo cinco, porque al sexto estallaron los petardos y todos nos llevamos un susto tremendo. Claro que, para susto, el de Papá Peluquín, que —sin más averiguaciones— corrió a refugiarse en casa. A continuación —mayores y pequeños— huimos del lugar del atentado. Se abrieron ventanas y balcones, y una vecina preguntó, a gritos, qué había pasado. Papá Peluquín llamó a la Guardia Civil, pero no le hicieron ningún caso. Lo raro es que a nadie se le ocurrió pensar que los autores de la fechoría habían sido los niños. Todavía no me explico cómo alcanzamos —alcanzaron— tal precisión en el pequeño atentado a Papá Peluquín, a quien no perseguían ni las derechas, ni las izquierdas, pero tenía miedo como todo el mundo.

Un día le gasté una broma, de dudoso gusto, a mi buen abuelo Federico. Acción Popular invadía las paredes, los muros de Madrid, cualquier rincón, con pegatinas engomadas, ovaladas, de color azul o de color rojo, con letras blancas: ACCIÓN POPULAR. VOTAD A ESPAÑA. Yo no entendía el mensaje, porque aquello de votad a España se me escapaba entre los dedos.

—Claro, ¿y a quién vamos a votar si estamos en España? No vamos a votar a Francia, a Inglaterra o a la China.

Lo que entendía perfectamente es que mi abuelo Federico Oliver detestaba la propaganda de la CEDA, pero ahí estaba la gracia del chiste. En aquellos tiempos yo no era un niño malo, mentía de cuando en cuando, desobedecía ciertas órdenes, comía a deshora y aguantaba inyecciones, cataplasmas, lavativas e incluso aceite de ricino. Como era mi obligación de hijo único —varoncito, además— era caprichoso, intolerante a veces, y sacaba partido de mi delicada salud. Quería sinceramente a mis abuelos, a los cuatro, y a mi bisabuela Julia. Lo de Gil Robles era una broma y yo pensaba que le iba a dar mucha risa a mi abuelo Federico, que almorzaba a la una en punto. Así que vi la mesa puesta: blanco mantel, servilleta doblada, el porrón de vino... A él le gustaba beber vino en porrón. Levanté la servilleta, y mojando la goma con saliva, pegué el VOTAD A ESPAÑA en el mantel, y esperé acontecimientos. El abuelo Federico estaba indignado, porque la comida se retrasaba y él tenía hambre, como todos los diabéticos. Por fin acudió mi abuela Carmen —un poco nerviosa— con el primer plato. Discutieron unos instantes a causa del retraso del almuerzo, el abuelo echó un trago de vino —su único lujo permitido—, levantó la servilleta y descubrió la propaganda de Acción Popular. No creía lo que estaban viendo sus ojos. Sopló, escupió, manchó el mantel de vino, pero el VOTAD A ESPAÑA se mantuvo firme, hasta que lo arrancó de un manotazo. Debió de sentirse humillado y ridículo, ya no tenía ganas de comer, ni nada. Dando voces se puso en pie y yo no sabía dónde meterme. La abuela Carmen intentó defenderme, diciendo que era sólo un niño inocente, pero el abuelo Federico estaba ciego de furia, nunca lo había visto igual. Entonces se enzarzaron en una pelea absurda, donde salieron a relucir fantasmas familiares, sospechas infundadas e incluso el maestro Serrano, culpable de que mi abuelo Federico bebiera en porrón, cosa que se le podía tolerar al maestro, porque era de Valencia, pero no a él, que había nacido en Chipiona.

—¡Es sólo un niño! —gritaba mi abuela.

—¡El niño hace lo que manda su padre!

—¡No me vuelvas loca, Federico! ¡El pobre Luis está en Cádiz!

—¡Pues eso! ¡De gobernador de Cádiz!

Aún recuerdo, con espanto, aquella pelea y la frase «¡No me vuelvas loca, Federico!», que mi abuela lanzaba con alarmante frecuencia, y a la que su marido respondía en parecidos términos. La abuela Julia —mi bisabuela— gritaba en su cuarto. Carmita Oliver había ido a casa de su amiga María Luisa Arche. Yo estaba pegado a la pared, sin moverme, y bien arrepentido. Lo cierto es que me impresionó muchísimo la bronca, porque mis abuelos discutían todos los días, pero nunca con saña, con aquella rabia que yo había provocado. Era culpable, y ni siquiera me castigaron. Pasó la tormenta, mi abuelo Federico me miró con dulzura y casi, casi, entendió la broma.

El aire estaba envenenado y podía reventar por culpa de un niño gracioso, de un tropezón en la alfombra, de un plato roto, de una palabra mal entendida, de una sonrisa equivocada: el mal venía de un siglo atrás, y estaba en carne viva desde octubre de 1934, ya al borde del abismo, como el «y no cae», juguete de moda.

Seguía yendo al Instituto Escuela, ya sabía leer y escribir de corrido, aunque adornaba dictados y deberes de casa con espectaculares faltas de ortografía, que indignaban a la señorita Ángeles y a otras señoritas que se ocupaban de mi tierna educación. Muchos años estuve escribiendo globo con uve y, lo que es peor, gobernador con uve y tardé veinticinco en acostumbrarme a poner «horadar» como Dios manda, aunque hay que reconocer que Dios, a veces, manda cosas muy difíciles. Claro que por encima de mi torpeza ortográfica nacía cierta cualidad: siempre me gustó leer y que me leyeran en voz alta; y mis padres, mis abuelos y mi tío Pepe, se ocuparon de avivar aquella primeriza afición, que ellos mismos habían provocado.

Cuando mi abuelo Federico se iba a la Sociedad de Autores, al Ateneo o al café con sus amigos, yo entraba sigilosamente en su despacho, que era muy distinto al de mi abuelo Luis: en la biblioteca sólo coincidían en la colección Autores Españoles, llamada Ribadeneyra, en *Los dioses de Grecia y Roma,* y —por supuesto— en su compartido amor por Cervantes, muchas veces representado en sucesivas ediciones del Quijote. Mi abuelo Oliver tenía un buró como los de las películas de vaqueros, cerrado siempre, y una mesita con un tablero de ajedrez pintado y todas las piezas encima. Entre los libros había retratos de actrices y actores. Las butacas eran cómodas y su mesa de trabajo estaba llena de papeles. Pronto averigüé que los libros favoritos de mi abuelo eran los de Victor Hugo, Voltaire, Rousseau y quizá La Fontaine, éstos, más que nada, por los grabados de las fábulas: todos tenían preciosas ilustraciones, aunque no eran, ni mucho menos, como las de «El Infierno» de Dante. También había libros de historia natural y de geografía, y uno de las razas humanas. Pero a mí los que me fascinaban eran los de ciencias ocultas, porque tenían fotos de fantasmas, que salían de las orejas y de las narices de señoras y señores antiguos, quizá de amigos de mi abuelo. Años después —al morir Federico Oliver y repasar su biblioteca— di con los nombres de H.G. Wells y Julien Huxley, y sobre todo Allen Kardec y Conan Doyle, que también era adicto al espiritismo, una materia que apasionaba a mi abuelo, tanto es así que en aquel despacho se celebraron algunas sesiones con la puntual asistencia de las ánimas de Rubén Darío y Ruperto Chapí, y la firme oposición de mi abuela Carmen, que era mucho más realista.

Enseguida me hice con el periódico y, desde muy pequeño hojeé los santos y luego los titulares. *Ahora* era el diario que se leía en casa y, seguramente, *El Heraldo de Madrid,* donde mi padre trabajaba de redactor, *El Sol,* que solía comprar mi abuelo Federico, y el semanario *Crónica,* de mi tío Pepe. Todos aquellos periódicos fueron borrados del mapa el año 1939 y de los dieciocho que había en Madrid, en 1936, sólo quedaron tres: *Abc, Ya* e *Informaciones. El Sol* —triste destino— se había convertido en *Arriba.*

No recuerdo si en 1936 aún se publicaba *Pinocho* —periódico infantil que dirigía Salvador Bartolozzi, luego exiliado en México—, pero en cualquier caso llegó a mis manos por conducto de mi tío Pepe, que tenía muchos números y coleccionadas, casi al completo, las aventuras de Tin y Ton, que llevaban un título general: *La tormenta y el ciclón o hazañas de Tin y Ton,* dos peligrosos gemelos —uno rubio, el otro moreno— que volvían loco al Capitán, de barbas de alambre, al Inspector, viejo de larga melena y barba blanca hasta los pies, y a Doña Tecla, que siempre le estaba dando al Capitán golpes en la cabeza con un rodillo de cocina. Pero mi periódico, el que compraba todas las semanas, era *El Aventurero,* lleno de emocionantes historietas y heroicos personajes, como Flash Gordon y el detective Rip Kirby. En la portada siempre venía un dibujo de Tarzán, que a mí me parecía de una belleza insuperable. Sin embargo, la novedad editorial de 1935-1936 la trajo *Mickey,* que era un alarde, de formato americano y vistosos colores. Todos los personajes de Walt Disney estaban en sus páginas y también las llamadas sinfonías tontas, e incluso había un Club Mickey con carnet, e insignia de hojalata. *Mickey* —que en mi corazón nunca llegó a desbancar a mi querido *Aventurero*— dejó de existir en agosto de 1936, y marcó su huella en muchos niños de aquel tiempo: honor a Jim el Temerario, a la Reina de los Piratas, a Sinforoso Pirindola, que nunca da pie con bola, al vagabundo Russell con su perro Pelusillo, y a Ace Drummond, el caballero del aire.

Precozmente, sin advertirlo, mis querencias fueron cambiando: abandoné los cuentos de Calleja y la colección Marujita, y le eché el foco a los libros que leían los niños mayores, aunque debo confesar que, ni a la tierna edad de ocho años, ni después, consiguió interesarme Julio Verne y bien que lo siento. Las largas descripciones geográfi-

107

cas y científicas del insigne maestro me aburrían soberanamente y sin el menor empacho me las saltaba, hasta que llegaba a la pura acción. En realidad las únicas novelas de Julio Verne que consiguieron interesarme fueron *Dos años de vacaciones, La vuelta al mundo en 80 días*, y *20.000 leguas de viaje submarino*. En mi horizonte literario apareció, poco después, Emilio Salgari, de menos paja y más diálogo. Sé que Verne y Salgari no deben compararse y que todo lector que se decante por el italiano está comprando acciones literarias de mal gusto, pero qué le vamos a hacer.

Ya había descubierto *Pipo y Pipa* –de Salvador Bartolozzi– y *Pinocho contra Chapete*. Yo quería que triunfara siempre Pinocho, pero al mismo tiempo me atraía sin remedio el malvado y traidor Chapete. Mi tío Pepe empezó a leerme novelas policiacas y los dos, en nuestro cuarto, encerrados por la noche, íbamos masticando aquel mundo de policías y asesinos, de sospechosos y de falsos culpables. Me ganó –de entrada– Charlie Chan, detective chino, y Perry Mason, infalible abogado, más que nada por los títulos de sus novelas: *Garras de terciopelo* y sobre todo *El caso de las piernas bonitas*. Años después –ya en el verano de 1939– mi tío Pepe y yo reanudamos aquella hermosa costumbre. Y hasta ahora, porque siempre he sido partidario del género policiaco y hoy mismo me produce cierta nostalgia descubrir un ejemplar de la Editorial Molino, Biblioteca Oro, a 0,90 pesetas el ejemplar.

Como es lógico mi abuela Carmen me llevaba al teatro desde muy pequeño, pero no con la frecuencia que yo hubiera deseado, ni, a veces, con la fortuna esperada. Aquel otoño-invierno de 1936 decidió –quizá lo discutiera con el abuelo Federico– que había que acostumbrarme al teatro e hicimos un auténtico recorrido por la cartelera madrileña, siempre entrando con vales –o sea, de gorra– porque mis abuelos eran amigos de todos los cómicos del mundo.

Mucho me gustó *Los sobrinos del Capitán Grant*, donde había música y canciones, variada acción, decorados con el fondo del mar y salía un borrico auténtico, que me impresionó vivamente. Los niños son muy fantasiosos, pero también muy realistas, y en aquella ocasión el borriquillo de verdad le ganó la mano al submarino y al pulpo de mentira. Vi también en su momento –es decir, en noviembre– *Don Juan Tenorio*, y aquí cae por tierra la tesis del realismo infantil, porque lo que más me gustó fue el acto de los aparecidos, cuando sale el Comendador, y también el final, con todas las estatuas hablando. Mi abuela Carmen me miraba risueña y yo no me perdía ripio. En el descanso me dijo que ella, y mi madre de muy jovencita, habían hecho el papel de Doña Inés. La verdad es que yo no me figuraba a mi abuela vestida de monja. Cuando terminó la función entramos en los camerinos, cruzando el escenario de lado a lado, entre las tumbas de cartón o lo que fuera. Todo el mundo saludaba a mi abuela y la llamaba doña Carmen, respetuosamente, y yo iba muy emocionado. Carmen Cobeña me presentó a Don Juan, a Doña Inés y al Comendador. Fue la primera vez que anduve por detrás del telón de un teatro y tanto me gustó aquello que pensé: de mayor voy a ser cómico. Cómico se decía en casa, raramente actor y nunca artista. El inolvidable cómico Rafael Alonso —ya en estos tiempos— me decía siempre que yo había nacido en un mutis.

Siguiendo por la cartelera, y de la mano de mi abuela Carmen, vi a Valeriano León y Aurora Redondo, que entonces trabajaba a la sombra de su primer actor y marido. Fuimos al teatro donde estaban Antonio Vico y Carmen Carbonell, y al de Loreto Prado y Enrique Chicote, que me gustaron menos, porque iban disfrazados de viejos, con pelucones y andando de forma muy rara.

También me llevaron a ver una función infantil de *Pipo y Pipa*, en el teatro Isabel, de la calle del Barquillo. La República hizo algunas cosas chocantes, como los cambios de nombre de ciertos teatros y cines, y así el Infanta Isabel se convirtió en Isabel a secas, y el Infanta Beatriz, en una Beatriz de trapillo. Digo yo que hubiera sido más fácil darles un nombre completamente distinto, que andar con aquellos enjuagues. El caso es que en el Isabel se representaba una función de *Pipo y Pipa*. Yo estaba hecho a la lectura de los cuentos y a los preciosos dibujos de Bartolozzi. Pipo era un niño de diez años que, en realidad, se llamaba Felipe. Pipo era delgado, valiente y rubio y se dedicaba a salvar princesas o polichinelas y a luchar contra Gurriato, la bruja Pirulí y el ogro Malhombrón. Peto de general, lustrosas botas de montar, casco de papel y sable de madera. Así vestía mi héroe. ¿Qué decir de la perrita *Pipa*, comilona de natillas, asustadiza y un poco egoísta? *Pipa*, cuerpo de trapo y ojos de cristal, veloz y aventurera, siempre en peligro. Bueno, pues en el teatro Isabel, Pipo lo hacía Isabelita Garcés y *Pipa*, una joven actriz, que por lo menos era niña. Isabelita Garcés era pequeñita, culona y tetuda y tenía una voz verdaderamente desagradable que ella explotaba a conciencia. No me creí una palabra. Pipo me parecía un mariquita, de culazo imponente, y *Pipa* un espantajo detestable. Además, hay que tener en cuenta que, en aquella época, estábamos acostumbrados a ver *Los tres cerditos y el Lobo feroz*, los dibujos animados del forzudo Popeye, incluso Betty Boop y

El gato Félix. Sólo nos faltaba que Isabelita Garcés hiciera de gato Félix. Salí indignado del teatro y ni siquiera me animó que me convidaran a una limonada en Negresco. Por cierto, al terminar el espectáculo –ya en la calle del Barquillo– y cuando estaba dispuesto a comentar desfavorablemente aquel desafuero, mi abuela Carmen me ordenó:

–Niño, tápate con la bufanda y no hables, que vas a coger frío.

Donde lo pasé divinamente y me reí, sin miedo ni timidez, fue en una comedia de Pedro Muñoz Seca, que era muy amigo de mi abuelo Federico. Siento no recordar el título de la pieza, pero sí me acuerdo del actor que la representaba: Mariano Azaña, que nada tenía que ver con el político. Mariano Azaña era pequeño, delgado, de voz ronquilla. Después de la guerra le vi trabajar muchas veces y siempre me gustó. En aquella obra hacía un personaje con un defecto de dicción y así hablaba, valga el ejemplo: *e oy a ar un ortazo e uello uelto*. Nadie lo entendía, sólo una chica muy buena y muy humilde, que traducía al pobrecillo. A mí se me saltaban las lágrimas de risa y mi abuela Carmen Cobeña me observaba de reojo *an eliz y ontenta*. Lo malo –ahora me refiero a la sufrida célula familiar– es que me pasé dos meses imitando al cómico Mariano Azaña.

Al salir del teatro quise expresar mi entusiasmo, pero mi abuela lo impidió:

–Niño, tápate con la bufanda y no hables.

Poco tiempo después yo también me rebelé contra aquella cariñosa tiranía que tan en ridículo me dejaba delante de mis amigos.

Un día vinieron a casa dos periodistas, uno con un cuaderno y una pluma estilográfica, y el otro con una máquina de retratar. Iban a hacerle una entrevista a Carmen Cobeña, y me pillaron a mí. Nos hicieron fotos en el jardín y yo salí en el periódico –era el semanario *Estampa*– por primera vez en mi vida. Hace poco tiempo encontré aquellas páginas, dobladas en un libro, editado en 1934, que se titula *Teatro clásico extranjero:* debió de guardarlo allí mi abuelo Federico o la propia abuela Carmen.

El periodista José Romero Cuesta describe la habitación donde estaban mi abuela Carmen y mi bisabuela Julia, que sesteaba en una mecedora, cuando a mí se me ocurrió pasar dando voces, simulando que participaba en una manifestación, que seguramente había visto en la calle:

«Por el vestíbulo cruzó el nieto de Carmen Cobeña, que llevaba el puño levantado y gritaba ¡UHP! (Unión de Hermanos Proletarios), hasta que la bisabuela, santiguándose escandalizada, lo rechaza con un "¡Ni en broma!... ¡Ni en broma!", que nos hace reír a todos... El nieto es actualmente la más delicada ocupación de Carmen Cobeña.

»—Me lleva de cabeza —dice la actriz... dice "la abuela"—... Y entre cuidarme de él y leer, que leo mucho... Y las labores, que son mi mejor distracción, y dirigir las faenas de la casa... se me va el día...».

El periodista termina su trabajo en el jardín, despidiéndose, mientras yo le espiaba medio oculto:

«Carmen Cobeña queda otra vez en la calma y en la penumbra de este hogar escondido. Cambiada la actriz en una mujer de su casa, ejemplar... Pero desde el umbral de la despedida todavía vemos dibujarse en ella a la última gran intérprete de un periodo espléndido del teatro español. Como María Tubau, como María Guerrero, como Rosario Pino, las tres eminentes actrices ya desaparecidas. De aquella época sólo Carmen Cobeña supervive».

Hoy las cuatro actrices tienen calle en Madrid, Carmen Cobeña muy cerca de la de Toledo, donde nació.

De vez en cuando iba al cine con mi tía Marisa, que solía llevarme al Panorama, al Gong, o al Actualidades, donde pasaban documentales, películas cortas, noticiarios y dibujos animados. La sesión duraba una hora y yo siempre quería quedarme a ver un segundo pase, pero casi nunca lo conseguía. Ya no existe ese tipo de cine, porque la televisión lo ha hecho imposible, pero era verdaderamente útil, y me refiero a los mayores. Servía para matar una hora, entre cita y cita, para guarecerse del frío o de la lluvia, para enterarse de lo bellísimas que eran las islas Molucas o para reírse con el Gordo y el Flaco: todo por una peseta o menos. A mí me encantaban las películas cortas de Zasu Pitts y Thelma Todd, y una serie policiaca que se llamaba *El criminal nunca gana*. También era partidario de los dibujos animados del Pato Donald, Pluto, Mickey y Mini, Caperucita Roja y el Lobo Feroz, que era mi favorito, sobre todo cuando se disfrazaba de hada.

Aquel año vi algunas películas largas, como *Las cruzadas* y *Morena clara*. Lo curioso es que las dos —tan distintas ellas— me gustaron muchísimo. Sin embargo, la que se llevó la palma fue *Vampiresas 1933*, que debió de llegar con cierto retraso. La palabra vampiresa, como gomoso, purí, taquimeca, litri, guayabo, patatús, rifirrafe, pichi, y tantas otras que resultaban imprescindibles entonces, ahora nadie las usa y lo que es peor: ningún joven las entiende. Fui a *Vampiresas* con mi tía Laura, que andando el tiempo hubo de contar preciosos cuentos a mis hijos. Las dos chicas —la rubia y la morena— eran Joan Blondell y Ruby Keeler, y ambas me arrebataron, aunque quien de verdad me aceleró los pulsos fue Ginger Rogers, que cantaba una canción y de la que poco después —ya en San Sebastián, en 1938— me enamoraría locamente. De cualquier forma, lo mejor de aquella película musical —género que descubría— era el conjunto, las *girls*, las coristas, que se movían al tiempo, sin perder paso, ni ritmo, subiendo y bajando escaleras, de lejos y de cerca: cientos de muslos en la pantalla, docenas de boquitas pintadas en forma de corazón, sonrisas exquisitas, escotes de mareo... Supongo que tía Laura me espiaba burlonamente, adivinando que el sexo gasta bromas a muy temprana edad. Al salir del cine no hice el menor comentario y tía Laura tuvo el buen gusto de no mandarme que me tapara con la bufanda.

Poniendo *governador* con uve, yo escribía a mi padre —que ejercía de gobernador civil en Cádiz, por segunda vez y pasándolas negras— y él me contestaba, de cuando en cuando, apresuradamente, como si fuera ajeno a la correspondencia, pero siempre corrigiéndome la falta. Mi madre no estaba con él, porque la situación era muy delicada en la provincia, y había peligro real. A ella le hubiera gustado acompañar a su marido, pero supongo que los dos hablaron del niño y les pareció más sensato separarse, porque no es lo mismo ser huérfano de padre, que huérfano a dos bandas.

Tengo ante mí los folios que escribió Luis de Armiñán —ya casi sin ver— en su destartalada máquina Olympia, primero revisados por él y releídos cuidadosamente, luego añadiendo algunas correcciones con el pulso y la letra de Carmita Oliver. Forman la otra cara de la luna, la sombra, lo que yo no veía en Madrid, desde mi inconsciente niñez, y lo que nunca pude imaginar:

1923. Portela Valladares jura el cargo de ministro de Obras Públicas, al mismo tiempo que mi padre jura el de ministro del Trabajo. El general Primo de Rivera —con la complicidad de Alfonso XIII— da el golpe de Estado. De aquellos años son mis libros Francia, el Dictador y el moro, *y* Epistolario del Dictador, *ambos en colaboración con mi hermano José Manuel. 1936. Portela Valladares —presidente del gobierno—, que no está a la derecha, ni a la izquierda, llama a mi padre y, de nuevo, azuza su pasión política.*

112

—Tú has de ser diputado por Málaga otra vez, tendrás la primera vicepresidencia de las Cortes y luego lo que mande el momento.

Después añadió:

—Tienes que convencer a tu hijo para que vuelva a Cádiz, me lo exigen fuerzas muy poderosas.

Mi padre me pidió aquel tremendo sacrificio:

—Si ganamos todo será fácil para tu futuro.

Yo estaba seguro de que era imposible ganar las elecciones al Frente Popular, pero no sabía decir que no a mi padre: lo veía tan ilusionado, tan lleno de esperanzas, con tales deseos de revancha, tanto que me conmovió. Luego los apremios de don Ramón de Carranza, en nombre de todo Cádiz, que yo admiraba y quería, fueron imposibles de resistir. Fui a ver a Portela Valladares y encontré a un hombre envejecido, con los ojos hinchados por falta de sueño y exceso de trabajo.

—Ahora —resumió, abrazándome— estamos en el mismo barco: usted a Cádiz, su padre a Málaga... ganaremos a esa gente y gobernaremos España.

[...]

Volví a Cádiz. Solo. Vivíamos el periodo electoral, antes de proclamar a los candidatos. Don Ramón de Carranza era el capitán de la manada. Y se puso al habla con los Sindicatos, para discutir el precio de su abstención en las elecciones. Creo que llegaron a cuatro millones y medio de pesetas. La cifra me la dieron por conductos ajenos a don Ramón, que se las prometía muy felices, porque ya no votaban los obreros sindicalistas en Cádiz, todos los obreros prácticamente.

El trabajo era cada vez más difícil. Yo tenía una colaboradora secreta, si puedo decirlo así. Nunca supe su nombre. Nunca la descubrí. Debía de ser la mujer de algún jefe de los partidos de izquierdas, quizá de la CNT, de la FAI o de la UGT. En las madrugadas —hacia las tres de la mañana— me llamaba al teléfono, que yo tenía sobre la mesilla.

—Todas las noches voy a llamarte, gobernador, y no te extrañe la hora, ni la voz que oigas. Si se corta la comunicación puede que tarde en volver a comunicar contigo tres días, o sólo unos minutos.

Yo la dejaba hablar.

—En mi casa se reúnen tus enemigos, desde Muñoz Martínez, a Ángel Pestaña, que aquí lo tenemos... Va a ser diputado a Cortes, ha venido a Cádiz a unir a los sindicalistas y lleva buen camino.

—¿Por qué me dices todo esto?

—Por ideas políticas, gobernador.

Yo no podía creerlo. Todas las noches, durante tres meses, me llamó por teléfono aquella mujer de voz susurrante. Gastaba alguna broma, reía, me daba verdad o media verdad, me ofrecía datos y me contaba secretos. Yo confirmaba

algunas cosas, otras era imposible, pero el caso es que me ayudaba o me orien-
taba al menos.

—¿Tú crees que vas a ganar? —me preguntó una madrugada.

—Si no votan los sindicalistas, vamos a ganar.

—No seas inocente, los van madurando... Se quedarán con el dinero de
Carranza, y empieza a divertirles la idea.

Advertí a don Manuel de Carranza de mis temores y él me contestó que no
había por qué preocuparse, que se lo decían sus confidentes, y se consideraba
triunfador con sus compañeros de candidatura.

—Aunque el Frente Popular gane en todas partes, en Cádiz ganamos nosotros.

[...]

Un día Pemán vino a verme a mi despacho. Don José María Pemán era
—en Cádiz— la encarnación misma del prestigio personal y literario, y mucho
les interesaba a los políticos de derechas que se añadiera a las listas de Carran-
za. Yo debía mediar. Sin ninguna convicción hablé durante algunos minutos y
luego le miré a los ojos, esperando su respuesta.

—No quiero ser diputado otra vez, no soy político. Soy orador y creo que
no lo hago mal: habrá advertido que en las Cortes no he abierto la boca, sé
que desentono en el Congreso. Soy poeta lírico, ajeno a la prosa parlamentaria.
Ya fui diputado, con eso he satisfecho mi pequeña ambición política, y no quie-
ro mezclarme en las luchas que se avecinan.

Insistí un poco, y subrayé que su nombre era importante en la candidatura
que iba a oponerse al Frente Popular.

—No lo crea. Aquí aplauden Cuando las Cortes de Cádiz y Lola la
Piconera, pero nunca tolerarían un soneto contra Largo Caballero.

Me enseñó aquellos dientes adelantados, tan peculiares en su sonrisa.

—Aquí le traigo, de parte de mi mujer, un escapulario del Sagrado Cora-
zón, un «deténte-bala» y una medalla. Acéptelos como expresión de amistad de
alguien que no le conoce, pero que le admira por su esfuerzo.

[...]

La chica de la voz susurrante seguía llamándome y, a veces, se metía en
terrenos íntimos, cosa que le divertía.

—Yo también tengo el teléfono junto a la cama, la cama vacía, y llevo un
pijama de seda negra, que me compré en Gibraltar.

Se reía quedamente. Aquel tono no me resultaba cómodo y volví al tema
que nos juntaba a través del hilo telefónico:

—¿De verdad me llamas por ideas políticas?

—No, no voy a engañarte: te llamo porque quiero que reviente el cerdo de
mi marido, y que le corten los huevos por traidor.

Nunca había hablado así. Al cabo de unos segundos la oí sorber, como si
hubiera llorado. Luego me dijo:

—Vas a perder. No te confíes, te juegas la cabeza, ya te lo tengo avisado: vas a perder, gobernador.

[...]

Llegó el domingo de las elecciones, aquel 16 de febrero de 1936, que iba a cambiar la historia de España. A las doce mis noticias eran que mis amigos políticos, en sus varias acepciones, desde la CEDA al radicalismo de don Julio Varela, almirante adinerado y, a sus años, lleno de ilusiones, iban logrando mayoría absoluta en Cádiz capital y en los pueblos más importantes de la provincia. Diez minutos después me llamaba una telefonista:

—Escuche, señor gobernador, escuche... Están dando la misma consigna en todos los pueblos, escuche.

Yo presté atención. Una voz de hombre, apresurada y enérgica, decía:

—¡Todos a votar! ¡Todos a votar sin pretexto alguno! ¡Si no votamos ganan las derechas! ¡Todos a votar ahora mismo!

Inmediatamente llamé a don Ramón de Carranza.

—Don Ramón, los sindicatos votan contra usted y se quedan con su dinero. ¿No decía que le gustaba la música de La Internacional? *¡Pues ahí tiene la letra!*

Fue la última vez que hablé con don Ramón de Carranza. Al cerrarse los colegios electorales el Frente Popular ganaba por gran diferencia de votos, y Muñoz Martínez se convertía en el dueño de la provincia. Terrible fue el sino del diputado por Cádiz, luego Director General de Seguridad, ahorcado años después en España. Al termino de la guerra civil —como tantos otros— se exilió en Francia y en París lo detuvo la Gestapo y lo entregó a Franco, como Julián Zugazagoitia —director de El Socialista—, *Lluís Companys —presidente de la Generalitat de Cataluña— y Rivas Cherif, cuñado y colaborador de Azaña, que pudo salvar la vida.*

Tres días más estuve en el Gobierno Civil. Ni el subsecretario, ni el ministro, ni nadie atendía a mis llamadas telefónicas. Una tarde, a deshora, me contestó un funcionario de Gobernación y me dijo que allí no había autoridad alguna.

Don Niceto Alcalá Zamora quería tramitar la crisis por las buenas, y pretendía que Portela Valladares se sostuviera hasta que llegara Azaña a la presidencia. Portela no tenía aguante para tanto, había abandonado con treinta diputados de su partido recién hecho, lo que él llamaba el centro.

Vino a buscarme mi amigo de la infancia, Luis Bances. Yo salí en el coche oficial por la carretera de Algeciras, porque en Jerez me estaban esperando para darme un disgusto. Bajé la escalera de mármol, sin mirar atrás. En la puerta me saludaron militarmente los guardias de asalto. Hicimos el viaje sin novedad y al llegar al límite de la provincia pasé al coche de Luis Bances. Busqué a mi padre en Málaga.

—*Aquí* —me dijo— *he ganado por doscientos votos. Me sigue el candidato de don Niceto. El triunfo total es del Frente Popular, como en toda España, menos en Granada. Márchate a Madrid, pudiera perjudicarte que te vieran conmigo.*

—*Tienes que darme algún dinero.*

—*Después de casi tres años de gobernador, no tienes ni para el viaje... ¡Buen negocio has hecho, hijo mío!*

Mi hermano, que llevaba los fondos de nuestro padre, me dio lo que pudo. La política es dura, feroz. Lloré. Sí, lloré. Creo que, desde los diez años, sólo he llorado tres veces. Ésta fue la primera.

* * *

Siempre hubo animales en casa, y con mayor motivo en el diminuto jardín que teníamos en Agustina de Aragón; un jardín de suelo de arena —aún no se estilaban las pretenciosas praderitas que adornan hoy los chalets adosados— de cinco lilos y uno blanco, rosales, humildes violetas a ras del suelo, acacias, yedra en los muros, un oloroso celindo y un bonito árbol del amor, que se cubría de flores en primavera. Mi padre me trajo un galápago, que era hembra, puso un huevo y se enterró en invierno. Otra vez fue un camaleón, al que llamábamos *Samper*, que era un político de entonces, algo bizco. *Samper* se perdió entre los rosales y la yedra, mientras yo lo miraba atentamente, y debió de comérselo un gato: riesgos del camuflaje. Un día vinieron seis ranitas verdes: las pusimos en un pilón de agua, protestaron una noche y huyeron por la mañana. De la finca de un amigo me trajo mi padre un corderito blanco, al que llamamos *Baldosín*. A mi abuela Carmen le horrorizó el presente, pero no dijo una palabra, mi abuelo Federico debió de pensar que aquel *Baldosín* acababa asado y lo mejor eran los riñoncitos. El borrego se comió un lilo y gran parte de las violetas, y fue desterrado al patinillo de atrás, donde una noche dio cuenta de un hato de periódicos, explosiva mezcla de *El Sol*, *Ahora*, *Crónica* y *El Heraldo*. *Baldosín* murió envenenado por la prensa y yo no lo sentí mucho, porque con aquel estúpido animal no podía jugar, ni comunicarme. Por caminos desconocidos llegó a casa una gata mestiza, infamante, de tres colores. A mí los gatos nunca me gustaron, quizá porque hablamos idiomas distintos, o porque yo les pido que se comporten como perros: desde luego no es culpa suya. Pero aquella gata bastarda era muy simpática, no molestaba a nadie y se pasaba el día rastreando, por el jardín, huellas improbables, siguiendo pistas de ratones invisibles o mirando los árboles con la esperanza de que cayera algún gorrión inexperto. Yo le puse *La pista de la gata*, curioso nombre con el que se quedó para siempre. Cuando, en el mes de julio, nos fuimos a San Sebastián, allí quedó *La pista de la gata*, que supongo acabó, en el Madrid sitiado, estofada o con arroz.

Todos aquellos animales exóticos los tenía clasificados en una segunda unidad, porque la primera –sin discusión, ni posibilidad de cambio– era la de los perros. En casa había uno, de tres colores –como *La pista de la gata*–, que se llamaba *Pum*. Según algunos optimistas, críticos benévolos o poco conocedores de las razas caninas, *Pum* era setter. Tenía la cabeza chata, las orejas muy cortas, el morro y los ojos tiernos. Abundaba en negro, sin embargo era calcetero en blanco, de pechera también blanca y pelaje canelo a discreción. *Pum* no era un perro inteligente –ni siquiera listo– pero estaba lleno de bondad. Yo le enseñé a jugar al toro y, con una muletita que me habían regalado, le pegaba naturales, incitándole a embestir con un mendrugo como cebo, porque ya digo que *Pum* no era listo, pero tampoco tonto. Un día, en una pelea, le mordí en la oreja, acción que mucho me afeó mi abuela Carmen. Entonces hubiera mordido a cualquier perro, porque nunca tuve miedo a los animales, ni a los grandes, ni a los pequeños, y eso encierra indudable peligro. El miedo a un toro bravo es sano y lógico, el miedo a una araña o a un ratón, se puede convertir en fobia, pero despreciar el riesgo ante el toro bravo –o el perro de afilados colmillos– puede ser muy peligroso.

La llegada de *Pimpi*, el elegante gaditano procedencia Domecq, oscureció el reinado de *Pum*, que perdió protagonismo pero ganó tranquilidad. *Pimpi* ya vino con su nombre, que significa golfillo del puerto, ladronzuelo de poca monta, y que es palabra que aún se emplea en Cádiz o que, al menos, conocen los más viejos. *Pimpi* era un cachorro fox-terrier de pelo duro, de patas largas y rectas, musculado, valiente y veloz, listo y egoísta, como todos los de su ilustre familia. Una mañana se escapó de casa, aprovechó un descuido, se lanzó a la calle y nunca más volvimos a verlo. Recuerdo que me pasé aquel día, aquella noche, llorando:

—Era sólo un perro... —intentaba consolarme mi abuela Carmen.

¡Sólo un perro! ¿Cómo pueden ser tan torpes los viejos? Era *Pimpi*, mi perro, el mío.

—Pues sí que estamos ahora para pensar en perros, con lo que se nos viene encima... —se decía, seguramente, mi abuela Carmen.

Pusimos anuncios en los periódicos, incluso en *Abc*, pero *Pimpi* Domecq no volvió nunca a casa.

—Mañana vamos a La Pajarería Inglesa y te compro otro perro.

Mi madre me ofrecía el consuelo de la sustitución y yo lo aceptaba a medias: los amores no se cambian. En la cama yo pensaba que si mamá se moría, no me la podían cambiar en La Pajarería Inglesa. Nunca hice pública esta reflexión, porque me hubieran contestado que madre no hay más que una y que cómo se me ocurría comparar a mi mamá con un perro, por muy Domecq que fuera.

Ya perdida la esperanza de recuperar a *Pimpi* fuimos a La Pajarería Inglesa, que estaba en la calle de Alcalá, más o menos a la altura del Retiro. Allí trabajaba una señorita mayor que se llamaba Olga. La señorita Olga nos ofreció una perra cocker y yo enseguida me hice con ella: era un cachorro muy gracioso, blanco y marrón, lameruzo, que olía a ajo, como todos los cachorros y que se vino a casa a cambio de ciento setenta y cinco pesetas. La señorita Olga nos dijo que se llamaba *Greta*, por su gran parecido con la Garbo. *Greta* —que luego fue *Chiki*— nos acompañó durante toda la guerra y luego volvió a Madrid. Pero ésa es otra historia.

Mi padre vino de Cádiz, y mi abuelo Luis, de Málaga. El Frente Popular gobernaba en España y el diputado Muñoz Martínez se las tenía juradas al ex gobernador de Cádiz, que se reintegró a la Escuela de Comercio, donde era profesor de geografía e historia. Por aquellos días se celebraba el carnaval.

Yo no era niño aficionado a los disfraces y muy pocas veces me veo vestido de mascarita, ni de pequeño, ni de mayor. Es probable que el oficio teatral de mi familia influyera en esa tendencia. Mis tatarabuelos —por la rama Cobeña— se disfrazaban desde principios del siglo XIX, y lo hacían así porque trabajaban vestidos de otra cosa. Mi abuela Carmen iba unas veces de Doña Inés, otras de Madame Sans-Gêne o de Dominica, la de Benavente. Mi madre también podía vestirse de Doña Inés, de Colombine, de Madame Butterfly, de Marianela, de Reina de Francia o de Tonta del bote. Mi abuelo Federico se inventaba los disfraces, y los suyos casi siempre eran de mujeres del pueblo, de jornaleros o de pobres. Porque los cómicos no se disfrazan, los cómicos se visten de otra cosa para trabajar, como los jueces, los toreros, los militares y los payasos.

Sin embargo aquel año de 1936 se produjo una excepción a la regla. Alguien prendió la mecha y decidió que los niños teníamos que hacer honor al carnaval, ir al baile del Círculo de Bellas Artes o, por lo menos, al desfile de carrozas de La Castellana. Yo supongo que todo fue culpa de la señora de Bances.

Quizá el contagio viniera de casa de los Arche, o fuera de la nuestra a la suya, pero el caso es que nos vimos implicados en la fiesta de carnaval y, como los tiempos no estaban para bromas, nuestros papás decidieron que los disfraces habían de ser ingeniosos, pero sobre todo baratos. A mí me hubiera gustado ir de húsar, de obispo, de juglar de la Edad Media, de torero o de piel roja, y a mi amiga Pirula Arche de hada, de bailaora flamenca, de Juana La Loca, o de Cleopatra: total, nada del otro mundo. A Pirula decidieron disfrazarla de odalisca y a mí, de melero, por ahorrar la maldita perra gorda. El disfraz de odalisca consistía en arreglar un pijama de seda de su madre, sacarle partido a un kimono viejo, pintar bien pintada a la niña, y añadirle un turbante con una joya de bisutería. Pero la gracia estaba en el culo de la niña. Quizá se le ocurrió a su madre, o tal vez a la mía, pero el caso es que a Pirula le pusieron un almohadón en el culito, porque según parece las mujeres árabes son más bien redondas. Mucho lloró Pirula por aquella humillación, y lo cierto es que no recuerdo si consiguió ir a la calle sin cojín trasero o tuvo que tragar con las mil y una noches. No salí yo mejor parado: el traje de melero era una chapuza y para eso no hacía falta disfrazarse. Pantalones de pana, alpargatas, un blusón de tres al cuarto, faja colorada —por dar un toque de color— y boina. Cuatro gordas, digo. Además —como todavía estábamos en invierno— me forraron por dentro de camisetas, calzoncillos largos, calcetines de lana, y si protestaba me corregían:

—Niño, estás muy equivocado tú... No, no, no... Muy equivocado. En La Mancha los meleros tienen que abrigarse, porque cuando cae la helada, cae lo suyo: tápate con la bufanda y no hables al salir de casa.

Lo malo es que vino a buscarnos el coche de Luis Bances, con un criadito amable, el chófer y el propio niño de los Bances. Nunca lo olvidaré. Iba vestido —uniformado— de guardia de asalto, y era casi un soldadito de plomo: buen paño azul marino, pantalones que entonces se llamaban briches, gorra de plato —copia exacta de la auténtica—, porrita al cinto, correaje, botas negras lustrosas; hasta el último detalle en orden, que no le faltaba ni la placa. La odalisca y el melero andábamos avergonzados, y ahora deseo que nuestras mamás estuvieran un poco arrepentidas. Tampoco el niño de Luis Bances parecía feliz, porque quizá a él le hubiera gustado que lo disfrazaran de bruja piruja. Fuimos a La Castellana, nos cruzamos con cientos de holandesitas, de pierrots, de moros y moras —justo es confesarlo—, de galleguitas y de rusas con cintas, pero no vimos ni un solo melero y, mucho menos, un guardia de asalto.

Algunas veces mi padre recordaba la triste historia de su amigo Luis

Bances, que le salvó la vida en Cádiz. Era alto, joven, generoso, con dinero, triunfador, y vivía en Madrid, en un piso magnífico de la calle Montalbán, 11. En la guerra —como tantos otros— sirvió a la República y ayudó a las tropas de Franco, dentro de lo que el general Mola llamó, imprudentemente, la Quinta Columna. Una noche antes de que Franco entrara en Madrid, fue asesinado en la Puerta de Alcalá, cuando volvía a su casa, a cien metros del portal. Yo pensaba —al escuchar el dramático fin de Luis Bances— que quizá fuera muerto a tiros por un guardia de asalto de verdad. Su piso de Montalbán, 11, lo compró más tarde el general Aranda y en los años de la posguerra —del 41 al 44— yo fui muchas veces a comer allí: a comer divinamente, por cierto.

Ya empezaba el calor, los días eran más largos y los niños salíamos a jugar a la calle con mayor frecuencia. El verano venía precedido de dos señales muy particulares: los primeros albaricoques y el rebrote del gua, juego de canicas, que nunca llamamos así. Aquella primavera nos trajo un juguete nuevo, que se podía hacer en casa y resultaba baratísimo, aunque también lo vendían las piperas. Le decían carioca y era un poco tonto: cosa de papeles de colores recortados en tiras, que se ataban a un saquito relleno de arena, y el saquito, a una guita. Se lanzaba hacia arriba, lo más alto posible, y bajaba dando vueltas. Ya digo, una bobada de colorines. Lo que estaba bien era el nombre —la carioca—, que venía del baile de Fred Astaire y Ginger Rogers, en la película *Volando hacia Río de Janeiro*, que yo no había visto.

Poco después de la carioca, e incluso del yo-yo de moda, llegaban a la calle de Agustina de Aragón los vendedores de helados Ilsa, y otros pregoneros con borrico, donde no faltaban los botijos, que a mi abuelo Federico le gustaban una barbaridad, porque le recordaban a su tierra andaluza. El porche de mi casa —que mi bisabuela Julia llamaba atrio— se llenaba de flores y de botijos con pañito de *crochet*.

Una buena mañana de sol salí a la calle, como siempre, con mi abriguito, bufanda y mi yo-yo de moda. Por allí andaban jugando Ana Mari, Pirula y Currinche, Carlos el Velas, Luis el del Bajo, Emilín, Marisa y Mari Lola Tejeiro, todos mis amigos jugaban a cuerpo, las niñas con sus falditas, los niños con pantalón corto. Debí pegarme a la pared, abochornado y, seguramente, mis amigos se reían de mí. Los mayores no tienen ni idea de hasta qué punto un capricho suyo, una orden, en este caso un miedo enfermizo, pueden hacer desgraciado a un niño y, con mayor motivo, si el niño es hijo único y está mimado. Don Paco Segovia llegó en su lujoso automóvil y, antes de entrar en casa, me dirigió una mirada burlona. Yo creo que aquella mirada desató mi furia. Irracionalmente me quité el abrigo y la bufanda, los tiré al suelo y los pateé, gritando que nunca más me pondría abrigo, aunque cayera toda la nieve de la sierra y cogiera cien mil pares de anginas. Don Paco Segovia estaba asombrado. Ante los gritos del niño salió mi abuela a la calle y me ordenó que me pusiera inmediatamente el abrigo, añadiendo que —además— estaba castigado. Fue entonces cuando intervino don Paco Segovia:

—El niño lleva razón, doña Carmen.

Don Paco Segovia tenía autoridad en casa y así mi abuela, a regañadientes, accedió a llevarse la prenda que tanto me humillaba. Esta fábula con moraleja me la sé de memoria, porque a lo largo del tiempo don Paco me la contó muchas veces, con título y todo: la rebelión del abrigo gordo.

2
San Sebastián

A las cinco de la mañana del día 13 de julio de 1936 salimos para
San Sebastián en nuestro Balilla color azul, comprado de segunda
mano, como insistía en decir mi padre para dejar bien claro que no se
había llevado un céntimo en su etapa de gobernador civil. El Balilla
era un modelo popular de la casa Fiat, entonces orgullo de la Italia fascista de Mussolini.

Mi tío Alel me había escrito una postal, que aún conservo, y que
entonces me llenó de orgullo. Me decía «querido Jaime» –ni Jaimito,
ni Paupico–, me ofrecía la bahía de La Concha, la playa de Ondarreta y todas las niñas bonitas que iba a conocer allí, porque ya estábamos en vacaciones y San Sebastián era el sitio ideal para veranear. Buenas noticias. Por fin podía ir a la playa y olvidarme de los saludables
pinares del Guadarrama.

La versión de Luis de Armiñán, ex gobernador de Lugo, Córdoba
y Cádiz –en esta ciudad por partida doble– era mucho más dramática:

*Yo me sentía vigilado desde algún lugar, y entonces mi hermano José
Manuel, que estaba de Interventor de la Delegación de Hacienda, en San
Sebastián, me escribió diciéndome: Ven con tu mujer y tu hijo. Tengo una casa
muy grande frente al Puerto Viejo. En Madrid te van a dar un disgusto cualquier día. Como empiezan las vacaciones, pide tu mes de permiso en el Ministerio y como ya termina el curso, en la Escuela, y os venís. San Sebastián está
muy tranquilo. El norte es otra cosa.*

Con nosotros viajaba doña Carmen Lozano –la señora de Papá
Peluquín– que iba a quedarse en Vitoria con su hija Ana María y su
yerno Dámaso Iturrioz. También era de la partida *Greta*, la perrita cocker, que había sustituido a *Pimpi* en mi corazón. El viaje fue muy largo, porque íbamos muy despacio: el Balilla no pasaba de setenta y her-
vía en todos los puertos. Mi padre llevaba una pistola en la guantera,

una pistola que no usó nunca, y por el camino nos saludaban puño en alto pastores, arrieros, ciclistas, labradores e incluso los peones camineros. Cada vez que alguien levantaba el puño, doña Carmen Lozano se persignaba, hasta que mi madre la puso en su sitio:

—Por Dios, doña Carmen, limítese a rezar en voz baja, que nos la juega usted.

Por supuesto yo iba aterrorizado, pensando que doña Carmen Lozano me iba a acusar de haber atentado contra Papá Peluquín, pero no hubo caso. Lo mejor del viaje fue la merienda. Paramos cerca de una arboleda solitaria y mi madre sacó la cesta, que era de aquellas de mimbre, con tarteras y platos de aluminio, donde la tradicional tortilla de patata mandaba sin discusión, junto a los filetes empanados y, en ocasiones, la merluza rebozada. No era la primera vez, ni sería la última, que se me ofrecían tan ricos manjares, y además en el campo. Lo malo es que a mí me dieron una tortilla de patata hecha sólo con claras de huevo, porque me seguían sentando mal las yemas.

Pasamos por Vitoria, y en una calle del centro dejamos a doña Carmen Lozano. Entonces no podía imaginar que un año y medio después mi madre y yo viviríamos en aquella misma casa. El paisaje había cambiado y yo lo miraba con curiosidad, porque no estaba hecho a los prados verdes, a la niebla del puerto de Echegárate, a las carretas de pesados bueyes y, sobre todo a la lluvia, que mojaba el asfalto, la lluvia que en Madrid se llamaba calabobos y en el País Vasco, sirimiri. El viaje continuó y a la caída de la tarde llegamos a Tolosa donde nos esperaba mi tío Alel, que nos dijo que aquella madrugada habían matado a Calvo Sotelo en Madrid. Yo no sabía quién era Calvo Sotelo, ni entendí la noticia, ni me impresionó demasiado, pero luego supe que aquella muerte —respuesta al asesinato del teniente Castillo— significaba la guerra civil.

Ya de noche llegamos a San Sebastián y el tío José Manuel nos llevó a su casa, en la misma Delegación de Hacienda, que estaba en la plaza de Lasala, en la parte vieja de la ciudad, cerca de la Comandancia Militar. Nuestro piso daba al puerto y, desde las ventanas, se veía el Club Náutico y más lejos la bahía con la isla de Santa Clara, en el centro, y el monte Igueldo al fondo. Desde aquellas ventanas asistí a las primeras escenas de la guerra, sin duda lo más terrible que he visto en mi vida, pero que entonces llegaba a parecerme natural, lo de todos los días y es un decir.

San Sebastián me gustó mucho y sobre todo me atraía el mar cuando estaba gris y llovía sobre la ciudad. Cádiz era otra cosa, un mar luminoso, brillante y tranquilo, y tampoco mis padres me dejaron disfrutar de la playa, porque mis pequeños y caprichosos pulmones pedían aires serranos, como los que se respiraban en Cercedilla, en la sierra del Guadarrama o en los pinares de Las Navas del Marqués, en la provincia de Ávila.

La mañana del 14 de julio mi madre me llevó al puerto y luego paseamos por el Bulevar y cruzamos el puente del Kursaal, que me gustó muchísimo. Desde aquella fecha, hasta ahora, siempre me he sentido atraído por los puentes, sobre todo los puentes clásicos —cuanto más barrocos y recargados mejor—, los de ríos envidiables, como el Sena en París, el Danubio en Budapest, el Vitava en Praga o el Támesis en Londres, sin desdeñar al Hudson de Nueva York, que es otra cosa. Digo yo que debe de ser por culpa del pobre y sediento Manzanares.

En San Sebastián me gustaron mucho también los guardias —mi tío José Manuel los llamaba *mikeletes*— por lo lustroso de sus uniformes y, sobre todo, por las boinas rojas, que eran novedad.

La mañana del santo de mi madre —16 de julio, Virgen del Carmen— fuimos a San Juan de Luz y Biarritz: en el Balilla hasta Irún, y luego en tren a Francia. Yo estaba muy emocionado porque, al fin y al cabo, San Juan de Luz y Biarritz eran el extranjero, y yo del extranjero sólo conocía Gibraltar. Comimos en un restaurante muy bonito, un restaurante francés —nada menos— y mi tío Alel me compró un dominó muy pequeño, que todavía conservo como testimonio de aquel día. Yo nunca había jugado al dominó y aún no he conseguido entender el significado del regalo; sería que tal vez mi tío Alel no encontró cosa mejor. Por la mañana pusimos un telegrama a mis abuelos, diciendo que estábamos divinamente. Quizá ese telegrama casual le salvó la vida a mi padre, porque cuando los milicianos fueron a registrar nuestra casa de Agustina de Aragón, mi abuela Carmen lo enseñó como prueba de que su yerno había escapado a Francia. Las milicias fueron por orden de Muñoz Martínez, que era entonces Director General de Seguridad. Los periódicos franceses estaban repletos de noticias alarmantes, llegadas de España, y tanto mis padres, como mi tío José Manuel, se plantearon la posibilidad de quedarse en Biarritz; pero sólo teníamos doscientos francos y nadie podía imaginar lo que iba a ocurrir pasado mañana, sin ir más lejos. Recuerdo perfectamente que entramos en España gritando:

—¡Vamos al infierno! ¡Vamos al infierno!

Y bien cierto es que fuimos al infierno.

La noche del 17 de julio nos acostamos con absoluta tranquilidad o eso había entendido yo. A mí me instalaron en una habitación que daba al puerto y que me gustaba mucho, porque se veía el mar, y de mañana se oían las sirenas de los barcos. Casi al amanecer empezaron a escucharse tiros, explosiones o algo muy parecido. Carmita Oliver me lo contó después:

—Luis me despertó, porque estaba más acostumbrado a estas cosas... Yo oí un momento y me parecieron cohetes... Y le dije: eso es que están festejando la noche de San Federico.

San Federico, el santo de mi abuelo Federico Oliver, que jamás de los jamases se celebró en San Sebastián. Mi padre comprendió que aquello eran tiros y que en el puerto estaba ocurriendo algo grave. Entró en mi cuarto, me sacó de la cama, y me llevó a su alcoba. Poco después una bala de fusil rompió el cristal de mi ventana y se incrustó en la pared: esa bala la llevó Carmita Oliver muchos años colgada al cuello, con una cadena de oro. Y no fue la única, porque aquella noche no quedó ni un solo cristal en mi ventana, como ocurriría en Salamanca casi un año después. Desde aquel momento comprendieron —yo también me enteré— que algo muy terrible estaba ocurriendo en España, sobre todo cuando le oí decir a mi tío José Manuel:

—No te preocupes, Luis: esto lo arregla Sanjurjo.

El general Sanjurjo ya había muerto en Portugal.

El tío Alel tenía una chica que le preparaba el desayuno, daba cera al piso, le hacía el cuarto, y le dejaba, por si era necesario, algo para la cena. Se llamaba Mari Nieves. En cuanto empezó la rebelión facciosa, el pronunciamiento, la revolución, el alzamiento nacional —o como lo dijeran unos y otros— pasó a llamarse Edurne y a dar órdenes a mi madre. Aunque era nacionalista llevaba un gorrito de miliciana y un pañuelo rojo, y decidió que mi perra no se podía llamar *Greta*, que le dijéramos *Chiki*, que era más vasco y más gracioso. Y con *Chiki* se quedó, y de *Chiki* murió. Edurne era mandona, divertida y simpática, sabía en dónde estaba y quiénes fueron sus antiguos amos, pero nunca traicionó y muchísimo menos delató a mi padre. De día limpiaba la casa, de noche se ponía el gorrito y se echaba al monte. Mari Nieves era una pura contradicción —como casi todas las muje-res—, no se juntaba con los chicos de la CNT y no iba a misa como mandaban los nacionalistas de Aguirre. Cuando nos mudamos de casa me besó y me dijo:

—No se te ocurra cambiarle el nombre a *Chiki*.

Y yo se lo prometí.

Las ventanas que daban al puerto eran tan indiscretas como fascinantes. Hacíamos la vida en el interior del piso, que era muy grande, escuchando la radio, con el fondo de los disparos que se sucedían, muy cerca de nosotros, en la misma plaza de Lasala y en el puerto. En cuanto se descuidaban mis padres me iba a mirar por la ventana, como si estuviera en el cine, ajeno al peligro, sin sentir miedo alguno. En mi familia no me habían inculcado cierta especialidad de miedo y era cosa de agradecer. Recuerdo muy bien que Nati —mi ama seca— me contaba cuentos de aparecidos y que mi madre, un día, la riñó muchísimo. Pronto me acostumbré a los fantasmas, a las truculencias y a los muertos. Tampoco tenía miedo a los ladrones, a la oscuridad, a la tormenta, ni a que me regañaran, ni al sexo, ni siquiera a Dios. Nunca me habían amenazado con el hombre del saco, con el sacamantecas o con el demonio, y también era de agradecer.

Inesperadamente aparece entre las sombras de mi niñez el Hombre del Saco, que, escrito con mayúsculas, da más miedo. Lo llamó un día mi propia abuela Carmen —que debía de estar ya al borde de la desesperación—, pero tuvo la culpa el maldito aceite de ricino, martirio de los niños de aquella época.

La aparición del Hombre del Saco es casi real y se me presenta después del mucho tiempo transcurrido. Pienso que las imágenes de la infancia llegan con retraso y se van manifestando conforme pasan los años. En la mocedad, en la juventud, olvidamos casi todo lo que ocurrió en la niñez pero al llegar a ciertas edades peligrosas, cuando ya estamos en la primera línea, y dejamos atrás abuelos, padres y demasiados amigos, vienen representándose algunas veces con curiosa nitidez. Estaban y ahora llegan. No hay que alarmarse: es como la vuelta atrás de una película, lo que llamamos el *flash-back*. Y no es malo, al contrario, incluso resulta amable. Con los olores ocurre algo parecido, y también con los sabores, como este del odioso ricino.

El aceite de ricino era un martirio anunciado. Los males de la tripa se curaban con el aceite de ricino, sufrido por varias generaciones de niños indefensos, y luego utilizado por los torturadores de posguerra. Ricino, planta originaria de África, de la cual se extrae un aceite purgante. Debería añadir de olor y sabor asqueroso, repulsivo, que da escalofríos. Y lo peor del mundo era cuando los adultos intentaban mezclarlo con café o zumo de naranja.

Aquella tarde mi abuela y yo nos quedamos solos. Mis padres seguramente estarían en algún Gobierno Civil, y mi tío Pepe habría salido a sus cosas. Mi abuela tenía que darme el maldito aceite de ricino y yo lo rechazaba con todas mis fuerzas. Los dos llorábamos de impotencia y de rabia. Entonces sonó un pregón en la calle; Carmen Cobeña lo escuchó, tomó una determinación y se fue. Yo suspiré aliviado. A los pocos minutos volvió mi abuela y me anunció que había llegado el Hombre del Saco y que estaba dispuesto a llevarme si no me tomaba el aceite de ricino. Hizo una pausa teatral y el Hombre del Saco entró en escena. Yo dejé de llorar y abrí la boca asombrado. Era un viejo grande, sucio, de barba de tres días, ropa muy usada y saco de buen tamaño. Pero sonreía con dulzura. La abuela Carmen lo miró como dándole la entrada en el drama, esperando su frase.

—Tómate el ricino, guapo —dijo la aparición—, no hagas llorar a tu abuelita...

Carmen Cobeña reaccionó como siempre, y con voz autoritaria, con voz de primera actriz, le riñó.

—¡Así, no, hombre! ¡Tiene usted que darle miedo al niño!

—No puedo, señora... Tengo tres nietos de su edad...

Era un buen trapero que no estaba hecho a interpretar papeles de malo.

Yo no tenía miedo a los fantasmas, ni a los aparecidos, y sin embargo mi madre me inculcó el miedo físico, a caerme por la escalera, a resbalar en una roca y, sobre todo, a la enfermedad, que yo no acababa de creerme. Una corriente podía traer consigo unas anginas, la humedad de la playa era funesta para los pulmones, y dos huevos fritos eran capaces de deshacer el hígado. Ese miedo —y mi posible malme dejaban en inferioridad ante mis amigos. Y en ridículo. Pero el tiroteo de San Sebastián, la sublevación de los militares, el indudable peligro, no me alteraban el pulso, porque podía tener miedo a la tuberculosis pero ignoraba qué cosa era la muerte, sobre todo la mía: una paradoja en la guerra civil.

Desde las ventanas vi a los soldados de la Comandancia que colocaban un cañoncito de montaña cerca del Club Náutico, alguien desde una azotea —a quien yo distinguía perfectamente— disparaba un fusil. Vi cómo ardía un camión y también un coche que avanzaba por la orilla del puerto; cuando le hicieron fuego desde abajo, el conductor perdió el rumbo y el automóvil cayó al agua, quizá sin ruido, blandamente, y desapareció. Al día siguiente me asomé otra vez: había un muerto tapado con una manta, al que una vieja descubría y miraba, miraba mucho rato, y luego se santiguaba.

De la ventana indiscreta me arrancaba mi madre, me empujaba por el pasillo riñéndome y me encerraba en un cuarto interior, ignorando mis protestas:

—¡No pasa nada! ¡No pasa nada!

La radio había dicho que se declaraba el Estado de Guerra. Fueron unas palabras enérgicas, pero precipitadas. A ellas siguió un gran silencio en las ondas. Desde la Delegación de Hacienda veíamos cómo llegaban al puerto grupos alocados. Con sus escopetas de caza y sus pistolas empujaban a los patrones y embarcaban en los vaporcitos pesqueros.

—¡Huyen!

La partida estaba ganada. Pero el coronel cometió el más grave error que puede realizar un militar en combate callejero. Se encerró en el cuartel de Loyola y dejó pasar un tiempo precioso. Oímos gritar en medio del pánico: ¡El gobernador se ha ido a Francia!

Los disparos se alejaban, se perdían... ¿Cuántas horas han transcurrido? No lo sé todavía. El teléfono volvió a sonar:

—Abridme la puerta, voy ahora mismo.

Era el capitán Cándido Soto Odriozola, mi primo hermano, mi hermano de leche...

Estas líneas dramáticas fueron escritas por mi padre y las encontré dentro de un volumen insólito, *Las tardes de La Granja* –de Ducray-Duminil– junto a una advertencia que decía así: *De entonces tengo unas pocas cuartillas inéditas, que milagrosamente no se han perdido, ya que no guardo un solo papel. Las escribí para algún periódico, pero no tuve ninguno al que acercarme.*

A mi tío Cándido –capitán del ejército– yo le había visto muy pocas veces. Era hijo de mi tía abuela Pepa Odriozola, hermana de la abuela Jacoba, y de don Cándido Soto, un hombre de negocios que supo manejar con habilidad el dinero de la señorita Odriozola, todo lo contrario de mi abuelo Luis, que siempre fue generoso y pródigo. Cuando fracasó la sublevación militar y los milicianos ocuparon la Comandancia Militar, Cándido pudo huir vestido de paisano y así llegó al restaurante La Nicolasa, que estaba en la parte vieja, cerca de la Delegación de Hacienda. Mi padre y mi tío Alel recibieron su llamada de socorro y bajaron al portal. Allí estuvieron más de dos horas, turnándose, sin encender la luz, pero nunca vino el capitán Soto. Mucho tiempo después se supo lo que había ocurrido. Candidito —como le llamaba mi padre— salió de La Nicolasa y en la calle Mayor tuvo la mala suerte de tropezar con un sargento de su regimiento, que lo mató a tiros.

A partir de la rendición del cuartel de Loyola, unas horas después, la situación en San Sebastián se estabilizó. Los nacionalistas —con la FAI y la CNT— se hicieron dueños de la ciudad. Los nacionalistas —los gudaris, decía Edurne— guardaban el orden, no permitían saqueos e incluso mantenían las iglesias abiertas, pero los curas habían perdido clientes, porque el miedo era libre, sobre todo entre los veraneantes. Todas las noches se oían descargas y fue Edurne quien me aclaró aquel misterio:

—Están fusilando fascistas.

Era emocionante imaginarlo, me hubiera gustado ir a ver muertos de cerca, sobre todo en compañía de Edurne, pero mis padres seguramente no me hubieran dejado, y así me limitaba a escuchar las descargas por la noche y encogerme en la cama. Mi madre no podía suponer lo que yo pensaba, ni las vueltas que daba entre las sábanas, ni adónde me conducían las quimeras que llenaban el comienzo de mis noches, porque luego me dormía en paz. Acababa de descubrir el libro de *Las mil mejores poesías de la lengua castellana,* y algunas de las que me leía Carmita Oliver, las de Rubén Darío, *Los motivos del lobo,* que me emocionaba siempre, y *Marcha triunfal,* tan gloriosa, y una poesía de Manuel Machado, que era amigo de mi padre y del abuelo Federico.

Yo también fui amigo de aquel buen poeta y lo iba a encontrar muy pronto, apenas tres meses, en la mismísima ciudad del Campeador. Pero el asunto iba mucho más podrido, más adelantado, terrible y morboso... Y para no mentir, para no mentir quien me impresionó fue el desesperado Espronceda: «Me gusta un cementerio, de muertos bien repleto»... Pero sobre todo, la parte verde: «Me gustan las queridas, sin chales en los pechos, al aire el muslo bello, y flojo el cinturón.... ¡Qué gozo, qué ilusión!». Puedo mezclar la rima, olvidar alguna estrofa, pero en mi memoria se grabaron aquellos versos desordenados, y ciertas palabras inquietantes: queridas, pechos, muslo bello, incluso cinturón y chales. Claro que no sabía qué cosa eran chales y lo de queridas me sumía en explicable confusión, querida abuela, querida tía Toya, querida mamá... ¿Dónde estaba la diferencia? El caso es que no podía ver a Edurne sin mezclarla con aquella terrorífica poesía de huesos podridos y carnes sonrosadas, pero no menos putrefactas. ¿Quién pudiera volver a la «princesa está triste»? Imbécil, ya eres mayor: recuerda a Pluto cuando va de ángel, y cuando va de diablo.

Cerca de la Delegación de Hacienda, en una calle muy estrecha que da al puerto, había una tiendecilla de ultramarinos, donde despachaba una chica casi tan guapa como Edurne, y que siempre me regalaba caramelos. Era nacionalista, pero renegaba de los socios del Frente Popular, mi tío Alel la conocía y entre los dos hicieron un pacto. La chica mandaba a casa todo lo que podía y nosotros se lo guardábamos, a cambio nos daba una parte del suministro, palabra tan inquietante y tan nueva como «querida» o «muslobello». No recuerdo el nombre de la chica, pero sí que era pequeña y bien hecha, y que bromeaba con los milicianos cuando iban a su tienda, se lo llevaban todo, y pagaban con vales firmados allí mismo.

—Son gente de fuera —decía la chica de la tienda—, los de San Sebastián siempre cumplen, incluso cumplen los de Bilbao.

Un día —por suerte no estaba Edurne— vinieron cuatro jamones de contrabando, y así que llegaron, escondidos fueron en el armario. *Chiki* se enteró del caso y decidió vigilar aquel tesoro, sentándose frente a la puerta, con los ojos fijos y las orejas tiesas, bien arriba, tipo montera de torero. A Edurne le extrañó la actitud de la perra, pero no hizo el menor comentario, aunque el olor del pasillo delataba el alijo. Yo preguntaba por qué no podíamos abrir alguno de aquellos olorosos jamones y me contestaban con evasivas, incluso con ridículas mentiras. Era como si tuviéramos encerrados en el armario a cuatro curas.

De cuando en cuando venían a casa visitas, funcionarios de Hacienda y vecinos, con sus señoras. Venía incluso el delegado, jefe de mi tío Alel y amigo político de Azaña, que llevaba el pelo cortado a cepillo y se llamaba Medina. Pero a mí el que más me gustaba era un chepa, que estaba casado con una señora rubia de muy buen ver. El chepa contaba siempre anécdotas subidas de tono y a mí me mandaban salir de la habitación. Por lo visto aquel funcionario había pasado su juventud en París, ciudad donde se había divertido muchísimo.

—Claro que me casé... —dijo un día con nostalgia.

Y mi madre, sin duda obsesionada por el estrafalario personaje, terminó:

—Te casaste y te jorobaste.

—Sí, señora, eso es: me casé y me jorobé.

Ya no hubo forma de arreglarlo, era lo que se llama un acto fallido. Las meteduras de pata fueron una de las especialidades de Carmita Oliver, que luego las contaba llorando de risa.

Con visitas o sin visitas la Delegación de Hacienda se había convertido en un lugar peligroso, en una red tendida, donde mi padre podía enredarse, y así fue como el tío Alel decidió cambiarnos de casa, destinándonos a la de su compañero Juan Pavía, administrador de rentas de Hacienda, que vivía en el barrio de Gros y que nos acogió cariñosamente. Juan Pavía era aristócrata, conde de Pinofiel o algo muy parecido, y descendiente del muy nombrado general don Manuel Pavía, el que se cargó —sin el menor rubor— a la Primera República. Estaba casado con una señora alta y morena —se llamaba Toli— que a mí me parecía bastante antipática. Tenían un chico de mi edad, Manolo, del que yo me hice muy amigo y que murió muy joven.

A pesar de que era verano no me dejaban ir a la playa, y a las razones de salud —las de siempre— se unían ahora los riesgos que acarreaba la guerra recién nacida. De cuando en cuando salía de casa, cruzaba el puente del Kursaal y me acercaba hasta la playa de La Concha, donde la revolución no se notaba en absoluto, porque los trajes de baño unificaban al personal. Sin embargo la playa de Ondarreta —la de los ricos— estaba casi desierta y habían desaparecido los toldos, las sombrillas, los bañeros y las añas.

Poco después, los generales sublevados —aún no mandaba Franco— comenzaron a bombardear San Sebastián desde los barcos de guerra. Creo que por allí navegaban un torpedero, el viejo acorazado *España* y el *Almirante Cervera*. En la distancia parecían el crucero *Libertad*, el que yo había visitado en Cádiz cuando mi padre era gobernador. Oíamos el silbido de los proyectiles, que pasaban sobre nuestras cabezas, y luego las explosiones más lejos. Las bombas nunca caían en las casas buenas de San Sebastián, como si los marinos quisieran respetarlas, y a lo mejor querían. Pero hubo una excepción: uno de aquellos aparatosos ingenios cayó a pocos metros de casa, en la calle Peña y Goñi, atravesó el edificio y llegó hasta el sótano. Yo me escapé para ver la bomba, que estaba entre cascotes, puntiaguda e inmóvil, como agazapada o dormida. Pero lo mejor de aquellos bombardeos era salir al balcón, desde el que se veía todo el mar y, en la línea del horizonte, la silueta del barco de guerra, pongamos que era el *Almirante Cervera*. Parecía un barquito de juguete, gris y lejano, inofensivo. De pronto se iluminaba con un relámpago y poco después venía percibiéndose el silbido amenazador del proyectil, que subía en intensidad y se alejaba rápidamente: yo miraba hacia el cielo, pero nunca conseguí ver ni una sombra. Lo que hacía es contar, desde el resplandor hasta el silbido cercano. Me parece que pasaban cuatro segundos, o cinco, o puede que fueran quince. Una mañana me descubrió mi padre y me metió dentro, prohibiéndome absolutamente salir al balcón. Y yo pensaba: ¿qué importa? Si la bomba cae en nuestra casa da lo mismo estar en el balcón que en la cocina.

Un día aparecieron cuatro aviones volando casi al ras de los tejados, y disparando sus ametralladoras, sin que nadie pudiera contestar al fuego. Yo creo que aquellos aviones hacían más ruido que daño, porque en tales condiciones de impunidad podían haber acabado con toda la población donostiarra, veraneantes incluidos. Al paso de los aviones rebeldes los milicianos pegaban tiros con pistolas, fusiles e incluso escopetas.

Nos mudamos otra vez, ahora al piso de la tía Teresa y de su nieta Alicia Gadea, que también vivían en el barrio de Gros, con María Luisa Armiñán, prima de mi padre, mujer inteligente y muy encantadora. La tía Teresa Beltrán era viuda de Celestino Armiñán, primo de mi bisabuelo Manuel, que fue capitán general de Baleares y padre de mi abuelo Luis. Alicia, un poco mayor que yo, a veces jugaba conmigo. Era menudita, de ojos achinados, muy vivos. Yo la admiraba ciegamente, me parecía una belleza sin par y oía su voz cuando no estaba en casa. Todas las noches me dormía pensando en ella y, cuando alguien la nombraba, se me encendían las mejillas y me latía el corazón con fuerza. Sin duda alguna aquello era amor, un amor tremendo, sin futuro, secreto, porque como es lógico a nadie le dije nada y muchísimo menos a Alicia Gadea, que me ignoraba, como suele ocurrir en estos tristes casos. Los padres de Alicia estaban en Tarragona y la tía Teresa decidió llevarse a su nieta, sin importarle la República, la zona nacional, los rojos o los falangistas. Mis padres intentaron convencerla de que era mucho mejor quedarse, que los requetés estaban a punto de entrar en San Sebastián, que aquella locura iba a durar dos semanas, que no había razón para exponerse.

—La niña tiene que ir con sus padres —repetía una y otra vez Teresa.

Y yo sufriendo mal de amores. Pocos días antes de que entraran los requetés en San Sebastián mi tía María Luisa Armiñán —con las bendiciones de Teresa y mi dolor secreto— se llevó a Alicia Gadea y yo me quedé tan perdido, que ya me daban igual los bombardeos, los tiros de noche, y los barcos de guerra.

El tío Alel trajo un día *La Gaceta*, que publicaba la destitución de mi padre, por desafecto al régimen, y también el de Pedro Muñoz Seca y Eduardo Marquina. No sé cómo llegó una carta de Madrid, una carta sin censurar. Mi abuela Carmen decía que todos estaban bien y que el mismo 20 de julio el Director General de Seguridad –Manuel Muñoz Martínez– había mandado una patrulla a casa para detener a mi padre. Añadía la abuela Carmen que, en la calle Huertas, todos sin novedad y que pronto recibiríamos noticias de don Luis de Armiñán. La información tenía su mérito, porque entonces la familia Armiñán-Oliver estaba tristemente dividida. En cualquier caso las noticias eran inquietantes y nos obligaron, por tercera vez, a cambiar de territorio. Yo me divertía muchísimo con las mudanzas y no sentía peligro alguno, ni siquiera inquietud. Estaba viviendo un verano singular –casi tanto como el de Cádiz– y además, poco a poco ganaba centímetros de libertad. Primero se notó en la comida. Ya he contado que los huevos, concretamente la yema de los huevos, los tenía más que prohibidos, y que chachas, tías y abuelas me hacían tortillas de clara. Estas tortillas no tenían nada que ver con las otras, ni en el color, ni en el sabor. También me habían prohibido los garbanzos, las judías y las lentejas, que a base de plastas se convertían en puré, un puré borroso, que siempre sabía a lo mismo. Es mentira. Años después descubrí que aquellos odiosos purés eran manjar exquisito, e incluso admití que se le podían añadir puerros y zanahorias, porque las patatas gozaban de un estatuto especial, aunque –en mi desgraciado caso– las fritas me sentaban peor.

En San Sebastián escaseaba la comida y el dinero, sin excepción, en mis sucesivas casas. El cerco sobre la ciudad se cerraba, los requetés entraban en Guipúzcoa y aunque nunca hubo hambre, ni siquiera necesidad, había que buscárselas, porque incluso faltaba el pescado. El *Almirante Cervera* y el *España* cerraban la salida del puerto y nadie se atrevía a hacerse a la mar y yo creo que, incluso, resultaba difícil pescar corcones en el puente del Kursaal. El pan tierno era raro, la mantequilla se había derretido y el jamón estaba en el armario. Si llegaba media docena de huevos había que aprovecharlos y el niño no podía quedarse sin yemas, aunque fueran peligrosas para el hígado. Los horarios no existían o existían apenas, y nadie se preocupaba de si me lavaba las orejas o me había cambiado de calzoncillos y, mucho menos, si me lavaba las manos antes de comer, entre otras razones porque el agua empezaba a escasear. En resumen: los microbios habían huido al monte Igueldo.

133

De tal forma se abrió la veda en la cocina: empecé a comer bien, a rebañar los platos, a no dejar una miga. En Madrid, y en Cádiz, yo era un dengue, en San Sebastián, un comilón. Y lo curioso es que mi madre no lo advertía, porque estaba pendiente de algo mucho más grave. Según he leído en un libro conspicuo si un niño no come es porque quiere volver a la lactancia, y por tanto habría que darle el puré de lentejas en biberón. También puede ser que el niño esté desafiando a sus padres, algo así como lo que hacen algunos ciudadanos al utilizar la huelga de hambre, como coacción o chantaje. Yo no creo que pretendiera volver a la lactancia, ni que quisiera desafiar a mis padres, sobre todo sin razón alguna.

Tenía que salir a la calle y hacer algunos recados. Iba en busca de un litro de leche, de una barra de pan, de un kilo de arroz y luego —ya en agosto— a la fuente para traer agua. Los nacionales no tuvieron ningún empacho en cortar el agua, que llegaba a la ciudad desde Navarra. Vistas las circunstancias el general Mola decidió dejar en seco a enemigos y partidarios y convertir San Sebastián en una ciudad sitiada, que se abastecía de un pequeño manantial llamado De Ramírez. Las colas se formaban desde el amanecer y a nosotros nos guardaba el sitio un anciano caballero, que se hizo muy amigo de la familia.

Me acostumbré a cruzar la ría, a patearme el barrio de Gros y a recorrer la Avenida y el Bulevar, e incluso lo Viejo. Miraba a los milicianos y a los *gudaris* —los soldados vascos— sin darles la menor importancia. Además, entre mis obligaciones principales estaba la de enseñar a *Chiki* a ser limpia y con tal propósito la sacaba cuatro o cinco veces al día. Mis padres fueron muy benévolos en aquella ocasión, y en otras también. No me quitaron la perra, nunca me amenazaron con aquella posibilidad, y así con *Chiki* recorrimos media España. Ahora, en su nombre, quiero darles las gracias.

Como en las películas bélicas, la acción se alterna y va del campo de batalla a la casa de la chica. Por el norte las tropas facciosas, los rebeldes, el glorioso ejército nacional, avanzan hacia San Sebastián. En algún sitio cuatro o cinco personas asustadas no saben dónde meterse, y unos miles de ciudadanos miran al puerto y a la carretera de Bilbao, con la esperanza de escapar de aquella ratonera. Muchos —de un lado y de otro o de ninguna parte— morirán inútilmente asesinados.

Una vez más —y no sería la última— cambiamos de domicilio. En la Delegación de Hacienda habían fusilado a varios funcionarios, el nombre de mi tío José Manuel circulaba ya como desafecto al régimen, y más de un empleado sabía que mi padre andaba huido por la ciudad. Así fue como llegamos a Iparraguirre, a un piso bajo que tenía un gran sótano, y una terraza al nivel de la calle. En el sótano estuvo escondido mi padre cinco semanas y sólo salía de noche a tomar el fresco a la terraza. Mi madre se ocupaba de las tareas de la casa, *Chiki* y yo hacíamos recados, mi tío Alel no venía casi nunca, pero sí una visita que nos traía noticias del exterior y a mí me daba caramelos. Era un viejo muy pequeño, el señor Azpilicueta, marinero de afición, que se pateaba la provincia de Guipúzcoa, trocha por trocha, y casi se sabía los nombres de todos los perros de los caseríos. Yo fui quien conoció al señor Azpilicueta, por motivo de un molesto furúnculo que me había salido en una pierna. En la plaza de Iparraguirre había una fuente y hacia allí me facturaban todas las mañanas para recoger la ración de agua. El señor Azpilicueta me vio cojear y amablemente me ayudó a llevar las garrafas a casa. Desde aquel día me guardó la vez, porque a él no le importaba trasnochar, ni dormir. Había sido rico y tenía una familia muy numerosa, sobrinos de todos los partidos políticos, a los que distinguía como el rojo, el rojillo, la roja, el cura, el de derechas, la meapilas y los indiferentes, ya numerados: indiferente número uno, número dos, tres, cuatro... Por prudencia se había quitado los botines de siempre y el cuello de pajarita, se lavaba un poco en la fuente de Iparraguirre, y luego venía a casa a charlar. Él nos dio la noticia de la toma de Irún, y del incendio de la villa, sabía de memoria lo que estaba ocurriendo en Pasajes o en Tolosa, en donde combatían las brigadas navarras, y lo que opinaba en Bilbao el señor José Antonio Aguirre, *lendakari* —presidente del Gobierno vasco—. Tal vez el variado espectro de sus sobrinos le facilitara tan puntual información.

Una noche mi padre estaba fumando en la terracita y un miliciano se detuvo ante él:

—¿Qué haces ahí? —le preguntó.

—Fumar.

—Estás haciendo señales a los barcos fascistas.

—¿Con la lumbre de un cigarro?

—Apágalo ahora mismo.

Mi padre apagó el cigarro y el miliciano —que debía de ser un hombre sencillo— le recomendó:

—No vuelvas a fumar aquí, sobre todo de noche: en la guerra hay que ser muy prudente.

Era muy cierto: la sublevación de los militares, que podía parecer una cuartelada, como las del siglo XIX, se había convertido en una guerra auténtica, donde ya comenzaban a operar carros de combate, aviones de caza y de bombardeo, estados mayores, fuerzas extranjeras, ejércitos completos. Libros y libros se llenaron después de aquellos tristes acontecimientos, y hoy tengo ante mí uno de casi mil páginas, donde se relata la campaña de Guipúzcoa y la toma de San Sebastián, vista desde el lado de los vencedores. Yo estaba allí, era un niño de nueve años cumplidos, pero me enteraba de muchas cosas.

Aquella madrugada vino el tío Alel a casa, sacó a mi padre de la cama y se lo llevó a la calle. Había recibido el soplo de una secretaria de la Delegación de Hacienda: esa misma mañana irían las milicias a detenerlo, ya conocían la dirección de Iparraguirre, aunque no estaban seguros de encontrar lo que buscaban. Mi madre hizo las maletas y dejó en el vestíbulo ropa y paquetes, como si no le hubiera dado tiempo de guardarlos. A eso de las doce del mediodía se presentaron en casa cuatro milicianos: uno se quedó en la puerta y otro llamó al timbre.

Por fin el día 2 de septiembre trajo al coronel Beorlegui, con la toma de San Marcial, el resultado de sus sacrificios y su tenacidad. Preparóse el asalto con un fuego artillero de gran eficacia, y a media mañana, comprobados que fueron los efectos causados por tres baterías de 7,5, dos de 15,5, dos de 10,5, y dos obuses, se dio orden de ataque. Previamente los soldados de la Legión, por la derecha, y requetés y falangistas por la izquierda, habían arrebatado al enemigo las posiciones flanqueantes. Los defensores de San Marcial comprendieron la difícil situación en que se encontraban y se retiraron hacia Irún. Mientras el centro tomaba San Marcial, la columna de la derecha entraba en el pueblo de Behovia, obligando a los milicianos a transponer la frontera y a entregar sus armas a los gendarmes franceses. La victoria de Irún estaba alcanzada. El día 5 de septiembre, la columna del coronel Beorlegui entraba en la ciudad fronteriza, en la ciudad de la que sólo quedaban unos pobres restos. Inmensas columnas de humo se alzaban hacia el cielo, en un siniestro espectáculo. A lo largo de la frontera de Francia, desde Hendaya hasta Biriatou, millares de personas contemplaban aquel panorama de desolación y muerte. Las organizaciones anarquistas, al retirarse en derrota a territorio francés —por el monte unas veces, por el río otras, o por la playa de Fuenterrabía y Hendaya—, incendiaron la ciudad de Irún. Casa por casa rociaron todos los edificios, y luego lanzaron sobre ellos docenas de bombas de mano. Irún quedaba reducido a la quinta parte de su población normal.

Carmita Oliver se había arreglado cuidadosamente, se maquilló como no lo hiciera desde el 18 de julio, y con la mejor de sus sonrisas se dispuso a abrir la puerta a los milicianos. Yo llevaba ropa limpia, zapatos lustrosos, como si estuviera esperando la hora de irme a merendar con mis abuelos. Sentía curiosidad y la actitud de mi madre me tranquilizaba.

—Buenos días.

Los milicianos no devolvieron el saludo.

—¿Qué desean ustedes?

Era como una función de teatro, como si una amable visita acabara de llegar sin anunciarse. Si cierro los ojos estoy viendo a los tres milicianos que entraron, un poco cohibidos, en la casa de Iparraguirre. Iban con mono azul y pañuelos negros y rojos al cuello, uno llevaba boina y fusil, todos cartucheras de cuero y grandes pistolones al cinto, y ninguno parecía de San Sebastián. Preguntaron por mi padre, acentuando los malos modos.

—Creo que está en Francia.

Un miliciano se quedó en el vestíbulo y los otros dos revolvieron toda la casa, abriendo y cerrando cajones, deshaciendo las camas, mirando en sitios inverosímiles, casi dentro de los pucheros, sin olvidar las maletas y los paquetes del recibidor. Sin duda buscaban armas o documentos comprometedores, pero allí no había nada.

—Tú te vienes con nosotros —dijo uno de los milicianos.

—¿Y qué hago con el niño?

—Eso no es cosa nuestra.

—¿Vais a ser capaces de dejar solo a un niño, en una casa vacía?

Muchas veces he hablado con mi madre de este sucedido y ella pensaba que los milicianos trataban de amedrentarla y que, en el fondo, tampoco les importaba mucho encontrar a mi padre. No debían de ser mala gente.

Estas visitas, en nuestra guerra, de un lado y del otro, fueron muchas veces trágicas, tremendas, pero en aquella ocasión el encuentro terminó bien. Carmita Oliver hizo un arriesgado papel, y los de rojo y negro no se mancharon las manos, ni de mierda ni de sangre.

—Y esas maletas ¿qué hacen aquí?

—Me voy a Bilbao con el niño.

—¿Y tu marido?

—Yo me voy a Bilbao con el niño.

—¡Salud!

—*Agur* —respondió mi madre.

Los milicianos se largaron amenazando con otra visita y Carmita Oliver —según recordaba ella— se fue al cuarto de baño, porque se había hecho pis.

Todo aquel día y la noche siguiente se la pasaron mi padre y mi tío Alel en la Diputación Provincial, entraron gracias al carnet de funcionario de mi tío y fueron de despacho en despacho, fingiendo que aguardaban turno en alguna antesala, acercándose a las ventanillas cerradas, dormitando en cualquier sofá desvencijado, y por supuesto, sin comer ni beber en cuarenta y ocho horas.

San Sebastián estaba en el filo de la navaja: o ardía —como Irún— o lo salvaban los vascos.

Mi tío José Manuel había decidido escondernos de nuevo, y esta vez el destino sería el consulado del Perú, a cargo de uno de sus buenos amigos de San Sebastián. El señor Tiburcio Bea —nombre que a mí me hacía mucha gracia— estaba dispuesto a acogernos a nosotros y a los Pavía. No recuerdo si el cónsul era grande y gordo o misteriosamente delgado, ni siquiera recuerdo si lo llegué a ver. Sé que era de la tertulia de mi tío José Manuel y que tenía merecida fama de comilón distinguido. Pertenecía a uno de esos *chokos*, las sociedades vascas cuyo fin es comer, cuanto más mejor, cuanto mejor más. Decían que Tiburcio Bea se zampaba los huevos fritos en sopera y que llegaba, sin despeinarse, a las doce docenas, acompañados —eso sí— de seis botellitas de rico chacolí bien fresco.

El 11 de septiembre de 1936 —tal vez fuera el mismo 12— el tío Alel vino a buscarnos. Aquella tarde-noche ardió un garaje en el barrio de Gros —cerca de casa— incendiado por los sindicalistas, que estaban dispuestos a arrasar San Sebastián, como habían hecho en Irún. La culpa se la echaron a los anarquistas, aunque no sé si otros elementos —o incluso la que luego fuera llamada Quinta Columna— tomaron parte en tan tristes sucesos. Yo vi arder aquel garaje-taller de reparaciones desde muy cerca, vi cómo las chispas alumbraban la noche y cómo reventaban los depósitos de gasolina de los automóviles. Vi también cómo los gudaris se enfrentaban a los incendiarios y les iban ganando, metro a metro, el territorio. Quizá me hubiera perdido en el barrio de Gros, o me hubieran llevado a Bilbao, sin yo enterarme, si una mujer —no sé quién fue— no me agarra de la mano y, zarandeándome, insultándome y gritándome, no me lleva a la plaza de Iparraguirre. Pudo ser Edurne, la chica de la Delegación de Hacienda, una amiga de mi tío Alel, una vecina. Mi madre estaba en la calle, llamándome:

—¡Paupico! ¡Paupico!

Yo entré por la ventana del sótano y aparecí como un mago de circo, como si fuera lo más natural del mundo, y nadie le dio mérito al caso, porque lo importante era estar allí, al pie del cañón, como decía mi abuela Carmen Cobeña. Así —con un montón de paquetes y de maletas— salimos a la calle. *Chiki* tiraba de mí, mala costumbre que no perdió en cuatro años de guerra. Mis padres y yo mismo íbamos vestidos de verano, con las ropas que trajimos de Madrid, sólo con el añadido de las gabardinas que Impermeables Búfalo nos había fiado. Todo San Sebastián estaba en marcha, unos para esconderse detrás de la primera esquina, otros para escapar. Viejos, jóvenes, niños con ceño fruncido, respirando mal, empujaban maletas, bultos, sacos, baúles y envoltorios absurdos. Los gudaris arropaban a aquella multitud fugitiva, y los milicianos, que hasta entonces fueron medio dueños de San Sebastián, habían desaparecido. Antes de llegar al puente del Kursaal se nos unieron los Pavía, que venían atascados de maletas y se dirigían al mismo punto que nosotros. Manolo y yo nos miramos sonriendo, la señora Toli hizo un gesto amistoso a mis padres, y el caballero gruñó lo que pudo. No sé por qué razón el niño Manolo le llamó entonces señor conde de Pinofiel, y don Juan le arreó una hostia, que por poco le vuelve la cara del revés. Debe quedar claro que —en aquellos momentos, ni tampoco después— yo no empleaba la palabra «hostia», y menos para ofender. Pero allí no acabaron los sucesos, ni los padeceres del conde. Sin causa, ni razón, por sorpresa, empezaron los tiros, que tampoco eran muchos. Los fugitivos comenzaron a correr, sin sentido, y los gudaris montaron sus armas. Mi padre nos empujó hacia el puente, y a él le dejo contarlo:

Nuestras familias, guardadas por mi hermano, intentaban cruzar el puente. Pavía se retrasó, tiraba de su mujer y de su hijo y quería volver atrás. Alel le animaba a seguir, pero él se negaba, porque los tiros no le gustaban nada. Por fin —aquel pobre hombre— se plantó en la acera, gritándonos con voz aguda: ¡Cuando esto acabe os meterán en la cárcel! ¡Os meterán en la cárcel los falangistas y los requetés, y os fusilarán a los dos! Yo le agarré del cuello y le empujé contra la barandilla del puente: ¡De momento sigue andando y no vuelvas la cara, Juanito, que te quedas sin ella! Claro que —quizá— tuviera razón.

Los gudaris disparaban, y yo creía que aquello era un juego de guerra. El señor duque de Pinofiel —a tropezones— siguió a su señora, que bien puestos los tenía, como suele suceder en ciertas familias de alcurnia. Al pasar el puente vimos a grupos que iban a la estación, con viejos y niños, y por otro lado —camino del Bulevar— a los que huían intentando alcanzar el puerto. La carretera de Bilbao —la única practicable— estaba llena de camiones y automóviles, casi todos averiados. Los gudaris se movían entre aquella gente confusa, ayudaban y vigilaban. Muchos de ellos sacrificaron sus vidas por salvar a su ciudad, y muchos fueron fusilados por los requetés, los falangistas y los legionarios. Al cabo del tiempo no consigo distinguir si iban vestidos de rayadillo o con uniformes informales, no con boina roja, que se la habían adjudicado los otros. Años después, ya en los sesenta, me emocionó escuchar una canción en París, *Eusko gudariak,* la misma que canturreaba Edurne, quien curiosamente no sabía la lengua vasca. Gracias a aquellos soldados de Euskadi seguimos nosotros viviendo, para bien o para mal.

Con otros fugitivos, simulando el éxodo, íbamos por la Avenida, cuando al llegar al portal del consulado, mi tío Alel nos obligó a entrar. Por suerte nadie advirtió la maniobra. Subimos al piso y el tío Alel se marchó sin despedirse. En el consulado del Perú había dos habitaciones disponibles, una –la nuestra, porque así lo había ordenado el señor Tiburcio Bea– con balcón a la Avenida, la otra, mucho más pequeña, daba al patio. Juan Pavía decidió que la de respeto era la suya y que nosotros debíamos conformarnos con la interior. Estuve largo rato jugando con unos preciosos soldados de plomo, que me había regalado mi tío, y luego me dormí.

–Dormimos como santos –decía mi padre no sin cierta maldad.

Porque aquella noche hubo tiroteos en la Avenida, en la misma esquina del consulado, y no cesaron hasta bien entrada la mañana. Los Pavía tuvieron que dormir en el pasillo. Yo, en cuanto pude, me escapé al balcón con mi amigo Manolo. La joyería de enfrente tenía los escaparates destrozados y en el suelo había un muerto: dos gudaris montaban guardia y paseaban de un lado a otro. De pronto vimos avanzar a un personaje insólito: era un requeté con boina roja, fusil a la bandolera, manta y zurrón. Caminaba lentamente –como si aquella guerra no fuera con él– y apenas miró a los gudaris, que tampoco le hicieron caso. El requeté se alejó y los gudaris siguieron en lo suyo. Al mediodía comenzaron a oírse gritos, a abrirse ventanas y balcones: los requetés habían tomado San Sebastián, y sus partidarios se echaban a la calle. Ante las protestas de Carmita Oliver mi padre me agarró de la mano y juntos seguimos a la multitud, que vitoreaba a los vencedores y ensayaba –algunos con timidez o quizá vergüenza– el saludo fascista. Así llegamos ante un edificio grande, supongo que era el Ayuntamiento. Los navarros, desde el balcón principal, hacían ondear una bandera roja y amarilla, que luego arrojaron a la calle y no llegó al suelo, porque se alzaron cientos de manos y la rasgaron, quedándose con los trozos, que besaban y se guardaban como si fueran reliquias. Yo estaba subido a hombros de mi padre, mirando tan sorprendente espectáculo. Era el 13 de septiembre de 1936.

Poco después, desde un balcón de la Avenida vi el desfile de las tropas que conquistaron San Sebastián. A la cabeza de los requetés navarros iba el coronel Beorlegui a caballo. Beorlegui estaba herido en una pierna, pero no quiso renunciar a la gloria de entrar en la ciudad cabalgando, triunfador, vitoreado, posiblemente condecorado y ascendido. No hubo caso: la pierna se le gangrenó y murió al poco tiempo.

Así puso fin a su guerra particular el coronel Alfonso Beorlegui y Canet, por darse el gusto de entrar a caballo en San Sebastián.

3
Biarritz

Mi abuelo Luis de Armiñán murió en septiembre de 1949, a los setenta y ocho años. Su vida fue larga y muy intensa hasta marzo de 1937, cuando se convirtió en un anciano desengañado de la política y perdido en aquella España que le había partido el corazón. Desde muy joven se sintió atraído por los autores latinos y por nuestros clásicos, por Cervantes sobre todo. Leyó, investigó, escribió mucho –siempre a mano– en cuartillas sueltas o en pequeños cuadernos rayados, hasta que publicó un libro: *Hoja de servicios del soldado Miguel de Cervantes Saavedra*, Madrid 1941. Yo conservo las *Obras completas de Cervantes*, el libro que fue suyo y que tiene un papel, amarillento, pegado con sindeticón, que dice: «Este libro que abarca todas las obras del manco famoso, ha sido compañero mío largo y breve tiempo». Y más adelante, en media cuartilla tachada y con la tinta casi perdida, rima con inesperada ingenuidad:

> Este ejemplar es mío:
> es mi confidente y amigo.
> En sus páginas me fío,
> y en las horas estelares
> entre sus sombras confío...
> Y las penas y pesares
> transformo en dulces soñares.
> ¡Trasladad, oh, peregrinos
> este sencillo comento,
> que lo fino del amor
> estriba en el sentimiento!

En esta historia de infancia, mi abuelo Luis no es protagonista, pero sí actor invitado. En mis primeros años lo tuve lejos, ausente, apenas me saludaba con unos golpecitos en la cabeza, no me hacía el menor caso y no era de extrañar, porque según le oí decir a mi padre

142

–lo contaba a menudo, porque le debió de marcar lo suyo– hasta los veinte años sólo había salido dos veces con él. A mi abuelo no le gustaban los niños, y es cosa natural. Cuando cumplí dieciséis años empezó a aficionarse a mi persona. Yo iba a su tertulia y le escuchaba hablar –tenía embobada a la reunión– contando sucedidos de su juventud, cosas de la política y de los políticos, asuntos de faldas, de duelos, de la guerra de Marruecos, mezclando anécdotas y opiniones, con suculentos tacos que nunca soltaba en casa, y jamás mis tías ni mi abuela le oyeron uno solo. Fue entonces cuando mi abuelo Luis se hizo amigo mío, e incluso escribimos un guión de cine; oficio que se negaba a reconocer –ni siquiera espectáculo le parecía– diciendo que era, más bien, diversión de barraca. Claro que en su opinión el jazz era música negroide y Greta Garbo un saco de huesos con pies de peón caminero. A mi abuelo le gustaban las señoras de buenas carnes, de jugoso solomillo, que más de una mirada le he sorprendido a notables redondeces, y de ahí se le supone su afición a la Venus del despacho. Llamaba don Valeriano al general Weyler, don José a Canalejas –que fue su jefe político–, Miguelito al general Primo de Rivera, Pepe a Sanjurjo, Niceto al presidente de la República y traidor a Alfonso XIII. Murió pobre, con la boina puesta, el brasero encendido, el Quijote en las manos, quinientas pesetas de pensión –las que le daban como ex ministro– y alguna colaboración en *Dígame*, el semanario que dirigía su amigo Ricardo García, K-Hito. Cuando agonizaba estuve con él mucho rato –casi una larga madrugada en el Paseo de Recoletos–; me dijo cosas que nunca olvidaré y le vi morir. Tengo muchos de sus libros anotados por él, releídos de noche y de día, tiernamente encuadernados en el cartón más barato. Con sus manos, ya amarillas y temblorosas, me entregó su ejemplar anotado de *La hoja de servicios de Miguel de Cervantes Saavedra*, con la sorpresa de una advertencia, que apenas se puede leer: *Libro este exclusivamente mío. Desnudo de toda intención que la de recoger impresiones y recuerdos. Si cae en manos distintas de las de mis hijos, échelo al fuego para que se convierta en ceniza y humo.*

Al final del libro hay diez o doce cuartillas escritas en 1936. «Un capítulo de mi vida», así lo tituló: un capítulo de su vida, que corría paralela a las nuestras.

Mi abuelo había nacido en Sancti Spiritus, de padre asturiano y madre criolla, y pudo salir del Madrid en guerra, amparándose en la bandera cubana, y gracias a los buenos oficios del diplomático señor Manuel Pichardo. Mientras nosotros íbamos de la calle Peña y Goñi a la plaza de Iparraguirre y de allí al consulado del Perú, mi abuelo recorría el Mediterráneo en barcos de la armada inglesa, reconociendo el buen trato y la hospitalidad que le ofrecían los marinos británicos, y el aromático sabor del té, que repartían gratuitamente:

En el torpedero Active *yo disfrutaba de mis horas y de mis libros. Y las máximas de Epicteto y de Marco Aurelio me confortaban de aquella amarga situación. Ten siempre grabadas en tu pensamiento la muerte, el destierro y todas las cosas que te parezcan terribles y puedes estar seguro de que jamás te asaltarán ideas indignas, ni apetecerás violentamente cosa alguna. El que se acomoda como debe a las circunstancias necesarias es prudente y hábil y encontrará consuelo en sus tribulaciones.*

Había llegado a Marsella. La gran ciudad de Marsella —en la que no conocía a nadie— me infundió la tristeza derivada de mi situación. Pero reaccioné rápidamente. No existe mejor reconfortante para las penas que la satisfacción interior de la confianza en uno mismo. Mi salud era excelente, los días de mar me habían tonificado y miré con confianza el porvenir. Yo iba buscando a mis hijos, que se encontraban bloqueados en San Sebastián. Para unirme a ellos tenía que salir de Marsella y, a través de la línea que recorre el largo Pirineo, viajar hasta la frontera franco-española, para esperar unirme a ellos colocándome en Biarritz o en San Juan de Luz. No podía perder tiempo, porque el corto numerario de mi peculio —unos cuatrocientos francos— no me permitía perder momento. Sentado en una terraza y paladeando un rico café me encontraba, cuando me sentí cariñosamente requerido por voz amiga y confortadora:

—¿Usted aquí, mi buen amigo? ¿Desde cuándo y por qué?

Yo no acababa de reconocer al personaje que me sonreía amistoso y cordial. Se presentó, yo le referí mi odisea, él me alentó y protegió generosamente.

—Me va a permitir que me ofrezca a usted de todo corazón... Recuerde lo gentilmente que me sirvió en aquel asunto de las almadrabas, en que me presentó al señor Serafín Romeu y me recomendó a él con vivísimo interés. Recuerde usted que yo pude entenderme con el gerente y gracias a usted, conseguí lo que me proponía y recuerde usted, amigo mío, que cuando quise —como hombre de negocios— ofrecer a usted una cantidad, en pago de sus servicios, usted se negó a tomarla, diciéndome que prefería mi amistad al dinero. Por eso ahora permítame que le ofrezca estos dos mil francos. Advierta usted que se los ofrezco de corazón y que si no me los admite como dádiva, se los anticipo como préstamo a reintegrar cuando nos volvamos a ver en Madrid.

¡Admirable lección de vida la que recibí de aquel señor, encontrado en Marsella, cuando más necesitado estaba de la protección del prójimo!

Me urgía saber lo que era de mis hijos y, como mejor lugar de observación, escogí la villa de Biarritz, donde el ir y venir constante de gentes me prometía noticias de España. Me alojé entonces en un hotel que ocupaba un palacete rodeado por un cuidado jardín de castaños y tamarindos. El hospedaje todo comprendido, desayuno y dos comidas, era de treinta francos, sin los extraordinarios. Desde Hendaya pude contemplar la encarnizada lucha y ya ardía Irún, en estremecedor espectáculo, que incluso se alquilaban balcones para presenciar nuestra desdicha. Pasaron los días. Seguí esperando, estirando mi pobre dinero, cada vez más escaso. En Biarritz encontré a Pepito Lamorena, entrañable amigo de juventud, que nunca fue don José, porque él quería ser sencillamente Pepito. Yo le llamaba panza verde en recuerdo de un chaleco que llevaba de aquel color. Se me iba acabando el dinero y ni siquiera me permitía un café o una copa de vino. Cuando me quedaban doscientos francos me fui al Casino, porque en unas horas tendría que dormir en la calle o acogerme a la caridad pública, pero si me sonreía la suerte estaba salvado. No le dije ni una palabra a Pepito Lamorena. Llegué al Casino, me dirigí a la ruleta y puse en el número 17 mis doscientos francos. Cayó el 17 y me llevé siete mil doscientos: no volví a jugar. Era rico. Aquella noche invité a cenar a Pepito Lamorena en el mejor restaurante de Biarritz.

Algunas veces mi abuelo contó, en su tertulia de Madrid, el episodio del Casino y cuántas fueron sus dudas, si estirar aquellos doscientos francos –que le servirían para vivir tres cochinos días– o jugarlos con dos cojones. También, en el café Recoletos, decía «cojones», palabra que estaba prohibida en casa. Pero jugarlos, ¿cómo?, ¿tímidamente, poco a poco?, ¿al rojo o al negro, a pares o impares, a las docenas o a un número cualquiera? Le vino como un soplo o inspiración divina, y los puso al 17, con dos cojones, joder. Claro que esos soplos o inspiraciones divinas resultan muy peligrosos y casi siempre dan la trapera. También hubo de resistir a la tentación de jugarse una parte del premio y se dijo que así, alentando artimañas y codicias, es como los casinos acaban desplumando a sus ingenuos clientes. El caso es que mi abuelo Luis escapó con los siete mil doscientos francos, más la postura. Con ese dinero vivimos unos días en Francia.

No tengo la menor idea de cómo llegamos a Biarritz, ni de qué forma atravesamos la frontera. El Balilla azul de mi padre –sin carburador– estaba en el garaje de tía Teresa y de allí no había salido, pero en aquel coche no viajamos, porque no había gasolina, ni permiso de las nuevas autoridades. Supongo que fue algún amigo del tío Alel quien nos llevó a Hendaya, quizá el mismo Tiburcio Bea. Recuerdo la carretera llena de baches, de agujeros, que en dieciocho kilómetros se hacía eterna, y la llegada a Irún, donde nos detuvimos largo rato. Mi madre me llevaba de la mano y no me dejaba alejarme. Yo nunca había visto un pueblo destruido; las calles estaban llenas de cascotes y de maderos, de muebles rotos, de vehículos quemados, de casas vacías. Caminamos por allí –yo con mi perra *Chiki*– todos en silencio. Recuerdo también, porque hay sensaciones que nunca se olvidan, el olor a chamusquina: un olor que, al cabo del tiempo, si estoy en la oscuridad, cierro los ojos, y trato de evocarlo, me vuelve. Al terminar la guerra vi otro pueblo en parecidas circunstancias: Nules, entre Castellón y Valencia, a poca distancia de la costa del Mediterráneo, pero Nules estaba destruido de forma distinta, seguramente desbaratado por la artillería y la aviación, y es posible que oliera a cal, orín y arena, pero no a madera quemada como Irún. También estuve en Madrid, en el barrio de Argüelles, entre ruinas, casas huecas y calles destripadas, pero tampoco olía como Irún.

Llegamos a Biarritz y allí encontramos al abuelo Luis, del que no recuerdo recibimiento alguno, ni bueno, ni malo. Se celebraron dos entrevistas: mi padre con mi abuelo y mi padre con mi madre. De esta última, Carmita Oliver salió llorando. Ahora –al cabo del tiempo– sé lo que allí ocurrió: mi abuelo no quería volver a España, porque le repugnaba la situación política, el golpe de los militares y la revolución bolchevique –como él decía–, todo junto y revuelto. Carmita Oliver no quería separarse de su marido y no le gustaba nada la idea de convivir con su suegro, y mi padre no podía elegir, ni quedarse, porque estaba sin dinero y sin papeles. Volver era arriesgado para él, pero en aquella guerra ya no podía ser neutral. Sobre nosotros parecían caer las enconadas palabras de Juanito Pavía, el conde de Pinofiel: «¡Cuando esto acabe os meterán en la cárcel! ¡Os meterán en la cárcel los falangistas y los requetés, y os fusilarán a los dos!».

–Hay que jugársela, Luis –dijo el tío Alel.

Y volvieron a España. Ya no hubo más escenas de llanto, ni lágrimas, ni drama alguno.

Yo me puse una boina roja, mi hermano José Manuel sus dos estrellas de teniente de complemento. Rescatamos el Balilla del garaje de la tía Teresa, conseguimos un permiso de circulación del Gobierno Militar, un vale de gasolina de la Delegación de Hacienda y el cónsul del Perú nos selló un papel, que pegamos en el parabrisas del Balilla. Todo era demasiado fácil. A la salida de San Sebastián nos detuvo un retén del ejército, que estaba al mando de un viejo sargento. Nos miró sin sonreír, se llevó la mano a la sien, sin ningún entusiasmo, y preguntó:

–¿Adónde van ustedes?

–A Burgos, sargento –contestó mi hermano.

146

—¿Por qué motivo?

—Vamos a presentarnos al general don Miguel Cabanellas.

El sargento se apartó con cierta indolencia y recomendó que, al llegar al puerto de Echegárate, tuviéramos cuidado, porque aquella zona podía estar batida por el enemigo.

—A sus órdenes, mi teniente.

Seguimos el viaje.

—¿Te has fijado? Me ha llamado mi teniente.

—Todavía no te lo creas.

Alel pasó sus manos por las estrellas, como si quisiera darles brillo, y yo le pregunté:

—¿Cuánto dinero tienes?

—Ochocientas pesetas.

—Entonces somos ricos.

Don Miguel Cabanellas —que se sublevó en Zaragoza— estaba en Burgos y era jefe de la Junta Militar. Yo le había visto alguna vez y creo que mi padre lo conoció en África y lo trató amistosamente en Madrid. Era un hombre desaliñado, grande, de gran barba blanca, temperamental y cauto. Era también republicano y quizá masón, pero antes que nada, militar. Mi hermano José Manuel y yo nos presentamos a él y, sencillamente, le pedimos un fusil o mejor, dos.

—Aquellos que pueden disparar un fusil nos sobran. Los que han de escribir para la retaguardia son pocos. Vea a Pujol y dígale que yo le mando salir para Somosierra, donde está García Escámez, a quien debe usted presentarse.

A mi hermano José Manuel lo destinó a un regimiento de la frontera con Francia. Ahora —al cabo del tiempo— pienso que trataba de protegerlo, porque mi hermano tenía cuarenta años ya cumplidos. Los ayudantes del general nos dieron papeles y salvoconductos e incluso unos vales para poder comer en algún cuartel.

Fui a Somosierra. Hacía un frío terrible, recién estrenado, impropio de la estación. Yo llevaba una gabardina búfalo, un pantalón blanco de playa y una boina negra, porque la roja no me gustaba. Iba con recelo, porque un periodista de El Heraldo, gobernador de la República, no podía estar bien visto en aquellos montes. Juan Pujol me había dado un carnet de corresponsal de guerra, título que entonces valía bien poco. Encontré a García Escámez —general estampillado, es decir, provisional— en lo alto de una colina, mirando con gemelos. Francisco García Escámez —para todos don Curro— era laureado en África, gracioso de acento, mal hablado, agitanado y con encanto personal. Me miró con curiosidad y me preguntó:

—¿Tú de qué vas vestido?

—No tengo otra ropa, mi general —le contesté.

—Un capote, y unas botas, puedo darte.

Se le acercó, entonces, el comandante del sector y fue a presentarnos. El comandante no me tendió la mano y sonrió un poco torcido, murmurando:

—Vaya sorpresa..., el señor gobernador de Cádiz.

Don Curro hizo como si no le hubiera oído. Aquel comandante era Celestino Aranguren —Tinito—, con el que había jugado al tenis en los veranos de San Rafael, muchas veces, cuando él era cadete viejo y yo estudiante de derecho joven. La mala baba de Tinito Aranguren no le pasó desapercibida a don Curro, que me agarró del brazo y echó a andar. Era el primer tropiezo que sufría en la España nacional. Don Curro me preguntaba cosas, mirando de reojo a Tinito, que estaba un poco desconcertado. Luego me mandó a un barracón donde me dieron otro papel, un capote, un pantalón, unas botas, un fusil y una pistola. El fusil lo puse en el asiento de atrás del Balilla y la pistola, al cinto.

—¿Sabes una cosa? —me dijo después don Curro—, aquí sobran los aficionados, y los improvisadores estorban más que otra cosa... Lo malo es que esta guerra, hasta ahora, es una guerra de voluntarios y eso no es bueno. Cuando vuelvas a Burgos dile al general Cabanellas que nos manden ropa de abrigo y municiones, y que se dejen de leches.

Estuve tres días en Somosierra, volví a encontrarme a Tinito, que ya me sonreía como si fuéramos a jugar al tenis, el muy adulador. Luego —tiempo después— cada vez que me veía don Curro, decía riendo:

—A éste le salvé yo la vida en Somosierra, le salvé la vida con un capote, como si hubiera sido el mismísimo Domingo Ortega.

Y era verdad. Pero el mundo está lleno de tinitos.

* * *

Biarritz me decepcionó. Era una ciudad mucho más aburrida que San Sebastián y además estaba tan limpia como camisa recién estrenada. El clima era parecido y el mar también, saltaban las olas en el rompeolas, las colinas lucían verdes y húmedas, e incluso las playas —de la misma familia vasca— estaban impecables. En Biarritz ningún barco bombardeaba, ni se encontraban muertos por la calle, en zanjas o terraplenes, ni sonaban alarmas aéreas, ni siquiera se vigilaban milicianos y gudaris. En las tiendas había de todo y para coger agua no era necesario aguantar la cola. En San Sebastián podíamos comprar con dinero fiado, cosa de la solidaridad en tiempo de guerra, pero en Biarritz te exigían francos a toca teja, y no los teníamos. La ciudad estaba ocupada por las tres culturas, por tres helados al gusto español, por bandera tricolor o bicolor, por afines, parciales y neutrales —esto era mentira— y mandaba el dinero. Los pobres que huían de Guipúzcoa fueron internados, aquellos que tenían donde agarrarse volvieron a España por la frontera de Cataluña, y todos los demás, los ricos escapados y los que llegaban del Madrid republicano, se quedaban aguardando, a ver por dónde venían los tiros. Pronto averiguaron que los tiros venían francos del lado nacional y, con el brazo en alto, volvieron a cruzar el río Bidasoa.

Pero sobre todo yo había perdido mi parcela de libertad, porque mi madre centraba toda su atención en mí.

Vivíamos en una pensión modesta, cuya dueña se llamaba Madame Recalde, que no sabía una palabra de español o simplemente no quería hablarlo. Mi madre desempolvó su francés y utilizó sus artes seductoras —que eran muchas— para domar las asperezas de Madame Recalde, que acabó por sonreír y por añadir algún plato extraordinario al menú, nada del otro jueves. Al mediodía, siempre *ragoût*, el típico guiso de carne de tercera —carne valiente, decía mi abuela Carmen Cobeña— con cebolla, verdura y patatas, y por la noche sopa abundante en puerros, zanahoria, apio y nabos, el popular *potage* francés, que no tardé en aborrecer. Años enteros mantuve la prevención a la zanahoria y el odio al puerro, hasta que admití su exquisita calidad. De cuando en cuando Madame Recalde nos daba pescado, pero nunca frito, siempre al horno y con mantequilla. El olor a mantequilla y apio dominaba la pensión y así renacieron los temores maternos, y las preocupaciones de siempre: el hígado del niño no podía resistir aquella alimentación. Por fortuna no volvieron las inyecciones, ni las medicinas reconstituyentes. Carmita Oliver se limitaba a darme fruta a media mañana, y jamón cocido, en cuanto me descuidaba, *jambon de Bayonne*, decían en Biarritz. *Chiki*, mi madre y yo dormíamos en un cuarto, desde el cual —por encima de los tejados— se veía el mar. Por suerte Madame Recalde, como buena francesa, adoraba a los perros e incluso le daba conversación a *Chiki*, que se portó con exquisita educación y no dio que hablar. Mi abuelo Luis tenía su habitación en el último piso y casi nunca le veíamos. Se pasaba la noche de claro en claro y la mañana durmiendo y a media tarde se iba al café con Pepito Lamorena y otros amigos, que fueron reuniéndose en Biarritz, y que desaparecían poco a poco con destino a la España nacional, sobre todo a San Sebastián.

Mi madre y yo paseábamos por las mañanas, mirábamos escaparates y entrábamos, algunas veces, en Biarritz-bonheur, unos almacenes lujosísimos, donde no podíamos comprar nada. La playa era preciosa, pero el tiempo ya no acompañaba y yo me aburría muchísimo, sin amigos, ni juguetes, sólo paseando con mi madre, que hacía esfuerzos por entretenerme y que de cuando en cuando me enseñaba palabras en francés. La pobre estaba triste y angustiada, yo lo comprendía, pero era incapaz de ayudarla, y mucho menos de consolarla, porque me daba vergüenza abrir la boca y tratar de esos temas. Por supuesto nunca se me hubiera ocurrido hablar de mi padre o de mis abuelos, que seguían en Madrid. Algunas noches tardaba en dormirme y oía cómo Carmita Oliver lloraba, tapándose la boca con un pañuelo.

Mis paseos solitarios llegaban hasta la playa, que en aquella segunda quincena de septiembre estaba medio desierta. Yo soltaba a *Chiki*, que se divertía mucho corriendo por la orilla, ladrando a las olas y mordiendo el agua, para luego retroceder como si la persiguiera una bestia fiera. Una mañana se nos cruzó una niña, que dijo cómo se llamaba, pero se me olvidó enseguida, y se puso a jugar con *Chiki*. Poco después vino el hermano de la niña –tampoco recuerdo su nombre– y los tres lo pasamos divinamente. Todos los días nos encontrábamos en la playa –cuando ellos salían del colegio– y jugábamos con *Chiki*, que había descubierto una nueva vida. A mí me envidiaban las largas vacaciones los niños franceses. Yo no sabía una papa de francés y ellos, a pesar de ser fronterizos, ni una papa de español. Sin embargo nos comunicábamos fácilmente y aún no consigo explicármelo. Por mí, ellos se enteraron de que en España había guerra, y por ellos yo me enteré de que una reina española había vivido en Biarritz. Cuando les dije que me marchaba me dejaron sus señas –yo no tenía domicilio– y prometí escribirles, pero luego no pude hacerlo, porque no sabía francés: son los problemas de la incomunicación.

Una mañana mi abuelo Luis bajó a desayunar. Pidió tranquilamente un café con leche, y le dijo a mi madre que Cadenas, un banderillero amigo suyo, que venía de Burgos, había visto a sus hijos José Manuel y Luis, y que nos mandaban muchos besos. Luego sonrió, algo que hacía muy raras veces:

–No te preocupes, ya verás como todo termina bien.

Mi abuelo Luis sabía, mejor que nadie, que ya nada podía terminar bien.

150

4
Burgos

Era el 28 de septiembre de 1936 y no se me olvida la fecha, porque mi padre la tenía anotada en una *Historia de la ciudad de Burgos*, de Anselmo Salvá, 1914:

Este día, 28 de septiembre de 1936, llegué a Burgos con mi familia, haciendo un largo viaje desde Francia. Había pasado lo peor, o eso creía yo.

Mi abuelo Luis se quedó en Biarritz, medio escondido en el cuarto de la pensión de Madame Recalde. No hubo forma de convencerlo. No quiso entrar en España, ni venir con nosotros; decía que desde Francia se comunicaba más fácilmente con Madrid, donde seguían mi abuela Jacoba y mis tías. Todo aquello tenía muy disgustado a mi padre, y aún más por la tozudez del abuelo Luis.

Ya estábamos otra vez en el Balilla azul. Recuerdo que hacía frío, como en invierno. Mis padres iban delante y yo, tapado con una magnífica manta, de peluche rojo por un lado e imitando la piel de un tigre por el otro, viajaba con *Chiki*, dormida plácidamente. La historia de esta manta —que aún conservo— no acaba en el Balilla.

Mi padre vestía de forma un poco estrafalaria, con pantalones de pana, botas altas, magnífica cazadora de cuero —que le acompañó durante toda la guerra— y capote de soldado. Con su máquina Kodak 6 x 9 —no hay vacaciones sin Kodak— iba por los frentes, como corresponsal de algún periódico —quizá *El Norte de Castilla*— y ya había estado en Somosierra y en el Alto del León. Creo que cobraba seis duros por crónica. Mi madre llevaba un abrigo de lana, un jersey gordo y guantes, y se peinaba como las artistas de Hollywood del año 36. A mí me parecía que estaba muy guapa. Tampoco se atrevía a ponerse calcetines, así que supongo que iba heladita de frío, medio tapándose con el capote de soldado. En aquel tiempo las señoras no gastaban pantalones y con mayor razón si tenían en cuenta las modas que habían impuesto las milicianas.

Viajábamos camino de Burgos, donde encontraríamos al tío Alel, que estaba en espera de destino. Tampoco había pasado mucho tiempo desde nuestra llegada a Biarritz, pero a mí se me hacía muy largo, cosa natural en el apresurado pueblo de los niños, donde el futuro siempre anda lejos y una tarde aburrida se hace eterna.

Casi no circulaban coches por la carretera. De cuando en cuando nos cruzamos con algún camión —entonces solía decirse camioneta— con soldados, requetés y falangistas que agitaban banderas y gritaban. Aquello de las banderas a mí me tenía un poco confuso, aunque según costumbre establecida, pero no escrita, no me manifestara. Desde muy pequeño me habían enseñado que la bandera tricolor —rojo, amarillo y morado— era la de los buenos, y que la otra, la bicolor —rojo y gualda—, era la monárquica, la de Alfonso XIII. En el despacho de mi padre —en el Gobierno Civil de Cádiz— había una bandera republicana y en Madrid teníamos otra, mucho más pequeña, pero de seda natural y con una placa de plata. Ahora agitaban la de los monárquicos y a todos nos parecía divinamente, excepto a mi abuelo Federico, supongo, que estaba en Madrid, incomunicado y no podía abrir la boca. Y aún más: en la primavera del año 36 tuvimos una chica en casa que secaba bragas y sostenes en el patinillo, ante el escándalo de mi abuela Carmen. Los sostenes tenían un pecho rojo y el otro negro, y las bragas estaban divididas también en rojo y negro. Sin embargo, camino de Burgos ondeaban muchas banderas parecidas, pero eran falangistas y no anarquistas.

—¿Tienes sueño? ¿Quieres dormir? —preguntaba Carmita Oliver, de cuando en cuando.

—No.

—¿Tienes hambre? ¿Tienes frío?

—No.

Seguro que ella tenía hambre y frío. Seguíamos cruzándonos con camionetas entusiastas e incluso con pastores y campesinos que levantaban torpemente la mano, haciendo el saludo fascista recién aprendido. Mis padres iban extrañados de semejantes demostraciones y supusieron que los nacionales habían entrado en Madrid. Así continuamos, hasta que una patrulla de soldados nos detuvo en la carretera. Luis de Armiñán entregó su complicada documentación y explicó que iba a Burgos —capital de aquella España— a dejar a su familia. Antes de arrancar le preguntó al oficial qué ocurría.

—Que hemos liberado el Alcázar de Toledo.

Y nos dejaron libre el paso. Carmita Oliver no se alegró de aquel éxito, sino todo lo contrario, porque le parecía que la guerra iba para rato y que sus padres y sus hermanos –y su querida abuela Julia– seguirían mucho tiempo encerrados en Madrid.

–No te preocupes –le dijo mi padre–: antes de quince días se termina esto.

Así llegamos a un Burgos lleno de soldados, de falangistas, de requetés, de chicas y de viejos, que gritaban, hacían ondear banderas y daban vivas a los generales, a España y al ejército salvador. Me fijé entonces en algunos que llevaban boina verde, pero no sabía dónde clasificarlos y, siguiendo mi natural silencioso, no pregunté nada. Luego supe que eran voluntarios de Renovación Española, un partido de derechas al que le quedaban pocos meses de vida pública.

Nos bajamos en un café del centro de la ciudad, lleno de escupideras –inevitables en aquel tiempo–, de vocerío y de militares, pedimos café con leche –bien caliente– y bollos. En Burgos no faltaba de nada. A los pocos minutos llegaron mi tío Alel, que iba de uniforme, y Manolo Bienvenida, que llevaba gabardina y gorro cuartelero. Manolo me besó y me dijo que había crecido mucho. Yo le miraba embobado: Manolo seguía siendo mi héroe, el torero valiente que me brindó un toro en Cádiz. El tío Alel había conseguido una habitación, en una casa de huéspedes: era un verdadero milagro, porque en Burgos no faltaba de nada, pero no quedaba ni una sola cama libre.

En aquella pensión vivían Manolo y Pepe Bienvenida, Marcial Lalanda, algunos picadores y banderilleros, el comandante Sotelo –que luego llegó a teniente general– y Manolo Machado, con Eulalia Cáceres, su mujer. La patrona era alta, delgada, de moño bajo, largas manos, muy seca y poco amiga de bromas. A mí me ignoraba completamente. Sin embargo era dulce y más que generosa, porque no cobraba a nadie y todo lo fiaba. Inmediatamente le puse nombre: Rosario, la novia de Popeye. Un día mi padre –ya pasado el tiempo– me contó el final de la historia de Rosarito:

–La dueña de la pensión cobraba a quien podía pagar: ni tu tío Alel ni yo le dimos un céntimo. Al acabar la guerra volví a Burgos para arreglar ciertas cuentas, que a mí me parecían sagradas. Fui a una tienda que estaba cerca de la catedral, donde me habían fiado la cazadora de cuero, con la que hice toda la guerra, y a la pensión de Rosarito, como tú la llamabas. Me preguntó por mi hermano José Manuel y al decirle yo que había muerto, no quiso cobrarme lo suyo.

Mi padre bajó los ojos y carraspeó disimulando, cosa que hacía siempre que se emocionaba.

Mis padres tenían un cuarto en aquella casa de huéspedes y consintieron en admitir, provisionalmente, eso sí, a *Chiki*. Yo dormía en un colchón en el pasillo, y todas las noches pasaban por encima de mí el comandante Sotelo, Marcial Lalanda y algún que otro picador de reses bravas. En la mejor habitación de la casa vivía Manolo Machado con su mujer. Yo me hice visita de confianza. Lo recuerdo bien. Sentado a la camilla, dándole a la badila y echando espliego al brasero; a veces leía y, de cuando en cuando, escribía algo en un cuaderno. La primera vez fui con mis padres, después sólo con Carmita Oliver.

En Burgos, al empezar la guerra, lo metieron en la cárcel por el único delito de haber sido crítico teatral de *La libertad* y apasionado de la Enseñanza Libre, amigo de gente de izquierdas y hermano de Antonio, innombrable entonces. Salió de la cárcel y quedó detenido en aquella pensión, que no podía abandonar. Un día nos recitó su «Retrato»:

Prefiero a lo helénico y puro lo chic y lo torero...

He leído sus versos muchas veces:

Y antes que un mal poeta, mi deseo primero
hubiera sido ser un buen banderillero.

Manolo y Pepe Bienvenida también visitaban al maestro.

Esta tarde... voy deprisa por la vida. Y mi risa
es alegre, aunque no niego que llevo prisa.

Manolo Machado le pedía a Carmita que recitara y a veces la escuchaba cerrando los ojos y sonriendo como si estuviera muy lejos. Yo estaba orgulloso de mi madre y de su voz. Manolo Machado quería que recitara a otros poetas, sobre todo a Rubén Darío y Amado Nervo. Pero Carmita, un día, no le hizo caso, y ya que estábamos en Burgos le soltó sin previo aviso:

Por la terrible estepa castellana,
al destierro, con doce de los suyos
—polvo, sudor y hierro—, el Cid cabalga...

Don Manuel movió una mano, como alejando los versos, porque no era ésa una de sus poesías favoritas. Eulalia Cáceres dejó de zurcir calcetines y ocultó su sonrisa.

Cerrado está el mesón a piedra y lodo...

Muchas veces mi madre me contaba las visitas a los Machado, como si yo no hubiera estado presente.

Nadie responde al pomo de la espada...

Y lo curioso es que no me aburría entre aquellos señores mayores, confirmando lo que solía decir el abuelo Luis: este niño tiene un viejo en la tripa.

> ¡Buen Cid, pasad...! El rey nos dará muerte,
> arruinará la casa,
> y sembrará de sal el pobre campo
> que mi padre trabaja.
> Idos. El cielo os colme de venturas...
> ¡En nuestro mal, oh Cid, no ganáis nada!
> Calla la niña y llora sin gemido...
> Un sollozo infantil cruza la escuadra
> y una voz inflexible grita: ¡En marcha!
> El ciego sol, la sed y la fatiga.
> Por la terrible estepa castellana,
> al destierro, con doce de los suyos,
> —polvo, sudor y hierro— el Cid cabalga.

—Carmita, no me avergüences —dijo don Manuel.

Eulalia Cáceres se echó a reír. ¿Y qué pasaba después? Que algunas veces Eulalia nos invitaba a una copita de manzanilla.

* * *

Yo debía de ser, entonces, un niño raro, pero no toda la culpa era mía. No tenía hermanos, ni con quien jugar, todos mis amigos se quedaron en Madrid o en otras ciudades de España, e incluso había perdido a mis amigos franceses, los de la playa de Biarritz. Empecé a encontrarme solo. Ya no iba al circo, ni al teatro, ni al cine, ni siquiera al colegio, porque todo era provisional y se suponía que nuestra estancia en Burgos no iba a durar mucho. Carmita Oliver era mi singular compañera, y la pobre se desvivía por divertirme. Yo estaba siempre con personas mayores, y mi única distracción eran los libros de cuentos y la perra *Chiki*. Con *Chiki* —que se había hecho bastante limpia— daba paseos y, de cuando en cuando, hablaba con ella. También echaba de menos el mar de San Sebastián y de Biarritz, aunque sólo fuera por mirarlo. Me había acostumbrado a ver saltar las olas del Cantábrico y a correr por la playa, otra vez con *Chiki.*

Aparte de los paseos por El Espolón y las visitas a la catedral —me fascinaba la estatua del Cid y la famosa Arca— íbamos a merendar, muy de cuando en cuando, a una confitería de la Plaza Mayor, y a pasar la tarde al Círculo de la Unión, donde a veces encontrábamos a Manolo, Pepe y Antonio Bienvenida, que sólo tenía catorce años. La madre de los Bienvenida —mi querida Carmelita— estaba en la cárcel de Alicante y por aquella ciudad andaban recogidos sus hijos pequeños, Ángel Luis, Carmen Pilar y Juanito.

La historia de la familia Bienvenida se junta en muchos puntos con la de la familia Armiñán. Nos conocemos desde el tiempo de nuestros padres —creo que los presentó Emilio Serrano—, y la amistad llega hasta ahora mismo. Ya dije que Manolo fue mi admirado héroe, Pepe, el mejor banderillero del mundo, y una de las personas más entrañables y más cariñosas que he conocido en mi vida. Antonio, Ángel Luis y Juanito fueron los hermanos que no tuve. Quedamos Ángel Luis y yo, y Carmen Pilar. Ángel Luis y yo lo pasamos de miedo, nos reímos juntos y a veces vamos a los toros, y cuando encuentro a Carmen Pilar nos abrazamos, como si nos hubiéramos visto ayer mismo. Tantas cosas coinciden, tantos años, muchos sustos y algunas alegrías. El Papa Negro fue ingenioso, disparatado, sabio, inventor y maestro al mismo tiempo, y es probable que, sin él, yo no hubiera escrito nunca *Juncal.* Carmelita —siempre la llamé Carmelita— era dulce, con sentido del humor, sevillana, alegre, ingenua y adivinadora, porque sabía mucho más de lo que aparentaba. No me la figuro llorando, porque siempre la imagino sonriendo. El caso es que nos juntamos en Burgos —yo iba un poco al pairo en razón de la edad, pero vivía, que vivir es mucho—, y entre lejos y cerca coincidían nuestros caminos. Pepe y Manolo se iban a torear a Francia, Antonio quedaba al cuidado de mis padres, y yo no le importaba a casi nadie.

Año 1936. Antoñito Bienvenida torea una becerrada en Zamora y, con su padre, vuelve a Madrid. En la madrugada ha muerto asesinado Calvo Sotelo. Con las primeras luces salíamos para San Sebastián con doña Carmen Lozano, la señora de Papá Peluquín. Después de tres largos meses volvimos a encontrarnos en la pensión de Rosarito, la novia de Popeye. La vida es hermosa, pero no lo parece. La vida es truculenta y aventurera. Manolo y Pepe escaparon de Madrid para torear en

Francia una corrida, creo que gracias a la mediación de Marcial Lalanda. Antoñito y el Papa Negro consiguieron salir de Madrid, camino de Valencia, y allí tomaron un barco rumbo a Orán. El Papa Negro inventaba un contrato, y un vestido corinto y oro fue el insólito pasaporte. Antonio se puso aquel vestido-salvoconducto tiempo después en la plaza de la Maestranza, debió de acariciar la seda y agradecerle los servicios prestados. Días después Manolo y Pepe torearon en Sevilla y en el palco de honor estaba el general Queipo de Llano, virrey de la Andalucía nacional y señor del Guadalquivir. Manolo le brindó un toro y la fotografía del brindis llegó a Madrid: Manolo y Pepe Bienvenida eran traidores a la República y así estaban marcados, como casi todos los toreros de entonces, como Domingo Ortega, Marcial Lalanda, Antonio Márquez, Victoriano de La Serna, Juan Belmonte o Rafael Gómez, el Gallo. En la casa de los Bienvenida —Príncipe de Vergara, 3— nada se sabía de aquel peligroso brindis, y así Carmelita emprendió el viaje con los más pequeños: iba a Orán a reunirse con el Papa Negro y Antoñito. En el puerto de Alicante un miliciano levantó la pieza: aquella mujer era la madre de los Bienvenida. Carmelita fue a la cárcel y los niños por poco van a Rusia. Entonces apareció el partidario valiente. Mucho han cambiado los tiempos e incluso los partidarios de los toreros, que, mira por dónde, ahora se llaman *fans*. En el puerto de Alicante surgió la figura generosa de Luis Mas —camarero del Hotel Samper—, que protegió a los chicos y los llevó a su casa. Carmelita en la cárcel, el Papa Negro interpretando —en Orán— una novela de aventuras, con tramposos en el reparto, engañadores, listos, traficantes que se llevan el dinero de Bienvenida, hasta que por fin uno arranca el motor, saca a Carmelita de la cárcel, Carmelita se disfraza de mendiga harapienta, llega a Valencia con sus hijos, luego a Barcelona y desde Barcelona todos juntos alcanzan las costas de Orán. Es una película en episodios, una novela por entregas, un serial radiofónico que acaba bien.

Entretanto, Antoñito Bienvenida estaba al cuidado de mis padres en la pensión de Rosario y de cuando en cuando se vestía de falangista. Salíamos a merendar, a dar un paseo y tal vez al cine. Mi padre fue a patearse los frentes, a treinta pesetas la crónica, y mi tío Alel se iba a la guerra, a la guerra de verdad. A mí me habían conseguido una habitación interior y, aunque era de paso y por tanto transitable en la madrugada, yo dormía como un bendito. De cuando en cuando aparecían aviones rojos sobre Burgos, repicaban las campanas de la catedral, sonaban las sirenas y disparaban las ametralladoras. Los aviones dejaban caer alguna bomba y se despedían hasta la próxima. Era una guerra terrible en la retaguardia, en la muerte oscura, en el tiro en la sien, en la venganza y la delación, pero en el aire y en el mar —e incluso en la sierra— parecía un primer acto mal inventado. Por desgracia para los españoles, de uno y otro bando, se cumplió el plazo y en menos de un año hicimos el ensayo general —con todo— de lo que fue la segunda guerra mundial.

El primero de octubre aparecieron los edificios engalanados. Todos los generales disponibles —y muchísimos coroneles— se habían dado cita en la Capitanía de la milenaria flor de Castilla. El anciano Cabanellas, de barba blanca, sospechoso masón de talante republicano, aguarda al rececho: el elegante Kindelán, del Ejército del Aire, piensa en la monarquía, pero se dispone a blandear; Dávila se apunta al caballo favorito; Varela, el guapo, con chilaba y mando en moro, está deseando ganar su tercera laureada; Mola, paradójicamente astuto e ingenuo, cede la vez; Orgaz, simple, poco tiene que decir; Sanjurjo ha muerto. Y los demás —los viejos— están quemados por las aún más viejas luchas en Marruecos, en Cuba, en Filipinas, y en la antigua Metrópoli. El joven general Franco, desde la sombra y a buen recaudo, compró todos los billetes de la rifa. Juega con un peón blanco y pone a su hermano Nicolás en el camino del jaque mate.

Los generales habían de elegir a uno entre todos y unificar el mando en la muy cruenta guerra civil. Franco fue el elegido. Franquito —como decía el general Aranda—, hasta que España alcanzara la paz, sería el jefe del gobierno del Estado español, ni más, ni menos. Unos con gesto de circunstancias, otros con saludo servil, algunos con reservas y otros con las del beri, por aquello de la guerra y de la unidad nacional, tragaron el sapo y aceptaron el nombramiento. Horas después el habilidoso Nicolás Franco —eterno embajador en Lisboa— cambió el texto en la imprenta y donde decía jefe del gobierno, puso jefe del Estado. Nadie se atrevió a abrir la boca en cuarenta años.

Al día siguiente aparecieron las paredes llenas de carteles y de retratos en silueta del ya Caudillo de España. A mí el que más me gustaba de todos era el de Franco con casco, ojos de huevo y mofletes, tan poco marcial. Decía 1 DE OCTUBRE, fecha que nos persiguió a los escolares, pero que nos dio el beneficio de una fiesta al comienzo del curso.

Muchas tardes Carmita Oliver y yo íbamos al Círculo de la Unión, un casino triste, amueblado a la vieja usanza, donde me aburría como una ostra joven. Al Círculo de la Unión nos llevaron los Bienvenida y cuando se fueron Manolo y Pepe, Antoñito heredó la plaza de guía. Allí le presentaron a mi madre a una señora rubia, muy guapa, que se llamaba Aída Balbi de Gutiérrez. Antonio Gutiérrez era su marido, un malagueño que había emigrado a Buenos Aires, y Aída descendía de italianos, también emigrantes. Era divertida, chistosa, se reía mucho y se hizo muy amiga de mi madre, tanto que conservaron su amistad, hasta que fueron envejeciendo y desapareciendo lentamente. Veraneábamos juntos en el Club Alpino y no había semana sin visita de Aída, sin escuchar su acento porteño, sin oír sus palabras criollas —o lunfardas— que tanto me gustaban. Aída tenía tres hijas con ella, que siempre la acompañaban al Círculo: Carmen, María Luisa y María Esther. Las cuatro hacían jerséis de lana para los soldados, pero lo que a mí me llamaba la atención era que los jerséis eran azul purísima, color muy poco apropiado para las trincheras. Luego descubrí que los soldados se los ponían debajo de la camisa. Uno de los jerséis azules fue para mi padre y otro, para mi tío Alel, y con jersey azul purísima murió en Pozoblanco, seis meses después. Durante mucho tiempo he visto un trozo de aquella absurda prenda, que mi abuela Jacoba conservó como una reliquia.

Dando vueltas por el oscuro Círculo de la Unión di con una singular vitrina. La habían montado con curiosidades o recuerdos del Alcázar de Toledo y mostraba piedras del edificio, un copón de la iglesia, alguna bomba de mano, cartas de los sitiados, el teléfono por donde habló Moscardó —me temo que era falso— y una especie de pan, que parecía un ladrillo. El mendrugo fue lo que más me impresionó, y digo yo que sería una premonición, porque en la posguerra el pan de racionamiento, el que nos daban en Madrid, también era tipo maíz de piedra, como el del Alcázar, y se hundía en el llamado cafemalta-con-leche-gris.

Mientras me perdía por los salones o me quedaba delante de las mesas de billar, mi madre hacía punto con su amiga Aída y Antoñito coqueteaba con las Gutiérrez, porque ya estaban en años parejos, catorce para quince. Lo curioso es que Burgos anudó amistades e incluso amores: andando el tiempo Antonio Bienvenida se casó con María Luisa Gutiérrez, que aún conserva su bonito acento porteño. Tuvo gran suerte Antonio de encontrar a María Luisa, una mujer excepcional, digna heredera de la impagable Aída, que debía de haber sido diva de ópera o cantante de tangos en el barrio de Palermo.

Muchas veces he pensado que mi afición a Argentina, a Buenos Aires, al dulce de leche, al bife, a la milonga y al lunfardo la alumbró Aída Balbi.

Mi abuelo Luis era duro de pelar: se había enrocado en la buhardilla de Biarritz, y sus hijos no podían arrancarle de allí. Por fin consiguieron traerle a Burgos. Es probable que el dinero del Casino se hubiera terminado y ya no le tentaran otras aventuras, también es posible que se encontrara solo, sin Pepito Lamorena, ni el banderillero Cadenas, sin amigos —que se pasaban a San Sebastián— y por supuesto triste. El caso es que recaló en Burgos, se buscó otra buhardilla, pidió algunos libros, una estufa y tabaco, y volvió a encerrarse. Nosotros nos íbamos a Salamanca —porque así le convenía a mi padre— y mi abuelo decidió no moverse de Burgos: total había cambiado la buhardilla de Biarritz por la de Burgos.

Pronto me hice a Salamanca, ciudad en la que encontré muchas cosas que ignoraba y donde por primera vez di con la muerte real, la auténtica, la que me rozaba, la que destrozaba a mi familia, como a tantas otras en la guerra civil. La muerte de mi tío Cándido Soto Odriozola —primo hermano de mi padre, y hermano de leche— apenas la había sentido, porque apenas le conocía. En Salamanca fue muy distinto. Ya no eran los muertos abandonados en la calle, atisbados desde una ventana con más curiosidad que dolor: era alguien a quien yo quería mucho, que había jugado conmigo y que me trataba como a un hombrecito, no como a un niño. A partir de entonces comprendí que la muerte no es un personaje de cuento de miedo, sino alguien real, que podía llevarse a mis padres e incluso a mí mismo. Representé a la Muerte por un cartel de propaganda, que me afectó mucho: era un esqueleto de pavorosa calavera, largos brazos y manos descarnadas, cubierto por un largo sudario, el esqueleto manejaba una guadaña —palabra que desconocía— segando docenas de cabezas. Aquella imagen me acompañó mucho tiempo e incluso alteró mis sueños.

Llegamos a Salamanca un día soleado y claro, que sin duda alguna nos predispuso en favor de la nueva ciudad, y nos alojamos en el hotel Universal, en la calle Rua. A mí aquel sencillo hotel, de larga escalera y cúpula de cristal, me parecía el colmo del lujo, porque gran diferencia había entre la pensión de la señora Rosarito y el establecimiento aludido. Mi madre y yo desayunábamos, almorzábamos y cenábamos en el comedor, casi siempre ocupado por militares. Unos camareros —bastante mayores— servían a los clientes sopa, dos platos, postre y a veces emocionantes entremeses, en forma de sardinas en aceite, chorizo de la tierra, aceitunas y patatas cocidas con cebolla y salsa vinagreta. Nunca tomábamos vino y creo que tampoco café. Supongo que aquellas comidas eran modestas, aunque con ciertas pretensiones, pero a mí me sonaban de película americana. Mi padre se había marchado a recorrer los frentes, buscándose los seis duros por crónica guerrera, y nosotros paseábamos por aquella hermosa ciudad. Muy cerca del hotel Universal estaba la Plaza Mayor, que me pareció imponente, y en realidad lo es. Todo eran comercios espléndidos, joyerías, bisuterías, cafés, sastrerías, confiterías y creo que algún cine. El Ayuntamiento, con sus banderas reglamentarias, me impresionó más que ningún otro edificio. Y el personal que circulaba por la plaza: chicas guapas paseando en racimos o por parejas, falangistas de camisa azul, carlistas de borla amarilla y boina roja, tambien los otros —los de boina verde—, soldados de permiso, elegantes oficiales y viejos caballeros provistos de cartuchera, armados de fusil y machete, que pretendían guardar apariencia y orden. Aquellos ancianos —que se disfrazaban de ardorosos voluntarios— mucho me sorprendieron, porque eran los abuelos de los de verdad. Por la noche guardaban las calles, entraban a presumir en los cafés e incluso se echaban novia. Las malas lenguas les decían flechas o pelayos —según la significación política— y más tarde Frente de Juventudes. No hay como tener prestigio. Todavía hoy los veo acercándose a los puestos nostálgicos, en la calle de Goya, manoseando banderas nazis, fotografías de Franco y de José Antonio, derramando lágrimas sobre las cruces de hierro y las casetes de *El novio de la muerte, Los voluntarios* y el *Cara al sol:* son los mismos de Burgos, Salamanca, San Sebastián, Vitoria o Valladolid, entonces con fusil atascado y bayoneta de madera, y hoy con loden y sombrero tirolés; poco después —milagros de la vuelta atrás— alféreces provisionales y abuelos errantes con parada en California 47, de la calle de Goya en Madrid.

Un día vino al hotel Universal un señor que me impresionó vivamente. A mis ojos era casi un viejo, pero un viejo grande, alto, sólido, que vestía de forma impecable, fumaba un cigarro puro y sostenía en la mano un sombrero de fieltro. De color moreno, pelo blanco, corto, ensortijado y ojos saltones. Dijo llamarse Diego Martín Veloz, amigo de mi abuelo Luis, cubano de nacimiento y venía de parte de mi padre, a ponerse a nuestra disposición. Carmita Oliver estaba un poco confusa. Don Diego insistió en agasajarnos, nos sacó a la calle, nos metió en un automóvil —con chófer— y nos llevó a comer a una venta de las afueras, donde todos los servidores salieron a recibirle y los dueños se pusieron a sus órdenes.

En los papeles de mi padre encuentro unas páginas que se refieren a este cubano extraordinario, que parece sacado de una novela de Valle Inclán.

Entre todos los que llegaban maltrechos, con el amargor de la derrota, vino este chico de prieta color y pelo rizado a casa de mi padre: se llamaba Diego Martín Veloz. Mi padre, traído a España de muy niño, siempre conservó la raíz familiar, y posiblemente por conducto de sus primos llegó el cubanito cuarterón, friolero y abandonado, sólo dueño de su acento dulce, de su miserable estado y de sus poderosos músculos. Poco después entró en una casa de juego para cuidar del orden. Mal oficio, pero era el único que encontró. Y allí, en la casa de juego con barniz de casino, fue un día atacado por el chulo de turno, que por verle tinto creyó que podía humillarlo. Diego tenía un temperamento tremendo, pleno de violencia, y mató. En defensa propia, pero mató. Tuvo que ser juzgado y en la vista de su causa, entre otros, apareció mi padre, abogado, profesor académico de la Jurisprudencia y escritor en los periódicos de su tiempo. La defensa de Martín Veloz fue heroica.

Este cubano —dijeron— de estirpe negra, nieto de esclavos importados de África, con sangre española en más de su mitad, en lugar de irse al campo mambís y luchar por la independencia de su patria, combatió en el ejército español, porque creyó que era mejor la autonomía otorgada por España, que la sumisión a los yankis, que vendría después de la guerra. Luchó heroicamente hasta el último momento y derrotado con todos los españoles, regresó a su patria elegida, orgulloso en la derrota. España lo recibe mal. No se le reconoce su grado militar, se le abandona en la calle de un país doliente, que no quería saber nada de los cubanos. Y cuando encuentra un oficio, todo lo irregular que se quiera, pero llevado con honrada voluntad, surge el matón insultante y violento. Se defiende y, como en la manigua, dispara.

La defensa logró la absolución y Diego se encontró de nuevo en la calle. Lo cierto es que se las arregló muy bien. Venía a casa y charlaba con mi padre, fumándose los dos unos habanos aromáticos. Mi padre, cuando estaban a solas, le llamaba Negro en vez de Diego, a otro le hubiera costado cara la broma, pero eran amigos, amigos entrañables. Yo le miraba con admiración. Solía llevarme, con mi hermano, a tomar un café o a un espectáculo. Vimos cien veces El club de las solteras, *en Apolo, cantado por Consuelito Mayendía y María Palou. También vimos* Las bribonas. *Íbamos a las novilladas que toreaban Pacomio Peribáñez, Juan Cecilio, Punteret y El Moni. Tardes domingueras que rematábamos en el teatro Apolo. Un día entramos en La Cruz del Campo, para tomar una cerveza y estábamos sentados en un velador él y yo solos, yo entretenido con la charla de sus aventuras. Entró entonces un personajillo popular, sablista de oficio, bufón por necesidad, que sacó de su americana desfondada dos figuritas, a las que tirando de un hilito, se las veía mover la cintura, los brazos y las piernas.*

—¿No ve usted que estoy con un niño y que yo soy un hombre? —dijo Diego muy tranquilo.

163

El personajillo siguió en sus manejos procaces con una sonrisa de músculos tirantes.

—¡Fuera! —gritó Diego Martín Veloz.

Y al mismo tiempo puso sobre el velador un enorme pistolón. Nos quedamos solos en el amplio local, con el camarero Tena, que fue el único que aguantó el tirón.

—Vamos, don Diego... —decía Tena mientras pasaba un lienzo por el mármol—. ¡Todos tenemos que vivir!

—Si asoma otra vez los morros le vuelo la cabeza.

Ganó mucho dinero, no sé como, ni de qué forma, pero se hizo rico y quiso presentarse a diputado a Cortes. Mi padre intentó disuadirle, pero no lo consiguió. En el Congreso y ante las palabras o discursos de los diputados catalanes, en uso de su derecho, defendió la bandera española y se refirió al amarillo y al rojo. Creo que fue Indalecio Prieto quien susurró en voz suficientemente alta: Su Señoría sólo entiende de dos colores: el verde, y el negro. No sé cómo terminó aquello. Ya vivía en Salamanca, donde se había comprado una magnífica finca, cuando persiguió por el Casino, pistola en mano, a un sujeto que le había insultado. Luchó desesperadamente, y fundó un periódico. Era un personaje de otro siglo, bueno, espléndido y lleno de ternura. En la guerra civil salvó a muchos rojos: los vestía de mujer, los llevaba en un camión y los soltaba, cerca de sus líneas:

—¡Corred así, vestidos de mujer, que vestidos de mujer no os tirarán vuestros compañeros!

Como en otros tiempos hiciera con mi padre, Diego Martín Veloz venía a buscarme, me paseaba en su automóvil y, de cuando en cuando, me invitaba a merendar, claro que en Salamanca nunca apareció el personajillo de los muñequitos indecentes, entre otras cosas porque no estaba el horno para picardías públicas.

Yo estuve en la finca de Martín Veloz —que se llamaba Cañadillas— y me prometió un cocido cuando calentara el sol en primavera. Un cocido que se haría entre paja, sin fuego, durante muchas horas. No se cumplió la promesa, que tanto me impresionó en su día, y aún ignoro si ese cocido lentísimo era cuento gastronómico o realidad. Más bien lo supongo invención de don Diego, porque un cocido tan noble necesitaría dos jornadas como mínimo y de noche, al bajar la temperatura, se encallarían los garbanzos. Quizá en Cuba fuera posible y, por supuesto, en las ardientes arenas del Sáhara. Pero ¿quién es el guapo que se come un cocido en el Sáhara?

Recuerdo bien mis paseos con Martín Veloz y de qué forma le saludaban los transeúntes e incluso los militares, algo que a mí me llena-

164

ba de orgullo. Una tarde me llevó al Gran Hotel e inmediatamente comprendí que el hotel Universal era de otro mundo, por supuesto mucho más cutre, como de andar por casa de huéspedes. Entramos en el bar del Gran Hotel, Diego Martín Veloz encendió un habano, pidió un ron, y una limonada para el niño. Aquel hotel era uno de los emblemas de la España nacional. Estaba lleno de señoritas perfumadas, señoritas de medias de seda y cigarrillo egipcio. Había también oficiales del tercio y de regulares, se supone que por aquello del descanso del guerrero; pero sobre todo abundaban los aviadores, que ya iban contando hazañas: con el primer sol de la mañana salían a bombardear a los rojos, con los rayos de sol poniente volvían a casa, y de casa, al Gran Hotel. Las señoritas los admiraban y los oficiales de la legión y de regulares les miraban por encima del hombro: la guerra había que hacerla en el campo, fajándose con las hordas marxistas, y no en horas de oficina. Pensándolo bien yo creo que los mandos de a pie —o a caballo— lo que tenían es envidia de la peor. Diferencia va entre acostarse con una de aquellas señoritas, o dormir con un moro mal afeitado. Poco tiempo después montó en cólera el clero en general, y los obispos y los cardenales en particular: aquella guerra era una cruzada contra los sin Dios y las señoritas olorosas, enviados del diablo o de Stalin, peor que el demonio. Sin embargo los caballeros oficiales no estaban por la labor, mucho DETÉNTE BALA en el pecho, misa y pura madrina de guerra, pero en tanto en cuanto rondara la muerte pelona, la señorita de medias de seda se vestía —o se desnudaba— en forma de bálsamo, que a la última hay tiempo de arrepentirse y volar a los cielos sin gasolina, como bien lo había demostrado el laureado poeta don José Zorrilla en su inmotal drama de aparecidos. Desdichada doña Inés, pobre don Juan, incluso pobre Brígida, metidos en la estampida frenética de la guerra.

Yo había visto *Don Juan Tenorio* en un teatro de Madrid, pero como es lógico estas reflexiones no se me ocurrían en Salamanca, aunque mucho me admiraban —los niños tienen curiosas antenas— las chicas del Gran Hotel y los gallardos militares, que las invitaban a media combinación, vermut y ginebra, con una rodaja de limón.

Diego Martín Veloz —que para mí fue un personaje irrepetible— tomó el asunto del abuelo Luis como cuestión de honor. De ninguna manera estaba dispuesto a consentir que su amigo del alma, el tozudo don Luis de Armiñán Pérez, se escondiera en una buhardilla de Burgos, con el pretexto de que su mujer y sus hijas seguían en zona roja. Martín Veloz pensaba, con toda lógica, que su nieto y su nuera vivían en Salamanca y que lo suyo sería juntar los restos de aquella familia, esperando que pudieran salir de Madrid las que aún aguantaban en la calle Huertas. Lo que no sabía Diego Martín Veloz es que tan sencilla tarea estaba rodeada de alambres de espinos, de intolerancia y de prejuicios.

El invicto Caudillo había trasladado su campamento a Salamanca, y el gobierno nacional ya no era el gobierno de Burgos, sino el de Salamanca. Franco se había hecho con el palacio de Anaya y los moros de su guardia ya se iban burlando del Campeador. Este trasiego atrajo a los aviones enemigos, que se presentaban en cuanto hacía buen tiempo. Sonaban las sirenas de forma escandalosa y según he leído —porque no lo recuerdo— volteaban las campanas. Si cierro los ojos y me esfuerzo, oigo aquella llamada sostenida. Mi madre y yo —siempre con *Chiki*, a quien tales sucesos excitaban— bajábamos corriendo las escaleras del hotel Universal y nos guarecíamos en el sótano con otros huéspedes. Se oían entonces algunas explosiones, los disparos de los viejos cañones antiaéreos, el repiqueteo de las ametralladoras y poco más. Cesaba la alarma y volvíamos a lo nuestro.

Mi padre seguía por los frentes de guerra, a veces conseguía llamar por teléfono y, en ocasiones, nos mandaba una carta con algún compañero. Un día vino el tío Alel, tan alegre como siempre, riendo y haciendo bromas. Iba con uniforme nuevo, a sus cuarenta años, de teniente de infantería, y estaba feliz porque dejaba las nieves del Pirineo, en donde estaba destacado, para incorporarse a una división en Andalucía, por el sector de Málaga. A mi padre —y también a mi tío José Manuel— les tiraba mucho Andalucía y más aún Málaga, la sierra de Ronda, Gaucín y Algeciras. Además, en Andalucía estaba el general Queipo de Llano, amigo del abuelo Luis, y él se encargaría de darle un buen destino. Era una mezcla de patriotismo y de reflexión tranquila, porque cuarenta años no son veinte y bastante hacía él con irse a pegar tiros: por lo menos que fuera en un sitio cobijado del fuego y del hielo. Una mañana dejamos a mi madre en el hotel y nos fuimos a dar un paseo por Salamanca. Muy pronto comenzaron a sonar las sirenas y, casi inmediatamente, aparecieron los aviones y se escucharon disparos de ametralladora. Nunca olvidaré aquel momento, que quizá representa para mí la imagen más clara de la guerra civil.

—¿Tienes miedo? —me preguntó el tío Alel.

Y yo le dije que no, porque no lo tenía. La ciudad estaba desierta, el tío Alel me cogió de la mano, y como ya no podíamos refugiarnos en ningún sitio, nos metimos en la plaza y saltando y riendo, como si aquello fuera un juego, dando voces, cruzamos, hasta que él me empujó por la puerta de un café, me llevó a la pared de enfrente y allí me abrazó, sin dejar de reír, para que yo no me asustara. Pasó la alarma y yo pedí patatas fritas, de las que venían en una bolsa grasienta. El tío Alel me sonrió como si acabáramos de encontrarnos. Yo no he olvidado aquella sonrisa, ni las patatas fritas, ni el ruido de los aviones, ni el sol que daba de plano en la plaza Mayor.

Nunca volví a ver a mi tío Alel.

En cierta ocasión vino a visitarnos Federico García Sanchiz, que había sido amigo de mis abuelos Oliver y admirador y partidario de la joven Carmita Oliver, a quien presentó en una memorable función homenaje en el teatro de la Princesa de Madrid, el que hoy conocemos como María Guerrero. Federico García Sanchiz ya era un intocable en aquella España de Franco, iba vestido con un capote de soldado y algunas veces llevaba boina negra y otras roja. Durante toda la guerra civil se dedicó a recorrer los frentes de batalla, siempre bien guarecido y mejor acompañado por algún oficial de rango. Llegó a ser uno de los favoritos del general Franco. Había nacido en Valencia, no era alto, pero sí recio, y le salía el pelo casi encima de las cejas, dándole cierto aspecto de mono inteligente y hablador. Su gracia eran las charlas y su público las señoras elegantes. De joven fue revolucionario y bohemio, e incluso escribió novelas eróticas, pero la madurez le hizo cristiano temeroso, amigo de los obispos, tradicionalista y fiel al poder, y así llegó a entrar en la Real Academia Española. A pesar de todo yo le quise como si fuera de mi familia y durante algunos años —ya en la posguerra— iba un día a la semana a almorzar a su casa de la calle de Serrano, donde vivía con su mujer María Isabel Ferragud y su suegra María Quintana, dos ejemplares de una vez, sobre todo la vieja doña María Quintana. No puede decirse que sea un personaje que me guste, pero bien sé que le alegraba verme y que, en ciertas ocasiones, le serví de tardío consuelo. Carmita Oliver era su ojito derecho, quizá porque le recordara tiempos de juventud.

Durante aquellos días de Salamanca se ocupaba mucho de nosotros y una mañana decidió llevarme a un sastre amigo suyo, un sastre que tenía un piso magnífico en la Plaza Mayor. Yo creí que me iba a encargar un abrigo o cosa así, pero lo que me encargó fue un uniforme de requeté, de arriba abajo, con todos los detalles. Tenía boina roja con borla amarilla de seda, camisas de quita y pon, cazadora con la Cruz de San Andrés, pantalones leguis, abotonados hasta el pie y botas de clavos, como si fueran de verdad. Pero lo mejor de todo era el capote: exacto a los que llevaban los soldados, pero mejorado con un cuello de piel de conejo. Luego –y aquello sí que me dio vergüenza– me llevó a la Casa de las Conchas, que era el lugar donde los carlistas auténticos tenían su cuartel general, y me apuntó a los pelayos, los requetés pequeños. A García Sanchiz saludaban como si fuera un general y nos pasaron por varios despachos, que seguramente estaban llenos de crucifijos y de retratos del pretendiente don Carlos. Años después me regaló sus libros –no los de la juventud–, bien dedicados y que aún conservo, uno de ellos titulado *Navarra*, con ilustraciones de Sáenz de Tejada, dice: «Al caballerito Jaime de Armiñán y Oliver-Cobeña, para que se acuerde de cuando él era un requeté chiquitín y yo un requeté grandote, y los dos, cada uno con su boina, nos encontrábamos en la Plaza Mayor de Salamanca... Era 1936... Federico García Sanchiz». En *Más vale volando*, el libro que dedicó a Pipe, su hijo perdido en el crucero *Baleares*, me dice: «Jaime, ¡qué buen amigo, qué hermano hubieses sido del Pipe! Yo te quiero como a un hijo, el padre del Doncel. Madrid-1942». No me fueron indiferentes, ni mucho menos, aquella líneas.

El uniforme de requeté me producía una mezcla de bochorno y de orgullo, pero me lo pusieron pocas veces: a Carmita Oliver no le gustaba verme disfrazado de carlista y luego a mi abuelo Luis, aunque no dijera nada, le iba a sentar como un tiro. La familia Armiñán –dos generaciones– había intervenido en las guerras carlistas siempre del lado liberal, aunque la familia Odriozola –la de mi abuela Jacoba, en Navarra– combatió en el bando contrario. Miserias de las guerras civiles. Yo creo que mi madre tenía razón y que no se debía iniciar a los niños en costumbres bélicas, ni vestirlos de uniforme. Lo único que se conservó fue el capote, porque abrigaba mucho y tenía el cuello de piel de conejo. Y ni siquiera me hicieron una fotografía.

Por lo visto el hotel Universal, aun dentro de su modestia, resultaba muy caro para nosotros y las crónicas de mi padre no daban para muchas fantasías. Diego Martín Veloz se hizo cargo del asunto y nos llevó a un piso de la avenida de Mirat, al número 6, por más señas. Yo me despedí con tristeza del hotel y de los camareros e incluso de los ricos desayunos, bollería incluida y, con verdadero disgusto, me resigné a vivir en un bajo de la avenida de Mirat, que sin embargo se convirtió en mi auténtico hogar. Muchas veces he recordado aquella casa y a sus habitantes, siempre con cariño y con cierta nostalgia.

El piso era de un señor llamado Manuel Frutos, socialista, hombre de izquierdas, a quien Diego Martín Veloz había salvado la vida, metiéndolo en la cárcel para protegerle. El jefe político de Manuel Frutos era el profesor de la Escuela Normal y diputado socialista José Andrés Manso y, so pretexto de aquel apellido, por hacer una gracia tan siniestra como vulgar, fue arponeado con banderillas de fuego y muerto en trágica parodia taurina.

El señor Frutos estaba preso y su familia no tenía más remedio que admitir huéspedes, para poder seguir viviendo. El bajo de la avenida de Mirat era un nido de mujeres: siete, nada menos. La señora de Frutos, que se llamaba Adela, y sus seis preciosas hijas: María, Pilar, Julia, Chelo, Monina y Carmina. María y Julia eran mayores, muy mayores, entre los dieciocho y los veinte años, Chelo tenía catorce y Monina y Carmina, mi edad arriba o abajo.

–Serán como tus hermanas –me había dicho Diego Martín Veloz.

Pero nada de hermanas, porque me gustaban muchísimo. Bueno, la que me gustaba un disparate era Chelo, que ya iba vestida de señorita; Carmina, en cambio, sí que podía ser mi hermana, yo no tenía ningún inconveniente. Nos dejaron tres habitaciones: una para mis padres, la segunda para mi abuelo Luis –por fin llegó de Burgos– y la tercera, que daba a la avenida de Mirat, para mí. Carmita Oliver, que siempre fue una persona muy sensible, intentaba no molestar a la señora de Frutos y no invadir su territorio, pero el buen humor de las chicas y la amabilidad de aquella señora fueron sacándola poco a poco de su cuarto. Yo había salido ya del mío particular, e incluso aprendí a jugar al tute. Bien arropados por las faldas de una camilla jugábamos a las cartas, al parchís, a la oca y a la pulga. Mi madre y Adela de Frutos cosían y hablaban de otros tiempos, sin mezclar jamás la política en la charla. Carmita Oliver le contaba cosas del teatro y Adela se confesaba admiradora de la Cobeña, incluso había visto trabajar a mi madre en Salamanca, haciendo *Marianela*, de don Benito Pérez Galdós, una de las grandes creaciones de Carmita Oliver.

El abuelo Luis se encerraba en su habitación para leer a los clásicos latinos y todas las tardes salía a tomar café con su amigo Martín Veloz. La perra *Chiki* –que fue muy bien acogida– hacía lo que le daba la gana y, a sus horas, paseaba por la calle, unas veces de mi mano y otras con Chelo. Supongo que teníamos derecho a cocina, pero como mi madre no era muy diestra en pucheros, supongo también que la señora de Frutos le echaba una mano. Creo que todos –excepto el abuelo Luis– comíamos al mismo tiempo y estoy seguro de que Adela se esforzaba por hacernos llevadero nuestro destierro. Ahora –al cabo del tiempo– pienso en cómo debió de sufrir aquella mujer con su marido en la cárcel y su casa invadida. También pienso que estaba amablemente invadida.

Con gran frecuencia sonaban las sirenas de alarma y entonces abríamos la puerta del piso, porque era un bajo, y todos los vecinos venían a refugiarse en el territorio de la señora Adela de Frutos: venían vecinas en bata y vecinos en pijama, niños y ancianos, y con gran naturalidad saludaban, ocupando el fondo del pasillo, las habitaciones que daban al patio interior, donde era imposible que llegaran las bombas destructoras, que era lo que nosotros creíamos. Allí estábamos hasta que cesaba la alarma. Yo buscaba la proximidad de Chelo, me juntaba a ella, notaba su respiración y, de cuando en cuando, le rozaba furtivamente la piel, la de sus piernas, la de sus manos, y se me alteraban los pulsos. Chelo me miraba y me sonreía y, a veces, también me tocaba, como si con ella no fuera la cosa. Por supuesto yo no tenía ningún miedo a las bombas, y los días sin aviones se me hacían eternos. Cuando cesaba la alarma todos los vecinos se marchaban a sus casas con admirable naturalidad, y yo me quedaba sin Chelo.

Cierta mañana me despertaron unas voces, que cantaban en idioma extranjero, y el ruido de las botazas golpeando los adoquines. Eran soldados que marchaban de seis en fondo, codo con codo, uniformados de color caqui, pero con paño de primera calidad, cubiertos por un gorrito ladeado, rubios, vigorosos, de magnífico aspecto y mucho más altos que los nuestros. No llevaban armas y debían de estar muy limpios, sin un solo piojo. A coro cantaban una canción guerrera y aún me repite el tonillo. Tampoco desafinaban como los nuestros. Eran los chicos de Hitler, los primeros de la famosa Legión Cóndor: discretos y sin banderas, ni estandartes. Las ventanas se iban abriendo y los vecinos los miraban con curiosidad, pero yo creo que sin ningún entusiasmo. Los alemanes paseaban por Salamanca sin previo aviso, para dar cuenta de su presencia a los salmantinos, como diciendo: no temáis, que ya estamos aquí nosotros, y nada le pasará a vuestro Generalísimo. Días después volvieron los aviones rojos, pero ya los alemanes de la Legión Cóndor habían tendido su red protectora. Disparaban aquellas modernísimas armas de guerra y, en silencio, veíamos los rebufos blancos en el cielo, como si fueran algodones que se disolvían en el aire. Los rojos no volvieron más y ya nunca sonó la señal de alarma, ni los vecinos venían en pijama, ni yo tenía ocasión de tocar a Chelo, ni de rozar su piel: el Generalísimo estaría muy tranquilo en el palacio de Anaya, pero a mí me habían hundido las mañanas.

No sabíamos cuánto tiempo íbamos a estar en Salamanca y, mucho menos, cuánto duraría la guerra, que en aquellas semanas se había acelerado. Las tropas de Franco avanzaban sobre Madrid y la capital parecía definitivamente perdida. Diego Martín Veloz me regaló un mapa magnífico —que me recordó al de carreteras de mi abuelo Federico— y yo lo puse en la pared, con banderitas nacionales y republicanas clavadas en alfileres y así iba siguiendo la guerra hasta que un día mi madre me dijo que aquel mapa, en aquella casa, era un poco de mal gusto, y que no había por qué andar dividiendo a España con banderitas de papel, que bastante teníamos con las de verdad. En aquel momento entró la señora de Frutos y mi madre, azarada, no sabía qué hacer. La señora de Frutos dijo que dejáramos el mapa, que a ella no le molestaba, y Carmita Oliver —en una de sus raras muestras de mal carácter— lo arrancó de un tirón. Yo lo guardé cuidadosamente y nunca olvidé aquella escena, tanto que ahora la veo repetida, una y otra vez, como en un sinfín: el mapa de la dulce España dividido en dos partes y dos mujeres bien educadas quitándole importancia a la situación.

Mi padre pasó por Salamanca y me llevó de viaje a Ávila. Quería ver un altar en la catedral. Claro que no era un altar cualquiera: a mí, y pese a mi corta edad, me dejó atónito. Nunca había visto nada parecido. No recuerdo ninguna de las santas figuras, aunque supongo que la Virgen y algún crucifijo figuraban en el paso. Porque era un paso, un altar viajero, que se apoyaba en grandes ruedas de camión. El cura que nos explicaba el funcionamiento del retablo nos dijo que iba destinado a Madrid, que era un altar provisional, para decir la primera misa de campaña en Madrid y que todo estaba bien sujeto. No hubo ocasión de comprobarlo. Las Brigadas Internacionales llegaron a la capital, el pueblo madrileño aprendió a defenderse y el cerco duró tres años. No tengo noticias de que el altar rodante de la catedral de Ávila entrara en Madrid en marzo de 1939. He pensado algunas veces en la sagrada máquina viajera y siempre llegué a la misma conclusión: hubiera sido más emocionante decir la misa en las ruinas de la Casa de las Flores —por ejemplo— o en plena Puerta del Sol, y si llovía o nevaba, muchísimo mejor. O quizá en alguna iglesia destruida. Me parece que el altar de Ávila era el producto de una mente más aficionada al teatro de variedades que a la liturgia.

Mi padre compró unas cajitas de yemas de Santa Teresa, paseamos por las murallas, tan bonitas como las de Jerusalén, las que salían en

Las cruzadas. Cenamos en una taberna y dormimos en una pensión, porque aquel viaje de ida y vuelta no se podía hacer en la misma jornada. Al día siguiente volvimos a Salamanca. No recuerdo haberme manifestado sobre la dudosa utilidad del altar viajero y creo que Luis de Armiñán no abrió la boca en todo el trayecto. De todas formas fue una preciosa excursión.

Estábamos en el mes de noviembre, supongo que en Salamanca hacía frío, y yo no tenía amigos, ni cosa en que ocuparme. Sólo una amiga, pero como del romancero, una amiga del corazón, y escribía su nombre, mirando las cinco letras de Chelo, igual que en San Sebastián miraba las seis letras de Alicia. Amores infantiles, los más desgarradores, aquellos que no tienen cura. Alicia y Chelo se las podían apañar por sí mismas y a nadie le hubiera extrañado que un galán maduro —pero muy maduro— les rondara por su orden. Nabokov todavía no había inventado a Lolita —Colette Willy tenía ya a su perversa Claudine— y Chelo significaba Lolita y Claudine, las dos juntas e inseparables. Era una entre los miles de lolitas que andan sueltas por el mundo devorando señores aún de buen ver. Mis padres no me habían hablado de sexo, ni me enseñaron ciertas educaciones y les daba vergüenza sólo pensarlo, yo —como todos los niños de entonces— debía conformarme con poner en un cristal empañado, por el vaho del invierno, CHELO TE AMO. Amaba a Chelo —luego a Ginger Rogers— como a una sombra entreabierta, a la mezcla del deseo y de la mamá —siempre mamá es la gran amante— que se disolvía en un cuarto de baño, también empañado por el vaho de la ducha templada, o de una cerradura desde la cual, muy a trasmano, se mostraba una mujer desnuda: todos los niños hemos tenido estas o parecidas imágenes, todos los papás las han ignorado, todos los curas se empeñaron en satanizarlas. Esto es lo que hay, y lo que hicieron de nosotros los buenos y los malos, que muy buena gente era mi padre, cronista de una guerra injusta y terrible, y perversos los falangistas que banderillearon al desgraciado profesor Manso, jefe político del honrado señor Frutos, padre de Chelo y de Monina.

Mi abuelo Luis se tapaba las piernas con la manta de falso tigre. Leía sus libros. Escribía *Hoja de servicios del soldado Miguel de Cervantes* —que es escritura admirable— y se iba a tomar café con su amigo Diego Martín Veloz. Aquella tarde descubrí que *Chiki* se había comido media manta, por la parte del peluche rojo. Se lo dije a Carmita Oliver y no sabía dónde meterse, porque era un drama de muy malas consecuencias. El abuelo Luis estaba encaprichado con la manta, no parecía tener especial afición a *Chiki*, y además no se encontraba a gusto en el bajo de la avenida de Mirat. Decidimos entonces echarnos a la calle y, después de recorrer varios establecimientos, dimos con un almacén de tejidos donde había peluche rojo, aunque no del mismo tono. Asimismo compramos un bozal para *Chiki*. Aquella tarde se trabajó de firme en casa de la señora de Frutos y la manta quedó rehecha en el último momento, como cuando los buenos salvan a la chica en las películas del Oeste. A la perra le calzamos el bozal y todos compusimos una entrañable escena hogareña. Yo jugaba al tute en la camilla, con tres de las niñas, mi madre tejía un jersey, y Adela de Frutos se ocupaba de la cena. Claro que algo desentonaba un poco. El bozal había sumido a la perra en una tristeza infinita y era incapaz de iniciar movimiento alguno, como si la tierra vengadora se la fuera a tragar. Mantenía la cabeza inclinada y no se atrevía a echarse, permaneciendo así medio sentada, medio en cuclillas, con las orejas hacia atrás y el rabo entre piernas, porque jamás había soportado tal humillación de los humanos, a los que hasta entonces consideró.

El abuelo Luis vino de la calle, y envuelto en su capa se asomó al cuarto de estar, dio las buenas noches educadamente, miró a *Chiki*, movió la cabeza y se preguntó:

—¿Qué habrá hecho la perra para que le pongáis ese sombrerito?

Con sombrerito se quedó el bozal y el abuelo Luis jamás supo la verdad. Aún tengo la manta de falso tigre y en la reconstruida felpa roja siguen las huellas de mi abuelo Luis, de *Chiki*, de Carmita Oliver, de Salamanca y de las niñas Frutos.

La historia de mi familia no fue fácil y la pareja que formaron Luis de Armiñán y Carmita Oliver estuvo a punto de naufragar antes y después de 1936. Por amor, por respeto mutuo, tal vez por suerte, llegaron al puerto final, cuando mi padre murió en pleno verano de 1987. Carmita Oliver se quedó fumando cigarrillos rubios, como si recobrara la independencia perdida, y mi padre se fue al otro mundo con la elegancia y el valor que siempre le caracterizaron. Le habían operado en el hospital Puerta de Hierro de Madrid y yo le dije, pensando que hay que halagar a los viejos como a niños pequeños:

—¡Qué bien te has portado!

Y él me respondió:

—Me he portado como un hombre, porque yo soy un hombre y no medio hombre.

Al amanecer moría. El médico que le atendió en sus últimas horas —se llama Antonio Criado y entonces era muy joven— paseaba entristecido por los jardincillos de Puerta de Hierro. Me abrazó y apenas pudo hablar. Yo le escuché intentando hacerme el fuerte y agradeciéndole el sonido de su voz y la sensibilidad de sus palabras:

—He visto morir a mucha gente..., pero nadie me ha impresionado como tu padre... Me dijo cosas que yo no puedo repetir... Nunca he sentido nada igual, ni he visto morir a nadie con tal serenidad.

Yo tenía cinco duros, cinco hermosos duros, todo un capital. No sé de dónde los había sacado, quizá ahorrando, porque del tute me parece que no. Aún no sisaba. Puede que Diego Martín Veloz —que había sustituido a Emilio Serrano— dejara caer en mis bolsillos alguna moneda noble: el caso es que tenía cinco duros. Mi madre estaba triste y no había noticias de mis abuelos. Una tarde —seguramente fui con alguna chica Frutos, de las mayores— me armé de valor y entré en una tienda luminosa, donde no brillaban joyas, pero sí bisutería de lujo: iba a comprar mi primer regalo. Una señorita muy puesta, muy olorosa y elegante extendió sobre el mostrador un montón de pulseras. Bien podía ser aquella señorita una de las chicas del Gran Hotel, de las elegidas de la fortuna, de las novias de los aviadores. Y ésa es la palabra que pronunció y que a mí me hizo enrojecer de vergüenza:

—¿Es para tu novia?

No fui capaz de decir que era para mi madre, y la chica Frutos se mantenía al pairo, callada discretamente, sonriendo con malicia.

—Estas pulseras se llaman Me cago en Francia —dijo la señorita con toda sencillez.

Así era: una cadena de plata con pequeñas banderas esmaltadas, la española —cuatro veces—, la portuguesa, la marroquí, la alemana de Hitler, la italiana de Saboya, la portuguesa de Oliveira Salazar, alguna americana —quizá Costa Rica—, la de falange y la del requeté. Faltaba la de Francia, de ahí nombre y ofensa, pero tampoco estaba la de Inglaterra, la de Estados Unidos, la de Bélgica o la de Noruega... Claro que Francia, y encima con el Frente Popular en el gobierno, era una verdadera obsesión para la España Imperial, que con mayúsculas lo escribían. A mi madre le gustó muchísimo aquel Me Cago, lo llevaba siempre puesto y lo guardó años enteros, hasta que un día se perdió en la niebla del tiempo.

Cerca de casa –o en el mismo edificio, quizá– vivían los Ruiz Albéniz, una señora y dos niños de mi edad, aproximadamente. Habían llegado a Salamanca en las mismas condiciones que nosotros. Los niños se llamaban José María y Rafael, y me parece recordar que su madre se llamaba Julia. Los niños fueron mis amigos entonces, creo que lo pasábamos bien, pero pronto nos separaron las malas circunstancias. La señora de Ruiz Albéniz charlaba con mi madre, se veían con frecuencia y, en cierto modo, estaban unidas porque sus maridos viajaban juntos en el Balilla azul por los frentes de guerra, que ya estaban en los arrabales de Madrid. Víctor Ruiz Albéniz, nieto del compositor Isaac Albéniz, cronista oficial del Cuartel General del Generalísimo, era el muy célebre Tebib Arrumi –que en árabe quiere decir «médico cristiano»–, estaba más viejo y más achacoso que mi padre y le venía muy bien que el joven Armiñán –treinta y siete años entonces– le sirviera de ayuda de cámara y de chófer. Yo conocí al Tebib, que nunca me hizo caso, y lo veo con boina negra y cazadora a cuadros, tosiendo continuamente. Me parecía un padre viejo, una especie de abuelo trasnochado, y –ahora que lo pienso– debía de tenerle más miedo que respeto.

La Navidad llegó a Salamanca. No había entonces costumbre de engalanar las ciudades –mucho menos en tiempo de guerra– ni de vestir los escaparates. Todo lo más, un Portal de Belén expuesto en una tienda de efectos religiosos, y tenderetes donde se vendían figurillas de Nacimiento. Pavos sí había y dulces también, aunque los turrones de Alicante escaseaban. En cambio los dulces de Salamanca, y los de Castilla, abundaban en las confiterías. La cena de Nochebuena debió de ser triste, el abuelo Luis no estaba para festejos, mi padre seguía en el frente de Madrid, mi madre echaba de menos a los suyos y el señor Manuel Frutos guardaba su vida en la cárcel. Supongo que en la cena hubo pollo –quizá besugo– y un poquito de vino, y que las niñas Frutos –las mayores– se esforzaron en animar la ocasión. Pronto llegarían los Reyes Magos y yo había escrito la carta correspondiente, pero con muy poco entusiasmo, porque ya sabía que los Reyes Magos eran los papás. La Nochevieja debió de ser tan melancólica como la Navidad y no sé si aparecieron las uvas, ni si sonaron las doce campanadas. Para los mayores no era sencillo decir «feliz año nuevo». Feliz año nuevo en la ciudad y en el campo, en el Madrid martirizado y en la Salamanca protegida por los alemanes de la Legión Cóndor, en las dos líneas del frente, donde los soldados morían hablando la misma lengua.

Mi padre escribía crónicas en los periódicos y de las crónicas vivíamos. Sirva ésta como recuerdo de aquel periodismo de guerra. Iba firmada por Luis de Armiñán, en los arrabales de Madrid, y quizá se publicó en *El Norte de Castilla*, de Valladolid, o en *El Heraldo de Aragón*, de Zaragoza:

Para muchos las doce campanadas son martillazos de amargura en el corazón. Éstos se alejan un poco, se enfundan en la manta y quieren dormir; pero otros desean dar al año viejo su despedida, y hacen fiesta. Son los jóvenes, los soldaditos españoles, alegres, sangre moza y generosa, que no sabe de penas. Algunas escenas nos hacen sonreír a nosotros también, aunque llevamos en el ánima toda la negrura de la noche, porque nuestro recuerdo está con los que penan, con los que sufren ahí enfrente, y a los que el destino ha hecho la más dolorosa de las Nochebuenas y el más trágico de los fines de año.

Este grupo que tengo delante es de soldados de un batallón andaluz. Uno de ellos dice que por la altura de la luna y la situación de las estrellas sabe ciertamente señalar el filo de la noche y tiene en la mano un bidón de gasolina, que golpeará con una piedra. El corro se retuerce de risa mirándole escrutar el cielo, en el que no brilla la más pequeña luz. No importa. En el momento que considera llegado da un silbido, y después, con la solemnidad del rito, doce golpes lo suficientemente espaciados para poder tragar él mismo los doce granos. Doce granos... ¿de qué? ¡Oh, eso no tiene importancia! Estamos en la guerra, y los que no tienen uvas las sustituyen por otra cosa. La señorita Fortuna no va a reparar en estas cosas. Lo más corriente es que los festejeros hagan el sacrificio con doce miguitas de pan, que tienen la ventaja de comerse antes y no tropezar con las dificultades del hollejo y de las semillas.

Noche de fin de año en el frente... Muchos cantos, poca música, que no hay instrumentos, aunque no falte quien los taña, y luego a dormir y Dios sabe que traerá. El triunfo, sí; de ése estamos todos seguros, y por ello se elevan al cielo tantas coplas y de tan variado estilo. Tened en cuenta que estos muchachos han nacido en distintas regiones, y cada uno quiere demostrar que en su tierra se coplea con mejor gusto y mayor sabor. Los Regulares también festejan el año. Ha prendido en ellos el contagio y luego, al terminar la guerra, posiblemente lo lleven a sus campos, como un trofeo más de la victoria.

Ya han dado las doce de la noche. En los lugares de España donde se ve la guerra un poco distante se habrá celebrado el año que se va con los mismos actos, pero hechos de verdad: las uvas serán uvas, y hasta es posible que se vertiera un poquito de champaña en determinadas mesas. No envidiamos a nadie; sabemos que el brindis se habrá elevado por los que luchan, y eso basta. La

Nochevieja de 1937 se celebrará en una España renacida, en ciudades llenas de luz y de paz. Nuestro amigo, el adivino de estrellas, no tendrá necesidad de su ciencia; pero, por si acaso, la noche serena, muy fría para que sea más clara, le ofrecerá toda su maravilla.

La Nochevieja aquí ha terminado con un zumbido de motor. «Ésos» desearían estropearla. En el campo se canta todavía cuando él desaparece. Y poco a poco todo queda en silencio, hasta sólo oírse el chapoteo chorreante de unos zapatones que van y vienen en la sombra.

Ya estamos en 1937.

Llegaron los Reyes Magos, que aquel año, sin duda, serían pobres, porque pobres eran los papás. Dormí sin ningún sobresalto y me desperté tarde, sin los nervios que un año antes me hicieron salir al balcón en mi casa de Agustina de Aragón, en Madrid. Yo había cambiado mucho en doce meses: ya no era el niño enfermizo, el de los ganglios, el que no podía hablar a la salida del teatro, ni comer un triste huevo frito. Había evolucionado y perdido inocencia, porque había descubierto a la muerte.

Carmita Oliver, un poco turbada, me dijo que buscara al final del pasillo y allí fui. Al fondo del pasillo encontré un avión de madera, un avión pintado de gris, como los que iban a bombardear a mis abuelos. Fingí que me gustaba muchísimo y le di un beso a mi madre, y yo creo que ella se avergonzó. Quizá no advirtiera el terrible simbolismo de aquel regalo. Yo no era un niño repipi, ni siquiera reflexivo, y tampoco debí de pensar en las cosas que ahora pienso, pero rechazaba el juguete por instinto. Nunca hablé con mi madre de aquellos crueles Reyes Magos, ni entonces, ni después. Carmita Oliver era una persona sensible, odiaba la violencia, y bien lo había demostrado arrancando el mapa de España de la pared.

Tal vez el avión de madera gris vino a casa porque era el más barato de todos los juguetes. Lástima de tren eléctrico.

* * *

Año 1937. Lo provisional se estaba convirtiendo en ordinario y la guerra iba para largo. Mis padres debieron de conferenciar sobre el caso y decidieron llevarme al colegio. Aquel año cumpliría diez, y según las costumbres escolares habría de hacer el ingreso del bachillerato en junio, y si no estaba bien preparado, en junio del 38, y así ocurrió. Por culpa de mi delicada salud fui poco al colegio y andaba flojillo en ciencias y aritmética, aunque en letras estaba bien puesto.

Seguramente había leído mucho más que los chicos de mi edad, también en razón de mi quebradiza salud. Mi madre me recitaba poesías, mi tío Pepe me leía cuentos, y mi abuela Carmen me contaba emocionantes historias. Incluso había merendado en el campo con don José Ortega y Gasset, y eso marca mucho. Antes de la guerra iba al Instituto Escuela: clases luminosas, niños y niñas, maestros liberales e inteligentes, y el fantasma de don Francisco Giner de los Ríos revoloteando entre todos los alumnos.

Al colegio en Salamanca, en pleno mes de enero, con un frío polar, y menos mal que conservaba el capote y la bufanda. Poco recuerdo de aquella escuela: la tristeza del edificio, la humedad de sus clases, los curas mal afeitados, el patio carcelario de arena helada, y los chicos, algunos de ánimo cruel, otros chulos y pendencieros, y ningún amigo. Porque no me hice amigo de nadie, ni fui admitido en ninguna pandilla. Había un niño pequeño de estatura, a quien llamaban Pulguita, que tenía muy mala leche. La gracia de Pulguita consistía en atacarte por la espalda y subirse a la chepa. Los demás niños le alababan aquella gesta y paradójicamente el mamón de Pulguita se crecía. Que quede claro que en aquellos tiempos yo no empleaba malas palabras, pero la evocación del mamón de Pulguita me hace pervertir el idioma. De todas formas aquel siniestro colegio no me dio frío, ni calor, porque aparte de estos estrafalarios detalles no he conservado ningún otro recuerdo, ni malo, ni bueno. Debí de estar muy poco tiempo y ninguno de los curas mal afeitados advirtió mi paso, ni yo sentí su huella.

Los italianos, teóricos voluntarios en el ejército de Franco, habían llegado a España, creo que les llamaban Flechas Negras o algo parecido. Fueron destinados al frente del Sur y con los soldados nacionales entraron en Málaga con toda sencillez. Mi tío José Manuel también participó en aquella operación y, de cuando en cuando, llegaba alguna carta e incluso fotografías. Las cartas del tío Alel pasaban por las manos del abuelo Luis y luego me las leía mi madre. Por supuesto estaban censuradas, sólo se referían al tiempo atmosférico y a la buena salud de su redactor y, entonces, a los recuerdos que Málaga le traía. En todas ellas había una frase cariñosa para mí.

Después del éxito de Málaga, el general Roatta, que las mandaba, exigió una mayor participación de sus fuerzas expedicionarias, y cualquiera sabe adónde iban destinadas, pero el caso es que aparecieron en Salamanca. Paseaban en grupos, hablando a gritos, cantando *Giovinezza* o *Faccetta nera,* y riendo, como si estuvieran en un país conquistado. Eran jóvenes, guapos, muy bien uniformados, con sus camisas negras, los correajes brillantes y algunos con plumas en el gorro. Además tenían dinero. A la discreción de la Legión Cóndor, al silencio profesional de los alemanes, oponían un bullicio jacarandoso y mediterráneo, y cierto aire de alegre provocación, como si dijeran «no temáis, ya estamos aquí, hemos venido a salvaros». Su objetivo principal eran las chicas y, justo es reconocer que las mozas de Salamanca no les ponían mala cara. Las peleas con los falangistas y con los jóvenes oficiales del ejército nacional abundaban, y el ambiente en el Gran Hotel debió de hacerse difícil.

Una mañana luminosa, de vísperas imperiales, nos invitaron a un balcón de la Plaza Mayor, es probable que por vía Diego Martín Veloz. Mi abuelo, que no estaba nada conforme con aquella guerra y a quien no le gustaba exhibirse, se quedó en la avenida de Mirat y allá que fuimos Luis de Armiñán –recién llegado del frente–, Carmita Oliver, y yo a casa de nuestro buen amigo el sastre, el que me hizo el uniforme de requeté, que por fortuna ya estaba olvidado. Aquella mañana presentaba sus cartas credenciales el embajador de Hitler, Von Faupel. Miré orgullosamente a mi padre y él me acarició la cabeza: a ciertas edades los niños suelen sentirse orgullosos de sus padres, cuando vienen de la guerra, cuando escriben en los periódicos y parece que miden dos metros de altura, como Von Faupel, el embajador alemán.

Años después encontré los cuadernos de Luis de Armiñán, donde contaba su encuentro con el embajador alemán.

Me llamó Von Faupel.

Había estado en la Alemania de Hitler, a fines del año 42, en Rumania, en Odessa y también en Bulgaria. Hizo un comentario sobre la División Azul que no les gustó a los alemanes.

Me llamó Von Faupel.

¿Cómo iba a pensar yo que aquel personaje de uniforme, tan grande y tan condecorado, iba a tratarse con mi padre, cinco años después y en plena guerra mundial?

Escribí lo que me parecía Alemania y algo sobre la División Azul, a cuyos muchachos traté en Berlín y en el frente. La censura del gobierno español no encontró nada reprobable en mi artículo, y supongo que no les sentó mal algún reproche matizado escrupulosamente, porque poco a poco Alemania dejaba de ser intocable. Dije que como gesto para evitar otras cosas la División Azul cumplía su misión. Pero que no había sido bien tratada en Alemania, y me llamó el embajador Von Faupel. Todavía estaba la embajada en el paseo de La Castellana, con aquellas dos puertas que coronaban cuatro águilas, una en cada soporte de la enorme reja. La embajada tenía un amplio jardín que cerraba la calle de Hermosilla, que así no tenía salida desde Serrano. Cada tres metros un criado con librea inclinaba su cabeza a mi paso, y yo no creía lo que estaban viendo mis ojos.

Von Faupel medía casi dos metros, era un personaje imponente.

—Siéntese, querido señor Armiñán.

El acento del embajador no era áspero, hablaba un castellano muy limpio, seguramente aprendido en América del Sur.

—Un cigarrillo.

No era una pregunta, era una orden. Lo encendí. Un cigarrillo rubio, americano, de una caja donde había tabaco negro, inglés y alemán.

—Los nuestros son más flojos.

Advertí una sonrisa irónica.

—Querido señor Armiñán, es usted un periodista brillante... —no me dejó intervenir— que escribe en un periódico que se lee mucho, cuyo director es muy amigo nuestro.

—Ya sé que Juan Pujol les admira a ustedes.

—En efecto. Por eso suponemos que su autoridad se impondría al fin, pero he querido hablarle personalmente. ¿Le ha ocurrido algo malo en Alemania?

—No, señor embajador: no he recibido más que amabilidades. Me gusta su país... en paz.

—Pero estamos en guerra. Y nos importa mucho tener amigos entre los que escriben y los que leen.

Hizo una breve pausa y siguió hablando.

—Intento convencerle para que sea amistoso con el pueblo que ayudó a España en momentos muy difíciles, que quiere a España y la admira, y que lucha por ganar una guerra muy dura.

—Tiene usted razón: con no hacer los artículos que pensaba todo arreglado.

—No, querido señor Armiñán: deseamos que los escriba, pero en otro tono.

—Mejor es no escribirlos, ya tenemos bastantes consignas aquí.

Me puso la mano en la rodilla y me sonrió.

—¿No le gustaría lucir una alta condecoración alemana?

Me quedé sin habla, no esperaba semejante proposición. Sin embargo también pude sonreír.

—En la guerra he ganado bastantes condecoraciones, señor embajador, y no soy vanidoso.

—Hay otras compensaciones, querido amigo.

Me sonrojé un poco. Siempre se me sube el pavo cuando me ofrecen dinero que no gano con esfuerzo personal.

—Señor embajador... —comencé a decir con trabajo, hasta hablar con entera posesión de mis nervios—. Si yo aceptara lo que me propone ¿me recibiría en ese pasillo, con esos honores, y en este despacho?

Se levantó. Daba por terminada la entrevista. Yo le imité. Me tendió la mano, al decirme rotundamente:

—No.

Sonreímos los dos. Me cedió el paso y la salida. En la puerta me estrechó efusivamente la mano.

—¿Amigos?

—Amigos, señor embajador. Y gracias por todo.

Un joven secretario me acompañó como si llevara la custodia. Salí a La Castellana, atravesé la plaza de Colón. Allí, antes de Cibeles, en la acera de la Transmediterránea, entré en un bar y me tomé un café.

La Plaza Mayor de Salamanca brillaba al sol, era todo un acontecimiento, el general Franco ya no estaba solo y los vendedores de los Me cago en Francia iban a hacer su agosto en marzo. Yo me apoyé en la barandilla del balcón y no me perdí detalle, porque realmente aquello era digno de ver. La plaza estaba llena de gente, que gritaba y vitoreaba, y en el magnífico ayuntamiento ondeaba la bandera bicolor, junto a la de falange y a la de los requetés, y por supuesto la nazi con su cruz gamada, y tal vez la italiana. Vimos llegar a Von Faupel en un coche tremendo, que sería un Mercedes, rodeado de oficiales casi tan grandes como él, aunque desde el balcón se les veía pequeñitos. Y la guardia jalifiana, de preciosos caballos, jinetes sarracenos con capas blancas y azules. A mí me impresionaron mucho los moros y recordé el desfile que había visto desde el Casino de Madrid. Franco salió al balcón con el embajador alemán —supongo que el Generalísimo se había subido a una banqueta, para igualar estaturas— y los dos saludaban a la multitud, que agitaba banderas, muchas de ellas con la cruz gamada.

Ayer, uno de marzo —un mediodía
de largo viento frío y nubes altas—,
hubo otra vez Imperio
en la Plaza Mayor de Salamanca

* * *

Como es lógico, al niño que yo era entonces se le escapaban muchas cosas, pero leyendo después, y aún más hablando con mi padre, he vuelto a vivir detalles que fueron fundamentales en mi familia, sobre todo que repercutieron en la vida profesional del periodista Luis de Armiñán y, de rechazo, en mis amistades infantiles. Empieza ahora un periodo misterioso —en Salamanca y en el resto de España— donde los escuchas trabajan, los espías acechan a uno y otro lado de las trincheras, van y vienen con toda sencillez, y la Quinta Columna se mueve en Madrid. Copio un párrafo revelador del libro *Historia militar de la guerra de España*, de Manuel Aznar, publicado en Madrid el año 1940 y, por tanto, mil veces revisado y censurado. Se refiere a la ofensiva rebelde sobre Guadalajara. Dice así:

«Según los documentos rojos que hemos tenido a la vista, el Estado Mayor de Miaja tuvo información bastante completa de los propósitos del bando nacional. Hay que decir que la retaguardia de la España franquista no se comportó en este caso con demasiada discreción. Hasta en los pueblos franceses próximos a la frontera se conocía el secreto; los periódicos fronterizos publicaron anuncios circunstanciados de la concentración, del sentido de la maniobra y de la acumulación de medios».

Aznar sugiere, con medias palabras, que alguien habló de más y quizá fuera por la radio.

Luis de Armiñán tiene algo que decir en este singular capítulo, que me contó en más de una ocasión, que le convirtió en otra persona —quizá más amargada y más triste—, le hizo trabajar de *negro* y perder a un amigo.

Me llamó el coronel Barroso al palacio de Anaya, en Salamanca, donde Franco tenía su Cuartel General. Yo no conocía al coronel Barroso. Me desconcertó el abrazo que me dio al entrar. No me extrañó la leve alusión a su padre y al mío, seguramente amigos, aunque les separaran los años y el partido político que marcaba jerarquías. Barroso era el jefe de la política cordobesa, por dejación de don José Sánchez Guerra, su pariente político. Fue un hombre casi inmenso, como su hijo, el mismo que tenía delante.

—Siento haberle molestado. No tenemos sobre usted ninguna influencia más que la que nos une a todos: el amor a España, y sentimos tener que emplearle de manera un tanto... especial. Sabemos que está usted con su padre, su mujer y su hijo y que su madre y sus hermanas no han podido todavía salir de la zona roja.

—*Efectivamente, mi coronel, y yo me pregunto muchas veces si al firmar mis crónicas no perjudico a mi madre y a mis hermanas.*

Me extrañó que el coronel Barroso me hablara de aquella forma. Así no utilizan el plural más que los reyes y los papas. El coronel parecía indicarme, sin mencionarlo, que hablaba en nombre del Generalísimo, pero no se lo pregunté.

—*Voy a decirle a usted algo que debe reservar, coméntelo sólo con su mujer y con su padre, rogándoles discreción.*

También me extrañaban todos aquellos rodeos, pero desde luego le prometí callar lo que me dijera.

—*Necesitamos que esta misma tarde salga usted para el frente de Guadalajara. No se detenga en Soria más que para dormir esta noche y busque al general Moscardó, que se ocupará de usted. Usted va a enviar sus crónicas por los servicios de transmisiones a Radio Nacional y las firmará como Tebib Arrumi.*

—*¿Le ha ocurrido algo al Tebib?*

—*Ruiz Albéniz está arrestado en Soria, en la habitación donde dormía. No puede salir, ni escribir una sola línea.*

—*Ruiz Albéniz es amigo mío, mi coronel.*

El coronel Barroso asintió. Entonces se produjo un pequeño silencio y yo pregunté:

—*¿Es orden del Generalísimo?*

—*Precisamente: orden del Generalísimo. El Tebib ha cometido un error imperdonable en una persona de su experiencia y de su capacidad, de un veterano del periodismo, conocedor de las normas militares. Ha titulado una crónica, que fue radiada, «El Tebib se va a Guadalajara». No se puede decir de forma más sencilla el propósito del mando. Naturalmente los italianos se han quejado.*

—*Haré de Tebib, aunque en Soria ya sabrán lo que ha ocurrido y a mí me conocen.*

Camino de la Plaza Mayor pensé en los tres cronistas oficiales, nombrados por un tal comandante Arias, que a mí no me tragaba ni en broma: Alberto Martín Fernández —crítico de fútbol—, que firmaba Spectator, Manuel Sánchez del Arco —crítico de toros—, que firmaba Justo Sevillano, y Ruiz Albéniz. Yo no había servido para cronista oficial, como aquellos tres periodistas que gozaban de buen sueldo y sólida popularidad y, en cambio, servía para sustituir en la sombra al número uno, al indiscutible Tebib Arrumi. Ya estaba cansado de andar yendo y viniendo en la guerra, en busca de la noticia del día, que no podía ser el parte oficial, ni su consecuencia, porque eso estaba ya en el morral de los tres privilegiados. Y ahora yo —por orden del Generalísimo— fingía ser uno de ellos. Era un poco triste. Además el Tebib Arrumi, a quien fui a ver en su destierro de Soria, se ofendió conmigo y ya nunca volvimos a ser amigos. Por una de aquellas crónicas —es paradójico y cómico a la vez— recibí una feli-

citación oficial del Cuartel General del Generalísimo y me pidieron colaboración de algunos periódicos y otras tantas radios, naturalmente siempre que firmara con el nombre de Tebib Arrumi. No puede decirse que la torpeza de mi antiguo amigo Ruiz Albéniz, y la mediación del coronel Barroso me sirviera de mucho: creo que ahora se llama usar y tirar.

A mediados de febrero los italianos salieron de Salamanca hacia un lugar impreciso, pero situado en el centro de España. Durante muchas horas estuvieron pasando camiones con legionarios que cantaban y se despedían: iban eufóricos, con ramos de flores, victoriosos antes de la batalla. Yo los vi volver, porque algunos volvieron, sucios, derrotados, heridos y silenciosos. En Guadalajara —el terreno donde pelearon— habían encontrado a los rojos, a los milicianos españoles —los que mandaba el general Modesto, o el Campesino— y también a sus compatriotas, los internacionales antifascistas de la brigada Garibaldi. Muchas veces le he oído contar a mi padre aquella batalla —que escribió disfrazado de Tebib Arrumi— y de qué forma estrepitosa se derrumbaron las líneas de los flechas negras:

—Un anochecer estuvo a punto de atropellarme un capitán italiano, que escapaba en moto, sin armas, sucio de barro... Frenó a menos de un metro de mí y gritó, aterrado: «¡Tiran con ametralladora! ¡Tiran con ametralladora!». Luego siguió huyendo.

Yo creo que aquella derrota no les supo mal a los militares españoles —incluyo a Franco— y que las poblaciones civiles de las ciudades de retaguardia disfrutaron del desastre de los italianos. Se cantaba entonces, con música de *Faccetta nera, bella Abisinia* —alusión a la carita morena de las jóvenes etíopes— una letra perversa, que yo recuerdo fragmentariamente:

> Guadalajara no es Abisinia, espera,
> espera, que la tropa se aproxima...
> Los italianos se marcharán
> y de recuerdo un bebé te dejarán...

Y algo más:

> Muchacha linda, no te enamores,
> que ya vuelven para ti los españoles...

Todo un acontecimiento.

* * *

En una de las páginas del libro de mi abuelo Luis, *Hoja de servicios del soldado Miguel de Cervantes*, hay una nota escrita con letras de imprenta, probablemente del año 1941 o 1942, que dice lo siguiente:

Mi hijo se llama Luis, como me llamo yo, por llamarse así el señor don Luis de Armiñán y Cañedo, doctor, abogado de fama, notario apostólico, fiscal de la Audiencia de Oviedo, catedrático en su universidad, fundador y primer presidente de la Academia de Legislación. Nacido en Oviedo de los Armiñanes de Restiello (Grado). Hijo de éste fue mi tatarabuelo don Álvaro, mariscal de campo y gobernador del Principado de Asturias. Hijo de don Álvaro fue don Manuel, mi bisabuelo, asimismo mariscal de campo; hijo de don Manuel fue don José, coronel, mi abuelo. Hizo la guerra contra los franceses y fue prisionero de ellos. Hijo de don José era mi padre, el teniente general don Manuel de Armiñán Gutiérrez (1829-1891). Mi otro hijo, José Manuel, el primogénito, bueno, simpático, inteligente y valeroso, me lo mataron en la guerra... No era un profesional de la milicia y por noble impulso, como oficial de complemento, se fue a mandar soldados y en el frente rindió su vida heroicamente. ¡Sea bendita su memoria! Yo lo llevo en mi corazón, que desde entonces sangra dolorosamente. Ahora mismo lloro al recordarle.

No sé por qué razón aquella tarde estábamos solos mi abuelo Luis y yo en el bajo de la avenida de Mirat. Es posible que mi madre hubiera salido con la señora del Tebib Arrumi, o que hubiera ido de visita a casa de alguna amiga, de las nuevas que se había echado en Salamanca. Tal vez no estuviéramos solos, porque librarse de siete mujeres no es tarea fácil. Las niñas Frutos quizá hacían los deberes del colegio, y las mayores estaban fuera. Mi abuelo seguía en su cuarto, rodeado de libros, escribiendo con una pluma estilográfica, como siempre.

Yo andaba en el cuarto de estar, lleno de muebles muy usados y con poca luz; una habitación con fotografías familiares y alguna estampa religiosa. En aquellos tiempos era muy común que las mujeres casadas con hombres de izquierdas fueran fervientes católicas, por aquello de la compensación. Me parece que había una lámpara de cristal en mitad del techo, y es probable que, sobre la camilla, yo pintara al marqués de la Tentaruja, como me había enseñado mi tío Pepe. Me gustaba mucho dibujar, sobre todo curas graciosos, pájaros, perros, gatos de frente, monos, toros y toreros. Tal vez hojeara *La Ametralladora*, un periódico de chistes, que trajo mi padre. Lo hacían Miguel Mihura, Tono y Enrique Herreros, tres personajes a los que conocí años des-

185

pués. También es posible que en aquel primer ejemplar faltara alguno de ellos. *La Ametralladora* fue madre de *La Codorniz*, mi semanario favorito, que tanto contribuyó a mantener la risa de los españoles en los muy tristes años de la posguerra.

Sonó el timbre, *Chiki* dio un salto en el aire y se puso a ladrar con desesperación. Casi todos mis perros han tenido ese vicio. Movió las cuatro patas sobre un ladrillo, como si le costara arrancar, y salió zumbando por el corredor, hasta que patinó en el vestíbulo, según costumbre establecida. Entonces bien pudo llegarme una voz:

—¡Abre tú!

Y al recibidor me fui, precedido por la alborotada *Chiki*, que había vuelto sin dejar de ladrar. Abrí la puerta. Eran dos oficiales del ejército, que a mí me parecieron altísimos, y preguntaron por mi abuelo. Sigo teniendo impresión de abandono, porque es posible que nos dejaran solos, como a los toreros en los momentos definitivos. El abuelo Luis recibió a los oficiales en el cuarto de estar y yo, medio escondido en la oscuridad, no entendía una palabra. Muy terrible tenía que ser aquello, a juzgar por la actitud de mi abuelo y la rigidez de los visitantes. Luego los acompañó a lo largo del pasillo, les dio la mano y por último los oficiales se cuadraron militarmente. Mi abuelo, tras cerrar la puerta, se echó a llorar. Era la primera vez que veía llorar a un hombre y tanto me aterró que corrí a mi cuarto y busqué refugio sin saber dónde encontrarlo, como si la muerte fuera algo vergonzoso. Porque era la muerte que revoloteaba en las habitaciones, que goteaba sangre por los grifos cerrados, que se deslizaba por el suelo, que pasaba sobre los cristales de las ventanas, dejándolos aún más fríos. Era la muerte. Ya no sé más. Es probable que la casa volviera a habitarse, que se abrieran las puertas, que alguien acudiera en ayuda de mi pobre abuelo Luis. Quizá él rechazara esa ayuda y ya que estaba mal herido —lo estuvo hasta el final de su vida— quisiera esconder su dolor en el silencio de un rincón prestado. Por eso quería vivir en una buhardilla, en Biarritz o en Burgos, para que nadie le viera llorar llegado el caso.

Entre las hojas del libro de Cervantes hay un telegrama, que ha perdido ya el color azul.

AL CORONEL GOBERNADOR MILITAR, RUEGO A V.E. COMUNIQUE FAMILIA TENIENTE DE INFANTERÍA OVIEDO JOSÉ MANUEL ARMIÑÁN ODRIOZOLA, CON DOMICILIO EN AVENIDA MIRAT 6, GLORIOSA MUERTE DE ÉSTE EN ACCIÓN DE GUERRA DÍA 25 ACTUAL.

Pocos días después el buen Diego Martín Veloz se llevó al abuelo Luis a Sevilla, con objeto de rescatar el cadáver de mi tío Alel. Diego Martín Veloz era amigo del estrafalario general Queipo de Llano, que mandaba como un virrey en toda la Andalucía conquistada, y tenía su trono –y su micrófono particular– en Sevilla. Queipo de Llano también era amigo del abuelo Luis, que le había ayudado cuando era un simple oficial de caballería.

Durante el tiempo en que estuvimos en San Sebastián mis padres y el tío Alel oían Unión Radio Sevilla, desde donde hablaba el general. Escuchaban en secreto, medio escondidos, procurando que Edurne no se enterara del caso. Mi padre y mi tío a veces se miraban y sonreían divertidos, y yo no entendía una palabra, ni sabía de las obsesiones de Queipo, sobre todo del odio a su compañero el general Miaja –defensor de Madrid–, a quien llamaba Miajas y siempre representaba con pijama a rayas. A mí se me quedaba la voz ronca del militar y a veces sus gritos y sus amenazas. El abuelo Luis, ya en Salamanca, nunca se molestó en escuchar al virrey de Andalucía. Franco, ya en 1938, cerró la boca de Queipo de Llano para siempre, y liquidó las charlas que tan útiles le habían sido.

Me figuro lo angustioso que debió de ser aquel viaje, de Salamanca a Sevilla, por carreteras en mal estado, la proximidad del frente, la falta de combustible y los controles militares o de paisanos. Me pregunto de qué hablaron aquellos dos amigos; supongo que Diego Martín Veloz no era hombre fácil al consuelo, ni sería capaz de utilizar frases vanas y mucho menos tópicos de velatorio. También es seguro que mi abuelo Luis le agradecía el silencio, seguramente más caritativo que las palabras. Al fin llegaron a la Capitanía General y Diego Martín Veloz entró en el despacho de Queipo sin el menor protocolo.

–Ahí fuera está Luis de Armiñán –anunció el viejo soldado cubano.

–Hombre... Dile que pase... Precisamente tengo aquí los papeles de su hijo José Manuel... Lo voy a trasladar a un sitio tranquilo en la retaguardia.

–Tú eres un animal, te vistas de lo que te vistas.

Tal vez incluso fue más violenta la reacción de Diego Martín Veloz, que añadió:

–Hemos venido a recuperar el cadáver del teniente de infantería José Manuel de Armiñán, muerto en el frente de Córdoba.

Estas o parecidas palabras escuchó el general Queipo de Llano, y él –tan valiente y tan poderoso– no se atrevió a salir de su cueva. Algunas veces le oí decir a mi abuelo:

—No tuvo los cojones de verme.

Mi tío Alel presentía su muerte, sabía que en el sector donde estaba las bajas eran continuas, sobre todo entre los oficiales. Su batallón había sido diezmado y él sólo era un teniente de complemento, de más de cuarenta años y sin ninguna experiencia militar. Tuvo que hacerse cargo de una compañía y mandar como un capitán profesional, hasta que la metralla lo arrancó de este mundo.

El abuelo Luis y Diego Martín Veloz marcharon a Pozoblanco —allí fue enterrado José Manuel— y mi abuelo decidió dejarlo en el cementerio del pueblo cordobés. Volvieron con un macuto que contenía su ropa, un reloj, algunas fotografías y el jersey azul celeste: el jersey que tejió para él en el Círculo de la Unión de Burgos Aída Balbi.

Mi familia —ni por parte de Armiñán y aún menos por Oliver— no fue religiosa al uso y costumbre de estas Españas dispares. Quizá deba hacer la excepción de la abuela Jacoba, que por navarra e incluso por estirpe, estaba hecha a rezar. Nada menos que Ripalda se llamaba de segundo apellido, y me gusta poder incluirlo entre los míos. El abuelo Luis era liberal, católico como pudiera serlo el marqués de Bradomín, nunca preocupado por el diablo y mucho menos por el pecado. Creo que no iba a misa, pero mencionaba a Dios con frecuencia y jamás en mal tono.

Al abuelo Federico le traía al fresco la iglesia, siempre y cuando no fuera dañina. Era un hombre de su tiempo y estaba con los pobres, junto al pueblo, a las mujeres que sufrían, frente a los ricos y a los militares. Así fue su teatro —también su escultura de juventud— y su vida entera. Cuando le llegó la hora, cuando le rondaba la muerte de cerca, sintió miedo y llamó a un eclesiástico literato, a un cura que escribía en *Abc:* el padre Félix García, a quien yo conocí. Quería confesarse con un compañero, pedir perdón a un igual, para marcharse de este mundo con cierta tranquilidad. Topó con el cura, y ahora vale el tópico. La historia se ha repetido millones de veces. El padre Félix García desoyó la llamada del pecador Federico Oliver, simplemente porque era pobre, porque Oliver no tenía la menor influencia y su tiempo había pasado. Félix García no se molestó en ir a hacer el paripé, aunque sólo fuera el paripé, junto al autor de *Los semidioses* y *El pueblo dormido.* Yo me pregunto qué prisas le hubieran entrado al reverendo padre si le llama José María Pemán y no digamos don Pío Baroja, pieza que tenía más valor que ninguna otra. Incluso Oliver en 1933, cuando era presidente de la Sociedad de Autores. Ignoro si acabó yendo a casa del abuelo Federico el humilde cura de guardia de la iglesia del Buen Suceso, que estaba en la calle de la Princesa, muy cerca de la calle de Altamirano.

Mi abuela Carmen Cobeña era de otra condición, invocaba a los santos y a las vírgenes cuando era menester, pasaba estampas por los altares y siempre andaba pidiendo protección para sus pobres cómicos. Nunca milagros: trabajo, que no les falte trabajo a mis pobres cómicos. No consentía una mala palabra y no digamos una blasfemia. Una blasfemia en su compañía era motivo de desahucio. Ya de mayor se compró un velo y decidió rezar el rosario al anochecer. Pero de cuando en cuando se interrumpía —que yo lo he visto—, sonreía y hablaba en voz alta de alguna sugerencia, hasta que el frívolo pensamiento la hacía persignarse, pedir perdón humildemente y volver a la letanía.

—Que no les falte trabajo a mis pobres cómicos... Mis pobres cómicos... Mis pobres cómicos abandonados, sin un techo que los cobije.

A la muerte de mi tío Alel la influencia de la señora de Ruiz Albéniz debió de ser decisiva. Ella organizó los rosarios en la avenida de Mirat, y nos reunía para rezarlos. No lo sé de fijo, pero apuesto doble contra sencillo a que mi abuelo Luis se escondía en su cuarto. También hubo funerales y entonces me convocaron a mí. Yo tenía que hacer de monaguillo junto a José María y Rafael, los hijos del Tebib Arrumi, que se sabían el papel de memoria y en latín, como era costumbre. Vestido de rojo, con una toquilla blanca, yo iba de un lado a otro, siguiendo a mis amigos, haciendo lo que ellos hacían —un poco retrasado siempre—, murmurando palabras en un idioma extraño. Supongo que saqué de situación, y de devoción, a muchos fieles y que enternecí a mi madre, porque ya se sabe que las mamás suelen enternecerse con las encantadoras torpezas de sus hijos favoritos: y yo era hijo favorito único.

No me duraron mucho mis amigos, porque el Tebib Arrumi prohibió que su familia se reuniera con la nuestra y de esta forma volví a quedarme solo con las niñas Frutos, compañía que no me disgustaba en absoluto.

Ya estábamos en el mes de abril de 1937, que oficialmente se llamaba Primer Año Triunfal. Por aquellas fechas, empezaron a hacerse notar las chicas de la Sección Femenina de Falange Española y de las JONS, y que apareció el Auxilio de Invierno, bien calcado de su hermano alemán. Luego vino Auxilio Social y el Plato Único, todo con mayúsculas, que consistía en que las familias habían de renunciar a dos platos —se solían comer tres— y quedarse con uno solo, a elección. Inmediatamente de hacer la ley se hizo la trampa, porque al cocido —sopa, garbanzos, verdura y patatas, carne, tocino y embutidos— se le consideraba plato único. También estaba permitido comer fabada, pote gallego y algunas otras especialidades poderosas. Total, que el plato único seguía siendo cosa de los pobres, sin necesidad de decreto alguno. Las chicas de camisa azul comenzaron a postular —para mí era una palabra nueva—, y armadas de huchas decoraban a militares y paisanos con una insignia, por el módico precio de tres perras gordas, como mínimo. Yo decidí juntar aquellas pequeñas muestras de solidaridad, pero pronto abandoné la colección, porque al metal del inicio sucedió el innoble cartón. Supongo que los metales eran más útiles en forma de bomba. Coleccioné entonces tapas de cajas de cerillas, que solían ofrecer bonitos temas turísticos.

Aquella noche no tenía nada de especial, seguramente jugamos al tute o al parchís en la camilla, porque los braseros solían durar hasta junio en Salamanca. El abuelo Luis estaba cada vez más apagado y más envejecido, se encerraba en su cuarto y ni siquiera escribía. La ofensiva nacional había empezado en el norte y mi padre no podía venir a Salamanca. Los facciosos entraron en Ochandiano, y en Salamanca había cierta tensión entre los grupos falangistas. De madrugada comenzaron a oírse disparos, cada vez más próximos. Yo estaba dormido como un tronco cuando el abuelo Luis me sacó de la cama, me cogió en brazos y me llevó a un cuarto interior. Poco después las balas atravesaban los cristales de mi alcoba, que daba a la avenida de Mirat. Por segunda vez, en menos de año y medio, se combatía a la puerta de mi casa, y la guerra llegaba hasta los pies de mi cama: primero fueron los militares rebeldes y los milicianos, y luego dos facciones de falange.

Aquella noche también hubo muertos, a la mañana siguiente se publicaba una esquela misteriosa en *El Adelanto* de Salamanca: CAMARADA JOSÉ MARÍA ALONSO GOYA, ¡PRESENTE! ¡ARRIBA ESPAÑA!, y el Gran Hotel amanecía custodiado por la guardia mora de Franco, que no se juntaba ni con los falangistas ni con las señoritas que tomaban cócteles en el bar. A mí no me dejaron salir a la calle.

Tres días después el invicto Caudillo unificó a falangistas y requetés, se deshizo del camarada Hedilla —que luego fue muy amigo de mi padre— y «en el nombre sagrado de España» se sacó de la manga el partido único Falange Española Tradicionalista y de las Juntas de Ofensiva Nacional Sindicalista, que algunos graciosos del Gran Hotel —en voz baja, claro está— llamaban Compañía Internacional de Coches Camas y de los Grandes Expresos Europeos. A los requetés les quedó la boina, a los falangistas la camisa azul, y Franco metió un uniforme más en su armario favorito: un uniforme negro en invierno y blanco en verano, con las cinco flechas y el yugo en esmalte rojo. Ya era jefe de todo.

* * *

Ante la inminencia de la campaña del Norte Luis de Armiñán fue a ver al general Mola. Tenía que ingeniárselas para ganar quinientas pesetas al mes y necesitaba permiso para llegar al frente de operaciones, siempre bajo su responsabilidad. Gracias al Balilla azul podía moverse, pero la gasolina era difícil de conseguir.

En esta ocasión iba con José Campua. Campua tenía una gran nariz, fue fotógrafo de Alfonso XIII, quien le puso de nombre Pajarito, y entre otras cosas, le acompañó al famoso viaje a Las Hurdes, junto a don Gregorio Marañón y otros notables. Era empresario de cines en Madrid, luego fue fotógrafo del Generalísimo y falangista de toda la vida, de los que se querían comer el mundo. Es bien cierto que hacía unas fotografías magníficas y que manejaba la cámara con admirable soltura.

Mi padre dejó escrito el testimonio de su entrevista con el general Mola:

Mola no se acordaba de mí, el redactor del republicano Heraldo de Madrid, que le criticó cuando era director general de Seguridad; o no quiso acordarse. Parecía cansado o aburrido y no tenía ninguna prisa. Estuvimos con él más de una hora. Le preguntó a Campua cómo se manejaba una cámara Leica, que le habían traído de Alemania. Cuando ya estuvo bien puesto en el tema se sentó a su mesa de trabajo, y permaneció callado más de un minuto. Luego se dirigió a mí:

—¿De modo que quiere usted ir a Bilbao?

—Si usted lo autoriza, mi general.

Me dio papeles para cumplir la misión, y me dio consejos. Me contó lo que se proponía hacer para romper el famoso Cinturón de Hierro, y me dijo que había buscado a un oficial de ingenieros, quien sería jefe de su Estado Mayor: general Juan Vigón.

—Abriré una brecha y por ella entraremos. Es una estupidez cavar kilómetros y kilómetros de trincheras, cuando tenemos aviación y artillería.

Dejó de hablar durante unos segundos y luego añadió, sonriendo levemente:

—Cuando tome Bilbao, pediré el retiro y me pondré a conspirar.

Campua y yo no abrimos la boca, suponiendo que aquello era una broma.

—Sí... Me pondré a conspirar para que los alemanes se vayan de España y no nos metan en su guerra. La ayuda de Alemania era necesaria, pero no de hombres y mucho menos de policía.

Había dejado de sonreír.

—Naturalmente, siempre negaré lo que acabo de decir, y que ustedes no han oído.

Salimos del despacho de Mola muy preocupados y, sin decirnos nada, nos prometimos olvidar aquellas palabras, que podían ser producto de un enfado momentáneo, y aún sigo sin entenderlo. Nunca lo conté, porque nadie iba a creerme ¿Por qué Mola habló así a un periodista errante y a un fotógrafo de prensa? Nos acompañó hasta la calle el teniente coronel Sendra, ayudante de don Emilio Mola, hombre simpático, pero tremendamente resentido, que comentó las pequeñas biografías que yo había escrito en la colección Héroes de España: la de Queipo de Llano y la de Antonio Aranda.

—¡Menudo encarguito!

—¿Por qué? Son dos generales llenos de gloria.

—Y tanto... Yo los hubiera fusilado a los dos.

Si llega a enterarse de que yo fui gobernador de la República a quien fusila es a mí. No volví a ver al terrible teniente coronel Sendra, ni al general don Emilio Mola.

Poco después, Guernica fue bombardeada y destruida por la aviación alemana; yo no me enteré, porque era niño, pero los mayores tampoco supieron una palabra. La guardia mora dejó de vigilar el Gran Hotel. Una patrulla de la Legión Cóndor —esta vez en silencio— volvía de alguna parte. Los falangistas, con la anacrónica boina roja, paseaban por las calles de Salamanca.

Ya no se mueve ni Dios. Hedilla está en la cárcel, quizá fusilado, y el general Franco se dispone a desayunar en el palacio de Anaya. Las tropas nacionales avanzan en Vizcaya, camino de Bilbao y de su inexpugnable Cinturón de Hierro, y el general Mola se dirige al aeropuerto de Pamplona.

A mi padre le resultaba cada vez más difícil venir a Salamanca y decidió trasladarnos a Vitoria, ciudad que le pillaba más cerca del nuevo campo de operaciones. Prometí escribir a las niñas Frutos y ellas me prometieron contestar a vuelta de correo. Ni una sola carta hizo el trayecto entre Vitoria y Salamanca, luego San Sebastián. En la avenida de Mirat dejé parte de mi infancia, cumplí diez años —que ya es edad madura— y conocí de cerca a la muerte. Casi todas las noches me dormía pensando en mi pobre tío Alel.

6
Vitoria

También esta fecha me resulta inolvidable, porque estaba marcada por los libros de historia: era el 2 de junio de 1937. Salimos de Salamanca cuando asomaba el sol, porque entonces y en aquellas circunstancias había que tomarse los viajes con tiempo. Las niñas de la avenida de Mirat y la señora Adela de Frutos se levantaron muy temprano para hacernos el desayuno y despedirnos, cosa muy de agradecer. La tarde anterior habíamos preparado la merienda —que yo esperaba con impaciencia—: tortilla de patata, filetes empanados, merluza en filetes, para mi abuelo y mi padre, y un poquito de jamón de York. Todo metido en la cesta de mimbre, en las fiambreras de aluminio, con su pan blanco y la fruta correspondiente. Merienda de dos vuelcos, para un largo viaje en dos jornadas, nada menos que Salamanca-Vitoria. Las niñas Frutos estaban asomadas a la terraza del bajo, cuando el Balilla azul —entre jubilosas explosiones y algún atasco de bujía— consiguió arrancar. Mi madre se llevaba un pañuelo a los ojos, yo no podía tragar. El abuelo Luis fijaba la mirada en sus manos, y mi padre se hacía el valiente, porque aquella familia significaba algo imposible de borrar. Por fin Carmita Oliver miró hacia la terraza y susurró apenas:
—Dios os bendiga a todas.
El Fiat Balilla ya estaba en la esquina, el abuelo Luis se envolvía en su capa y se echaba el sombrero negro sobre las cejas, y *Chiki* se hacía una rosca a mis pies, dispuesta a trasladarse adonde fuera menester, porque los viajes les gustan mucho a los perros, aunque algunas veces se suelen marear.
Íbamos a hacer el camino Salamanca-Valladolid y Valladolid-Vitoria, porque mi padre no se fiaba del pobre Balilla y porque así aprovechaba para hablar con Paco Cossío, que era el director de *El Norte de Castilla* y del semanario *Domingo*, periódicos donde publicaba algunas de sus crónicas Luis de Armiñán. En Valladolid nos habían buscado alojamiento en una casa de huéspedes modesta y a mí me hacía muchísima ilusión aquel viaje, que me parecía una aventura de Julio

Verne. Guardamos parte de la merienda, paseamos por Valladolid –que a mi juicio era una ciudad animadísima y mucho más densa de población que Salamanca–, cenamos en una taberna, en plan todo lujo, y el día 3 de junio, muy de mañana, salimos para Vitoria.

El camino se hizo muy largo y muy pesado, el pobre Balilla no llegaba a los setenta kilómetros por hora y las carreteras estaban peor que el coche. Mi padre conducía en silencio, el abuelo Luis no abría la boca y Carmita Oliver, buscaba –de cuando en cuando– un imposible tema de conversación. Pasamos Burgos, yo me volví a mirar el río y la catedral, que destacaba sobre la ciudad, y emprendimos el camino del norte, otra vez en dirección a San Sebastián. A mi abuelo Luis aquel viaje le debía de resultar muy doloroso porque se estaba acercando a la última ciudad donde vivió en paz su hijo José Manuel. Vino entonces la niebla, como si quisiera borrar los trazos del paisaje.

De aquella mañana recuerdo la niebla, cada vez más espesa, el coche que avanzaba lentamente con los faros encendidos, el silencio que nos rodeaba, la respiración de la perra *Chiki*, y la mano de mi madre, que buscaba la mía. En cada puerto nos deteníamos; Luis de Armiñán –que no sabía una palabra de mecánica– abría el radiador y echaba agua. *Chiki* y yo salíamos a hacer pis. Cerca de uno de aquellos cerros, apenas sin visibilidad, escuché el motor de un avión que venía y se alejaba dando vueltas e incluso me pareció verlo entre los jirones de niebla. Seguimos el viaje, yo iba de rodillas en el asiento de atrás, mirando por el cristal. El avión surgió al fondo, se descubrió unos segundos y, en silencio, debió de estrellarse, detrás de una colina. Yo comuniqué aquella novedad a mi padre, pero no me hizo el menor caso: la niebla no dejaba ver la carretera y él se inclinaba sobre el volante, tratando de adivinar el camino. Tampoco estaba yo muy seguro de haber visto algo entre la niebla.

Íbamos por la comarca de Bureba, cerca de Briviesca.

Muchos años después busqué el lugar entre las páginas del diccionario-geográfico-estadístico-histórico de don Pascual Madoz, Madrid 1847, y pensé que bien pudo ver lo que yo había visto algún pastor de Castil Peones, donde cayó el avión del general:

«Un pueblo situado en una altura bastante ventilada, rodeado de vallecillos, con clima frío y expuesto a las enfermedades del pecho. Tiene ochenta y seis casas y le bañan el río Pecezorio por su derecha, y el Oca por la izquierda. Las cuestas del sur enlazan con la sierra de los Montes de Oca».

En uno de aquellos cerros se mató el general Mola.

Tampoco me preocupó mucho el caso y así me olvidé del avión y de la niebla, hasta que unos militares nos detuvieron en la carretera. El de mayor graduación se acercó al Balilla, y resulta que conocía a mi padre.

—Se acaba de matar el general —dijo.

Luego pidió que le lleváramos al pueblo más próximo. Mi abuelo Luis le dejó su sitio, se fue a la parte de atrás y yo me senté en las rodillas de mi madre. Aquel oficial no había viajado con Mola por falta de espacio en la avioneta, y seguía el camino por tierra: Pamplona, Burgos y Valladolid. En cambio, en la avioneta iba el disparatado y especialísimo teniente coronel Sendra, ayudante del general Mola.

Muchas veces he pensado cómo era posible que no tuvieran ni una triste motocicleta de la que servirse. Se había matado nada menos que el general jefe del Ejército del Norte, el único militar que podía hacer sombra a Franco. Dejamos al oficial, amigo de mi padre, en algún pueblo entre Burgos y Vitoria, y seguimos el viaje.

Vitoria era entonces una ciudad limpia y muy cuidada —hoy también lo es—, donde se advertía la guerra por la abundancia de soldados y falangistas con boina roja, porque habían desaparecido los requetés y los otros voluntarios de boina verde o boina blanca. Me parece que los moros y los legionarios brillaban por su ausencia y no creo que hubiera muchos alemanes, ni legionarios italianos. Nosotros vivíamos en un piso de la calle Postas, que es calle principal, el mismo que ocupaba Ana María Lozano y su marido Dámaso Iturrioz, con su madre doña Carmen Lozano, señora de Papá Peluquín. Dámaso Iturrioz, triste y pequeño de estatura, era capitán de ingenieros y trabajaba en una fábrica. Al empezar la guerra le preguntaron, en una peluquería, de qué lado estaba y él respondió, con toda sencillez, y creo que con razón, que no le gustaban ni los unos, ni los otros. Como los otros se llevaron el gato al agua en Vitoria, expedientaron, juzgaron —o algo parecido— al capitán Iturrioz y lo arrestaron en su domicilio. Yo le veía andar por los pasillos, en bata o en pijama, como una sombra errante.

Creo que fuimos a casa de los Iturrioz porque eran nuestros vecinos y amigos en Madrid y el acomodo resultaba más fácil. Lo que no he entendido nunca es por qué paramos en Vitoria, cuando en realidad nuestro destino final debía ser San Sebastián. Yo andaba medio huido por los pasillos de aquel piso, temiendo que de un momento a otro saliera a relucir el «atentado» que en su día sufrió el señor Lozano —por mal nombre Papá Peluquín— pero no parece que nadie se preocupara del suceso.

Mi padre iba y venía del frente, ahora con el fotógrafo Pepe Campua, que a mí no me caía nada bien. Luis de Armiñán había renunciado al testimonio gráfico, dando carpetazo a su Kodak 6 x 9, que acabó en mi poder como objeto inútil, porque en la guerra no había material fotográfico a disposición de niños, civiles o aficionados.

No he visto nunca una nariz tan chocante como la de Campua, era exacta a la del marqués de la Tentaruja, el personaje de ficción que me enseñó a dibujar el tío Pepe, y bien le cuadraba el soneto de Quevedo:

Érase un hombre a una nariz pegado;
érase una nariz superlativa;
érase una nariz sayón y escriba;
érase un pez espada muy barbado...

Yo no sabía entonces que existiera el soneto de don Francisco, ni había leído *Cyrano de Bergerac*, pero muchísimo me impresionó Campua. Cuando tenía cerca a mi madre, susurraba discretamente:

—¿Has visto qué nariz?

Carmita Oliver, horrorizada, me mandaba callar, pero yo insistía:

—Pobrecito..., ¿verdad?

Ella me lo contaba, divertidísima, como si yo no hubiera interpretado aquella violenta escena, me lo contaba —sobre todo— después de morir mi padre, cuando evocábamos su presencia, y los dos evitábamos mirarnos. Campua se portó muy mal con Luis de Armiñán, lo dejó tirado en malas circunstancias y quiso quedarse con su automóvil: tenía bien merecida la nariz.

Érase un elefante boca arriba...

Con Pepe Campua venía una señora rubia —Emma— que me parecía una artista de cine de película americana. Emma hacía tertulia con mi madre y Ana María Lozano, pero tengo la sensación de que viajaban en trenes distintos. Yo había perdido a mis amigas, las niñas Frutos, y a los chicos que conocí en Salamanca, y volvía a encontrarme solo y sin colegio, naturalmente. Poco a poco me fui encerrando en mi cáscara, volviéndome hacia Carmita Oliver, como si hubiera retrocedido en el tiempo. Además mis padres salían mucho —o a mí me lo parecía— y yo me quedaba en aquella casa desconocida, acostado en la cama y sin poder dormir, como si estuviera rodeado de peligros y, sobre todo, de extraños. La perra *Chiki* dormía conmigo, a los pies de la cama, en una alfombrilla descolorida y procuraba ser buena, porque el ambiente de Vitoria no era el mismo de Salamanca, y en la calle de Postas era recibida con marcada indiferencia, e incluso con cierta hostilidad. Menos mal que mi madre comprendió que aquella perra formaba parte de mi mundo íntimo, y que sería injusto separarnos. No quería ni pensarlo. Una tarde —como en las películas de misterio— pillé una conversación entre Ana María Lozano y Carmita Oliver, que me llenó de miedo.

—Los perros son muy peligrosos para los niños —decía Ana María—. Transmiten enfermedades, quistes y cosas así, e incluso la rabia, y más aún en estos tiempos donde la limpieza brilla por su ausencia.

Por supuesto no serían aquéllas sus palabras exactas, pero sí el sentido que revelaban, y que yo advertía como una amenaza.

—Yo que tú me deshacía del perro; le compras un juguete al niño y ya verás qué pronto lo olvida.

—Una vez hice lo que estás diciendo —le contestó mi madre— y no me lo perdonaré nunca..

Le contó entonces la triste historia del perro *Pascual*, que fue abandonado antes de que naciera el niño en la calle de Núñez de Balboa, de Madrid: es decir, «el mismo niño», como solía decir yo mismo.

—Allá tú —cerró el caso Ana María Lozano.

Mi timidez creció entonces y al miedo de perder a *Chiki* añadí el funesto temor de perder a mi madre, que se hizo casi obsesivo y enfermizo en un niño a punto de hacer el ingreso en el bachillerato. No quería pensarlo, pero me parecía injusto que mis padres me dejaran en la calle de Postas al cuidado de doña Carmen Lozano. Menos mal que no me fingí enfermo, ni monté ningún número, que en idea me los reservaba a mí mismo, sintiéndome perdido y abandonado como un niño huérfano. Daba vueltas en la cama, vueltas y más vueltas, esperando el regreso de mis padres, que se anunciaba por el ruido del ascensor. Lo malo era cuando no llegaba o pasaba de largo. *Chiki* era certera en su instinto y si el ascensor venía a nuestro piso, se ponía en pie, se estiraba y bostezaba ruidosamente. Yo oía el ruido de la cancela de hierro al cerrarse de golpe, luego la llave en la cerradura, los pasos quedos de mis padres y las voces susurrantes. Nunca abrían la puerta de mi cuarto y yo suspiraba tranquilo, y me dormía de una vez.

No es raro que los niños vivan marcados por sus madres, las niñas por los padres, y viceversa o sea al contrario, sobre todo cuando las criaturas son ejemplares únicos. Edipo y Electra lo firman, y además no creo que sea un sentimiento insano, sino todo lo contrario. Lo malo es cuando las niñas comparan luego a todos los caballeros con su padre, y los niños, a las señoras con su madre. Por fortuna no fue mi caso.

Carmita Oliver era una persona extraordinaria y yo tuve la suerte de nacer de ella. Tenía sentido del humor, a veces extravagante, timidez y miedo a llamar a las cosas por su nombre. Estaba dispuesta a reírse de sí misma y, en sus buenos ratos, se llamaba Carmita, como si fuera otra persona. Adoraba a sus padres, y más aún al abuelo Federico, y así volvemos a Electra. Era una mujer dulce y sensible, dócil y maternal, dedicada a proteger a su niño, a evitarle malos ratos, sinsabores, sobresaltos y competencia. El tranquilo carácter de mi padre ayudó a llevar a buen término su matrimonio, que como toda la vida de Dios, como los viajes largos, estuvo varias veces a punto de naufragar. Si tenía que llorar lo hacía a solas, porque no toleraba la piedad, ni le gustaba exhibirse. Cuando en 1987 murió mi padre, rompió con sus pequeñas y antiguas costumbres, volvió a fumar y empezó a escribir, con una gracia y una soltura que ella misma desconocía. Entonces se sintió retrospectivamente agraviada y me contó muchas cosas tristes, pero pronto echaba el telón. Con ingenuidad hablaba de los cómicos de su tiempo, de los galanes de su compañía, de sus pretendientes, y solía decir «Pierrá me hacía el amor... Antonio Muñoz me hacía el amor...». Hacer el amor, hasta los años cincuenta más o menos, era frase de otro significado: traducida directamente del francés, quería decir hacer la corte, pretender, como mucho, coquetear.

—No lo digas en público —le advertí un día—, que ahora significa otra cosa.

Se puso colorada como una colegiala, porque nunca habíamos hablado de verdulerías.

En Vitoria nos abandonó para siempre el fiel Balilla azul. Mi padre había heredado un viejo automóvil de la tía Teresa, al que le faltaban los neumáticos y, con los dos vehículos, hizo el cambio. Fuimos a un garaje o a un taller, propiedad de alguien que conocía el ingeniero Iturrioz, y allí hicimos el emocionante trueque, dejando a deber una cantidad de dinero. Mi padre se llevó un Peugeot de triste color burdeos, cinco plazas, de segunda mano por supuesto, que me parecía el último grito de la modernidad. Con aquel Peugeot —y el fotógrafo

Campua– recorría el frente de Vizcaya, donde ahora mandaba el general Fidel Dávila, por irreparable ausencia del general Mola. A mí el general Dávila me recordaba muchísimo al malo de las películas de Stan Laurel y Oliver Hardy, el actor James Finlayson, que siempre perdía sus batallas con el Gordo y el Flaco, sin ir más lejos en *Un par de gitanos*, *Fra Diávolo* o *Fusileros sin bala*.

Pero sin ingenuidad, sin inconsciencia, un niño no es capaz de tragar una guerra como aquélla, que para mí empezó de forma brutal, rompiendo los cristales de mi ventana y contemplando los cadáveres del día siguiente, entre los que se encontraba el de mi tío Cándido Soto Odriozola. Cuando me arrancaban del balcón, desde el que veía bombardear San Sebastián, protestaba gritando: ¡No pasa nada! ¡No pasa nada! Realmente no pasaba nada del otro mundo: una bomba de quinientos kilos volaba sobre la ciudad y un niño se quedaba frustrado, como si le quitaran un juguete mecánico.

Poco a poco iba olvidando a mis abuelos de Madrid, y también a mi tío Pepe, el más querido de todos, mi compañero de habitación, mi hermano mayor. Mi casa se había convertido en muchas diferentes y yo andaba de un lado a otro, un poco mareado. Mi padre se vestía de soldado y mi abuelo Luis lloraba, sentado en una silla, la pérdida de su hijo. En las calles el paisaje era distinto. Pero sobre todo yo entraba y salía con mayor libertad, nadie vigilaba mi peso, ni me mandaba a dormir la siesta después de comer, a veces dos huevos fritos con patatas fritas.

Mi madre iba al mercado y yo me apuntaba a la excursión. No me importaba ir a la plaza, aunque los niños decían que tan perniciosa costumbre era cosa de mujeres y se vieran muy pocos hombres entre los puestos. Los caballeros no podían llevar paquetes, ni mucho menos la bolsa de la compra, porque era signo mujeril o esclavo. Sé de amigos de mi padre, incluso de parientes y padrinos, que jamás en la vida llevaron un paquetito. Las grandes bolsas las arrastraban sus mujeres, mientras ellos se fumaban un pitillo macho. Desde entonces me gusta ir al mercado, mirar los puestos de verdura y de fruta, las jugosas salchicherías y, sobre todo, las pescaderías. En Vitoria, como en cualquier ciudad del País Vasco –aunque sea interior–, las pescaderías resultan arrebatadoras y mucho más en aquel tiempo aún rico en peces y mariscos. Los pescadores de San Sebastián, Pasajes, Fuenterrabía o Zarauz –ya sin la amenaza de los barcos de guerra– salían a faenar y encontraban verdaderas riquezas del Cantábrico, que vendían a precios de antes de la guerra. Mi madre no entendía mucho de pescado y se fiaba de los pescaderos, aunque pronto aprendió a mirar el ojo brillante de merluzas, lenguados, gallos, verdeles, cabrachos o pescadillas, y el color y la humedad de las agallas. Normalmente compraba pescado blanco, porque entonces el azul tenía mala fama.

Ni *El Pensamiento Alavés* ni *El Norte* –los dos periódicos que se editaban en Vitoria– dijeron una palabra del caso, ni al día siguiente, ni al otro, ni nunca. Yo pregunté la razón del silencio a mi madre y ella me explicó que había censura militar y que aquello era de lo más natural. Años después investigué el suceso, que había tenido al borde del abismo a toda la ciudad, y conseguí una misteriosa explicación de lo ocurrido en 1937, quizá imposible de probar.

Ya había conocido a algunos niños que vivían en el mismo edificio que yo y, de cuando en cuando, subíamos a jugar a la terraza, un espacio grande, desde el que se dominaba la ciudad. Subíamos, sobre todo, al atardecer con la fresca. Estábamos en agosto y era sábado. De pronto nos sorprendió un zambombazo tremendo, nos asomamos a la barandilla y vimos cómo, al fondo, se sucedían los estallidos y se levantaban grandes columnas de humo y de polvo negro. Tal vez fuera la aviación republicana, pero era poco probable, porque no habían sonado las sirenas. Estábamos maravillados por aquella especie de terremoto, cuando alguien vino a recogernos y precipitadamente nos llevó a nuestras respectivas casas. Por lo visto había volado una parte del Parque de Artillería y amenazaba con reventar un cobertizo y los subterráneos, donde se guardaba una enorme cantidad de dinamita. Si tal desgracia llegaba a ocurrir la ciudad entera volaría sin remisión.

Inmediatamente salimos a la calle, llevándonos comida, agua y mantas y nos dirigimos al campo. Seguían las explosiones, y era de lo más emocionante, mucho más que cuando bombardeaba el acorazado *España*, en San Sebastián, o los aviones rojos en Salamanca. En el campo raso, muy cerca de Vitoria, esperamos el final de aquella batalla sin soldados y veíamos el cielo enrojecido por el aparatoso incendio. La gente repartía alimentos y unos a otros se tranquilizaban, yo estaba junto a mi madre, bien agarrado a *Chiki*, disfrutando de la insólita aventura y ya un poco asustado. Los fuegos artificiales terminaron, la dinamita no voló, pero nosotros no volvimos a casa, nos abrigamos con las mantas y dormimos en el campo, como muchos alaveses. A la mañana siguiente regresamos a la calle de Postas; ni la radio ni el periódico comentaron el suceso, se dijo que habían muerto media docena de soldados en el Parque de Artillería y que fue un sabotaje, un acto criminal de los marxistas.

Mucho tiempo después, un anciano me contó lo sucedido. El saboteador había sido un chico de diecisiete años, que prendió fuego al polvorín. Era un muchacho de muy buena familia, de una familia de derechas de siempre, que ocupó cargos importantes durante el franquismo. El chico pudo huir gracias a la ayuda que le prestó un hijo de Ramiro de Maeztu, que al día siguiente juraba la bandera como alférez provisional. El incendiario consiguió alcanzar las líneas republicanas, pero pronto fue detenido y encarcelado. Cuando las tropas de Franco llegaron a Santander estaba en el penal del Dueso y allí fue reconocido por un voluntario alavés, que hizo doblete en la ocasión, porque denunció también a un violador, que había escapado de la ciudad en los primeros días de la guerra. El chico de buena familia y el violador fueron fusilados. Ignoro si esta versión responde a la verdad, pero es la única explicación que he conseguido encontrar de uno de los episodios más oscuros de la guerra civil, que no he visto mencionado en parte alguna. Supongo que aquel muchacho y el hijo de Ramiro de Maeztu eran amigos y me parece que la honorable familia del protagonista de esta historia no hizo nada por salvarle la vida.

Las tropas rebeldes rompieron el Cinturón de Hierro y entraron en Bilbao el día 18 de junio. Mi padre volvió a Vitoria y se trajo un documento, que quizá fuera retratado por Campua. Lo pusieron encima de una repisa y le hicieron algunas fotos: era un carnet, de socio del Athletic de Bilbao a nombre de José Antonio Aguirre —primer *lendakari vasco*— que espero que haya vuelto a los archivos del club bilbaíno, porque aquella misma noche desapareció de mi vista.

Cumplidos los diez años, y tomado Bilbao, no había razón alguna para que el niño siguiera sin recibir la primera comunión. Según mi tío bisabuelo, el reverendo padre Ripalda, se llegaba al uso de razón al cumplir siete años. A mí —salvo casos de precocidad, hoy niños superdotados— esta idea me parece de un optimismo casi irreverente. O yo era retrasado mental o no tenía uso de razón. Me temo que alguien pueda opinar que la situación sigue siendo la misma. Mis padres pensaban que ya iba siendo hora de que entrara en la Iglesia del Señor, con todos los derechos y todos los deberes del caso. Mi situación era puramente geográfica, como la de otros muchos niños, porque si hubiera seguido en Madrid no tomo la primera comunión hasta el año 40, pero como estaba en la zona nacional había que cumplir con las buenas y sagradas costumbres. Así llegué al convento de María Reparadora de Vitoria.

Según contaba Luis de Armiñán, en aquel convento comían casi a diario Pepe Campua, el difunto teniente coronel Sendra, un policía de servicio y él mismo, que se había fijado en la monja que fuera mi linda tutora. Esta monja, de familia de toda-la-vida-de-Las Arenas, tomó los hábitos a la muerte de su marido, y nadie sabía más razones. Mi padre fue a ver a su gente —por encargo de ella misma— cuando las tropas del ejército de Franco entraron en Bilbao. Y así lo contaba:

Abuelo, tío abuelo, padre y madre, cuñadas, sobrinas y hermanas. Era una familia burguesa, dentro de una casa bien puesta, como una decoración de 1900. Me senté en una silla vertical. Me pusieron delante una taza de café. Nadie me preguntó cómo iba la guerra. Ninguno tenía interés en saber nada que no fuera lo que había pasado en Bilbao. Ni siquiera les importaba Vizcaya. Estuve veinte minutos. Yo iba hecho un asco. Ellos estaban con sus camisas recién planchadas, con sus corbatas bien anudadas, tiesos. No volví. Supongo que todos habrán seguido su vida y su bilbainismo. Dios los guarde.

Aquella maternidad viuda —creo que no resignada— fue mi tutora en la ocasión. Las monjas reparadoras eran de lujo —creo que también eran de clausura— y ahora las veo jóvenes o viejas, pero de buen porte, de buena clase, y muy bien vestidas. Llevaban hábito azul purísima y tocas muy blancas y almidonadas. La mía era guapa, simpática, dulce y amable. Tenía los ojos claros e imagino que era rubia, cosa que nunca me atreví a preguntar. Todas las tardes me llevaban al convento y mi monja me daba de merendar, me sonreía y me hablaba —supongo que me hablaba del Niño Jesús, aunque no lo recuerdo— y creo que jamás mencionó la guerra, ni Bilbao, ni ningún hecho sangriento, incluidas las biografías de los mártires cristianos. Al cabo de unos días me pasó a un cura —el capellán del convento—, que continuó mi preparación. El cambio no me vino bien, aunque yo no tenía nada contra el cura. Inconscientemente yo debía de ser partidario de las mujeres sacerdotes, tipo mi monja viuda de azul y blanco, de la que no me enamoré, como hubiera sido normal.

Carmita Oliver decidió comprarme un traje de primera comunión y unos zapatos negros, porque no debía tomarla de trapillo, aunque estuviéramos en guerra. Me hicieron un uniforme de marinero, blanco y sencillo, sin gorrito y sin cordones. En cambio Carmita Oliver se negó a la tradicional fotografía de estudio e hizo divinamente. La única foto de mi primera comunión la tiró Pepe Campua, en la iglesia, justo cuando estaba comulgando, y como había muy poca luz resultó movida.

No sé de qué me hablaba el capellán del convento, pero recuerdo el mal rato que pasé al confesarme. Casi estuve una noche sin dormir, porque no tenía pecados mortales y los veniales me parecían de poco mérito. Ni siquiera malos pensamientos, ni mucho menos tocamientos, ni había robado, ni había jurado en vano, porque no sabía qué cosa era aquello. Por fortuna no iba a misa casi ningún domingo, ni fiestas de guardar, y pude refugiarme en los malos pensamientos, que eran algo así como un comodín.

El 21 de junio de 1937, día de San Luis Gonzaga —el santo de mi padre— hice la primera comunión en el convento de María Reparadora de Vitoria. Yo solo, sin ningún otro niño que me acompañara, a excepción de los monaguillos. Me sentaron en un sillón muy grande, apartado del resto de los invitados. Yo buscaba a mi madre con los ojos y ella me sonreía, con cierta complicidad, animándome, porque aquello era un trago. Las monjas cantaban divinamente en el coro y una de ellas tocaba el armonio. Por supuesto devoción, lo que se llama devoción, no tenía ninguna, porque el protagonismo me agobiaba y sentía todas las miradas puestas en mí, incluida la del señor Iturrioz y la de doña Carmen Lozano. Además, no me ayudaba el uniforme de marinero, ni los zapatos de charol recién estrenados. En algún momento de la misa cesó la música, se sentaron los monaguillos, y el cura comenzó su discurso, dirigiéndose primero a mis padres y luego a mí. De pronto gritó con voz tonante:

—¡Jaime de Armiñán, en pie!

Latiéndome el corazón, que parecía que se me iba a salir por la boca, me levanté como impulsado por un resorte.

—¡En pie ante Dios, a quien hoy vas a recibir!

Resulta que era un efecto teatral. Hubo entonces miradas tiernas, sonrisas y quizá alguna risa contenida de los monaguillos. Yo me moría de vergüenza y volví a sentarme, procurando no hacer ruido, mientras el cura continuaba la plática. Cuando llegó la hora de comulgar me puse en pie, y otra vez solo, de protagonista, me acerqué al altar. Las monjas reparadoras habían preparado un desayuno magnífico, y ahora pienso que no eran de clausura o que tenían bula por la guerra.

Tres o cuatro días después, el general Queipo de Llano llamó a mi padre y le dijo que mi abuela Jacoba y mis tías habían llegado a Gibraltar y que se dirigían a San Sebastián. Hicimos la maleta y, esta vez en el Peugeot color burdeos, volvimos a San Sebastián, donde nos esperaba el abuelo Luis.

7

La ciudad alegre y confiada

El niño vuelve a ser pequeño, el Peugeot color burdeos entra por la avenida de Zumalacárregui —después de pinchar en los altos de Echegárate—, brilla el mar en la playa de Ondarreta, Igueldo está despejado, la isla de santa Clara, en su sitio, y sigue la guerra, sigue la guerra.

Mis ojos iban de un lado a otro, como si buscaran algo perdido, el rastro de mi tío Alel, el olor de Mari Nieves —la que luego fue Edurne—, la corbata de lazo del señor Azpilicueta, incluso los muertos del Club Náutico. Han pasado mil años, pero en realidad sólo fueron nueve meses.

Esta vez anclamos en el piso del tío Cándido Soto —el viejo—, en la calle de Peña y Goñi. El tío Cándido y la tía Pepa, con sus hijas, seguían en Madrid. Lo malo es que en Peña y Goñi vivía una señora que se llamaba Barinaga, y, según ella, cuidaba la propiedad hasta que aparecieran sus legítimos dueños. A la señora Barinaga le sentó como un tiro nuestra llegada. Era flaca y tenía la nariz larga. Era una copia, o quizá el original, de la Bruja del Este, la de *El mago de Oz,* que aún no había empezado a rodarse. Intentaba poner buena cara, pero no podía soportar a Carmita Oliver, y a mí me hubiera arrancado el corazón con sus afiladas uñas.

La obsesión de la señora Barinaga eran los suelos encerados del tío Cándido, y se pasaba el día con dos bayetas en los pies. A mí me habían comprado unas botas de clavos —que duran más que las corrientes— y tenía que andar casi de puntillas. Y más vale no mencionar a *Chiki,* porque en aquella casa los únicos animales permitidos eran las tradicionales pulgas donostiarras. La señora Barinaga perseguía a mi madre en la cocina y el simple hecho de preparar un té o pasar dos huevos por agua se convertía en un desagradable problema. Carmita Oliver no aguantó mucho y ganó la señora de Barinaga, que poco tiempo después hubo de entregar las llaves del recinto a su propietario, el tío Cándido Soto.

Nosotros nos fuimos a la acera de enfrente, al número 5 de la calle de Peña y Goñi, a un piso amueblado, mucho más modesto, y con menos luz. Era de alguien que había huido de San Sebastián y lo alquilaba su familia. Años después se produjo la misma incómoda situación en París. El piso tenía de todo, y como es lógico, recuerdos personales, libros y fotografías. Encontré una colección de sellos muy bonita y mucho me gustaba mirarlos. Mi tío Pepe, en Madrid y yo no lo sabía entonces, cuidaba mi colección de sellos amorosamente. Del producto filatélico pasé a las fotografías y de las fotografías a buscar tesoros escondidos, y así estaba todo el día hurgando cajones, investigando altillos, abriendo armarios, hasta que se hartó mi madre, se agenció unas cajas de cartón, y lo guardó todo en un cuarto, que cerró con candado. Nunca he visto cuidar una casa como aquélla —lo mismo ocurrió en París— ni llevarse un sofocón como los que se llevaba Carmita Oliver cuando se rompía una simple taza de café.

Al poco llegaron a San Sebastián mis tías y mi abuela Jacoba, pobrecita. Mi madre seguía confusa, casi perdida, viviendo la guerra civil, pero no tenía comparación, porque no le habían matado a un hijo. Años después me contó mi padre que la abuela Jacoba le preguntó si se había encontrado el cuerpo de José Manuel, no creía al abuelo Luis, suponía que pronunciaba palabras piadosas, frases para consolarla.

—Está enterrado en Pozoblanco, madre.

Y ya nunca volvió a hablar del tío Alel, se lo quedó para ella sola y siguió pensando en su hijo, recordándolo siempre.

Vino el verano y con el verano, la batalla de Brunete. Por mucho que lo dijera Queipo de Llano, desde los micrófonos de Unión Radio Sevilla, los rojos no corrían como conejos, ni se escondían en sus madrigueras, y el general Miaja —según la versión de Queipo, vestido con un pijama a rayas— conocía bien su oficio. Con los militares de carrera del ejército republicano, se habían juntado los guerrilleros de toda la vida, los que siempre lucharon en el campo, en invierno y en verano —Enrique Líster, Valentín González (el Campesino), Juan Modesto— y los voluntarios internacionales. A mediados de julio los rojos respondían a la ofensiva del Norte y arrasaban a los nacionales a las puertas de Madrid. Mi padre se subió al Peugeot burdeos y cruzó media España en busca de sus treinta pesetas por crónica publicada. Curiosa profesión la de corresponsal de guerra, rarísimo oficio, sobre todo cuando se es pobre. Quizá no le faltara ilusión, pero sí fuerzas, se marchó con dolor de estómago, con su úlcera de duodeno. Y así fue como nos quedamos solos otra vez.

San Sebastián era entonces la capital diplomática, y también festiva, de la España nacional y bien poco se notaba la guerra. Había comida abundante y no faltaba el pan blanco, ni siquiera el café y el chocolate. Los hoteles y las pensiones estaban llenos, los bares, abarrotados, funcionaban los cines y los teatros y no digamos los restaurantes. Florecían los *chokos*, las tabernas de tapas y chiquitos de clarete, la frontera de Francia era una tentación, en Atocha había fútbol y en el Chofre —de cuando en cuando— festejos taurinos, e incluso se vendía a crédito. Los que venían de la zona republicana solían entrar por Hendaya, pasaban por San Sebastián y se iban a Burgos, a Salamanca o a Valladolid, para hacerse ver y vestirse de falangistas de la vieja guardia. Muchos volvían a San Sebastián, que era también ciudad de permiso de oficiales distinguidos, aviadores de ida y vuelta, recuperación para los heridos de guerra, principio de muchas aventuras galantes e incluso de alguna boda. San Sebastián fue casi un barrio de Madrid, los madrileños —y también los catalanes— ocupaban la hermosa ciudad, y nadie se sentía forastero. A lo largo de mi vida he encontrado a muchos «niños» de aquel tiempo, que jugaban en los jardines de Alderdi-Eder, donde los tamarindos de La Concha, o en los Cuatro Bancos de Ondarreta.

–Ah, ¿pero tú también estabas en San Sebastián?

Y se establecía un nuevo vínculo. Perico Chicote —renombrado por sus cócteles— abrió un bar en la ciudad. Incluso algunos joyeros, modistas de fama y tenderos de lujo, pagaron buenos traspasos en la Avenida y en el Bulevar. En el viejo café Choko se reunían toreros, cómicos, autores de teatro, periodistas y políticos del antiguo régimen. En Choko tenía su tertulia mi abuelo Luis y no faltaban el célebre Pepito Lamorena, ni Domingo Ortega, Curro Caro, Marcial Lalanda, el banderillero Cadenas, Antonio Márquez y, a última hora, Jardiel Poncela. De cuando en cuando iba Conchita Piquer, y allí se acababa el mundo.

Pronto dejamos el piso de Peña y Goñi y nos fuimos a vivir a General Primo de Rivera, 30, frente a la plaza de toros, cerca de la calle de Miracruz. Habíamos perdido barrio elegante, pero ganábamos independencia.

El edificio era gris, redondeado, estaba a medio terminar y aún no tenía instalado el ascensor, ni lo tendría nunca, por cierto. Nosotros vivíamos en el 5º B y sobre nuestro piso había un ático retranqueado. Era una vivienda muy curiosa —treinta duros de alquiler—, con una larga terraza a la que daban todas las habitaciones, y un pasillo estrecho. Los cuartos, también la cocina y el de baño, estaban dispuestos en hilera, sin ninguna imaginación, ni pajolera gracia. Incluso pusimos teléfono: el 11840. A estas alturas se me olvida el teléfono de mi propia casa y, sin embargo, recuerdo aquél, como también me viene el de Agustina de Aragón, 56951, y el de los Bienvenida, en Madrid, 50478. No cabe duda de que los mecanismos de la memoria retienen datos perfectamente inútiles.

Mi madre compró –a crédito, como es lógico– unos cuantos muebles, una vajilla y un hermoso juego de té, rojo y blanco, fabricado en Checoslovaquia, del que aún queda la tetera, la lechera, el azucarero y dos tazas. No sé de qué forma consiguió una fotografía de boda de mis abuelos, un viejo programa de la compañía Oliver-Cobeña, y un retrato de mi abuela Carmen, cuando era muy joven y estaba muy guapa. Todo aquello –y algunas ilustraciones discretas– fue colgado en las paredes y así la casa de General Primo de Rivera cobró cierto aspecto de hogar sin prisas, porque ya nadie dudaba de que la guerra iba para largo. También alquiló un piano Carmita Oliver. De chica había aprendido música y no se daba mala maña, aunque nunca fue una virtuosa, ni mucho menos. Tocaba piezas fáciles de Chopin, alguna asequible de Albéniz o Granados, e intentaba hincarle el diente a Debussy, pero sobre todo hacía escalas, largas e interminables escalas. Muchas veces yo me sentaba a escucharla y me parecía la mejor pianista del mundo. Cuando se encontraba muy melancólica, triste incluso, cantaba *La mujer es aire*, que era una preciosa canción, pero me daba un poco de vergüenza: «como la mujer es aire, es aire, con aire yo me quedé...». Los niños no pueden consentir, de ninguna manera, que sus madres sean mujeres, ni que tengan sentimientos –mucho menos debilidades– que pongan en entredicho el tan famoso cordón que les une de por vida.

Este tiempo, sin la menor duda, fue de bonanza, porque Luis de Armiñán ganaba algo más de dinero, y casi llegábamos a las novecientas pesetas, que era cantidad respetable.

A él le quiero dejar la explicación de aquel milagro económico:

Pablo Martín Alonso logró entrar en Oviedo y liberar la ciudad, que defendía el coronel Aranda, entrañable amigo de muchos años. El coronel Aranda había ascendido a general y en los últimos combates le habían herido gravemente. La bala le penetró por la boca y le salió a unos milímetros de la espina dorsal, en su fusión con el cuello y la cabeza. Ya estaban allí su mujer y sus hijos, que habían permanecido en Ceuta durante todo el sitio de Oviedo. Lo encontré en el campo, con su hermano Luis y el capitán Loperena, ambos ayudantes del general. Nos sentamos al sol, en dos piedras de un prado en cuesta. Me habló muy largamente. El mayor defecto de Antonio Aranda es hablar y decir todo lo que tiene dentro, sin veladuras. Y un poco de vanidad que le hace pensar que el mundo está por debajo de su inteligencia. Esto resulta inevitable y es lo que le ha costado disgustos hasta llegar al definitivo. En aquellos días decir Franquito al Generalísimo era jugarse la carrera. Pablito, a Martín Alonso, era ponerse a un general de porvenir como enemigo. Pero él los nombraba así y además criticaba sus acciones. Sabía mucho de su oficio, era muy inteligente y muy torpe. Y con su carrera pagó sus aparentes culpas, casi siempre aciertos, que no le reconocieron nunca. Como aquel de acompañar a las divisiones alemanas a Alemania y volver diciéndole a Franco que Hitler perdería la próxima guerra. Y sostener amistad con los ingleses que, naturalmente, lo utilizaron, abandonándole en cuanto Franco le pasó a la reserva en una mala jugada, que avalaron sus compañeros, traicionando al General sin el menor rebozo. Desde este día escribo el General con mayúscula, porque no considero a ninguno más.

Aquella soleada mañana me habló de la necesidad de contar con un periodista que relatara las gestas de sus soldados, que para él eran más importantes que las acciones de los jefes. No le gustaban los partes oficiales que escribían los tres cronistas oficiales.

—Yo no tengo acceso a la radio y mis crónicas no se reparten a todos los periódicos —le advertí.

—Por eso tienen más valor.

—Pues tú dirás lo que hago.

—Voy a militarizarte y vendrás a mi cuartel general, para que salgas conmigo todas las madrugadas al campo. Y ya sabes que yo no me quedo en la segunda línea.

—Estoy cansado, Antonio, y un poco enfermo.

—¡Bendito sea Dios!

Aquélla era la exclamación favorita del general Aranda y yo se la he oído, en distintos tonos, cientos de veces.

—Estás cansado de ir y venir. Hazme caso. A mi lado estarás quieto, pero no tranquilo, porque la guerra no es una verbena, ni aquí se queman fuegos artificiales.

Y accedí. Como yo era profesor numerario de la Escuela de Comercio, Antonio Aranda me dijo que me correspondía el grado de capitán de Intendencia. Pero yo no quería ser de aquel cuerpo: por muy heroicos que fueran los intendentes, los relacionaba siempre con el rancho.

—Soy licenciado en derecho —le dije—. Dame el grado de alférez jurídico, y no te pido el de sargento, porque no podría estar junto a ti. No quiero estrellas, ni mandos. Lo menos posible.

—A tu gusto. El teniente coronel Gutiérrez Soto hará la propuesta hoy mismo.

—¿Tendré que darte tratamiento?

—Me llamarás de tú, como siempre..., pero no olvides que yo soy el general y que puedo fusilarte.

Me eché a reír y, medio en serio, medio en broma, asentí:

—A las órdenes de vuecencia, mi general.

—¡Bendito sea Dios!

—Estaré en Oviedo dentro de cinco días. Tengo que ir a San Sebastián y contárselo a mi mujer, porque supongo que desde ahora me será mucho más difícil verla.

Así recuerdo aquel diálogo, que trajo un cambio radical en mi vida de campaña. Volví a San Sebastián. La estrella de alférez fue acogida con lágrimas silenciosas. Mi padre sólo murmuró: Ten cuidado, hijo. Con el mismo uniforme y una estrella más había perdido a José Manuel.

Luis de Armiñán ganaba 333,33 pesetas mensualmente, como alférez jurídico, más las crónicas de guerra, que ya se cotizaban a diez duros la pieza. Además había ampliado la colaboración a otros periódicos. Su situación con Aranda era privilegiada, pero no se podía mover de su sector, porque ya era uno de los ayudantes del general, un alférez provisional estampillado, pero militar y en guerra. Hizo el resto de la campaña de Asturias, y asistió a la formación del Cuerpo de Ejército de Galicia, y tardamos mucho tiempo en verle, aunque de vez en cuando llamaba por teléfono al 11840. Una tarde me dijo que estaba en un pueblo precioso de los Picos de Europa, en unas montañas aún más bonitas que el pueblo, y que los soldados habían cazado una osa pequeña.

—¿Cómo se llama? —le pregunté yo.

—¿Cómo va a llamarse? ¡Úrsula! ¡Todas las osas se llaman *Úrsula*!

—¡Tráemela!

Mi padre se echó a reír, porque no podía llevar una osa a San Sebastián, pero como el mundo es tan raro y da muchas vueltas, acabó con *Úrsula* en San Sebastián.

Estábamos en los Picos de Europa. Es la única vez que he visto, en vuelo, el lomo de las águilas y la carlinga de los aviones desde arriba. Allí vi también, por primera vez, a un grupo del alto mando alemán, que vino a visitar al general Aranda. Cañoneaban bien y con buena puntería los rojos, cuando dos asistentes de servicio dispusieron limpios manteles sobre el suelo, para ofrecer un bocado y una copa de vino a nuestros huéspedes. Los alemanes andaban un poco desconfiados, a gatas o sobre los codos. Pitirigüí, insigne barbero de La Coruña, cabo ilustre a las órdenes directas del General, servía de pie, impávido con su chaquetilla blanca y su mano a la espalda. Allí se ganó los galones de sargento el buen Pitirigüí, apodo que le puso el coronel Gutiérrez Soto, porque decía que le recordaba a un pájaro de su pueblo al que llamaban de tan curiosa forma.

Una hora antes de ir a despertar al General entraba en la tienda donde yo dormía —o en la casa donde me alojaba— y susurraba dulcemente:

—No se despierte, don Luisiño, que acabo enseguida.

Entonces me afeitaba dormido. Al terminar tiraba de la ropa y con un «¡Buenos días y suerte!» se iba a cumplir con su oficio y trabajo. Despertaba a los oficiales, primero al de menor graduación —que era yo—, aguantaba alguna palabra malsonante, pero conseguía que al salir el General encontrara a sus hombres afeitados y de buen humor.

Fue en los Picos de Europa donde me transformé en soldado. Hasta aquel momento y pese al Cinturón de Bilbao, a Somosierra, Guadalajara y la Casa de Campo, iba y venía y no me quedaba más que el tiempo preciso para que me dieran una noticia. Oía los tiros, como si dispararan a otros. Y no me acercaba demasiado hasta donde alcanzaba un tiro de fusil por dos razones: aquél no era mi trabajo y en los estados mayores me informaban siempre; no estaba dispuesto a jugarme la vida por un mal entendido amor propio y unas pocas pesetas. En los Picos de Europa ya era un oficial con una misión y con unos compañeros, que hacían lo mismo que yo, pero con menos sueldo: 333,33 pesetas, más lo que cobraba en los periódicos.

Ser hijo único tiene ventajas, pero también inconvenientes. Entre las ventajas está la independencia respecto a una teórica patulea de hermanos, chusma de inferiores o grupo de mandones, sometedores o sometidos en razón de la edad, o niños de teta a los que hay que vigilar y, si uno se descuida, cambiar los pañales. Niñas con la desgracia de haber nacido mujercitas o gamberros que te dominan, te achantan de continuo y te obligan a envainarla a la menor ocasión. Hermanos. Yo nunca sufrí a los de sangre. Siendo hijo único no heredas los trajes de los mayores, ni sus libros de texto, asquerosos, llenos de rayas, de dibujos, manchados, sobeteados y grasientos. En cambio heredas los trajes de tu padre, con los ojales cambiados de sitio, telas sobrias de señor maduro, abrigos dados la vuelta, heredas la penuria que los niños del colegio descubren a la primera. Los niños únicos viven en soledad, porque las mamás, los abuelos —los padres jamás se mojan— no pueden compensar tan injusto abandono. Sin advertirlo están pidiendo compañía. Yo la tuve en mi calle de Agustina de Aragón con los chicos que eran mis vecinos, pero con tantos bandazos, correrías por ciudades nunca vistas y domicilios improvisados, la fui perdiendo. No era muy consciente de lo que significaba la guerra —a excepción de la muerte de mi tío Alel— y tomaba aquella terrible circunstancia como una aventura de cuento. Me divertían los desfiles y las manifestaciones; me gustaba levantar el brazo, como hacían los italianos, escuchar la música militar y ver la propaganda, que invadía San Sebastián, y cuya sutileza se me escapaba casi siempre. Desde las elecciones de 1936 yo era un experto en carteles, imágenes y mensajes, experto que sólo retenía la forma, que algunas veces me parecía chocante y otras de lo más corriente.

El cartel que más me gustaba era el que tenía una gran oreja —seguramente peluda— con un texto que advertía: ¡SILENCIO, NO DIVULGUES NOTICIAS! ¡EL ENEMIGO ACECHA! Y el de la Legión de siempre, el clásico, un soldado del tercio toca la trompeta y sostiene la bandera nacional: ¡ESPAÑOLES Y EXTRANJEROS! ¡LA LEGIÓN OS ESPERA! Precisamente los que se referían a España y a los españoles eran los que más me desconcertaban, como uno que decía ¡HA LLEGADO ESPAÑA!, y sobre todo el que recomendaba, o mandaba: SI ERES ESPAÑOL, HABLA ESPAÑOL. Estos dos me producían un considerable barullo mental y las consiguientes preguntas calladas: ¿De dónde viene España, cómo va a llegar España, si estamos en España? ¿Qué vamos a hablar los españoles, si no es el español? Porque yo a España me la figuraba como una señora, un poco más gorda que Mariana —la joven República del gorro frigio— pero siempre simpática y acogedora. ¿Por qué no iban a vivir, bajo el mismo techo, España y Mariana?

Una de las cosas que más me divertían eran las manifestaciones patrióticas, que se celebraban cuando los nacionales entraban en alguna ciudad importante, como Santander o Gijón. A Carmita Oliver no le iban aquellas demostraciones de júbilo, pero me dejaba ir siempre que fuera acompañado de Leonor, a quien había conocido en la calle de Peña y Goñi. Leonor era una señora como muchas de entonces, viuda de un militar muerto en los primeros días de la guerra. Se tenía que apañar vendiendo libros a plazos, o cualquier otra cosa, y cosiendo lo que le mandaran, que Leonor fue quien nos hizo las sábanas y los visillos del 5º B. La recuerdo rubia, supongo que teñida, un poco gordita, con unos ojos negros preciosos. A ella le gustaba que la llamaran doña Leonor, porque ya era una respetable viuda de guerra, aunque no creo que pasara de los cuarenta años. Estaba empeñada en venderle a mi madre una máquina de coser Singer, pero jamás lo consiguió. No fallaba nunca: en cuanto caía una ciudad, ya estaba puesta en la manifestación, que solía ser muy vistosa. Se cantaban muchos himnos, lucían banderas triunfales y los entusiastas levantaban el brazo saludando a cada momento. Cuando se disolvía la manifestación —al grito de ¡Franco, Franco, Franco!— Leonor se las ingeniaba para que algún patriota nos invitara a merendar y si era al mediodía, a un aperitivo. Yo pedía siempre patatas fritas y la última vez, una caña de cerveza, para hacerme el mayor. La cerveza me supo a rayos, pero intenté disimular, sin comprender cómo los adultos se solazaban tomando aquella asquerosa bebida. Aprovechando la animada charla de Leonor y su acompañante de turno, la fui tirando al suelo, sin que nadie se diera cuenta. Pocos días después, Leonor se despidió misteriosamente de mi madre y dejó de vender libros a plazos. Nunca me atreví a preguntar nada, ni a seguir el rastro de aquella poderosa rubia, pero en la toma de Teruel tuve que ir solo a la manifestación y nadie me invitó a merendar.

La campaña del Norte había terminado, el mar Cantábrico estaba en poder de las tropas de Franco, aunque no se le veía el fin a la guerra, ni muchísimo menos.

A San Sebastián llegaron mis amigos, los Arche, que venían de Madrid. Para Carmita Oliver fue un motivo de alegría, porque María Luisa Arche era una de sus mejores amigas y ya no se encontraría tan sola. Con María Luisa venían sus hijos Currinche y Pirula y no sé si la pequeña —Ana Mari— pasó por San Sebastián o se fue directamente a Galicia con sus tíos. Pirula entró en el colegio de la Asunción y allí se quedó interna. Currinche había repudiado aquel apodo infantil y ya nunca fue Currinche, ni siquiera Curro, porque exigió su nombre —tan prestigiado entonces— José Antonio. Pirula reclamó el suyo, se llamaba María Luisa, como su madre, y no se consideraba una niña chica. A mí me había pasado lo mismo y ya no era Paupico, ni Paupo siquiera: era Jaime. José Antonio, María Luisa, Jaime, nombres como Dios mandaba, en aquella España que no admitía frivolidades, ni florituras. Sin embargo, después de la guerra, José Antonio volvió a ser Curro y así le dicen hoy sus amigos. Con María Luisa ocurrió algo parecido y regresó a Pirula. Yo, en cambio, seguí siendo Jaime, porque Paupico era algo estrambótico.

María Luisa Arche trajo una mala noticia: la abuela Julia había muerto en Madrid. Mi bisabuela Julia, vieja, sorda y ciega, no había podido resistir la guerra civil y murió sin entender nada. Mi madre se pasó todo el día llorando y eso que María Luisa le ocultó la verdad de la triste historia y le dijo que la abuela había muerto casi soñando, sin enterarse. No fue así. La abuela Julia —sin ver y sin oír— no comprendía por qué sus hijos y sus nietos no le daban jamón de York, ni el café de siempre para desayunar, ni siquiera pan blanco. Tenía hambre, pedía de comer, y rechazaba los platos que le ofrecían. La abuela Carmen lloraba, intentando convencer a su suegra:

—Pero mamá Julia, si estamos en guerra... ¡Si no tenemos nada para comer!

Se lo he oído contar muchas veces a la abuela Carmen:

—¡Pues vais a Casa Álvarez y me compráis jamón!

—¡No existe casa Álvarez, ni hay jamón!

Debió de ser terrible. La abuela Julia no podía entender. Poco a poco fue alejándose y ya no sabía quién era, pero sentía hambre y recordaba las tiendas de lujo, donde se vendían los alimentos que le negaban en casa. Por suerte muy pronto perdió también aquella memoria y se dejó morir. Muchas veces la he recordado, sentada en su silla, tiesa como un huso, majestuosa. Mi abuela Carmen le leía el periódico y ella se ponía la mano en la oreja, para escuchar mejor. En primavera le gustaba comer albaricoques y me preguntaba, imaginando que podían tener gusanillos:

—Niño, ¿bullen?

—No bullen, abuela.

Siempre conservó su acento de Chipiona y las palabras que había utilizado durante toda su vida.

Curro Arche —mi vecino y mi amigo— había crecido más que yo, marcando los dos años que me llevaba de ventaja, fáciles de borrar en la edad adulta, pero casi insalvables en la niñez. Nos convertimos entonces en inseparables, él venía a jugar a mi casa y yo iba a la suya todos los días, sin faltar uno solo. José Antonio Arche fue mi hermano, un hermano un poco mayor y más fuerte, a quien yo admiraba. Como es lógico —creo que así suelen comportarse los hermanos— se apoderó de mi voluntad y siempre me mandó. Yo procuraba imitarle, pero me salía muy mal. José Antonio estaba perfectamente dotado para los deportes, algo que le venía de familia, porque todos los Arche fueron deportistas. En los años veinte los cuatro hermanos, con un añadido —Emilio, Ricardo, Juan y Ángel— formaron el primer equipo español de hockey sobre hielo. Ricardo fue campeón de esquí durante muchas temporadas y Ángel, motorista profesional, de los que se jugaban la vida todas las semanas en una especialidad que se llamaba *dirt track*, carreras de motos en pista de ceniza, sobre barro u otras superficies sucias y resbaladizas.

A últimos de otoño, o quizá después de Reyes, fuimos al colegio, que por fortuna o por elección de nuestras madres, no era de curas. En junio íbamos a intentar el ingreso en el bachillerato —palabras mayores— porque yo llevaba un curso retrasado y ya no podía perder el tiempo, ni en guerra, ni en paz.

Muy poca huella me dejó aquel colegio, donde apenas recuerdo el nombre de algún compañero y se me han borrado los de las profesoras, porque eran señoritas las maestras. Me parece que tenían muy buena voluntad, pero que servían de poco, aunque tal vez los niños, asilvestrados entonces, errábamos reacios al estudio. Uno de aquellos niños se llamaba Cordero —a mí me hacía mucha gracia su apellido— y otro, Vallescar. Vallescar había nacido en Barcelona, su padre debía de tener algo así como la representación de las películas de la UFA, en la España nacional, y podíamos entrar gratis al cine, al lujoso Victoria Eugenia, donde echaban películas alemanas.

El Cuerpo de Ejército de Galicia, el de Luis de Armiñán, ayudante del general Aranda, había sido trasladado al frente de Aragón. Alguna noche sonaba el teléfono y una voz anunciaba:

—Conferencia de Santa Eulalia.

Mi madre corría por el pasillo y me arrancaba el teléfono de la mano. Sin novedad en el frente, absoluta tranquilidad, apenas unos cuantos disparos, como si las dos Españas firmaran una tregua tácita en Navidad. Aquella Nochebuena mi padre estaría en San Sebastián, y todos podríamos reunirnos. Sin embargo no fue así: el ejército republicano atacó en Teruel y Luis de Armiñán estuvo a punto de perder la vida con el general Aranda y todo su Estado Mayor. Se lo he oído contar en algunas ocasiones y aquí lo tengo junto a mí, escrito en sus cuadernos:

Muchas veces he estado a punto de morir, de niño, de joven y sobre todo en la guerra, pero nunca como aquel día. No sé si fue en Caudé o en Iglesuela del Cid, donde nos prepararon un magnífico asado de cordero. El pueblo estaba lleno de paja, que habían esparcido los moros para dormir, y una de sus casas —ya en la linde del campo, cerca de donde nos encontrábamos nosotros— era un bien repleto polvorín. Un oficial vino a dar la novedad.

—Mi general, se ha prendido fuego a la paja que hay por las calles, y tenemos a la espalda un depósito de municiones.

—¿No podemos seguir con el cordero?

—Sí, pero fuera de aquí.

El polvorín no estalló en su totalidad. Fue volando proyectil a proyectil. Salían dando vueltas y se rompían en el aire locamente. Aquello sólo fue el principio. Poco después apareció un tanque ruso por la carretera, que a doscientos metros hacía una curva. Se lo señalé al comandante Luis Aranda, que me dijo:

—No te muevas, como si no lo hubieras visto... Sigue comiendo cordero.

Yo no quitaba ojo al carro de combate que se quedó allí clavado durante un largo minuto y después dio marcha atrás sin hacer ningún disparo, desapareciendo por la carretera. Debía de venir en descubierta. El General no quiso levantar el campo y seguimos con el cordero. Yo no sabía qué pensar, porque Aranda no era aficionado a los alardes de valor, sobre todo si eran inútiles. Su vida y la de su Estado Mayor valía mucho más que un gesto. A los veinte minutos aparecieron cuatro escuadrillas en perfecta formación. En nuestra vertical dejaron caer la primera tanda de granadas. Aranda se apoyó en la casa. De pie. Estoico.

—Mi general, ahí están los proyectiles —le advirtió uno de sus ayudantes.

—¿Y ya qué importa?

El coronel Gutiérrez Soto se sentó en el suelo, murmurando:

—Tanto va el cántaro a la fuente...

La cara del guardia civil, que acompañaba al General, era de un verde rarísimo. No he vuelto a ver, en toda mi vida, un verde parecido. Le temblaba la barbilla.

—Tírese al suelo, mi alférez, que esa segunda andaná viene a sacarnos las tripas.

Tenía razón. Sentí cómo arañaban mis pantalones unas uñas de hierro y vi a un mulo subir y no bajar, porque se deshizo en el aire. En aquel momento caían seis aviones ante los disparos de nuestra artillería antiaérea. Se nos escaparon gritos de ¡Viva España!, y dábamos saltos de alegría. La suerte era nuestra. Corrí a buscar al General.

—¡El coche está ahí! ¡Da tiempo a cogerlo antes de que llegue la otra escuadrilla!

—No te pongas nervioso —me contestó Aranda, sonriendo como si estuviéramos en una merienda campestre.

Así subimos al automóvil, yo maldiciendo al cordero asado y a la oveja madre que lo trajo al mundo. El conductor se tragó el miedo y dominó la situación: sin temblar metió la primera y arrancó. Muy despacio —y por orden del General— nos detuvimos debajo de unos árboles. Allí había una casita y, a su puerta, una mujer que llamaba asesinos a los aviadores. Yo pensé: ¿Asesinos de qué cosa, si estamos en guerra, matándonos unos a otros? Una masa negra *de humo señalaba el sitio donde habíamos estado. Publiqué una crónica en el periódico* Domingo, *y la frase del coronel Gutiérrez Soto: ¡tanto va el cántaro a la fuente! Nunca me lo perdonó.*

Aquellas Navidades, sin la presencia de mi padre y muerto el tío Alel, fueron muy tristes. Mis abuelos y mis tías Armiñán vivían en la casa de Peña y Goñi, 5 y el tío Cándido había vuelto a la suya, la que ocupó la señora Barinaga, bruja del Este. Mi madre y yo le hicimos alguna visita y para mí no cambió mucho el panorama, porque al tío Cándido le gustaba que la madera del suelo brillara como en un museo y abominaba de mis botas de clavos. Mi bondadosa tía Pepa —su mujer— me sonreía y a veces me daba una pesetilla, sin duda sisada a la férrea economía de su marido. No sé si las dos hermanas —Jacoba y Pepa— se vieron mucho durante aquellos meses y juntas lloraron la pérdida de sus hijos, que como ellas llevaban el apellido Odriozola.
Los que se vieron muy poco fueron el tío Cándido y mi abuelo Luis. Mi abuelo —dentro de su seriedad— era un hombre de buen humor y yo lo he visto reír muchas veces. En Madrid, en la Sacramental de San Isidro, la familia Odriozola tiene un panteón, donde está sepultada mi abuela Jacoba. El abuelo Luis decía que no se nos ocurriera enterrarle allí, porque de ninguna manera pensaba aguantar al tío Cándido toda la eternidad. En broma o en serio —que muchas veces se mezclan seriedades y bromas— el deseo del abuelo Luis se cumplió y hoy descansa en una sepultura para él solo, en el precioso cementerio de San Isidro, que es casi un jardín. Afortunadamente faltaban aún bastantes años para que llegáramos a la sacramental madrileña.
Por cierto, en 1938 no vinieron los Reyes Magos a San Sebastián, ni siquiera para dejarme un avión gris plomo: se había terminado aquella parte del viaje, de la inocencia y, de rebote, de la ilusión.

* * *

El 31 de diciembre cayó una tremenda nevada en el norte de España, se cortaron las comunicaciones con casi todos los pueblos de Aragón y no recibimos nuevas llamadas de Santa Eulalia.
En Teruel la temperatura baja a 19 grados bajo cero, los depósitos de agua de los camiones y de los automóviles revientan, los soldados se mueren de frío y casi desaparecen bajo la nieve los cañones, las ametralladoras y los tanques. Los aviones no pueden volar, y el ejército republicano se dispone a obtener su mejor victoria.
Para Carmita Oliver fue aquélla una época muy difícil y yo creo

que incluso echaba de menos los tiempos en que su marido andaba de corresponsal por libre, con el Tebib Arrumi en el Balilla azul, o con el fotógrafo Campua, en el Peugeot burdeos.

Yo iba todas las mañanas al colegio con José Antonio Arche y por las tardes jugábamos en casa. Arche decidió hacerse flecha de falange de Madrid, porque había que distinguir entre varias falanges y no era lo mismo la de Madrid que la de Guipúzcoa o Barcelona. Fácilmente me convenció y así también me apunté a la organización juvenil. Arche fue jefe de escuadra —o de centuria— en poco tiempo, y yo me quedé de raso, como era de suponer. Recuerdo que hacíamos instrucción con fusiles de madera y que alguna vez desfilamos por San Sebastián. El que suscribe fue destinado a la centuria de Arche, y me nombraron enlace. Entonces me pusieron una letra e plateada, en el brazo, que significaba precisamente «enlace». Aquello me llenó de orgullo, pero pronto comprendí que era un cargo emponzoñado. Tenía que repartir cartas por todo San Sebastián, emplazando a los niños para que acudieran a las diversas concentraciones, actos patrióticos, desfiles militares o a las clases teóricas de algo que se llamaba formación del espíritu nacional, los puntos de la Falange o historia del imperio, vaya usted a saber. Además de las citaciones tenía que hacer recados a los jefes, e incluso traer algún bocadillo del bar próximo. Los clavos de mis botas se fueron desgastando, tanto como se desgastaba mi espíritu nacional, y abominé de FET y de las JONS, aunque fuera del mismísimo barrio de Chamberí. No sabía cómo quitarme el dichoso compromiso azul, y pensaba que, pese a mi corta edad, me iban a fusilar al amanecer. En el teatro Victoria Eugenia, durante dos horas, estuve dándole vueltas al asunto. Vueltas y más vueltas.

Se celebraba en aquel teatro una velada de confraternidad hispanoitaliana. Acudieron muchos falangistas y muchos militares, condecorados, heridos, gloriosos inválidos, fascistas, espectaculares legionarios y flechas negras. También trajeron balillas auténticos. Los balillas eran los chicos del partido fascista, como los flechas éramos de falange. Desfilamos por las calles entre ovaciones delirantes, con nuestros fusiles de madera, convencidos de que allí estaba la esperanza del futuro. A mí la e me había quitado una barbaridad de entusiasmo.

En el teatro se tocaron todos los himnos, que serían siete u ocho. Luego alguien decidió que flechas y balillas teníamos que hacer guardia, por parejas, delante de los palcos y de las plateas, en su lugar descanso, sin movernos. De guardia por dentro, en el pasillo, sin ver nada. Frente a mí pusieron a un niño de negro, con un puñal, un gorrito redondo y una borla. Nos mirábamos en silencio y no podíamos

218

hablar, entre otras cosas porque no nos entendíamos. Así transcurrieron dos horas de discursos, emocionadas ovaciones, de vivas al Duce y a Franco, y de canciones guerreras. Durante aquellas dos horas, y pese al peligro que encerraba mi cobarde actitud, decidí no volver a falange de Madrid, aunque me fusilaran contra una tapia. Recibí algunas cartas, que traía un enlace suplente, pasaba un miedo espantoso cuando me cruzaba con un falangista; pero pronto se olvidaron de mí, porque no valía la pena tratar con un tibio de mi calaña o sencillamente porque no me echaron de menos. Ahora —al cabo del tiempo— pienso en aquel disparate: en los niños militarizados, haciendo la instrucción con fusiles de madera, imitando a los mayores, los que morían de verdad y mataban de verdad en todos los frentes de guerra.

Había remitido el temporal de nieve y las tropas nacionales se disponían a reconquistar la ciudad de Teruel. El alférez Armiñán —ayudante y amigo del general Aranda— me contó esta historia muchas veces. No viene en ningún libro sobre la guerra civil, ni en los de un lado, ni en los del otro. También se la he oído al general Aranda, en Montalbán, 11, su casa de Madrid. Es un relato auténtico del que nadie quiso hablar después, porque dejaba en entredicho la infalibilidad del Sumo General Franco.

Para plantear la reconquista de Teruel Franco citó en la localidad de Ojos Negros a sus generales. A casi todos, los que estaban en Teruel y los que operaban en otros frentes. Ojos Negros es un coto minero, que tiene unas cuantas casas y, entre ellas, una mejor que las otras. Un lugar olvidado, escogido precisamente por esa condición. La casa estaba dividida en dos partes, partida por unos paneles de cartón piedra. En la zona principal había un gran mapa del sector y un encerado, como de escuela, que yo ayudé a colocar. En la más humilde permaneceríamos los ayudantes de los generales. Franco, ante la pizarra, explicó sus planes. Los tenía muy estudiados, muy pensados. Nosotros escuchábamos sin atrevernos a respirar, como en un concierto, porque una simple tos se oiría claramente al otro lado. Franco, con voz lenta, esa voz inconfundible y de tono medio, infantil en los agudos, dijo cuál era su plan. Al terminar aguardó unos instantes las réplicas, que sin duda esperaba. Fueron muy angustiosos aquellos segundos y los que escuchábamos sin ver no nos atrevíamos a levantar la vista del suelo. Al fin se hizo sentir una voz. Yo la reconocí y conmigo los que éramos ayudantes efectivos, honorarios o agregados, del general Aranda. Casi sería capaz de repetir de memoria sus palabras.

—Mi general, por el silencio de tus generales comprenderás que el plan de ataque no lo consideran posible sin grandes pérdidas de hombres, de material y de tiempo.

En la pausa cerré los ojos, y comprendí que Aranda se jugaba el porvenir.

Franco debió de mirar a su alrededor, no lo sé. Podía escuchar las palabras, pero no podía ver nada. Ni yo, ni ninguno de los jefes y oficiales, que silenciosamente aguardábamos el fin de la conferencia. En tono medio, contenido, el Generalísimo preguntó:

—¿Qué harías tú?

Aranda comenzó a hablar. También tenía muy estudiada la futura operación. Le veía sin verle, un poco rojo a causa de la impaciencia y de la tensión del momento, explicar el tema, como un alumno al que sacan a la pizarra. Lo que explicó fue la batalla del Alfambra. Fueron veinte minutos muy largos. Luego la voz de Franco.

—¿Qué decís vosotros?

Otro silencio. El general Dávila dijo algo. Fue lo último que allí se habló. Lo penúltimo porque Franco, como si diera un portazo, exclamó:

—Haced lo que queráis.

Y salió.

Creo que es la única vez en la que ha dejado el mando en manos de sus generales. Quizá fuera una muestra de inteligencia y de cautela, que ahora puede ser meditada. Pero si es así, como supongo, no fue acompañada ni de perdón, ni de olvido. Seguido por sus generales salió y tomó su automóvil. Los demás, en corro, hablaron un rato al aire libre.

Al volver me atreví a decir a Aranda, solos los dos en el coche:

—Mi general, creo que has jugado demasiado fuerte.

—Los otros no decían nada y aquello era imposible de realizar sin demasiadas pérdidas de hombres y de tiempo.

—Pero eres tú sólo el que has perdido.

—¡Bendito sea Dios!

El general Aranda comenzó entonces un largo monólogo, sabiendo que yo le escuchaba, pero sin mirarme. No le importaba su chófer, un hombre de toda su confianza, que se hubiera dejado la piel por el General. Yo intentaba oír sus palabras, mientras comenzaba a llover, y eso era buena señal.

—No es que yo sea valiente, ni mucho menos temerario —algo así dijo—, pero en la guerra hay que saber aguantar. Estoy convencido de que si te toca es inútil huir, y desde luego está prohibido hacer el ridículo. Cuando fui herido en El Jamás, de Marruecos, estaba seguro de que allí habían terminado mis días, y ya ves tú, en Oviedo estaba seguro de seguir viviendo. En El Jamás no perdí ni un fusil, ni me hicieron un prisionero. Por eso he insistido tanto en el tema del Alfambra. Hubiéramos sufrido muchas bajas y mi obligación es defender a mis hombres. Yo pienso en los soldados y hay generales que sólo piensan en su gloria y en ascender.

Sonrió entonces y me miró por primera vez:

—*No creas que no me importan las condecoraciones, ni los ascensos, sobre todo ésta...*

Se pasó la mano por la Cruz Laureada de San Fernando.

—*Franco hubiera dado su mano derecha por tenerla.*

Volvió a mirar al frente.

—*Franquito es un intrigante. En El Biutz, cerca de Ceuta, mintió por conseguirla y en el Juicio Contradictorio, que se le siguió, sus compañeros y el Rey se la negaron. Muchos han querido olvidarlo, algunos lo recordamos, y yo sé que Franquito no perdona la buena memoria.*

Luego terminó con cierta ironía:

—*No hace falta que nadie me avise.*

El general Aranda siempre decía la última palabra. Yo no sé si estaba arrepentido, aunque supongo que no. Lo que sé es que aquel monólogo, dicho a media voz, no lo olvidaré nunca.

[...]

La batalla del Alfambra —una de las más importantes de la guerra civil— se desarrolló tal como la había previsto el general Aranda, y sin embargo la gloria de haber reconquistado Teruel se la llevó el general Varela, por decisión del Generalísimo. Nosotros entramos en Teruel a las seis de la mañana; Varela entró a las once con guantes blancos y cámaras de cine por delante.

* * *

Poco después de la batalla del Alfambra se produjo otra en el interior del piso 5° B de General Primo de Rivera, 30. San Sebastián no es una ciudad fría en invierno, pero a veces resulta húmeda y desapacible. Carmita Oliver tenía la costumbre de encender un brasero de cisco, como hacía la abuela Carmen Cobeña, y en tiempos la bisabuela Julia. Todas las mañanas lo prendía en la terraza, lo animaba con un soplillo y le ponía un tubo encima. Al cabo de una o dos horas el brasero estaba en la camilla, mi madre tocaba el piano, arreglaba la casa o leía, y de cuando en cuando echaba un puñadito de espliego y así la habitación olía divinamente. Aquella tarde había bajado a la calle a hacer unos recados y cuando, de regreso, abrió la puerta, apenas se podía ver a causa del humo: la camilla estaba ardiendo. Mi madre no fue nunca una mujer valerosa, pero en caso necesario sabía afrontar las situaciones difíciles con verdadero arrojo, y aquélla era una situación bien difícil. Salió al descansillo, tocó al timbre de un vecino y gritó por el hueco de la escalera:

—¡Fuego! ¡Fuego!

El vecino entró en casa, y como se sabía el plano, salió a la terraza, donde había un grifo y una regadera para las plantas. Sin encomendarse a Dios ni al diablo comenzó a echar agua por todas partes, yendo y viniendo de la terraza, una y otra vez, sin parar. Las puertas de los pisos empezaron a abrirse y los demás vecinos entraban y salían de casa, primero para comprobar lo que ocurría y luego acarreando agua en jarras y cacerolas. Ya hacía rato que el incendio estaba sofocado y mi madre lloraba el desastre, cuando entró el último vecino con un orinal en la mano y lo echó sobre las ennegrecidas faldas de la camilla. Mi madre trató de impedirlo, pero fue inútil. Días después lo contaba llorando de risa.

Cuando volví a casa —quizá viniera del cine Kursaal— me encontré a la pobre Carmita Oliver llorando, ahora de pena, sobre todo por el piano: al piano le habían salido unas enormes ronchas, petequias, decía, como si tuviera la varicela, y olía a barniz quemado. Menos mal que todo se arregló divinamente gracias a un señor que era contertulio del dueño de la tienda donde alquilaban pianos, que también se portó como un caballero. El amigo de mis padres —yo le conocía de los veraneos en el Ventorrillo— se llamaba Josechu Escrivá de Romaní y Roca de Togores, era como un castellano del siglo XVII, muy delgado, fibroso, de cara larga, gran barbilla y manos elegantes. De rancia estirpe, como su nombre hacía suponer y algún título tendría, pero además, inteligente y divertido. Estaba casado con una señora muy guapa, Blanca o Blanquina quizá, y muchas veces jugó conmigo en los veraneos de la sierra de Guadarrama. Cuando yo pienso en una persona refinada, pienso en Josechu Escrivá de Romaní.

Aquel año de 1938 descubrí el cine. Hasta entonces fue para mí un espectáculo infantil, aunque hubiera visto películas notables. Claro que no sabíamos que estaban dirigidas por sabios especialistas, y que algunos eran grandísimos maestros. Por eso omito referencias a los directores, porque para mí —y para el resto de los españoles, tanto los rojos como los azules— el cine era cosa de actores, graciosos, trágicos, bellísimas o aterradores. El primer director del que tuve conciencia fue Hitchcock, y quizá más tarde, porque ni siquiera *El hombre que sabía demasiado* o *39 escalones*, que bien pude ver aquel año, me iban a llamar la atención por el territorio del director, que otra cosa sería por los rubios caminos de Madeleine Carroll.

José Antonio Arche y yo íbamos con frecuencia al Kursaal, que desgraciadamente luego fue demolido sin piedad. La playa de Gros no existía y en el puente se pescaban mújeles con caña, a los que llamaban corcones. Eran unos peces grandes, fuertes, que luchaban por su vida largo rato. Lo difícil era sacarlos del agua, porque desde el puente a la ría había una buena distancia y muchas veces se soltaban por el camino. No eran muy apreciados, porque según las malas lenguas se alimentaban de desechos. Yo creo que aquella pesca era más deportiva que provechosa.

El Gran Teatro del Kursaal —pomposo nombre— era de grandes proporciones, tapizado en rojo y ya un poco en decadencia. Tenía patio de butacas, un primer piso y el segundo, con sus palcos y plateas. Solían poner dos películas, casi todas americanas del año 33 al 35, e incluso de temporadas anteriores. Ya no venía cine americano a España y teníamos que conformarnos con el alemán y el italiano, mucho menos divertido. La localidad del anfiteatro costaba noventa céntimos y Arche y yo —a veces con otros amigos— solíamos refugiarnos en uno de los palcos de arriba, que nos prestaba cierta sensación de superioridad e independencia. Los otros cines de San Sebastián nos pillaban más lejos, en distancia y dinero, excepto el Victoria Eugenia donde entrábamos gratis. En aquel tiempo los menores de catorce años podíamos ir al cine con total impunidad y así vi muchas películas que luego fueron prohibidas a niños y mozuelos. De tal forma me encontré con algunas de mis futuras rubias favoritas y volví a contemplar los cientos de hermosas piernas, rítmicas y disciplinadas, aunque no tanto como las de los chicos de la Legión Cóndor. Claro que tenían otras ventajas. Como ya iba al colegio y empezaba a vivir obsesionado por las notas, me compré un cuaderno, donde apuntaba las películas vistas, calificándolas del uno al diez. Al terminar la guerra seguí con tan meticulosas anotaciones y así llegué hasta el año 1944, cuando las rompí todas en un ataque de vergüenza, que hoy me permito lamentar.

No sé en qué película vi a Carole Lombard, pero me dejó impresionadísimo. Unas veces salía en pijama y otras con un vestido largo pegado al cuerpo. Ni siquiera barrunto si era la protagonista de la película, ni recuerdo quiénes trabajaban con ella. Carole Lombard —quizá por su muerte prematura— no se prodigó mucho, y en el Kursaal, aún menos. También me fascinaba Ginger Rogers, aunque debo reconocer que era un poco más ordinaria que mi rubia favorita. De Ginger Rogers vi *Sombrero de copa*, *La alegre divorciada* y *Sigamos la flota*, y aunque me molesta tener que admitirlo he de decir que también me gustaba el bailarín Fred Astaire. Las canciones *Continental* —que yo traducía como *Nite Formuse (wonderful music) Noche y día* y *Cheek to cheek*— me han acompañado durante muchísimos años, y aún las sigo escuchando. El género musical siempre me gustó, y parece que José Antonio Arche era de mi misma opinión, y así vimos más de cinco veces *La calle 42*, que era un portento de película. Descubrí entonces que había morenitas de primera clase, como Ruby Keeler, que en ocasiones podían hacer sombra a las rubias, incluso a Ginger Rogers, que trabaja en *La calle 42*.

Pero el cine no se terminaba en las comedias musicales, sino que se extendía a las películas de aventuras, a las policiacas, a las de risa y, sobre todo, a las de miedo. Recuerdo con verdadero espanto los sustos que me produjeron *La momia, Drácula, La novia de Frankenstein, El hombre invisible, El lobo humano* y *Horror en el cuarto negro*. Las películas cómicas, muchas veces, solían acompañar a las de terror, para que el público se fuera contento a casa. Yo era partidario de Stan Laurel y Oliver Hardy y lo sigo siendo, y en el Kursaal me harté de películas de Eddie Cantor. Es muy curioso lo que me ha ocurrido con el actor Eddie Cantor, que me mataba de risa en mi niñez y luego, cuando lo volví a ver, no me hizo ninguna gracia: es un cómico detestable, aburrido, lleno de trucos y de vicios. Al Generalísimo le debió de pasar lo mismo que a mí, porque al acabar la guerra la flamante censura franquista prohibió todas las películas de Eddie Cantor, por masón, judío y libertino, pero sobre todo por adicto a la causa de la República española. También hubo parejas de magnífica nota, como Myrna Loy y William Powell, y películas de aventuras que me hacían dar saltos de impaciencia: *La isla del tesoro, El capitán Blood, Rebelión a bordo* o *Tres lanceros bengalíes*. Por último confieso que las mujeres de rompe y rasga, las que algunos caballeros calificaban como hembras de una vez, las terribles, las vampiresas, las devoradoras de hombres, me dejaban indiferente y entre ellas debo hacer notar a Greta Garbo, a Joan Crawford y, sobre todo, a Marlene Dietrich.

Pero no sólo de mujeres se trataba, sino de historia, de geografía, de arte o de literatura. Yo aprendí que Pekín estaba en China gracias al cine, y otras muchas cosas que en mi colegio olvidaban las señoritas. Lo que no cabe duda es que el Gran Kursaal, a cuarenta y cinco céntimos la película, durante todo el año 38 y gran parte del 39, hizo crecer mi afición, que luego rematé, clandestinamente, en el Padilla, de Madrid.

Nuestro amigo Vallescar nos invitaba al cine de su poderoso padre, representante de la UFA. El cine alemán nos parecía de segunda clase, y le faltaba un palmo escaso para alcanzar las cotas de nuestro más absoluto desprecio. Con excepciones. No hablemos del italiano, aún más despreciable que el alemán, con la salvedad de *Escipión el Africa-*

no, que era de lo más emocionante y también le gustaba mucho a Mussolini.

Había un cómico rubio que a mí me hacía muchísima gracia, y me reconciliaba con el cine alemán. Su nombre era Heinz Rühmann, que mejoró mucho cuando se hizo viejo. Yo vi varias películas suyas y en todas lo pasaba de miedo: *Un vals para ti*, *Las pícaras mujeres*, *Los tres vagabundos*, y un poco más tarde *Trece sillas*.

También me impresionó la señora Zarah Leander, a quien podemos meter en el mismo saco donde hacen de las suyas Greta Garbo o Marlene Dietrich. Pero quien de verdad me estremeció el ánimo, y me hizo suplicar al niño de la UFA que me llevara otra vez al cine de su padre, fue La Jana. La Jana era medio india, y no sé cómo le gustaba al Führer. En *Truxa* —una terrible película de circo— daba escalofríos cuando bailaba sobre dos panderos; pero donde acababa con el mundo era en *El tigre de Esnapur* y en su segunda parte, *La tumba india*. Se podía echar a pelear a La Jana con cualquiera de las hermosas morenas que lucieron en el cine de Hollywood, incluyendo a Hedy Lamarr, años después.

Vi entonces una larga película sobre la Olimpiada de Berlín de 1936. La había rodado la singular Leni Riefensthal, una de las musas del nazismo, bien admirada por Hitler. La primera parte de la película ocurría en una olímpica y evocadora Grecia, y todo eran contraluces y deportistas —ellas y ellos— desnudos, saltando, retozando a la orilla del mar o a la caída del sol. Aquellas falsas atletas helénicas nos cortaban la respiración a los chicos, y lo mismo les debió de pasar a los censores del régimen, que prohibieron la mencionada primera parte de Riefensthal en cuanto terminó la guerra. En la segunda mitad se podía advertir cómo un Hitler furibundo abandonaba el estadio de Berlín, incapaz de aguantar las humillaciones que el negro americano Jessy Owens infligía a los atletas germanos, y de la misma tacada a toda la raza aria. Aquello no lo censuraron los pobres siervos del caudillo Franco.

* * *

A veces he pensado que la asignatura de cine libre que se daba en el Gran Teatro Kursaal —ante la indiferencia de las autoridades nacionales— me fue de gran utilidad, mucho más que las clases de aritmética o de historia manipulada del colegio de las señoritas. Si no nos hubieran dejado entrar en el Kursaal, hubiéramos crecido sin advertir semejantes tesoros, porque no era lo mismo absorber conocimiento en la infancia, crecer viendo grandes películas, que coleccionarlas luego en la madurez. Además por vía de sexo aquello era muy sano, aunque tuviera sus peligros. Con todos mis respetos: Carole Lombard y Margaret O'Sullivan, marcaban ciertas distancias frente a Lina Yegros o Estrellita Castro. Nos hicimos a ver mujeres hermosas, claro que inaccesibles, a no dar importancia a doce docenas de muslos, o a un beso de tornillo.

Una tarde encontré en una librería una foto de mi rubia favorita. Tuve que sisar dos pesetas, pero me la compré. Nunca le había quitado dinero a mi madre y aquello me alteró un poco, hablo del gusanillo de la conciencia, pero pronto olvidé el caso, sobre todo porque era dueño de un tesoro que me compensaba la fechoría. Volví a General Primo de Rivera y, con toda naturalidad, quité la foto de boda de mis abuelos y puse la de Carole Lombard sobre el piano. Carmita Oliver se quedó de un aire, no sabía cómo reaccionar, ni qué decirme, y yo pensaba que había enmudecido de emoción, pero de pronto se echó a reír y me abrazó un poco emocionada. Sé muy bien lo que estaba pensando:

—Ya has crecido, ranita, ya te gustan las mujeres.

Lo de ranita no es casual, se refiere a Mowgli, de *El libro de las tierras vírgenes*, libro que aquel año me leía mi madre antes de dormir. Luego —cuidando de no ofenderme y mucho menos avergonzarme— me dijo que Carole Lombard viviría mejor en mi cuarto y que no teníamos ningún motivo para desalojar a los abuelos de encima del piano, pobres, ellos que estaban en Madrid echándonos de menos. Cuatro chinchetas, y un precioso paspartú arreglaron el problema.

En San Sebastián fui también al teatro, porque casi todas las compañías de la zona nacional pasaban por allí. Sé que estuve en *Pimpinela Escarlata* —una función muy movida— y que vi también a la compañía de Tina Gascó y Fernando Granada. Pero quien me impresionó de verdad fue Conchita Piquer, que era entonces lo que se llamaba una mujer de bandera. Ignoro cómo caí en aquel teatro —tal vez con mi padre de permiso— pero no olvidaré la turbación que me produjo semejante belleza. Salía a cantar con un vestido negro muy estrecho y se recostaba en la puerta de su casa, fumando además. No sé si ya en aquel momento había desaparecido la primera estrofa de la canción *Ojos verdes: apoyá en el quicio de la mancebía...* Mancebía era una palabra nueva para mí. Quizá ya se dijera algo tan ridículo como *apoyá en el quicio de la casa mía...* Lo que resultaba intolerable era la voz de aquella mujer, la forma de moverse, y sobre todo que estaba fumando, y cómo fumaba. Todos los curas de San Sebastián —con el obispo a la cabeza– clamaron coléricos... ¿Para qué hacemos una cruzada? ¿Para que Conchita Piquer fume en un escenario pecador? El espectáculo fue prohibido, hubo tiras y aflojas, presiones y promesas: Conchita Piquer sacrificó el cigarrillo y la mancebía, pero siguió cantando *Ojos verdes*.

Los domingos empezamos a ir al fútbol, al viejo campo de Atocha. Yo no era muy aficionado, aunque me tiraba el Madrid FC, sobre todo por el prestigio de la ciudad perdida, que yo veía tan lejos. En Atocha jugaba entonces el Donosti, que aún se llamaba así. Como había guerra los grandes del fútbol o estaban muy lejos, Sevilla y Betis, o en la zona roja, Madrid FC, Barcelona y Español, o tenían su estadio destruido, como el Oviedo de Lángara, Herrerita y Emilín. El otro magnífico –el Athletic de Bilbao– no se acercaba a San Sebastián, de modo que teníamos que arreglarnos con equipos de la zona: el Real Unión de Irún, el Tolosa, y como gran atracción el Alavés, de Vitoria, donde jugaba el futbolista que yo más admiraba de todos: Jacinto Quincoces. En el Donosti formaban los hermanos Bienzobas y dos jovencitos que arrebataban a la afición: Ignacio Eizaguirre y Epi, que años después fueron tan grandes como los viejos. Los jugadores vascos –los mejores– se habían ido de España, representando a un equipo de Euskadi: Lángara, los hermanos Regueiro, Iraragorri, Cilaurren, Zubieta, Blasco, Aedo, Marculeta... Algunos volvieron, pero ya en plena decadencia, creo que a excepción de Gorostiza, que se fue al Valencia con Epi, Mundo y Eizaguirre. A falta de mi Madrid FC, yo era partidario del Donosti, y siempre me ha quedado el buen recuerdo de aquellas camisetas blancas y azules, que aún no llevaban número a la espalda y, mucho menos, publicidad en el pecho.

Sin novedad en el frente. Parecía que los dos ejércitos enfrentados –después de la terrible batalla de Teruel– se tomaban un obligado descanso. El crucero *Baleares*, donde iba *Pipe*, el hijo de Federico García Sanchiz, había sido hundido por la escuadra republicana. Aquella mala noticia afectó profundamente a mi madre, que quería mucho a García Sanchiz, a Isabel –la madre del *Pipe*– y a doña María, la abuela. Yo creo –incluso– que pensaba en mí, que me imaginaba con diecisiete años, en la guerra, en el frente o en el mar, y que sufría por partida doble. Además los meses transcurrían muy despacio –estoy hablando de lo que sienten las personas mayores–, la supervivencia en Madrid era cada vez más difícil y no había noticias de mis abuelos.

El general Aranda enviaba, de cuando en cuando, a mi padre a San Sebastián, con alguna misión, quizá relacionada con la frontera fran-

227

cesa. Siempre era Luis de Armiñán el correo elegido, porque su familia estaba allí. El alférez Armiñán venía en un coche magnífico, un Lincoln negro, conducido por un chófer disparatado, que había pertenecido al cuerpo de bomberos de La Coruña. Aquel coche trastornaba a mi amigo José Antonio, aficionadísimo a los automóviles y de rechazo, por contagio o imitación, a mí mismo. Alguna vez Dictino, que así se llamaba el chófer de los bomberos, nos dejaba subir al Lincoln y le acompañábamos en alguno de los recados —me resisto a escribir misiones— que habían venido a cumplir: desde dejar cartas en Tolosa o en Deva, por ejemplo, a comprar libros y medicinas o recoger en Irún material fotográfico, traído de Francia. Arche iba delante, junto al conductor, bebiéndose los kilómetros, y yo en el asiento de atrás, agarrándome donde podía. Carmita Oliver ignoraba aquellas expediciones, mi padre no decía nada, y nos dejaba disfrutar. Jamás he visto conducir a nadie como al diabólico Dictino, que se divertía manejando el rápido automóvil americano, en vez del pesado coche de bomberos. Yo le preguntaba cómo eran los referidos coches de bomberos y él me contaba —con fuerte acento gallego— sus aventuras en La Coruña, en Lugo y en Santiago. Dramáticos incendios y salvamentos heroicos. Mucho le sorprendió lo que le dije en cierta ocasión:

—Mi abuelo Luis fue gobernador de La Coruña y mi padre, de Lugo.

No se lo podía creer.

—¿Un alférez puede ser gobernador de Lugo?

—Y un paisano también.

Dictino respondía a su confusión acelerando el Lincoln. Las carreteras de Guipúzcoa estaban casi desiertas y el bombero las devoraba como en una atracción de feria. Una vez fui a un caserío a merendar con mis padres y José Antonio Arche. El Lincoln andaba medio arrastrándose por la carretera y a Carmita Oliver le parecía que íbamos a batir el récord mundial de velocidad.

* * *

El segundo año triunfal iba ya camino del tercero. Así llegamos a Semana Santa, y con la Semana Santa alcanzaron las tropas nacionales el mar Mediterráneo, partiendo en dos a la España republicana. Otra vez el Cuerpo de Ejército de Galicia era protagonista de una hazaña bélica. Luis de Armiñán lo cuenta así:

El General se había hecho en un camión, que ponían bajo los árboles, su alcoba y un despacho. Los demás dormíamos en tiendas de campaña de cuatro

hombres. Tenía yo por compañeros a tres alféreces: Pérez Cito, el médico Balles-
teros, y Salas: el de ingenieros, el de sanidad, el de infantería y el jurídico, yo
mismo. Habíamos llegado a Levante y llovía de verdad y así nos paramos.
Olíamos el mar.

—¡Vento mareiro! —gritaba el barbero, sargento Pitirigüí.

Luego reflexionaba:

—No es lo mismo que el viento gallego, pero también huele a mar, aunque
menos...

Yo intentaba hacer valer al Mediterráneo y él me decía:

—¡Ay, don Luisiño, con el debido respeto, no vamos a comparar!

Era la Semana Santa de 1938 y había en el campamento una alegría con-
tenida. Veíamos la mar allí mismo, a tiro de piedra. Sólo teníamos que bajar
un par de lomas. Quien estaba encargado de llegar antes que nadie era el gene-
ral estampillado Camilo Alonso Vega, con su división navarra entreverada de
castellanos. Alcanzaron el Mediterráneo un poco al norte de Benicarló, por
Vinaroz. Al día siguiente yo me bañaba en las claras aguas de Peñíscola, a la
sombra del Castillo del Papa Luna. Luego seguimos adelante por Villafranca,
al desierto de Las Palmas, y por el mar hacia Torreblanca y Oropesa. Castellón
se tomó fácilmente; una tarde entraron unos regulares y no se les permitió avan-
zar hasta que se rodeara la ciudad. Nosotros paramos en Benicasim, donde
una veintena de hotelitos de verano ofrecían buen refugio. Allí nos quedaría-
mos, hasta que Franco decidiera el momento de seguir hacia Valencia.

Años después, en un aniversario, escribí que al Mediterráneo había llega-
do el Cuerpo de Ejército de Aranda y don Camilo Alonso Vega exigió una rec-
tificación al director de Abc: *él había llegado al Mediterráneo antes que nadie.*
Yo dije que el general Alonso Vega formaba parte del Cuerpo de Ejército de
Galicia, que mandaba el general Aranda. Y no pudo replicar don Camilo, que
fue uno de los que destruyeron al General, me atrevo a decir de los que traicio-
naron a Aranda, con su voto negativo e interesado. Antonio Aranda no pudo
ascender por culpa de sus compañeros —los cortesanos de Franco— y Alonso
Vega llegó a capitán general, fue director de seguridad, cazador de perdices,
millonario y ministro favorito del Generalísimo.

Dos chicas, muy distintas, llegaron por aquellas fechas a San Sebastián: una se llamaba *Úrsula* y la otra, Rosita Massó. De *Úrsula* me había
hablado ya mi padre: era una osezna y la cazaron los soldados de
Aranda en los Picos de Europa. La madre y el hermano de *Úrsula* consiguieron huir y la pobre osa —sin comerlo ni beberlo— obtuvo el inde-
seado título de mascota del Cuerpo de Ejército de Galicia. Rosita Massó —morena y muy guapa— era una auténtica viuda de guerra, que apa-

reció en casa acompañada por un capitán de artillería amigo de mi padre. El capitán se llamaba Alejandro Sirvent, tenía el pelo gris y era apuesto y elegante. *Úrsula* y Rosita vivieron en San Sebastián de muy distinta forma; cuando acabó la guerra Rosita se marchó y *Úrsula* se quedó.

Mi padre me contó la aventura de *Úrsula*, que ya había crecido bastante pero seguía siendo dócil y amable con los soldados que la cuidaban, y en especial con el alférez Pérez Cinto, a quien conocí durante aquellos emocionantes días.

El Cuartel General de Aranda estaba entonces en un pueblo aragonés –Sobradiel– a la orilla del Ebro. Después del baile de Teruel el frente se había tranquilizado. Por lo visto los únicos que se movían en aquel sector eran los espías de uno y otro bando. Los agentes secretos nacionales pasaban a la zona roja con toda naturalidad, y los republicanos llegaban a Zaragoza con absoluta sencillez. Iban y venían. Una mañana los aviones republicanos dejaron caer unas bombas fuera del castillo...

En compañía del alférez de ingenieros Pérez Cinto y en la horrorosa avenida del General Primo de Rivera, Luis de Armiñán nos contaba el viaje de *Úrsula* desde Sobradiel a San Sebastián, y nosotros le escuchábamos muy atentamente: Carmita Oliver, María Luisa Arche, Curro-Currinche y yo, además del alférez Pérez Cinto, que fumaba en silencio, asintiendo de cuando en cuando, como un personaje de cuento:

–Dejaron caer unas bombas como aburridos, porque eso se nota mucho: cuando tiran a dar se esmeran, y suelen acertar. Pero con las explosiones la pobre *Úrsula* se alarmó. Dio un tironcillo de la cadena y se escondió en una casa del pueblo. Pérez Cinto la buscó por todas partes...

El alférez dijo que sí, sonriendo.

–Yo la busqué por todas partes, pero no andaba muy lejos.

–Hasta que la encontró en casa de unos paisanos...

–Así fue, estaba en casa de unos paisanos.

–*Úrsula* se había refugiado en la cocina y aquella pobre gente se subió al desván, sin saber qué era peor: osa o bombas.

Nadie hablaba.

–El General decidió que, ante las urgencias de la guerra y la madurez de la osa, lo mejor era buscarle un sitio cómodo y seguro al animal, y aquí estamos.

El alférez de ingenieros Pérez Cinto –que tenía la cara muy larga y era muy simpático– nos contó el viaje, desde Sobradiel a San Sebastián, en una camioneta con la osa, que según decía le recordaba a la aventura de los leones, de Don Quijote.

—Parecía que llevábamos en la jaula a King-Kong.

Yo había visto King-Kong en el cine Kursaal. Al día siguiente fuimos al monte Igueldo, donde habían instalado a la osa en una jaula amplia, que daba a la bahía. El alférez Pérez Cinto intentó acariciarla y el animal retrocedió.

—*Úrsula*, no te asustes *Úrsula*, somos nosotros... —susurró mi padre, intentando tranquilizarla.

Entonces se enfadó una señorita que estaba allí mismo, diciendo que era una vergüenza que llamaran *Úrsula* a la osa, porque ella también se llamaba Úrsula, como su abuela.

—Al contrario: ustedes se llaman como la osa —le corrigió mi padre.

Allí quedó la pobre *Úrsula*, aburrida y entristecida, durante muchos años, durante muchos niños, hasta que se murió de vieja. Yo siempre que iba a San Sebastián —siempre— le hacía una visita a mi *Úrsula* y recordaba su primera mañana en Igueldo.

Seguramente era domingo, porque yo estaba en casa y abrí la puerta. Allí aguardaba una señora morena, con un maletín en la mano, y un capitán de artillería. Mi madre acudió a recibir a la visita y reconoció a Alejandro Sirvent, que presentó a la señora. Respondía al nombre de Rosa Massó y estuvo en una embajada en Madrid, donde también se escondía el capitán Sirvent. Rosa Massó era hija de un banquero catalán, los rojos habían fusilado a su marido y no tenía dinero, ni adonde ir.

—Quédese usted aquí —dijo Carmita Oliver con toda sencillez.

—Yo no puedo ayudarla en nada —añadió el capitán Sirvent.

Rosita Massó se abrazó llorando a mi madre, y se quedó en General Primo de Rivera hasta el final de la guerra, porque estas cosas no eran raras entonces, ni tenían demasiada importancia.

Creo que Rosita, haciendo valer su condición de viuda de guerra, se apuntó a alguna organización y consiguió recibir un suministro en buenas condiciones de precio, que ponía a nuestra disposición. Tardaba mucho en vestirse y en arreglarse, peinaba con mimo su negro cabello y no daba golpe. Trabajaba entonces, en casa, una chica que se llamaba Felisa y a ella le caían todos los encargos de la viuda de Antich, que así se llamaba el fallecido comandante. Rosita Massó, para mi gusto, tenía los labios demasiado finos, pero lucía un cuerpo de indudable calado y unos hermosos ojos negros. Yo sabía de mujeres por el cine Kursaal, y podía comparar. A pesar de todo nunca me interesó, ni a José Antonio Arche tampoco, porque pertenecía a la raza de las tías, no a la raza arrebatadora de las artistas de la pantalla. Rosita tocaba el piano y le gustaba mucho cantar canciones catalanas; tenía una voz preciosa, aunque un poco cursi, y a la menor ocasión estaba dispuesta a lucirla. Solía cantar *L'ocellet, Una matinada fresca, El rossinyol*, y algunos villancicos selectos. Al cabo de unos meses acabé odiando su repertorio, y ahora —paradójicamente— cada vez que oigo una de aquellas bonitas canciones me acuerdo con nostalgia de Rosita Massó, que para mí estaba loca por los huesos del capitán Alejandro Sirvent, situación nada rara en la guerra civil, que debió de darse con frecuencia en las embajadas de Madrid. Pobre Rosita, joven, viuda, sola, perdida, y pobre capitán, que se iba a la guerra y seguramente no sabía qué camino tomar. Para ellos —para los mayores— la situación era de lo más confusa, pero nosotros —los niños— ya estábamos en plena normalidad.

Y apelando a la normalidad, al calendario y a los meses que pasan, poco después, nos examinamos de ingreso al bachillerato, donde nos esperaban siete cursos y la reválida, porque pronto iba a nacer —si no estaba ya en el mundo— el famoso Plan del 38. Las señoritas del colegio nos acompañaron al instituto Peñaflorida y yo iba muerto de miedo, porque nunca jamás me había sometido a un examen. Dispuestos a pasar la primera prueba entramos en una sala espaciosa y un profesor del instituto comenzó a pasear por el pasillo, dictando lentamente. El dictado no iba a ser causa de mi ruina, e incluso podía ayudar a otros niños, que me preguntaban medio ahogados:

—¿Primavera con be o con uve?

—Con uve.

—¿Y lobo?

—¡Con be!

Parece mentira, aquel niño no había leído *La vuelta al mundo en 80 días* y ni siquiera *Los tres cerditos y el lobo feroz*. Luego nos pusieron dos problemas de aritmética y uno de los niños del colegio me pasó generosamente los resultados. En el examen oral me precedía una niña de trenzas rubias, muy mona, vestida con uniforme de colegio de monjas.

—¿Qué es isla? —le preguntó el catedrático.

La niña se tomó unos segundos y luego repuso con envidiable aplomo:

—Eso no viene en mi libro.

El catedrático –que debía de ser un hueso– no hizo más preguntas. Después me llegó el turno y tuve la suerte de que me tocara un tema de historia, que yo me sabía bastante bien y así pude hablar de Carlos V, que ya estaba muy de moda en la nueva España. Había aprobado el examen de ingreso, si no de forma brillante, al menos discreta.

El último reducto de las aprensiones de Carmita Oliver –me estoy refiriendo a la salud del niño Paupico– fue la playa. Tenía bien plantada la idea de que los baños de mar eran perjudiciales, y mucho más si se prolongaban indebidamente. Mi madre nunca fue supersticiosa y mucho menos pueblerina en sus creencias, pero se había hecho en el teatro. Para los cómicos la playa es un paisaje de ciudad en fiestas, adonde se acude para divertir a los demás, por ver si suena la flauta y se hacen buenas taquillas; la playa no es motivo de veraneo, ni de descanso, y lo mejor que puede ocurrir es que llueva. Ella sabía que sus padres –y mucho más sus abuelos– formaban parte de los festejos. La abuela Julia era de Chipiona, allí entonces el mar significaba trabajo, sudor y sufrimiento, nunca veraneo. Siete olas, siete días, para las paridas y los enfermos. Los señoritos se iban a Cádiz y los señores, a Santander. Cuando el sol y el salitre dejaron de amenazar mis pulmones ya era tarde. Los niños de San Sebastián, todos mis amigos, nadaban divinamente y a mí no me enseñaba nadie; pasé mucha vergüenza hasta que decidí no volver a pisar la arena. Si mi padre hubiera estado conmigo hubiera aprendido a nadar, me lamentaba en silencio. Por circunstancias especiales, hasta 1950 no conseguí manejarme en el agua con cierta soltura. Sin embargo por allí andaba yo, asomándome a la playa de La Concha, mirando hacia el mar, como cuando llegué –hace más de un siglo– por primera vez a San Sebastián.

En la playa –mucho tenían que decir el obispo y las propias autoridades– las normas de moralidad o decencia cristiana bordeaban peligrosamente el ridículo. Tenían que vestir traje de baño completo –también los niños– las señoras, los militares de permiso y todos, albornoz. Estaba prohibido tomar el sol y, por supuesto, tumbarse en la arena, bajo multas pecuniarias o expulsión de aquel territorio. Sólo la chusma marxista y los sin Dios se tumbaban en la playa. Los guardias del obispo, y los sicarios del gobernador paseaban con el ceño fruncido; y el deporte de moda, de aquel verano de 1938, consistía en burlarlos limpiamente. Lo malo es que la broma se prolongó hasta bien entrados los años setenta. Uno de aquellos días apareció en la playa de La Concha un caballero vestido de rigurosa etiqueta, tocado de magnífica chistera, que avanzaba hacia la orilla, como si estuviera en un salón del Palacio de Miramar. Saludaba gravemente a derecha y a izquierda, no se permitía la más leve sonrisa, porque iba a cumplir una misión sagrada: presentar sus cartas credenciales en el recién nacido Reino de la Decencia. Los bañistas le observaban asombrados, hasta que comprendieron que el hidalgo era un *gag* cinematográfico. La palabra *gag* no existía en España, y aquel caballero acababa de inventarla. Los habitantes de la playa, los convalecientes, los oficiales de permiso, las señoras con los niños, los propios niños, las añas, las abuelas y las amas de cría, estallaron en una monumental carcajada, que llegó hasta la frontera de Francia. El caballero −dando sombrerazos− entró en el agua, se bañó púdicamente y luego fue detenido por la autoridad, por mofarse de la misma. Supongo que era una persona notable, un falangista, un capitán de regulares, alguien de fuste, con medalla individual, porque a un rojo −o a un emboscado− no se le hubiera ocurrido gastar broma de tan mal gusto. Y no digamos a un requeté. El caso es que la aparición del curioso embajador en la playa de La Concha se convirtió en el asunto del día, en aquella ciudad alegre y confiada.

−Es que en San Sebastián no se puede ni levantar unas faldas...

Aquella frase que tanto me iba a impresionar en el futuro, la pronunció José Antonio Arche en la cola del cine Kursaal, dándoselas de mayor. Se lo habría oído a alguien, y así lo dijo. No son palabras de niño, es una reflexión de persona mayor.

En el piso de arriba de General Primo de Rivera −en el sobreático− vivían unos italianos que me regalaban postales de Mussolini en actitudes guerreras. La familia tenía tres niños, que llevaban incluso camisitas negras, y a los que recuerdo con cierto asco, muy justificado como se verá a continuación. No iban al colegio, ni salían de paseo, estaban todo el día dando gritos y peleándose, a imitación de sus padres. A mí las películas italianas −me refiero a las neorrealistas− no me impresionaron en absoluto, porque había sido vecino de una de aquellas singulares familias romanas, o quizá napolitanas.

Una tarde se rompió una tubería y nos cayeron encima todas las cacas del fascio. Por suerte había en casa dos caretas antigás, que había traído mi padre del frente, y allí probaron su eficacia. Rosita Massó huyó a la calle, asegurando que no podía soportar ciertos olores, Carmita Oliver y yo nos pusimos las caretas y trabajamos en el marrón cuarto de baño. Yo no debía de ser de ninguna utilidad, pero me gustaba la careta y me sentía solidario y benéfico. Mi madre lloraba y se le empañaban los cristales, y yo comprobaba asombrado, que dentro de la careta se respiraba aire limpio de Navacerrada. Al poco tiempo vino el fontanero, nos pidió una careta con cierta humildad y arregló el desastre. Lo malo es que el olor a mierda duró más de una semana.

Aquel domingo debutaba en San Sebastián un novillero que daba mucho que hablar. Fui a los toros, solo, comprándome la entrada más barata. Mis amigos no eran aficionados, y mi padre estaba en Benicasim, un pueblo de la provincia de Castellón. El abuelo Luis no quería ir a los toros, aunque al final supongo que se acercó a la plaza del Chofre. Toreaba en San Sebastián Juan Belmonte Campoy, hijo de aquel Pasmo de Triana, que yo había visto en Cádiz vestido de azul y plata. Con Belmonte hacían el paseo otros dos novilleros, uno sevillano —del barrio de San Bernardo— que se llamaba Pepe Luis Vázquez. Resulta que Juanito Belmonte pasó sin pena ni gloria y Pepe Luis Vázquez conmovió a las viejas piedras de la plaza del Chofre. Yo volví al 5º B toreando por los desmontes y luego por la avenida del General Primo de Rivera.

Al poco tiempo operaron de cáncer a mi abuela Jacoba, y por fortuna salió bien, aunque aproximadamente ocho años después se le reprodujo el tumor y murió en Madrid. Mi padre vino a reponerse, porque cada vez estaba peor del estómago, y en San Sebastián encontró a Manolo Bienvenida, también enfermo.

—Al poner un par de banderillas en Lisboa —le dijo Manolito— creí que me ahogaba. Ya lo había notado, pero no con tanta fuerza. Me ha diagnosticado el doctor Blanco Soler y me operaré en cuanto deje la habitación tu madre. Luego nos vamos a descansar a La Gloria, un par de meses, que bien lo hemos ganado.

El pobre Manolo creía que su enfermedad estaba producida por un perro, que era un quiste hidatídico, de fácil arreglo, pero al operar descubrieron que estaba invadido por un tumor maligno, y que no había solución. Tenía veinticinco años, era mi torero, el más artista, el mejor, el más valiente del mundo. Los Bienvenida se vinieron a San Sebastián desde Sevilla y supongo que debió de ser un viaje tan largo como doloroso. Yo iba casi todos los días a ver a Manolo, que estaba en la clínica de San Ignacio, solo en su habitación con Carmelita. Manolo intentaba sonreír. Lo recuerdo mal afeitado, con un pijama a rayas. El día antes de morir —creo que fue el 29 de agosto de 1938— no me dejó entrar. Apenas sin voz me dijo:

—Márchate, no entres aquí, que huele muy mal.

Y era cierto: una mezcla de olor a colonia y enfermedad terrible, un olor difícil de olvidar.

8
Estaba la pájara pinta

Desde que salimos de Madrid, el 13 de julio de 1936, hasta el verano de 1938 habían transcurrido dos años largos, que es mucho tiempo en la vida de un niño que aún creía en los Reyes Magos. La guerra civil, que para mí era lo que podemos llamar situación de normalidad, la ausencia de mi padre y la continua preocupación de Carmita Oliver, con su marido en el frente y su familia en el Madrid sitiado, cambiaron mis hábitos y no precisamente para mejorarlos. A los once años cumplidos, camino de los doce, yo estaba mutando en una especie de Mister Hyde infantil, un pequeño Al Capone, gángster muy de moda en aquellos años. En 1936 el niño Paupico se lamentaba de falta de libertad; en 1944 –por citar una fecha clave– me dio miedo de que aquella criatura, que ya era Jaime, se acabara convirtiendo en un desastre, sin que mediara culpa de nadie. No es que yo reniegue de la libertad y esté pidiendo disciplina con retraso, lo que quiero decir es que, en la España de Franco, también había niños malos y que no sólo a los pioneros rojos les crecían las narices por decir mentiras, que los flechas y los pelayos, las margaritas y las chicas de la Sección Femenina podían ser absolutamente abominables. Ya me gustaba la cerveza e incluso el vermú, y robaba cigarrillos a las amigas de mi madre.

Un día íbamos José Antonio Arche, Vallescar y yo –tres pispajos– fumando por la calle nuestros buenos Camel, cuando nos paró un señor mayor muy digno –lo menos teniente coronel retirado– que nos obligó a tirar los cigarrillos:

–¿No os da vergüenza fumar por la calle a vuestra edad?

Supongo que nos quedamos de un aire, que pensamos que aquel caballero nos iba a llevar a la comisaría, o al menos a presencia de nuestras madres y profesoras.

–Por lo menos podíais fumar en pipa, que es mucho más sano, porque lo peor no es el tabaco, sino el papel de fumar.

Y se marchó tan tranquilo, dejándonos hechos un verdadero lío.

Ni José Antonio, ni Vallescar, ni yo hablamos, pero seguramente pensábamos lo mismo: vaya un número, tres niños fumando en pipa por la calle.

También dábamos buenos tragos a las botellas de casa y una tarde de juerga nos enchufamos media de benedictino, un licor empalagoso que no he vuelto a probar en mi vida. A Arche se le ocurrió que, para disimular, lo mejor sería beberse un vasito de colonia y así lo hicimos: aquélla fue una de las borracheras más terribles que he cogido en mi vida. También tomé la costumbre de abrir los bolsos de las visitas y sustraer pequeñas cantidades de dinero, y nunca fui descubierto, porque supongo que las amistades de mi madre —si es que lo sospechaban— no se decidían a denunciar al pequeño delincuente. Ahora me gustaría echarle la culpa a las malas compañías y a la influencia de James Cagney y George Raft, conocidísimos gángsteres de la pantalla; pero sería injusto: yo era el culpable, y ni el gusanillo de la conciencia, ni el temor al infierno frenaban mi carrera de facineroso.

José Antonio Arche y yo habíamos inventado un juego que llamábamos de los botones. Era la reproducción de un partido de fútbol, algo así como las chapas tradicionales, pero mucho más divertido y difícil de practicar. Todo el día nos lo pasábamos jugando a los botones, con su baloncito de papel de plata, las líneas del campo marcadas en el suelo y sus porterías perfectamente construidas. Lo malo es que necesitábamos botones pequeños y grandes, algunos de especiales características, porque no servía cualquiera. Así pelamos los abrigos de los niños del colegio y lo que fue aún peor y muchísimo más dramático, el traje de chaqueta nuevo que se había hecho Felisa, la chica de casa, que entre lágrimas nos acusó del desastre. Mi madre se llevó un disgusto tremendo y se pasó toda la tarde llorando, porque había descubierto que su niño era ladrón de botones.

El 25 de julio de 1938 comienza la gran batalla del Ebro, donde el ejército republicano acabó de perder la guerra. En San Sebastián apenas se sintió el efecto de aquella ofensiva, pero el Cuartel General de Dávila y, con mayor motivo, el del Generalísimo temblaron por su peana. En manos de los rojos cayeron los pueblos de Mequinenza, Fayón, Flix, Ascó, Mora de Ebro, Fatrella, Corbera, Villalba de los Arcos, las posiciones de las sierras de Caballs y de Pàndols, y todos los observatorios de la región. Años y años cantaron los americanos internacionales aquello de:

En el Ebro se han hundido las banderas italianas
y en el puente sólo ondean las que son republicanas.
¡Las que son republicanas!

Aquel mes de septiembre marcado por la decisiva batalla del Ebro
y por los bombardeos de Barcelona —que afectaban a la familia de
Vallescar y a la de Rosita Massó— fue trágico por otro motivo. Los alemanes entraron en Praga y se merendaron Checoslovaquia, país del
que yo tenía muy pocas nociones, a excepción del juego de café que
había comprado mi madre en Créditos Loinaz. La España nacional
tembló de miedo ante la posibilidad de un conflicto internacional, y
en la zona republicana se acogió la crisis con la esperanza que ponía
el gobierno de Negrín en una guerra mundial.

Todo estaba en el aire, hasta que Daladier y el señor Chamberlain
—los jefes de gobierno de Francia y Gran Bretaña— se quitaron el sombrero y otras prendas más íntimas ante el canciller Adolfo Hitler, que
ganó la primera batalla de la guerra sin desenfundar el sable.

En los cines de San Sebastián —cuando proyectaban los noticiarios
de Múnich— el público se ponía en pie y aplaudía fervorosamente,
como si los nacionales hubieran entrado en Madrid. No era para
menos. Se multiplicaron también las patrióticas manifestaciones de
júbilo, pero yo no fui a ninguna, porque la señora Leonor había desaparecido con su máquina Singer.

* * *

La guerra se había parado en Levante y el general Aranda permanecía ocioso e impaciente en Benicasim. Dice Luis de Armiñán:

*De aquel abril de 1938 al día de Valencia, pasaron interminables meses. Un
frente parado con el solo episodio del primer día de la batalla del Ebro. Cuando
nos enteramos, el General creyó que lo enviarían allí y me dijo que le acompañara a una visita de reconocimiento. No sé por dónde fuimos él y yo solos, con el
chófer, carretera adelante. Preguntó en una masía y entró en una segunda, que
tenía el Ebro a sus pies. En la otra orilla vimos una bandera roja con la hoz y el
martillo. No había nadie, pero nos sentíamos observados. Salimos muy despacio
y al subir al automóvil nos pegaron dos cañonazos, porque un frente, por muy
parado que se halle, es una línea de combate. Con un buen día de sol, el mar azul
—que me recordaba mi infancia en Algeciras— y la certeza de que el susto había
pasado, hablamos de literatura, sobre todo de poesía, Aranda sabía de memoria
algunos versos y los recitaba con maliciosa ingenuidad, riéndose de sí mismo.*

238

—Por una vez y sin que sirva de precedente —me dijo— he olvidado la guerra.

Franco le quitó fuerzas a Aranda, divisiones, baterías, dejándonos con una línea endeble de contención, porque los rojos y los azules tenían un solo ejército de maniobra, y ambos estaban en el Ebro.

En otoño de 1938 mi madre y yo fuimos a Zaragoza; no era un traslado, sino unas vacaciones, una excursión extraordinaria. El frente ya se había alejado de Aragón y el viaje, desde San Sebastián, se hacía con tranquilidad. En Zaragoza vivimos en una pensión de cómicos que estaba en el centro, muy cerca del teatro Argensola. Mi habitación daba a un patio y, por la mañana, tenía que andar con muchísimo cuidado y no hacer ruido, porque los artistas estaban durmiendo. Mi madre y yo paseábamos por Zaragoza, y ella me enseñaba la ciudad, donde había trabajado con los abuelos cuando era joven. Estuvimos en el Pilar, y vimos en la iglesia una bomba de aviación que cayó junto a la Virgen y no explotó. Aquello era un milagro que me impresionó mucho. Yo comía temprano, en la pensión, mientras los cómicos se iban levantando. Como todos eran de zarzuela, para soltar las cuerdas bucales o por quitarse el sueño, daban voces en sus habitaciones, y hacían escalas por el pasillo o en el cuarto de baño. A mí me daba mucha risa, pero tenía que disimular.

Nada más comer cruzaba al teatro Argensola a los ensayos de *La pájara pinta*, que estaba a punto de estrenarse, y allí me escondía en una butaca, sin hablar, sintiéndome importante, porque era el hijo del autor y además me había hecho muy amigo del músico, un chico rubio que se llamaba Carlos Arijita. Lo que no me gustaba eran los besos de las señoras de la compañía, y lo que me daba un poco de vergüenza eran los ensayos, excepto cuando sonaba la música y parecía que iba a caerse el teatro.

La pájara pinta era un sainete madrileño, escrito a partir de la nostalgia que, en sus autores, producía aquel Madrid de antes de la guerra, que sin duda resultaba anacrónico. Madrid era otra cosa, Madrid estaba bajo las bombas, y ya no había pregoneros, ni barquilleros, ni limpiabotas, ni organillos, ni chulas de rompe y rasga, ni guardias civiles de zarzuela, ni siquiera chotis.

Cuando mi padre, ya viejo, me hablaba de aquel sainete, lo recordaba con una mezcla de amor y espanto, mientras Carmita Oliver evitaba mirarle: fue en verdad escrito a partir de la nostalgia.

En los frentes de combate nunca se ven pájaros... Así empezaba la vuelta atrás... Yo había escrito una crónica con el tema de los pájaros en la guerra, que fue reproducida en muchos periódicos. Aun en tierras calcinadas por explosiones y metralla el fuego deja en su rescoldo crecer una flor. En los árboles astillados queda siempre un brote, que se hace rama y hoja. Pero los pájaros se van. No aguantan el ruido, les aterra el hombre, su eterno adversario, y vuelan por muchos meses, en cortos vuelos o en largos, hacia la tranquilidad. Pero aquel día, quizá por estar el frente detenido, un pájaro se posó en el suelo, ante mis ojos. Lo recuerdo. Era fino, con una colita que se levantaba y caía incesantemente. Tenía pico agudo de insectívoro. Era, como nosotros, un carnicero, un depredador. Estaba de caza.

—Es la pájara pinta —pensé.

Tenía dos o tres colores, entre grises y blancos.

—Era una lavandera común.

Mi padre no hizo ningún caso de aquella pedantería ornitológica y se reafirmó:

—Era la pájara pinta.

Recordé entonces la canción infantil: Estaba la pájara pinta sentadita en el verde limón... *Luis Aranda, el comandante Aranda —hermano del General—, pasaba por allí y me preguntó si iba a jugar al corro. Menudo corro. Un frente parado no quiere decir un frente tranquilo. No avanza. Las líneas se estrechan. Las nuestras, desde el mar y Nules, iban por la sierra de Espadán, donde estaban los moros. Algún cañonazo nos recordaba la guerra. Pocos pero los suficientes para advertir a unos y a otros que allí se seguía matando y muriendo.*

De aquel pájaro nació La pájara pinta *escrita por el comandante Aranda y el alférez Armiñán, música del soldado Arijita, que nunca había oído la canción de corro. Don Benitiño, el cocinero del General, nos daba de cenar, encendíamos unos cigarrillos y escribíamos. El comandante Aranda por su parte, y yo por la mía. Arijita iba componiendo la música en un piano, que había en una sociedad abandonada, y el maestro de la banda del Cuerpo de Ejército la instrumentó con muy buena voluntad. Lo malo es que, como era gallego, se empeñaba en meter gaitas en la obra.*

—Pero ¿cómo va a llevar gaitas un sainete madrileño, maestro?

Acabó resignándose. Poco tiempo después le dimos la obra a Eladio Cuevas que, con Maruja Vallojera y un teniente del Tercio que se llamaba Lehoz, hacía una temporada en Zaragoza. Más que La pájara pinta *lo que le gustaba a Eladio Cuevas es que aquel sainete estuviera escrito por un comandante de la legión, un alférez jurídico y un soldado de infantería: si además lo cantaba un teniente, mucho mejor. Cuando se lo contamos al General se limitó a mover la cabeza suspirando:*

—¡Bendito sea Dios!

240

Mi abuela, doña Carmen Cobeña

El abuelo Federico con abrigo y boina en su casa de Madrid, año 1950

Boda de Carmen Cobeña y
Federico Oliver, un 15 de
agosto, Virgen de la Paloma.
Ella va de negro porque era
mayor, unos treinta años

Carmen Cobeña
en su mejor época

Luis de Armiñán Pérez, gobernador civil de La Coruña en 1906

El abuelo Luis vestido de moro con el general Sanjurjo, entonces capitán. Melilla, 1909

Mi abuelo Luis pocos días antes de morir, septiembre de 1949

José Manuel de Armiñán
—el tío Alel— en 1935

Mi tío Alel —con el querido Balilla—, de teniente de complemento en Burgos

Mi madre, Carmita Oliver,
en plena juventud

Carmita Oliver en 1942

Mi madre y yo en San Sebastián. Foto de estudio de 1938

Mis padres en el cortijo La Gloria, de
Manolito Bienvenida: era el año 1935

Paupico, cuando aún llevaba
flequillo, en 1932

Mis padres. París, Semana Santa de 1945

Mi padre, Luis de Armiñán en 1987

Mi padre al final de la guerra civil:
teniente jurídico a los cuarenta años

Víctor Ruiz Albéniz —Tebib Arrumi— con
Luis de Armiñán y el Balilla azul en el
frente de Madrid

Luis de Armiñán acompañado del fotógrafo Pepe Campua. Playa de San Sebastián, 1937

El gobernador de Cádiz con don Juan Pedro Domecq, 1935

Mi padre, gobernador civil de Cádiz con la Repúbilca, 1934

La merienda de los vencedores:
Fidel Dávila, Francisco Franco,
Ramón Serrano Súñer, Emilio
Mola y Ramón Franco. Asturias

Luis de Armiñán y el general
Antonio Aranda en el frente de
Asturias en 1937

«Cada uno por su lado», escribió
mi padre. Francisco Franco y
Antonio Aranda en el lago del
Ausente, frente de Asturias, 1937

Víctor de la Serna, Federico García Sanchiz y el comandante Luis Aranda, en El Llano de Caudet

De izquierda a derecha: teniente coronel Gutiérrez Soto, comandante Luis Aranda, general Antonio Aranda, mi padre y el médico Ballesteros junto a otros oficiales. Comida en el frente resguardados por el parapeto del puesto de mando

El general Moscardó en Guadalajara

El general Aranda y su jefe de
Estado Mayor, Gutiérrez Soto,
oyen misa. La retaguardia del cuerpo
de Ejército de Galicia era
realmente sólida

Luis de Armiñán con el general
Aranda, su jefe de Estado Mayor y
algunos periodistas en el frente de
Asturias. A la izquierda, Sánchez
del Arco, crítico taurino que firmaba
Giraldillo. Junto a mi padre,
Martín Fernández −Spectator−,
que fue más tarde el cronista
deportivo Juan Deportista.

El actor Francisco Pierrá saluda al ejército triunfador. Valencia, 1939

La mesa de despacho del general José Miaja en la Capitanía de Valencia

Con mis padres en julio de 1928

Jaime de Armiñán en 1931

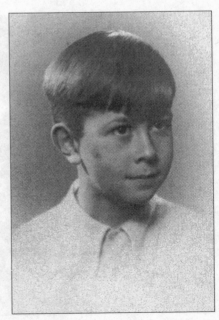

Jaime de Armiñán en 1934

Con locomotora al fondo en la
estación de Cercedilla
(verano de 1934)

Una escena familiar, que el niño estropea mirando a la cámara. Cercedilla, 1934

Mi primera comunión en
Vitoria: 21 de junio de 1937

Excursión por la sierra de Guadarrama con el colegio Estudio, 1943. En la fila superior,
de derecha a izquierda, Carmen García del Diestro y Jimena Menéndez Pidal

Pirula Arche parece una chica del
año 2000, sin embargo,
la foto es de 1942

Antonio Bienvenida, Carmita Oliver y yo

Manolo, Antonio —que vestía su primer traje de luces— y Pepe Bienvenida

Pirula y Curro Arche con
Curra —hija de *Chiki*— en
Agustina de Aragón, 1945

Con mi madre, Carmita Oliver,
en París, verano de 1945

París, agosto de 1945

La Venus de Milo vuelve a lucirse
en París. Reapertura del Louvre,
agosto de 1945

En París, 1945

Entonces ya me creía mayor... 1944

Mi primer pantalón largo

Con mi abuela Carmen en su
piso de Madrid, 1944

Jeeps y soldados americanos en París, 1945

Piscina en el Sena. Agosto de 1945

Una de mis fotos en París. Algunas, como ésta, llegaron a publicarse. 1945

Llegó la noche del estreno. Yo estaba en un palco con mi madre, Mercedes —la mujer de Luis Aranda— y Cocolo, la niña, que era muy morena, pero un poco pequeña y que se quedó dormida. Me figuro que Carlos Arijita —vestido de etiqueta— dirigía la orquesta. Me acuerdo muy bien del principio de la obra, aunque luego lo demás se me ha olvidado. Sin levantarse el telón sonaban los compases de *La pájara pinta*, y luego los pregones de Madrid, los que yo me sabía de memoria: «¡Coliflor *p'al güe!* ¡Lechugas y brecolé!». Sólo me faltaba «¡Hay helado Ilsa! ¡Mantecados Ilsa!», pero supongo que no pegaba de ninguna forma. Lo cierto es que la función me aburrió —aunque estuviera escrita por mi padre— y que me entretenía la música. Maruja Vallojera, que era la chica, y Eladio Cuevas, que era el gracioso, estaban un poco viejos para aquellos trotes y más bien pasaditos de peso, y además —Luis de Armiñán me confirmó el detalle— no se sabían su papel, que habían ensayado medio forzados y con desgana. Pobre padre, nunca tuvo suerte en el teatro y mucho menos con aquellos cómicos de zarzuela y media pensión. A pesar de todo vi cinco o seis representaciones de *La pájara pinta,* y conseguí aprenderme algún cantable.

Quien de verdad me había impresionado era el músico Carlos Arijita, un ejemplar curiosísimo al que he valorado ya de mayor. Carlos Arijita lo copiaba todo sin el menor rebozo. Hizo incluso una marchapasodoble que se titulaba *Hacia Valencia,* que tenía un sospechoso parecido con el inmortal *Valencia,* del maestro Padilla. Se llegó a editar un disco, que en su día escuchó mi abuela Carmen Cobeña, en presencia de Carlos Arijita.

—Ahora pónganos usted el bueno —dijo mi abuela, después de oír *Hacia Valencia.*

A Carmita Oliver le hubiera gustado meterse en una botella, como el genio de *Las mil y una noches,* pero el maestro Arijita se partía de risa.

—Tiene usted razón, doña Carmen: ahora vamos a poner el bueno.

* * *

La guerra estaba terminando y la pobre ciudad de San Sebastián aguantaba como podía el exceso de población. Creo que hasta había restricciones de luz eléctrica, y desde luego faltaban artículos de primera necesidad. Un día la plaza de toros se llenó de prisioneros. Los veíamos desde casa moverse por los tendidos y por los palcos. Carmita Oliver cerraba las ventanas de la terraza y no quería mirar hacia el Chofre, que se había convertido en un auténtico campo de concentración.

El 28 de marzo de 1939 las tropas de Franco entran en Madrid, la ciudad prohibida. Vienen de la Universitaria, cruzan el barrio de Argüelles, alcanzan la heroica Gran Vía, y por Preciados y Montera llegan a la Puerta del Sol. Pocos días después mi padre vuelve a su casa de Agustina de Aragón, armado de pan blanco, paquetes de azúcar, café, latas de leche condensada, de ricas sardinas en aceite, tabaco y otras muchas cosas, que repartirá con la familia Oliver, y con don Paco Segovia, su amigo del alma.

Carmita Oliver oye la voz de sus padres y de sus hermanos. Aquel día sí fuimos a la manifestación, mi madre lloraba, no por fervor patriótico, sino porque había recuperado a su gente.

El primero de abril sonó una trompeta a la hora del parte: un toque de atención y luego la emocionada voz de Fernando Fernández de Córdoba, el galán de galanes, que había trabajado en la compañía de mis abuelos y era entonces locutor privilegiado de Radio Nacional de España. Fernández de Córdoba anunció que la guerra había terminado y que el Ejército rojo estaba cautivo y desarmado, de momento en la plaza de toros de San Sebastián.

Aquel curso —el cacareado Año de la Victoria— me examiné de primero de bachillerato y así inicié mi camino por el latín, el griego y otras nobles asignaturas que el Plan del 38 había puesto en marcha.

Nadie podía imaginar que el Año de la Victoria iba a durar hasta 1975, pero es que los calendarios —sobre todo el Ferrolano— gastan bromas inesperadas.

* * *

El general Aranda decidió celebrar la victoria en Valencia. Se entiende la victoria de sus soldados, del Cuerpo de Ejército de Galicia, que había combatido desde Oviedo hasta el mar Mediterráneo. Siempre cuestionó el trabajo del resto de los generales —sus compañeros—, sobre todo el de Franquito. Lo cierto es que entonces, en la España nacional y vencedora, Antonio Aranda ocupaba el tercer puesto en un teórico escalafón de prestigio militar: primero el incuestionable Generalísimo, después Moscardó y el Alcázar de Toledo, luego Aranda, con Oviedo, y en cuarto lugar Queipo de Llano, virrey de Andalucía.

A los festejos de Valencia fuimos invitados mi madre y yo: primero iríamos a Benicasim, muy cerca de Castellón, luego a Valencia y, por último, a Madrid, para que Carmita Oliver viera a sus padres y yo a mis abuelos y al tío Pepe.

Por una carretera estrecha, llena de baches, viajábamos de Vinaroz a Benicasim. El mar, tan azul como el de Cádiz, no me sorprendía, pero sí la aridez de las montañas –que llevábamos a la derecha– y parecían el paisaje de una película de moros. Yo iba atento a todo lo que me rodeaba, pero como de costumbre sin abrir la boca y sin expresar emoción alguna. La guerra se advertía de cuando en cuando: casas mordidas por la metralla o destruidas por el fuego, algún camión abandonado e incluso un tanque, que me impresionó mucho. Al mirarlo me dijo el sargento, conductor del coche, que era un tanque ruso incendiado, y que habían sacado a los ocupantes con una pala, o sea, carbonizados. Carmita Oliver se estremecía, y yo me iba quedando con aquellas imágenes irrepetibles.

Después, cuando fuimos de Benicasim a Valencia, pasamos por Nules e incluso nos detuvimos en el pueblo. Allí sí que tropecé con la guerra malamente. Nules estaba destruido, a pachas por los republicanos y por los nacionales, y no quedaba una piedra en su sitio. Fuimos por el centro de las calles, hasta llegar a lo que fuera un día la plaza principal. Las puertas estaban rotas, desvencijadas o habían desaparecido, las paredes negras, las ventanas vacías. Se veían algunas casas por dentro, con muebles vertidos al balcón, papeles desgarrados, lámparas sin luz, colchones y butacas de tripas al aire. Mi padre me observaba con curiosidad; yo creo que quiso detenerse en Nules para enseñarme el horror que significa la guerra. Carmita Oliver me daba la mano –yo intentaba soltarme– e impedía que me acercara a las pobres casas:

–No te vayas, que se pueden derrumbar en cualquier momento... Y ten cuidado, que hay bombas de mano en el suelo.

Estaba asustada y no podía más.

–Luis, por favor, vámonos de aquí.

* * *

Aranda estaba en Benicasim, en una casa de verano agradable y bien cuidada, que no sé si le cedieron o era de alguien que huyó al acabar la guerra. Tenía dos pisos y un bonito jardín con naranjos. Allí íbamos a almorzar. Carmita Oliver me vistió con mis mejores ropas y no se cansó de advertirme que comiera bien, sin hacer guarradas, porque habría gente de mucho fuste e incluso el general Aranda. La recomendación resultaba de lo más inútil, porque yo comía bien y educadamente, y además había superado la etapa melindrosa.

Por la mañana vino a buscarme el alférez Pérez Cinto, que me llevó a dar un paseo por la playa y me preguntó por *Úrsula*, la osa del monte Igueldo. Era muy simpático Pérez Cinto. Como el alférez Ballesteros, el médico. También conocí entonces al peluquero Pitirigüí, y al asistente de mi padre, que se llamaba Julio Sánchez Puga. Julio —ya en Madrid— fue amigo y secretario de Luis de Armiñán, hizo oposiciones al ayuntamiento y ganó plaza de guardia de la porra, hasta que ascendiendo, llegó a jefe de negociado o algo así. Desde mis tiernos catorce marzos lo he visto en casa.

Ya sonaba la hora del almuerzo.

Como era una comida informal podía sentarme a la mesa: don Niceto y don Alejandro Lerroux ya estaban muy lejos. De todas maneras había cierto protocolo, que subrayaban dos o tres soldados vestidos con chaquetilla blanca. Entré con inevitable timidez, sin saber adónde mirar, pero dispuesto a no hacer el ridículo. Como es lógico quien más me impresionó fue el general Aranda, que era gordo, pero recio, y llevaba lentes de profesor. Supongo que me dio alguna palmadita y me preguntó cualquier cosa del colegio. También estaba Luis Aranda, a quien ya conocía de Zaragoza, y Mercedes, su mujer. Y es probable que hubiera ido a aquella comida África Aranda, la mujer del general, pequeña, ligera, que decía lo primero que se le venía a la cabeza, y que fue muy amiga de Carmita Oliver. No faltaba el coronel Gutiérrez Soto —punto fuerte del Cuartel General—, que era calvo y rollizo, con aspecto de funcionario. En cambio el comandante Loperena lucía como un artista de cine —la imagen del futuro Alfredo Mayo—, alto, guapo, de fino bigote militar, sonriente, victorioso y galante. A todos los tengo prisioneros en algunas fotografías de la guerra, junto al general Dávila, a los generales Martín Alonso y Alonso Vega, y al comandante Castañón.

Aranda tenía un cocinero —don Benitiño— que le sirvió con talento y fidelidad durante toda la guerra, pero en aquella ocasión delegó en una oronda cocinera, porque no es lo mismo hacer un arroz levantino que un lacón con grelos. En mi vida —y mira que he conocido paellas— comí alguna parecida a la de Benicasim. Tal vez fuera el escenario o la novedad, pero no recuerdo nada igual. Por supuesto ya tenía el placer del gusto, y seguramente el buen gusto de lo que estaba bien. Y además podía comer sin bozal. De cualquier forma la cocinera hubo de salir a saludar a los medios, entre las estruendosas ovaciones de los militares: era una hermosa morena de más de noventa kilos.

Pensándolo ahora —por desgracia ya en la primera fila de la trinchera— recuerdo muy pocos momentos parecidos. Cuando era más pequeño soñaba con las delicias prohibidas: huevos fritos, chorizo, incluso churros, porras, buñuelos y otras especialidades indigestas. Desdeñaba la merluza en blanco, la ternera asada, el membrillo y la compota, y podía jugarme la vida por un pimiento frito. En toda la guerra encontré plato que recordar, a excepción de uno bien curioso, porque no le pegaba al niño Paupico. Fue en Vitoria, en casa de Ana María Lozano: unas judías verdes muy tiernas —que allí dicen vainas— revueltas con huevo. Sería el huevo, pero creo que no, que fueron las jóvenes vainas de primavera, en detestable paradoja, porque yo lo que apetecía eran garbanzos y judías con morcilla.

* * *

Seguimos el viaje a Valencia y desde Castellón —después del terrible espectáculo de Nules— ya no se notaba el paso de la guerra. Al borde de la carretera, entre las huertas, había unas casitas pequeñas, de muros muy blancos y techo de paja, que parecían cabañas de cuento. Yo se las señalé a mi madre, que me dijo:
—Son de los huertanos y se llaman barracas.
Luego bajó la voz en tono misterioso:
—En Valencia nació un escritor muy célebre que hizo una novela que se llama *La barraca*... Ya tendrás tiempo de leerla... Blasco Ibáñez, que era muy amigo de tu abuelo Luis.
—¿Se ha muerto? —pregunté yo, contagiado del misterio.
—Se murió cuando tú no habías cumplido dos años.
Y para darme algún dato que me fuera familiar, siguió la información:
—Lo tienes en los sellos que coleccionas, el más corriente de todos, el que vale treinta céntimos, el de la República.
No conseguía acordarme del sello, ni siquiera de las cartas corrientes que llegaban a casa. Desde luego —eso podía comprenderlo fácilmente— en los sellos de 1939 no estaba Blasco Ibáñez, pues siempre salía El Cid, Isabel la Católica, la catedral de Burgos y, cada vez con mayor frecuencia, el Generalísimo Franco. Mi madre dio por terminada la información y yo pensé preguntarle al abuelo Luis por aquel novelista prohibido.
A partir de ese momento me dediqué a mirar por la ventanilla del coche en busca de barracas, y de huertanos, que iban con una gran blusa negra y boina. Al pasar el automóvil miraban con curiosidad, porque apenas había tráfico. Alguno decía adiós y yo correspondía al saludo.

En Valencia vivíamos en el hotel Metropol, justo frente a la plaza de toros y de la estación del ferrocarril. Se preparaban varios festejos notables: una corrida de toros y una novillada, y el desfile del Cuerpo de Ejército de Galicia. Luis de Armiñán había sido nombrado «empresario» de las corridas, que estaban dedicadas a los soldados, dejando sólo para el público un par de tendidos de sombra. Como es lógico mi padre se puso al habla con el Papa Negro, que hizo los carteles: la corrida de toros para Marcial Lalanda, Pepe Bienvenida y Juanito Belmonte, a quien yo había visto en San Sebastián, y en la novillada iba a debutar en Valencia mi amigo Antoñito Bienvenida. Ninguno de los toreros cobraba un céntimo.

Funcionaban algunos teatros y varios cines.

Aranda era capitán general de Valencia, el personaje más poderoso de la ciudad, y vivía en un castillo. Mi padre iba todas las mañanas a Capitanía a organizar el funcionamiento del cine y de los teatros. Ya trabajaba en uno de ellos Miguel de Molina —según mi madre, un artista maravilloso— y Amalia Isaura, que era muy graciosa, además de una bailarina que se llamaba Lolita Benavente y otras figuras del *varieté*. Yo entraba gratis en aquel teatro y veía la función casi todas las tardes. Por cierto: también los huertanos con blusa negra iban a las variedades.

Algunas mañanas fui a Capitanía con Luis de Armiñán y me sentía un personaje cuando le saludaban los soldados de la guardia.

«Si supierais», pensaba yo, «que ha sido gobernador civil de la República...»

En la Capitanía había vivido el general José Miaja, el defensor de Madrid, que escapó por muy poco cuando llegaron las tropas nacionales. Estaban retratando sus habitaciones, tanto las particulares como las oficiales. Yo entré en su despacho, en el de sus ayudantes, incluso en su cuarto de baño y en el dormitorio. Y me asomaba a la ventana, pensando «esto mismo es lo que veía el general Miaja...». Porque yo sabía de políticos y militares de la zona republicana, sobre todo de Azaña, de Miaja, de Pasionaria y del Campesino, que estuvo en Teruel. Cuando acabaron con las fotografías seguí visitando el piso de Miaja, sin que nadie me lo impidiera. Me ponía su gorra y me miraba al espejo, me liaba en su fajín y me echaba en su cama, que era de nácar o algo parecido, iba al despacho, levantaba el teléfono y fingía que estaba hablando con Stalin o con Largo Caballero. Muchas veces hablaba solo, algo inevitable siendo hijo único o quizá costumbre heredada de mi abuela Carmen y de mi bisabuela Julia.

—¿Está Largo Caballero?

Hacía una breve pausa.

—Del general Miaja.

Y le contaba las novedades del frente. Nunca me pillaron, y nadie se extrañaba al verme subir escaleras y empujar puertas, porque en verdad a nadie le importaba mi presencia.

Un día descubrí un álbum sobre la mesa del despacho, lo cogí, me senté en una butaca y lo miré con curiosidad. Era de cuero, y en la portada estaba el retrato repujado del general José Miaja sin gorra, completamente calvo, y creo que algunos motivos alegóricos, incluso la imagen de la joven Mariana –la República– y un paisaje que recordaba a Madrid. Las guardas, de seda natural, en franjas de color morado, amarillo y rojo. La primera página ponía en letras rebuscadas: «Al heroico general Miaja, defensor de Madrid, las brigadas internacionales». Quizá esta última frase fuera distinta, pero significaba lo mismo: aquel álbum estaba lleno de firmas extranjeras, desde la gloriosa, a la humilde, del premio Nobel y el fotógrafo de todas las portadas, a un pobre polaco –italiano, francés, checo o neoyorquino– quizá enterrado en nuestra tierra o de vuelta a la suya. Había firmas complicadísimas, de rúbrica historiada, y otras al borde del analfabetismo. Con toda naturalidad me lo llevé al hotel Metropol, y en mi cuarto lo guardé.

No termina aquí la historia del álbum del general Miaja, al que nadie dio importancia ni echó de menos, porque andaban buscando, con mucho mayor interés, un pijama a rayas, para mandárselo a Queipo de Llano, que de aquella prenda de Miaja –supongo que inventada– hacía mofa por los micrófonos de radio Sevilla. El álbum estuvo entre mis libros en Madrid, hasta que mi padre se lo llevó al abuelo Luis, y ya tendría yo dieciséis años. El abuelo Luis se lo regaló a su amigo Natalio Rivas, que era académico de la Historia, y según mis noticias a la muerte de don Natalio fue a parar, con todo su archivo, a la Academia de la Historia. Ojalá sea así.

Los niños han crecido muy deprisa durante estos últimos años y saben mucho más que los de 1939, que por muy malos que fueran, y tal era mi caso, en el fondo vendían inocencia y se comportaban puerilmente. Una trastada, una diablura –a la manera del inmortal Guillermo Brown– es impensable en el equivalente de hoy mismo.

Y yo hice lo que mi abuela Carmen llamaba una barrabasada, y no me estoy refiriendo al histórico documento del general Miaja. Mi madre había decidido llevarme aquella mañana a visitar algún monumento de la ciudad de Valencia, pero antes tenía que ir a otro sitio, donde mi presencia no era necesaria. Así yo estaba solo y aburrido en el cuarto del hotel Metropol —el de mis padres— esperando la hora de la cita. Abrí la ventana y me asomé: en la calle había bastante personal, caminando de arriba abajo, dirigiéndose a la estación del ferrocarril, saliendo de la estación. Enfrente estaba la plaza de toros, donde se iban a celebrar las dos corridas. Me cansé de mirar y anduve por la habitación, abriendo el armario, rebuscando en los cajones. En una mesa encontré un montón de tacos de papel: eran entradas de los toros sin utilizar, limpias, y ya con un sello del Cuerpo de Ejército de Galicia, que era el organizador del espectáculo. Volví a la ventana y se me ocurrió hacer una bola con una hoja de periódico y tirarla a la calle. Se agachó un hombre, cogió la bola y miró hacia arriba, mientras yo me escondía riendo. Tras una pausa inventé la maldad: mucho más divertido sería tirar entradas que bolas de papel. Y así lo hice. Desprendía los billetes del taco y los hacía volar desde la ventana; bajaban despacio, movidos graciosamente por el viento. Alguien recogió uno, y luego otro y otro, así hasta cincuenta o sesenta. Abajo se había reunido una pequeña multitud:

—¡Están echando entradas de los toros!

Tampoco era raro, porque en los tiempos de la guerra los aviones tiraban bombas, pero también pan blanco, y no sería de extrañar que los vencedores invitaran a los toros a la población civil de Valencia. Me sorprendió Carmita Oliver y nunca la he visto tan furiosa, se enteró mi padre y a punto estuvo de remitirme a San Sebastián, con mis abuelos y mis tías, pero el viaje era imposible. Por supuesto fui condenado a no ir a los toros, aunque luego me llegó el indulto gracias a mi abogado defensor, el alférez Pérez Cinto.

—Hombre, Luis... En el fondo hay que agradecérselo al chico... Es un bonito detalle con la población civil de Valencia, y hemos quedado divinamente por cincuenta entradas de sol, porque son de las más baratas.

La plaza estaba llena de soldados, y de mis invitados. Los tendidos eran de color caqui y el ruedo lucía tres círculos: rojo, amarillo y otra vez rojo. En el centro había una enorme cruz de Santiago, en todo lo alto un retrato de Franco —que no le debía de hacer ninguna gracia al general Aranda— y de las andanadas pendían colgaduras de todas clases. Los toreros hicieron el paseíllo destocados, mientras tocaba la banda. Después empezaron a sonar himnos, desde luego el *Cara al sol* y el español, aunque no sé si entonces se llamaba *Marcha Real* o *Marcha de Granaderos*. Supongo que también tocaron el himno de la Legión, que estaba muy de moda. Los soldados saludaban llevándose la mano al gorro, y todos los demás, levantando el brazo, porque era obligatorio.

Eso es lo que recuerdo de la corrida de toros, porque los incidentes de la lidia se me han olvidado.

Aún llevo más flojo el tema de la novillada. Antonio se había puesto el vestido corinto y oro, el mismo que le sirvió para salir de Madrid con el Papa Negro: el traje pasaporte. Creo que toreaba con Alcalareño, y otros dos novilleros. Me regaló una fotografía que aún conservo. En esta ocasión –y para la foto de medio cuerpo– iba vestido con una chaquetilla de Manolo, que le estaba grande, y llevaba el pelo repeinado con fijador: «Al más querido de mis amigos, Jaimito...». Nunca nadie me había llamado Jaimito, ni él mismo, ni me lo llamó jamás. La tinta está medio borrada, pero permanece la sonrisa de Antonio Bienvenida, a sus catorce años, vestido con la ropa de torear de su hermano Manolo.

A caballo, lleno de medallas, con el sable desenvainado, volviéndose a la tribuna donde estaban el general Aranda y mi vecina doña Carmen Polo –en representación de su señor marido–, desfilaba el general Muñoz Grandes, quien poco tiempo después sería jefe de la División Azul, encuadrada en el ejército alemán. Dice Luis de Armiñán:

La María era una bota de vino que acompañaba siempre al comandante Castañón, cuando salía al campo. Una vez la volaron. La tenía colgada en un naranjo, para que se refrescara. No pudimos restañar su sangre y murió heroicamente la María. Yo la conocí en el frente de Asturias, cuando empezábamos a recibir visitas de notables, y pasaba de mano en mano. La primera visita que recuerdo fue la de Muñoz Grandes. Le llamaban don Agustín, como si entonces se resistieran los oficiales a darle tratamiento de jefe del Ejército. Llegó una mañana, solo, vestido de uniforme con aquel descuido que le caracterizaba. Muñoz Grandes fue acogido fraternalmente por Aranda y con cierto recelo por determinados jefes. Yo le miraba con curiosidad. Cuando fui gobernador civil, él era jefe de la Guardia de Asalto en Madrid, el cuerpo de elite preferido por Azaña, y con razón. Aranda me contó la peculiar charla que tuvo con Muñoz Grandes, que yo observé de lejos.

El visitante se sentó al lado del General y le habló en voz baja:

—Unos guardias de asalto me salvaron la vida, y casi milagrosamente me llevaron a Francia. Ayer entré en España.

—¿No has ido a Burgos?

—No, quería hablar antes con alguno de vosotros.

El general Aranda asintió.

—¿Qué crees que harán conmigo?

—La gente de retaguardia te molestará un poquito.

—¿Me pueden fusilar?

—Si vas rápidamente a ver a Franco, no. Pero no te andes por las ramas: tira por derecho y no dudes.

—¿Y no sería mejor que me quedara aquí con vosotros?

—De momento, quizá. Luego no. Vete a ver a Franco, él te conoce y te estima.

No durmió en el Cuartel General, ni en ningún otro lado. Empleó la noche para viajar e hizo bien. Después de la guerra —ya prestigioso vencedor— se había convertido en falangista de la Vieja Guardia, del mismo modo que Serrano Súñer se hizo testamentario de José Antonio. Agustín Muñoz Grandes, que fue capitán general, ministro y vicepresidente del gobierno, tiene nombre de calle. Muchas veces, cuando la suerte le acompañaba, le vi sin insignias, con sus ayudantes detrás y una vestido de gala, al desfilar en la Valencia reconquistada: encabezaba el desfile, iba a caballo, al frente de su división, saludó con el sable a Aranda y se perdió camino de las páginas de la nueva historia de España.

A mí me habían colocado en la primera fila de una tribuna, pero no me acuerdo con quién. Carmita Oliver —que llevaba un sombrero muy bonito, como de artista de cine— estaba con el padre del general Aranda, que era un señor con el pelo blanco, que vestía de paisano. Empezaron a pasar batallones y escuadrones, unos a pie y otros a caballo. Eran soldados y bien se notaba, porque venían de la guerra, curtidos, hechos al frío, al calor y a pasar miedo. Supongo que no les importaba desfilar y que estaban deseando irse a casa. Sin querer me acordaba de los prisioneros de la plaza de toros de San Sebastián, abrumados, comidos por los piojos y la sarna.

¡Ya viene el cortejo!

¡Ya viene el cortejo! Ya se oyen los claros clarines...

Al pasar la caballería se oían los claros clarines, pero a mí me impresionaron las gaitas. Parece ser que mi padre tuvo mucho que ver en aquello de las gaitas, que formaban parte de la banda del Cuerpo de Ejército de Galicia, y que incluso hizo la letra de un himno, inspirado en una poema de Rosalía de Castro.

Las gaitas sonaban de forma inesperada, guerrera, dulce, soñadora, abrumadora... Nunca había oído nada igual, ni los valencianos tampoco. Parecía que la música iba formando nubes en el limpio cielo levantino, y que de un momento a otro empezaría a llover. Digo yo que era una llamada a la tierra lejana, a los gallegos que murieron enfrentados muchas veces, los muertos de la retaguardia —en Lugo, en

Pontevedra, en Tuy o en Finisterre–, los que se quedaron en el hielo de Teruel, los gallegos que perdieron la vida en el Ejército de la República. A todos llamaban las gaitas.

Luis de Armiñán había cumplido cuarenta años y ascendido a teniente Jurídico Militar: una magnífica carrera, solía decir burlándose de sí mismo. Aranda le dio un coche, un conductor y lo envió como representante del Cuerpo de Ejército de Galicia a Madrid. En aquel automóvil nos fuimos de Valencia mi madre y yo.

* * *

Me producía una invencible sensación de vergüenza entrar de nuevo en mi casa de Agustina de Aragón, y retrasé el momento todo lo que pude. Mi madre salió del coche, echó a correr, llorando, y abrió la verja del jardín, mientras venía la abuela Carmen, y al fondo –como dos sombras– el abuelo Federico y el tío Pepe. La abuela Carmen también lloraba. Yo miré por el jardín, que estaba medio seco, aunque bien barrido. Por fin mis abuelos me estrujaron a su gusto –llorando otra vez– mientras decían esas cosas que se dicen siempre, que cuánto había crecido, que si estaba tan guapo... Desde luego, mucho más guapo que ellos, sonrosado y de buen pelo, porque había comido todos los días. Mi abuela Carmen era un puro hueso, y mi abuelo Federico, que antes estaba gordito, bailaba la danza de los esqueletos dentro de un traje enorme. Y eso que se habían recuperado en los últimos quince días. Fueron tres años, nada menos que tres años, la cuarta parte de mi vida. La abuela Carmen me mojó con sus lágrimas, el abuelo Federico se hizo el fuerte. Vino el tío Pepe y entonces yo fui quien tuvo que aguantar. Parecía muy joven, casi un niño, porque era bajito y pesaba muy poco. Iba repeinado, con el pelo negro para atrás, y no sé de dónde sacó colonia para perfumarse.

En la mesa de la cocina pusimos un cajón lleno de sorpresas, donde no faltaba el aceite de oliva, ni el vino tinto, ni huevos frescos, ni tabaco negro y rubio americano, y al abuelo Federico se le volvieron a llenar los ojos de lágrimas. El tío Pepe me llevó a su cuarto: encima de la mesa había colocado mi colección de sellos, perfectamente ordenada –con catálogo y todo– en hojas donde enmarcaba los sellos, a tinta china y regla, dejando los huecos de las piezas que faltaban, y en letra minúscula, imagen, color y valor. Era una verdadera obra de arte. Lo que se llama un trabajo de chinos, como la propia tinta. Inmediatamente busqué los sellos de Blasco Ibáñez, que estaba de medio perfil, con una camisa blanca por encima de la chaqueta. Me quedé contemplándolo un rato y luego le pregunté al tío Pepe si teníamos las novelas de Blasco Ibáñez.

—Todas —me contestó.

—¿Tú sabías que era amigo del abuelo Luis?

—Sé algo más: tu abuelo Luis le salvó la vida en un duelo.

Luego me enseñó mis libros, los cuentos de *Pipo y Pipa*, los de *Pinocho contra Chapete*, los de Andersen, los de Perrault, los de *Mickey* —en viñetas— *La Gallinita Sabia, Popeye y Rosarito, El Lobo Feroz y los tres cerditos, Pingüinos en el polo*. Cosas de niños, que me había guardado el tío Pepe durante toda la guerra. Y también algunas novelas policiacas de la editorial Molino, aquellas de a 0,90 pesetas.

Por la tarde, después de comer moderadamente y sin pasar por la aduana del *reposeo,* el tío Pepe y yo dimos una vuelta por la calle de Agustina de Aragón. Muchas de las casas estaban vacías y otras ocupadas por gente nueva; en la de los Arche vivía Juanito, el padre de Currinche, Pirula y Ana Mari. Según se seguía, ya camino de la calle de Alcántara, estaba en ruinas el hotelito que fue consulado de Venezuela.

—Aquí cayó una bomba... —me explicaba el tío Pepe— y por esa ventana colgaba el cuerpo del pobre cónsul.

En el otro lado había un refugio: por una escalera bajamos, alumbrándonos con cerillas, siguiendo aquellas galerías y los bancos de ladrillos, donde se sentaban durante los bombardeos de la aviación. El refugio —ya en el año 40 y quizá en el 41— nos sirvió para inventar juegos maravillosos, para hacer casas inexpugnables o castillos de Drácula, hasta que lo taparon, dejando la calle como antes. Madrid está horadado, hay cientos de refugios bajo tierra, todos con sus flechas indicadoras: al refugio, salida.

El abuelo nos reunió en el despacho grande, porque quería leernos sus versos, y contarnos su experiencia de poeta recién nacido. Mi padrino, el tío Federico, había venido a casa y también dos o tres amigos. Luis de Armiñán bajaba la cabeza, mi madre escuchaba emocionada, y yo sentía la vaga sensación de que me hacía mayor.

—Fue una tarde del mes de noviembre de 1938, en la trastienda de la librería Los Galeotes —dijo el abuelo Federico, que sostenía unas cuartillas en la mano—. Estábamos allí Carmen y yo, Joaquín Álvarez Quintero, el crítico Laínez Alcalá, Luis Fernández Ardavín, y el pintor Manuel Benedito. Manuel Abril leyó unos versos...

La abuela Carmen, como si lo tuvieran ensayado y quizá así fuera, recitó:

—Una mujer de luto y dieciséis varones / escuchando unos versos... / Penumbra... Intimidad... / Quietud... Silencio...

Carmen Cobeña era la mujer de luto. Carmita Oliver cerró los ojos al escuchar la voz de su madre, yo miraba —como si descubriera un nuevo mundo— y el tío Federico me hizo un guiño. Quizá en aquella velada del año 38 estaban bombardeando Madrid, mientras yo le robaba los botones a Felisa, o iba al cine Kursaal.

El abuelo Federico me miraba entonces y, con un ligero temblor en las manos, pasando sus ojos de Carmita Oliver a mí, leyó un soneto, que empezaba de esta forma:

—Me diste un nieto, hija...

Todos se volvieron hacia mí, que no escuché la poesía, sólo el final:

—... y ya puedo morir, porque es mi nieto / mi mensaje de amor a lo infinito.

Mi padre me llevó a la Ciudad Universitaria, al frente que estaba tan próximo a Madrid, y así anduvimos entre las trincheras de los rojos y de los azules, donde en algunas ponía NOSOTROS, y en otras, ELLOS. Los edificios de las facultades estaban vacíos, y las trincheras a cincuenta metros. Por allí se seguía husmeando el rastro de la guerra, que hasta se encontraban botas impares, cartucheras vacías, y proyectiles de mortero sin explotar. Aún no entiendo cómo me dejaron dar semejante paseo.

Al barrio de Argüelles fui con el tío Pepe, y me parece que no se lo dijimos a nadie, y mucho menos a Carmita Oliver. Hasta 1936 yo había vivido en mi terreno, como si en Madrid no existiera más barrio que el de Salamanca y el centro, que a la Puerta del Sol y a la Gran Vía —y por supuesto a casa de mis abuelos Armiñán— iba de cuando en cuando. Cuatro Caminos, Chamartín, la Cabecera del Rastro o Atocha, por ejemplo, para mí eran zonas vírgenes. Con el tío Pepe hablaba más que con nadie —incluida Carmita Oliver— y aquella mañana le conté mi experiencia en Irún y en Nules.

—Yo era muy pequeño en Irún —le dije—, pero Nules lo acabo de ver.

Estaba comparando el pueblo de Castellón con el sufrido distrito de Argüelles, de edificios vacíos, y a punto de derrumbarse, calles destripadas, faroles retorcidos y enormes agujeros causados por los proyectiles de artillería que caían diariamente sobre el barrio de la capital.

Íbamos por el medio de las que fueran calles, mirando las dentelladas de la guerra en Madrid, con una mezcla de tristeza, interés y malsano regodeo. Llegamos hasta un edificio en ruinas, que se llamaba Casa de las Flores. El tío Pepe bajó la voz y me dijo que allí vivió un gran poeta chileno, que se llama Pablo Neruda, pero del que no se puede hablar, porque es rojo. Pablo Neruda fue cónsul de Chile en España. Carmita Oliver nunca me había recitado versos de este poeta y pensé que sería cosa de política. El tío Pepe remaba por otras aguas, y como estuvo en Madrid se familiarizó con Antonio Machado, García Lorca, Alberti, Miguel Hernández, y el mismo Pablo Neruda.

Desde Argüelles fuimos andando hacia la Gran Vía, que terminaba en el Coliseum, entonces teatro. Seguimos hasta el Palacio de la Prensa y el cine Capitol, que, con la Telefónica, era el edificio que más me gustaba de Madrid. Cuántas veces me acordé del Capitol en los tres años de guerra, que hasta lo soñaba. También la Gran Vía tenía marcas bien señaladas, ventanas rotas, sin cristales y otros sujetos con tiras de papel de goma. Cada rincón de mi sufrido Madrid me llevaba a la niñez, porque a los doce años ya me veía de adulto en el espejo. Me detuve a mirar el templete de hierro del metro, en la Red de San Luis, que un mal día arrancó un alcalde de Franco, y fue a parar a Porriño (Pontevedra), donde había nacido el arquitecto Antonio Palacios, su autor. Fuimos por la calle de la Montera, hasta la Puerta del Sol, y allí me quedé mirando la plaza bien pueblerina, que antes me parecía enorme. El tío Pepe me observaba de reojo.

—Ya no hay Sobres Otto, ni horchata en el bar Flor.

Volvimos a Agustina de Aragón en el tranvía 51, porque el metro estaba cortado en la estación de Lista, que había reventado durante la guerra. Los tranvías, entonces, iban abarrotados y nosotros tuvimos que hacer el trayecto en el estribo: si nos llega a ver Carmita le da un sopilipando, como decía mi pobre bisabuela Julia, de la que no habíamos hablado por timidez y pudor, territorio donde éramos maestros el tío Pepe y yo.

* * *

Unos días me vestía de uniforme, otros de paisano y ya no sabía lo que era. Me dolía el estómago cada vez más. La enfermedad de los periodistas. Con la guerra se agravó la historia hasta el punto de que quisieron operarme en un hospital de campaña.

—Quedarás nuevo —me dijo el médico— y encima te darán la medalla de sufrimientos por la patria: una ganga.

No me convenció. Ya eran inútiles los polvos del famoso Servetinal, y la leche apenas ayudaba a calmar el dolor. Mi padre me había dicho, desde San Sebastián, que no quería volver a la calle Huertas y que le buscara cualquier rincón en Madrid, ni él ni mi madre podían soportar el recuerdo de la casa sin José Manuel. Mi hermana Marisa se encargó de aquello y acabó encontrando un piso en el paseo de Recoletos, 33, donde murieron nuestra madre Jacoba, nuestro padre Luis y nuestra hermana pequeña, María Victoria, a quien llamábamos Toya.

Don Camilo Alonso Vega me dijo que me presentara para hacer unos meses de academia y entrar en el cuerpo Jurídico con el grado de capitán. Pero yo no tenía edad de cadete y me parecía que estaba al borde del ridículo. Entonces me llamó Juan Pujol y me ofreció un puesto en su nuevo periódico Madrid, *para que escribiera los editoriales políticos. Apenas lo dudé: yo era periodista y seguiría siéndolo. La guerra había acabado con mi carrera política, porque estaba cansado y era incapaz de adular a nadie. Yo fui gobernador de la República, de una República que quería moderada y liberal, y nada tenía que hacer en una dictadura, que en sus albores había combatido y que destruyó a mi padre: la guerra fue la guerra, había que sacar a España del charco, pero luego que la secaran otros. Y, sobre todo, que otros se aprovecharan de la toalla sucia.*

* * *

Las Navas del Marqués es un bonito pueblo que está muy cerca de El Escorial, pertenece a la provincia de Ávila, y según sus oriundos allí pararon los romanos, dejando algunas muestras sentimentales y arqueológicas. Cuando yo era pequeño –pequeño de seis o siete años– fui a Las Navas del Marqués, por aquello del clima saludable, de los pinares benéficos, del aire que refresca en verano y corta en invierno. En el tren se iban dos horas largas, o eso le parecía a mi impaciencia infantil. En la estación siempre había alguien pregonando:

–¡Leche de Las Navas! ¡De Las Navas lecheee!

Al llegar en automóvil –a la hora del crepúsculo o de noche–, ya en la recta final, llamaba la atención una casa fantástica: las dos ventanas superiores tenían forma de ojos, y se encendían alternativamente, otra ventana –también alumbrada– era la nariz, y debajo la gran puerta hacía de boca. Aquella casa la levantó don Paco Segovia.

Los pinares eran magníficos y olían a resina, y no era raro ver conejos, liebres e incluso palomas y tórtolas. Una tarde, Carmita Oliver se perdió en aquellos pinares y estuvo varias horas dando vueltas hasta que la rescataron.

Durante el mes de julio de 1939, yo fui enviado a Las Navas con el tío Pepe y la perra *Chiki*, mientras mi madre y mi abuela Carmen ponían en orden el hotel de Agustina de Aragón y hacían algunas reformas. Íbamos a pasar el verano en casa de la señora Julia, hermana de don Paco Segovia.

Don Paco —siempre le llamamos así— era un hombre extraordinario, pequeño de estatura, de asombrosa vitalidad, negociante y trabajador, listo como un hurón, de pelo blanco encrespado y nariz de boxeador. Don Paco era riquísimo y fue uno de los grandes amigos de mi padre y de mi abuelo Luis, a quien profesaba un cariño fuera de lo común. Al abuelo Luis, y también a Cervantes. Fue hijo del señor Anacleto Segovia, alguacil y pregonero del ayuntamiento, que ganaba dos pesetas diarias. En cuanto pudo, el pregonero mandó a su hijo a Madrid, de chico para todo en una tienda de ultramarinos. De la tienda pasó a una carbonería y pronto le tocó servir en Cuba; en la isla perdió el cartílago de la nariz y otras cosas, por culpa de la «enfermedad de Venus», como se llamaba púdicamente a la sífilis.

Al volver a España se quedó con la vieja carbonería y a Extremadura se iba a carbonear todos los veranos. En plena Gran Guerra, al escasear el carbón mineral, se encontró dueño del mayor negocio de encina de Madrid. Compró tierras, que no valían nada, por los términos de Fuencarral y Hortaleza, en el barrio de las Injurias, e incluso en la Cuesta de las Perdices. Dinero dormido que, años después, transformó en millones y millones.

Nunca consintió en ponerse abrigo ni corbata y él mismo se titulaba Caballero sin Corbata. Fue protector de poetas tronados, de periodistas sin periódico, de políticos en desgracia, de cómicos y de toreros, y se convirtió en uno de los personajes más populares de Madrid. En sus últimos años construyó un asilo en Las Navas —yo estuve en la inauguración— y lo llamó el Hogar del Vencido: era una magnífica y gratuita residencia de ancianos, pero no consiguió ni uno solo, porque el nombre humillaba a los viejos.

—Hay gente que se la coge con un papel de fumar... —consideraba don Paco.

El día en que murió mi abuela Carmen llegó don Paco Segovia con un jamón debajo del brazo y un enorme paquete de pasteles.

—Carmita, hay que seguir viviendo —consoló a mi madre—. Ya sabe usted lo que dice el dicho: el muerto al hoyo y el vivo al bollo.

Lo recuerdo en casa, invitando a cordero asado, en los toros o en la tertulia de mi abuelo. Ya muy viejo —murió a los noventa y seis años, sordo y ciego— íbamos camino de una tasca por un barrio popular de Madrid. Don Paco caminaba despacio, agarrado al brazo de mi madre. Se cruzó entonces con una pescadera, que llevaba una cesta de pescado fresco. Don Paco se detuvo, olisqueó concienzudamente, movió la cabeza suspirando, y dijo con nostalgia a mi madre:

—¡Cómo debían de ser las orgías romanas!

Todas las Navidades mandaba a casa un pavo vivo —el pavo de don Paco— y un décimo de lotería, que nunca tocó. Cuando fui mayor también me llegaba el pavo y la lotería, y hasta una pluma Schaeffer, que conservo y que ahora acaricio en recuerdo del extraordinario Caballero sin Corbata.

El tío Pepe decidió que Paupico ya no era Paupico, que había crecido lo suficiente y que me iba a llamar Me (de Jaime). Con las mismas yo decidí llamarle Pe, aunque me costaba cierto trabajo. El tío Pepe se había llevado a Las Navas un montón de libros de derecho —sus viejos apuntes— porque pensaba presentarse a oposiciones a notarías, en cuanto fueran convocadas. Preparaba los temas con meticulosidad oriental y muchas veces, reloj en mano, me pedía que lo cronometrara. Yo pensaba en otras cosas, me aburría escuchando sus palabras sin significado, los números de los artículos, los textos áridos.

Se presentó tres o cuatro veces a las oposiciones, siempre amparado por el notario Valdemoro, que sabía de los conocimientos jurídicos del tío Pepe Oliver. Los exámenes escritos los pasaba sin la menor dificultad, pero al llegar a la prueba oral se desmoronaba sin remedio. Era incapaz de hablar, tartamudeaba, mezclaba conceptos, se perdía en divagaciones y se le echaba encima el tiempo sin haberse aclarado.

Él jamás aludió a este asunto, pero mi madre, la abuela Carmen y el abuelo lo comentaban con frecuencia. El tío Federico —que era médico y leía textos muy a la última— intentaba descubrirle que aquella su incapacidad era algo así como una trampa psíquica, que estaba preparado para sacar las oposiciones, que se jugaba su carrera y el resto de su vida, que en media hora podía ganar el envite. Sin embargo la vergüenza, la timidez, el sentido de la responsabilidad, el miedo a enfrentarse con una situación, que para él debía de ser de pesadilla, le hacían enmudecer.

Se lo oí contar a Manolo Valdemoro, el notario de Torralba de Calatrava, que presenció la última prueba de mi tío Pepe. Sacó tres bolas, dijo los números, conocía perfectamente los temas y tenía dominado el tiempo. Luego enmudeció. El presidente del tribunal le miraba, intentando animarle, e incluso le dijo:

—Adelante, señor Oliver.

El tío Pepe no respondió y al cabo de unos segundos, pidió permiso para levantarse. El presidente del tribunal le negó el permiso:

—Señor Oliver... Sabemos que usted sabe: haga un esfuerzo, tranquilícese.

Sin hablar aguardó unos instantes y por fin se levantó. Lo terrible es que en aquella convocatoria no se cubrieron todas las plazas. Fue la última vez.

A Las Navas del Marqués el tío Pepe se trajo una buena remesa de novelas policiacas, y en el comedor de la señora Julia Segovia, reviviendo otros tiempos, me las leía. Por aquel pueblo pasaron Philo Vance, Hércules Poirot, Perry Mason, Sherlock Holmes, el Padre Brown, y otros varios.

Aunque me presentaron a niños de mi edad, yo no tenía nada que decirles, porque nos separaban muchas cosas. La pobre señora Julia se esforzaba en buscarme chicos —e incluso chicas— y yo los desdeñaba, creo que con bastante educación. Mi amigo del alma era el tío Pepe y él me bastaba.

Tío Pepe iba recobrando kilos, el buen aire de los pinares y el sol de Las Navas le devolvían el color. En el pueblo había de todo: rica ternera, gallina, huevos —que ya me dejaban comer—, verduras de temporada, pan, fruta, tocino de matanza y leche. Faltaba mantequilla, aceite de oliva, café, azúcar y, por supuesto, cacao. En aquellas circunstancias topé con la asquerosa malta por primera vez en mi vida. El tío Pepe aborrecía la leche sola y el queso, y me contagió la maña. Desayunábamos tostadas con tocino —algo que nunca llegó a saber mi madre—, rosquillas de pueblo, malta y achicoria con leche.

Por la mañana, acompañados de *Chiki*, acostumbrábamos a pasear por los pinares. Yo —desoyendo la voz libertaria del tío Pepe— solía llevar a la perra atada.

Los pinares eran gloriosos, se perdían de vista, la luz pasaba entre las ramas de los pinos, formando dibujos, y al sol volaban los insectos, que también se oían zumbar. No había moscas, ni mosquitos, ni criaturas hostiles. De cuando en cuando corría un conejo con todo descaro. Si íbamos al caer la tarde, el ruido de los pájaros era ensordecedor. Cada uno de los pinos parecía una escultura sangrante. Los chorreones de resina goteaban por la madera mermada a tajos, y algunos se quedaban en el aire colgados, como si fueran estalactitas. Pero lo mejor de todo era el olor a resina, un olor profundo, lleno, casi de botica, pero de botica de cuento. Con la ayuda del tío Pepe yo trepaba a los pinos y arrancaba piñas maduras, las que estaban llenas de piñones. Todos los días nos llevábamos tres o cuatro, y se las dábamos a la señora Julia, que nos tostaba los piñones, meneando la cabeza con disgusto:

—Qué manera de hacerme perder el tiempo...

El tío Pepe y yo nos comíamos los piñones, abriéndolos con un clavo aplastado por la punta, y cuando alguno era especial, o sea exquisito, gritábamos ritualmente:

—¡Resina!

Una mañana, ante la insistencia de Pe, solté a *Chiki* en el pinar. La perra comenzó a moverse a nuestro alrededor, a oler con fruición, a disfrutar de la libertad ganando metros. Yo, asustado, la llamé, pero ni flores. Vino una mariposa y le amagó por el morro, *Chiki* saltó para alcanzarla, y en el camino descubrió otra. Otra y otra más. Se iba alejando en pos de todas las mariposas de Ávila, y yo tras ella, a voces. Y el tío Pepe también. *Chiki* desapareció tras un repecho del pinar y no volvimos a verla.

Aquella tarde me dio vergüenza llorar en público, porque ya era mayor, pero la angustia me subía hasta la boca. *Chiki* me había acompañado durante toda la guerra —en San Sebastián, Salamanca y Vitoria— y la iba a perder en Ávila, en un absurdo baile de mariposas. El tío Pepe volvió a salir, yo entré en mi cuarto y entonces sí que lloré, porque nadie podía verme.

Por la noche vinieron unos hombres que traían a *Chiki* atada con una cuerda. Estaba cubierta de barro seco y tenía las orejas llenas de arrancamoños. Me lamió la cara, se comió unas buenas sopas de pan con tocino, y la señora Julia invitó a los hombres a una botella de tinto.

Lo curioso es que a mí se me pasó el miedo y al día siguiente solté a la perra en un prado, aunque el tío Pepe me aconsejaba que no lo hiciera. *Chiki* husmeó a nuestro alrededor, se alejó unos metros y volvió a la primera voz. Seguramente con aquella ración de libertad tenía bastante.

El primero de septiembre las tropas alemanas invadieron Polonia, sin declaración previa de guerra, y Francia e Inglaterra respondieron a Hitler con idéntico desparpajo, pero esta vez formalmente, como le correspondía a Mister Chamberlain, que era del partido conservador y aún llevaba chistera. El temible desparpajo fueron las armas y, el resultado final, la destrucción de Europa. Por seis meses el doctor Negrín no se dio el gustazo de declarar la guerra a Alemania.

El tío Pepe se pasaba el día escuchando una vieja radio-capilla de la señora Julia, y a mí −para qué voy a dármelas de niño a la última− me interesaba muy poco aquel conflicto. Sin embargo no olvidaré nunca una portada de *Abc*, que al precio de veinticinco céntimos llegó a Las Navas. Era del 6 de septiembre de 1939. Un pelotón de soldados franceses −entre Boulogne y Calais− pasa ante un molino centenario, donde hay un Cristo clavado y la palabra PAX. Nunca olvidé aquella fotografía del periódico y la busqué, hasta encontrarla sesenta años después. Cuando di con ella pude sosegarme: es cierto, los niños recuerdan, muchas veces con absoluta nitidez. Las imágenes quedan fotografiadas en el cerebro, no es mentira lo que recordamos, en ocasiones sólo en color, otras en blanco y negro, otras una palabra desbroza lo que no nos sirve, y a veces suena a truco de mago de circo.

Si de verdad intentas horadar en los oscuros tiempos de la niñez, surgen sombras y luces imposibles, imágenes sorprendentes, como si fueran inventadas o prestadas. Yo creo que, forzando un poquito la memoria, podríamos describir la tripa de mamá, cuando dormíamos en la oscuridad, quizá viendo antes de tener ojos.

1
Tiempos de estraperlo

Me llevé una buena sorpresa al volver a Madrid, porque don Paco Segovia había estado a punto de echar abajo el hotelito de Agustina de Aragón. Él mismo decidió que aquella casa resultaba pequeña para albergar a tan numerosa familia —éramos los mismos, menos la abuela Julia— y acometió la difícil tarea de construir un amplio sótano, con entrada de trampilla y escalera desde la cocina. Supongo que en aquel año de 1939 no se pedían demasiados papeles para hacer reformas en las casas, y que servía el socorrido pretexto de arreglar los daños producidos por la guerra. Además don Paco tenía influencia, y lo que era mejor, cemento, ladrillos y otros materiales de construcción. En el sótano había puesto un botellero para quinientas botellas, y es lo que decía mi angustiada madre:

—¿Para qué queremos un botellero si aquí no se bebe vino?

—Nunca se sabe, además el inmueble se revaloriza —respondía don Paco.

—¡Pero no podemos pagarle, don Paco!

—De eso no hay ni que hablar.

También decidió el excéntrico y generoso Caballero sin Corbata, que la arena del jardín era muy molesta, que ensuciaba toda la casa, y que lo mejor era cambiarla por cemento. Así el jardín de Agustina de Aragón se agrisó, y parecía el patio de la próxima cárcel de Porlier. Hizo otras reformas, esta vez en la alcoba de mis padres, y se sacó de la manga un cuarto de armarios. Carmita Oliver estaba desesperada con las mejoras del hotelito, pero no supo negarse.

Aquel otoño se planteó, una vez más, el problema de mi colegio. De un plumazo falangista el Instituto Escuela había desaparecido del mapa, convirtiéndose en instituto Ramiro de Maeztu. Yo no tenía adonde ir y no era cosa de perder el tiempo. Conocí entonces a un niño, de nombre Antoñito, y un poco cursi él. Antoñito era sobrino de Rosita Massó, la refugiada que tuvimos en San Sebastián, que ahora vivía cerca de casa, seguramente buscando la vecindad de su amiga Carmita. Yo me hice amigo del niño Antoñito y decidí ir a su colegio, el de los escolapios de la calle Diego de León. Mi madre intentó sacarme plaza, y los curas le dijeron que no quedaba ni un pupitre vacío: supongo que estaba lleno de hijos de caídos por Dios y por España, de caballeros mutilados, de ex combatientes y de ex cautivos. Entonces decidió intervenir Rosita, que tenía dos caras: una bien vestida, guapa y coqueta; la otra de viuda de guerra, sin maquillar, de riguroso luto y espeso velo. Lo que ignoraba aquel día es cuál de los dos conjuntos eligió para la entrevista con el jefe de los escolapios. Yo estaba jugando con Antoñito en su casa cuando sonó el alegre repiqueteo del timbre: era la tía Rosa, viuda del comandante Antich, que venía vestida de cautivadora, muy al aire de Jeanette Mac Donald, la inolvidable protagonista de *La viuda alegre*.

–¿Sabéis lo que quiere decir ese timbrazo? –preguntó *die lustige Witwe*.

No respondimos.

–¡Que estás admitido en el colegio, Jaime!

Yo, insensato de mí, me alegré mucho, sin sospechar que iba camino de la catástrofe.

El colegio de los escolapios era un edificio muy grande, creo que de muros rojos, de interminables pasillos descalcificados, y clases amorcilladas. En el piso de abajo estaba la iglesia presidida por un gran cuadro de San José de Calasanz. Los alumnos también íbamos tomando color algarroba de posguerra, y los curas eran de mala barba, sotana ramplona y poco jabón en sus nueve meses de embarazo escolar. Mi clase olía tirando a regular, seguramente porque los niños –aunque fueran hijos de ex combatientes– no suelen bañarse mucho. Por la mañana íbamos a misa, luego formábamos como presidiarios y, sin abrir la boca, nos llevaban a las aulas. Más de uno de mis compañeros se ganó una hostia por romper el silencio. Los padres escolapios no arreaban metafóricamente. Cómo sería aquello, que hasta echaba de menos al colegio de San Sebastián, y a las señoritas que tan bien trataban a los niños, aunque no les enseñaran mucho. Al llegar a clase nos colocaban según nuestros méritos –yo siempre en los últimos bancos– y cantábamos el himno nacional, con el brazo extendido, aquel himno que llevaba letra de Pemán:

¡Viva España!
Alzad las frentes, hijos
del pueblo español.
¡Gloria a la Patria
que supo seguir
sobre el azul del mar
el caminar del sol!

Creo recordar que no cantábamos el *Cara al sol*. Luego empezaba un día de rutina, de aburrimiento, de clases interminables —que hoy me parecen perfectamente inútiles—, de libros mal impresos, que había que saberse de memoria, de religión, de amenazas. Sé que funcionaba la pelota, el halago y el beso en manos que olían a tabaco. Por timidez, por desapego o por instinto, yo rechazaba aquella educación. Tampoco recuerdo la cara de ninguno de los discípulos de San José de Calasanz, sólo veo sus negras sotanas, sus dedos amarillos y oigo sus gritos.

Una tarde, yendo por un pasillo a clase de gimnasia, hablé con un compañero y el cura que venía detrás me arreó una bofetada de las de cuello vuelto, que me dejó los dedos marcados. Aguanté la humillación y no derramé ni una lágrima. Nunca jamás, en mi vida, me habían pegado mis padres, ni mis abuelos. Por la noche se lo conté a Carmita Oliver, que se limitó a decir:

—Mañana no vas al colegio.

Ella fue a los escolapios, no sé qué le diría al director, pero el caso es que no volví a pisar aquel edificio.

Muy cerca de los escolapios estaba la academia Larrumbe, donde estudiaba —supongo que es un decir— mi amigo Curro Arche. En la academia Larrumbe había dos personajes insólitos, uno era don Antonio, el director, y otro, el Flecha. Don Antonio era un hombre de unos cuarenta y tantos años, vestido de calle y siempre con camisa azul, y El Flecha un niño pequeño vestido de falangista, que siempre salía a pelo, o quizá con boina roja. Se sentaba al lado del director y escuchaba las clases, pero su sitio estaba en la calle, porque servía para hacer toda clase de recados, incluso para traerle café —del que hubiera— o una copita a don Antonio. En aquel singular colegio había niños y niñas y yo me enamoré de una que se llamaba Carmen Alonso. La paseaba en la barra de la bicicleta y me gustaba oler la piel de su cuello. Uno de los niños mayores de la academia se enteró del caso y me dijo que él había sido novio de Carmen Alonso, que la acompañaba por las tardes, que se metían en un solar y que allí la besaba como en las películas americanas.

—La dejaba sucia de besos —añadía el muy miserable.

A mí aquella frase —que no fui capaz de contestar— me impresionó vivamente. La recordaba una y otra vez, de noche y de día, en clase y en Agustina de Aragón. ¿Cómo podía estar sucia de besos mi amada?

La inocente Carmen Alonso se había convertido en una mujer fatal como la malvada Milady de Winter, la de *Los tres mosqueteros* (edición al alcance de los jóvenes), y el niño mayor de la academia Larrumbe era el retorcido conde de Rochefort, siniestro agente del cardenal Richelieu, que aparece en el mismo volumen. A pesar de todo —o quizá por eso mismo— yo seguí amando a Carmen Alonso, y como me ocurriera en Salamanca con Chelo Frutos, ponía su nombre, escrito con un dedo, en el vaho de la ventana, cosa que preocupaba a mi abuela Carmen.

Eran tiempos de hambre, restricciones de agua y de luz, y aún más de frío en Madrid; hambre no se pasaba en casa, pero el frío era notable. Jamás se encendía la calefacción y, muchísimo menos, una estufa eléctrica, que nos apañábamos con el tradicional brasero. El abuelo Federico seguía la guerra mundial por un aparato de radio RCA Victor, que conectaba con Londres, para escuchar las emisiones en español de la BBC. Aquélla era una ceremonia misteriosa, porque las voces aliadas estaban prohibidas en la España de Franco, y más de un ciudadano pagó con la cárcel el atrevimiento de buscar onda comprometida.

Empezamos entonces a oír hablar del tifus, triste apéndice de la guerra civil, de la suciedad y de la miseria. De aquel mal era culpable el llamado piojo verde, que acabó convirtiéndose en protagonista popular, y doloroso motivo de chistes en el circo y en las revistas musicales, que entonces se llamaban operetas. El parásito indeseable producía una terrible enfermedad: el tifus exantemático, amenaza real para la población y no digamos para los miles de reclusos que se perdían en las cárceles. A los niños nos cortaban el pelo al cero y nos colgaban un saquito de alcanfor de la cintura, pensando que así alejábamos al piojo verde. Yo me limité a coger unas fiebres paratíficas que me duraron todo el verano, me produjeron calentura y algunos delirios.

El tío Pepe abandonó el lazareto, aunque venía muchas veces a acompañarme y me traía tebeos y revistas, entre los que recuerdo —como un tesoro— un ejemplar de *Cinelandia*, editado en Los Ángeles, California, o sea, en Hollywood. El papel era brillante y satinado, la portada en colores y dentro venían algunas fotos de estrellas, en traje de baño, más que turbadoras. Hay que tener en cuenta que la censura no dejaba ver más allá de las rodillas de las chicas. Me impresionó la película *Vinieron las lluvias*, de Myrna Loy y Tyrone Power, y yo pensaba: ¿cuándo llegarán estos chaparrones al cine Padilla?

También salían artistas nuevas, como Joan Fontaine y Greer Garson, y mis queridas rubias de siempre. Una y otra vez repasé *Cinelandia*, que nunca volví a catar, porque costaba mucho dinero y pasaba difícilmente la aduana.

Cuando se me quitó la fiebre me dejaban levantarme un rato, y como hacía buen tiempo, pasear por la casa, aunque sin exponerme a corrientes. Iba de un lado a otro, muchas veces siguiendo el rastro de Paquita, la muchacha nueva. Paquita era una chica de unos veinte años, de pelo muy rizado y buenas formas, y a mí me gustaba verla frotar el suelo, porque entonces no se había inventado la fregona, que le quita mucho interés al espectáculo. Con una bayeta Paquita se estiraba para alcanzar rincones escondidos, y entonces descubría sus muslos blancos y rollizos y movía el culo al compás de la pecadora bayeta. Yo, situado a su espalda, contenía la respiración. Una noche fui más lejos: estaba en mi cuarto, sin dormirme, cuando oí que la chica llegaba al suyo. Aguardé un minuto y luego, con la luz apagada, salí al rellano de la escalera. La cerradura de la puerta de Paquita relucía tentadora. Con el corazón a golpes me acerqué al brillo y lo tapé con un ojo, supongo que fue el derecho. Vi a Paquita quitarse la falda y la blusa, y luego la combinación, porque las chicas entonces —las ricas y las pobres— gastaban combinación. Paquita se quedó en sostén y bragas negras y, llevándose las manos a la espalda, desapareció en un ángulo muerto. Al cabo de unos segundos volvió con el camisón puesto, y apagó la luz.

Me pasé el día esperando a que llegara la noche y con la noche mi pequeña obsesión erótica. Así fue. Abrí la puerta y me dirigí a la de Paquita; pero ya no salía luz: la muy traidora había puesto algodón en la cerradura. Comprendí entonces hasta dónde puede alcanzar la maldad y la astucia de las mujeres. Cuando al día siguiente Paquita vino a hacerme la cama, me guiñó un ojo, sonriendo la muy zorra.

En los tiempos de *La pájara pinta*, y luego en Valencia, mi padre había tratado a un personaje que se dedicaba a organizar espectáculos teatrales: se llamaba Vicente Prieto, y luego fue representante de artistas. Vicente Prieto era gerente, responsable o empresario de una compañía de variedades, que había debutado en Madrid, y me invitó al teatro, pero no una vez, sino todas las que quisiera. Yo me hice adepto de aquel espectáculo y, en cuanto podía, me instalaba en un palco vacío. Era una preciosidad, había baile, canciones, números de circo, y una parte de risa, a cargo del incomparable Ramper, y del mexicano Roberto Font, que también hacía llorar. En la compañía de Vicente Prieto trabajaba Lola Flores, una chica de unos dieciséis años, que bailaba como una tromba. Y una bailarina que murió muy pronto, Mari Paz; también una bailaora de flamenco, Lolita Benavente, y una pareja compuesta por una moza guapísima y un gitano muy artista, Muguet-Albaicín. Pero lo más emocionante era el trabajo del fakir Daja-Tarto, que creo que había nacido en Vallecas. Daja-Tarto conocía a mi padre y a mí me honró con su amistad, él y su señora la faquira, que tampoco era de la India. Daja-Tarto comía discos de gramófono, bombillas, platos de loza y copas de cristal, pero tenía un estómago delicadísimo y se atragantaba con el hollejo de una uva. El teatro estaba siempre lleno y al público le gustaban las variedades. En Madrid se intentaba olvidar la guerra, y la dura posguerra, el hambre, la cartilla de racionamiento y la represión. A la salida se vendía picadura, tabaco rubio y negro, cigarrillos sueltos y chuscos. Lo curioso es que yo no me enamoré de ninguna de las bellezas que allí trabajaban, ni siquiera de la niña Flores: seguía prefiriendo a Carole Lombard y a Ginger Rogers, y en todo caso, a Paquita.

En aquel teatro, o en alguno de su cuerda, vi a Luisita Esteso, que me hacía muchísima gracia y era hija del cómico Esteso. También a Miguel de Molina y Amalia Isaura. Miguel de Molina era un artista magnífico, pero un poco mariquita, cosa que estaba muy mal considerada en la nueva España. Los señoritos de falange decidieron escarmentar al pobre Miguel, a quien llamaban Miguela. Lo secuestraron más de una vez, le dieron sustos y palizas tremendas, le cortaron el pelo al cero y lo purgaron bárbaramente con aceite de ricino. Las malas lenguas decían que las brutalidades eran falangistas, pero que el impulso venía de la mismísima cueva del escenario, donde sonaban alegremente las castañuelas. Miguel de Molina pudo huir de España y se refugió en Buenos Aires, donde hizo una larga y venturosa carrera. La República Argentina acogió a aquel artista, al que no nos merecimos. Incluso sus discos fueron prohibidos, y rescatados años más tarde en una película también maldita: *Canciones para después de una guerra.*

A veces las fechas se quedan grabadas en la memoria de los niños, y en muchas ocasiones sin razón justificada. Yo retengo la del 3 de diciembre, supongo que de 1939, aunque bien pudiera haber transcurrido un año más. Como en una película, en un relato de oscuridad, junto ese 3 de diciembre con un domingo, seguramente porque el Madrid había perdido un partido de fútbol contra el Sevilla, que era el equipo de mi abuelo Federico. Un gran disgusto. Hacía mucho frío, las pobres castañeras vendían boniatos en la calle. Yo estaba en el palco de un teatro viejo.

A casa, alguna vez, venía de visita una señora que a mí me impresionaba mucho y a quien todos hacían homenajes. Quizá mi abuelo Federico Oliver rehuyera a medias su encuentro, y el tío Pepe se escondiera por no saludar. Tal vez mi padre dijera al despedirse:

–Ponme a las órdenes del general.

La señora llegaba en un coche y eso significaba poderío. Era una señora importante, con dinero y mando, y exigía un favor o un tributo. Era alta y autoritaria. A su altura se manifestaba otra señora vestida de negro y las dos me parecían personajes de una función de teatro. En realidad eran personajes de una función de teatro.

Mi padre se refiere a ellas dos:

Conocí a Pilar Millán Astray en el estudio de Pepe Planes, en la calle Lista de Madrid cuando todos éramos muy jóvenes. Se trataba de una mujer tan enérgica como su hermano el general, y no disimulaba sus pasiones. En 1936 estuvo en la cárcel y con la bata carcelaria se presentó en un escenario al terminar la guerra civil. Murió en un banquete, entre plato y plato, copa y cigarro, porque ése era su destino. Pilar no podía morir en la cama. Tuvo una gran amistad con una señora muy lista, doña Inés, que quería mandar en todo el mundo. Fueron dos mujeres bien enteras.

De aquella señora hermana de Millán Astray –el general del «¡Viva la muerte!» y «¡Muera la inteligencia!»– me impresionaron los pies, que eran muy grandes, y su voz profunda. Al salir de casa mi abuelo Federico comentó:

–Es mucho más general que su hermano.

La abuela Carmen chistó un poco escandalizada, me miró de reojo, y luego hizo un gesto como diciendo «hay cosas que el niño no debe saber». Por supuesto, el niño no se enteraba de nada.

Doña Pilar Millán Astray era la autora de *La tonta del bote*, un sainete que le había proporcionado a mi madre un gran éxito, y que quería reponer –un solo día– a beneficio de alguna obra patriótica, pero sobre todo a beneficio de su vanidad. Carmita Oliver estaba perdida:

—Pilar..., tengo casi cuarenta años... ¿Cómo voy a hacer de niña de dieciséis?

—Estás en tu mejor momento.

—Hace muchos años que no trabajo en el teatro...

—Di que no quieres y acabas antes.

¿Quién le negaba un capricho al mismísimo Tercio? Supongo que mi madre se vistió de tonta del bote, canturreando el himno de la Legión. La actriz Josita Hernán hizo la película, que colmó de gloria a la singular Pilar Millán Astray.

Me refugiaba en la oscuridad del palco; seguramente sentía vergüenza al ver a Carmita Oliver hacer de Tonta del bote. Nunca hablé con mi madre de aquel episodio y es muy probable que ella también lo borrara de su memoria. Incluso pienso que jamás existió tal función de teatro. Tampoco recuerdo que doña Pilar Millán Astray volviera por casa.

El mercado negro, conocido como estraperlo en sarcástico homenaje al juego que acabó con la vida política de Lerroux, estaba en todo su apogeo. La palabra estraperlo era de uso común y también estraperlista, e incluso estraperlear, que las tres voces están en el diccionario de la Academia Española, aunque su uso —por fortuna— es muy restringido, y muchos jóvenes ignoran lo que significan. Faltaba el pan, el aceite, la leche, el azúcar, las legumbres, la carne, no existía el café y el racionamiento de las cartillas era menos que insuficiente. En Madrid —en todas las ciudades— se pasaba hambre y sólo se defendían pueblos y aldeas con sus propios recursos, escondiendo, cambiando y vendiendo de estraperlo lo que producían. A casa venía una estraperlista, todos los días, a vender chuscos de los cuarteles, aceite, garbanzos, alubias o lentejas. El aceite estaba a cinco duros el litro, nada menos. Hay que tener en cuenta que un periódico de mal papel y mucha consigna costaba veinticinco céntimos. Todo el dinero se destinaba a la comida, especialmente cuando había niños por medio.

Malos tiempos para *Chiki*, que había parido una perra negra, de nombre *Curra*. Malos tiempos para mi padre, que tenía un sueldo escaso, pocas colaboraciones y un estómago a punto de romperse. Vivía de leche y de unos polvos blancos, que calmaban su dolor, y había adelgazado veinte kilos. Carmita Oliver estaba muy angustiada y no sabía qué rumbo tomar.

Incluso yo participaba en el avituallamiento familiar: iba en bicicleta, una o dos veces al mes, hasta el barrio de Carabanchel, donde vivía un ambulante de correos, amigo de mi padre. El ambulante traía de Galicia ternera blanca y nosotros le comprábamos, a precio de amigo, un par de kilos de carne, y en algunas ocasiones unto y lacón.

Mi abuelo Federico decidió presentarme a dos de sus admirados amigos, como en tiempos hiciera con su hija Carmita. Sin embargo la diferencia era notoria: mi madre fue de visita al Ateneo a la edad de cinco años, y yo había cumplido catorce, me gustaban los viejos, pero no todos, y tenía el colmillo un poco retorcido.

Una tarde Federico Oliver y yo fuimos a casa de Joaquín Álvarez Quintero, celebrado autor de teatro, y de profesión sevillano. Su otro yo —Serafín— había muerto en el Madrid sitiado. Mi abuelo tenía verdadera adoración por «los niños», como les llamaba la abuela Carmen Cobeña y, por afinidad con su madre, Carmita Oliver. «Los niños» eran sandungueros y ocurrentes, pero tenían muy mala baba, esa gracia que no se puede aguantar, que rebosa tópicos en su teatro bien educado, respetuoso con las formas, reaccionario, adulador del poder y el dinero, y lleno de mocitas ejemplares. «Los niños» siempre fueron desdeñosos con mi abuelo Federico, y mi abuela Carmen Cobeña los detestaba cortésmente.

Las casas de los viejos que yo visitaba entonces, e incluyo la de mi abuelo Luis, me parecían todas la misma. Largos pasillos, montantes sobre las puertas, enormes y oxidados cuartos de baño, cuadros aburridos, muebles tiesos, incómodos, salitas cerradas, olor a polvo, y libros —eso sí—, muchos libros. Llegué a creer que aquellas magníficas bibliotecas eran moneda corriente.

Los hermanos Álvarez Quintero vivían en El Escorial, pero yo no tengo la sensación de haber ido tan lejos. Tal vez Joaquín Álvarez Quintero tenía casa en Madrid. Siento ser impreciso, pero me parece que aún vivía su hermana, que según las malas lenguas era quien en realidad escribía las obras de teatro de los ilustres académicos. La casa donde yo entré con mi abuelo Federico era oscura y triste. Los muebles parecían de guardarropía, en las paredes había recreaciones de personajes femeninos de los autores, tal vez algún retrato de Romero de Torres. El huérfano de Serafín era ya muy viejo, estaba pálido, bien afeitado y lucía un bigote blanco un poco ridículo. Iba en bata, costumbre muy de los señores de aquel tiempo, y hablaba en voz baja, sin apenas sonreír. De mí no echó cuentas y eso salí ganando. Mi abuelo Federico le miraba como si estuviera ante la mismísima Macarena. Supongo que la conversación fue decayendo, que se acabaron los recuerdos de Serafín y las nostalgias sevillanas, y que muy pronto estuvimos en la calle.

La visita al escultor Mariano Benlliure fue otra cosa. Tenía una casa enorme en la calle de Abascal con un jardín irregular, bancos de azulejos y escaleras por todas partes. Me gustó mucho aquel jardín y aún más el estudio, que era gigantesco. La luz entraba por las vidrieras y al fondo se veía un paisaje de tejados y torres de iglesia. Había maquetas de algunas de sus obras, entre otras del monumento a Alfonso XII, en el Retiro, y sobre todo *La estocada de la tarde* —mi abuelo me explicó que el torero era Machaquito— y del mausoleo de Joselito, en el cementerio de Sevilla. De las paredes colgaban cuadros de los hermanos de Benlliure. El artista era un viejo simpático, de gran bigote blanco y ojos muy vivos. Vestía un mandil gris y trabajaba con el barro, modelando el busto de algún personaje. Me hizo mucho caso, me preguntó a qué colegio iba y si pensaba ser escultor, como mi abuelo, o autor dramático, también como mi abuelo. Yo le dije que quería ser diplomático y él se echó a reír, cosa que no me ofendió en absoluto.

Cuando salimos a la calle advertí que mi abuelo Federico estaba orgulloso de su amigo Mariano Benlliure, y que yo no había quedado mal del todo.

* * *

Pese al éxito de mis exámenes de fin de curso, Luis de Armiñán pensó, con buen motivo, que estaba perdiendo el tiempo en la academia Larrumbe y me matriculó en el instituto Cervantes. Curro Arche me acompañó en aquel nuevo destino y otra vez nos encontramos errantes en un caserón frío y destartalado, donde apenas existíamos. Yo hacía agua en casi todas las asignaturas, estaba desmoralizado y además no sabía estudiar, algo que resulta imprescindible para aprender. Los catedráticos se ocupaban de los buenos estudiantes y a los indecisos, desorientados o perezosos, no nos hacían ningún caso. Muchas mañanas llegaba hasta el llamado jardín del instituto y, en el momento de entrar en clase, me escondía y me escapaba, y supongo que nadie advertía mi ausencia. Así iba por las calles de Madrid, mirando escaparates, o me refugiaba en el parque del Retiro hasta la hora de comer. De vez en vez me atrevía a entrar en clase, y atemorizado trataba de pasar inadvertido, por si algún catedrático —o más bien algún ayudante o auxiliar— se le ocurría preguntarme la lección. Recibía las explicaciones de los profesores como quien oye llover, se me iba la imaginación y pensaba en mis cosas, mirando el reloj continuamente, hasta que sonaba la hora de la salida.

Lo pasé muy mal y era consciente de que me había metido en un túnel sin fin, pero no me atrevía a hablar con mis padres, y ni siquiera con el tío Pepe. Lo sorprendente es que no me dio por el tabaco, como a casi todos los chicos del Cervantes, que fumando colillas de rubio se las echaban de mayores.

Casi todas las semanas íbamos a almorzar a casa del general Aranda, que vivía en la calle de Montalbán 11, en el mismo piso que ocupó Luis Bances, el amigo muerto al final de la guerra. El general Aranda había sido definitivamente arrinconado por Franco y estaba en la reserva, mientras sus compañeros ascendían. Así vivió hasta muy viejo, cuando el rey Juan Carlos le hizo teniente general. Claro que, a pesar de su situación, tenía un buen sueldo y disfrutaba de un magnífico economato, a precios de antes de la guerra.

Aranda era partidario de don Juan de Borbón y, por supuesto, enemigo de Franco y del régimen que él mismo había ayudado a instaurar. Estaba convencido de la victoria de los aliados y era amigo del embajador del Reino Unido, Sir Samuel Hoare, que le mandaba todos los días la prensa inglesa. Se levantaba a las cinco de la mañana, y se encerraba en su despacho a estudiar —en unos enormes mapas— el curso de la guerra. Allí permanecía hasta la hora de comer y luego se iba al Casino de Madrid, del cual era presidente.

La casa del general Aranda era grande, bien encerada, de portal suntuoso y estaba en uno de los mejores barrios de Madrid. Una vez entré con mi padre en su despacho, que estaba lleno de libros. Yo me quedé en una esquina, mientras Aranda le explicaba a Luis de Armiñán —yo creo que por oírse hablar— la situación de los frentes de guerra, y lo que les esperaba a los alemanes. En aquellos momentos nadie en España pensaba así, y mucho menos el Generalísimo. Yo estaba atónito, porque parecía imposible que Hitler perdiera la guerra, pero Aranda lo sabía con certeza: Aranda y Churchill.

Almorzábamos en un comedor un poco frío, de muebles nuevos, bien barnizados, de rica madera, pero sin ninguna historia. La vajilla también era de buena clase y las copas, de cristal sonoro. No recuerdo si bebían vino, desde luego mi padre no, y supongo que Carmita Oliver —por solidaridad con su marido— tampoco. Aranda se sentaba en la cabecera de la mesa, con mis padres a su lado; África, su mujer, solía estar frente a mí. África era rubia, gordita, ingenua y simpática. También estaban allí los hijos del general, Antonio —que murió muy joven— y María Luisa, que se casó pronto. Aranda llevaba el peso de la conversación, más bien hablaba de lo suyo, dejando un turno a mi padre, quizá por cortesía, o preguntando cosas que le interesaban. Un día se refirió a Franco como «la mujerzuela de El Pardo». La primera vez que oí aquella frase me dejó planchado: no era precisamente lo que decían los periódicos, ni la Radio Nacional, ni siquiera la BBC. ¿Por qué sería una mujerzuela Franco? Yo creo que era una forma de descargar su rencor, y que no había ninguna connotación sexual en el insulto, que me sonaba a singularidad, porque nadie —sobre todo un militar— se atrevía entonces a pronunciar aquellas palabras.

También le recordó a mi padre la mañana de la reunión con Franco, antes de la batalla del Alfambra en Teruel. No hacía mucho tiempo que Alfonso XIII había muerto en Roma y Aranda se refería a las intrigas del Generalísimo por conseguir la Cruz Laureada de San Fernando, que al terminar la guerra civil se había otorgado a sí mismo.

—¿Sabes lo que dijo el rey, poco antes de morir? —preguntó Aranda y, sin esperar respuesta, añadió—: «Elegí a Franco cuando no era nadie. Él me ha traicionado y engañado a cada paso».

A mí aquellas palabras me impresionaron mucho.

Comíamos sin extravagancias, pero con muy buen género. Lo que más me gustaba era el pan y la mantequilla, que solían poner antes de servir los entremeses, nada menos que entremeses. El pan de Madrid era entonces de maíz, amarillo calabaza, duro y pesado como un remordimiento. En el desayuno yo lo migaba en la malta con leche aguada, y se hundía sin remedio. Aquél era suave, esponjoso, trabado y blanco —nada que ver con el chusco cuartelero— y casi flotaba en el aire. Yo pensaba que si Aranda —que había caído en desgracia— comía así, qué no comerían el Generalísimo, sus ministros, y los obispos, que siempre fueron cuidadosos de la buena mesa. Algunas veces —cuando los hombres dejaban de hablar— mi madre hacía algún comentario de actualidad, sobre todo del teatro o de las restricciones de luz, del tiempo, de la pertinaz sequía... Durante uno de aquellos almuerzos tocó el tema de la alimentación, de lo cara que estaba la vida, quizá hiciera hincapié en el coste del aceite o de los garbanzos. África miró a Carmita Oliver con profunda sorpresa y le corrigió ciertos precios: mi madre estaba muy, muy equivocada, ella pagaba muchísimo menos por el litro de aceite y nunca le faltó el pan blanco, ni el azúcar, ni ningún artículo de primera necesidad. El general Aranda dio un puñetazo sobre la mesa que jamás olvidaré y gritó:

—¡No seas idiota!

Nadie hablaba, ni siquiera la pobre África.

—¡Bendito sea Dios! —resopló Aranda—. ¡Ellos no tienen economato, África!

Carmita Oliver entró al quite, cambió de tema y la comida siguió en paz.

También íbamos a almorzar a casa de Federico García Sanchiz, que por las trazas disfrutaba de algún privilegio. Yo creo que los amigos, bien colocados, nos recibían para aliviar las carencias de nuestra pobre despensa. A casa de García Sanchiz íbamos sólo mi madre y yo, porque me parece que Luis de Armiñán no acababa de tragar al célebre charlista, que ya era académico de la Española. ¿También los académicos tenían economato? A juzgar por sus nombres, me parece que sí: don Leopoldo Eijo y Garay, Patriarca de las Indias Occidentales; don Gabriel Maura y Gamazo; don José María Pemán y Pemartín; don Eugenio D'Ors; don Gregorio Marañón... Me huelen a economato.

Federico García Sanchiz vivía en Serrano, 26: una casa espléndida, con un enorme portal flanqueado por gruesas columnas. Su piso era muy grande y el comedor también me lo parecía. Muebles de calidad, cuadros de firma reconocida, de tema religioso, naturalezas muertas, paisajes melancólicos, quizá todos un poco tristes. El suelo brillaba y olía a madera mil veces frotada, y la biblioteca era magnífica: olía a libro, a cuero y a papel viejo.

—Cuando yo me muera —me decía García Sanchiz— esta biblioteca será tuya.

Estaban muy tristes. María Isabel, la mujer de Federico, y María, su suegra, hablaban en voz baja y yo casi no me atrevía a moverme. En la casa se notaba la falta de niños o de jóvenes, porque el hueco del hijo de García Sanchiz —Pipe— no lo pudo rellenar nadie, ni siquiera el niño que venía de visita, y al que sin duda alguna querían. Las dos mujeres iban siempre de negro, María Isabel Ferragut era rezadora, cariñosa y espontánea, pero doña María —la vieja— era un portento. Aragonesa, culta y voluntariosa, con sentido del humor y retranca baturra. Muchas veces le tomaba el pelo a su yerno y miraba a mi madre con malicia. Yo creo que gracias a ella no se desmoronó aquella familia. Pipe y el crucero *Baleares* no salían nunca en la conversación, pero estaban presentes.

Tenían cocinera y doncella, y la comida era extraordinaria, de casa bien de toda la vida, con postre de cocina incluido. Después nos daban una tacita de café-café, como se decía entonces, no de asquerosa malta tostada. Federico García Sanchiz recibía, por misterioso conducto, algún bote de Nescafé –última novedad– y lo guardaba celosamente para su propio consumo, pensando que aquel producto marrón oscuro era el colmo de la exquisitez.

–Yo me tomo estos polvitos, que han inventado los americanos y vosotros el cafetito de puchero de siempre, que está más rico.

Doña María le miraba burlona e Isabel y Carmita Oliver disimulaban sonrisa. Claro que estaba más rico el puchero de siempre: el esnobismo tiene sus pegas. Ya había aprendido entonces que las mujeres son astutas y capaces de jugar con el caballero, por muy hijo y marido que sea.

Mi madre frecuentaba mucho la casa de García Sanchiz y confiaba en María Isabel, pero sobre todo en doña María. Les contó que Luis de Armiñán estaba enfermo y que, en el triste caso de que faltara, no tenía fuerzas, no imaginaba cómo sacar adelante a su familia, sobre todo a mí, que estaba estudiando cuarto de bachillerato.

–Soy débil –les dijo–, no sé hacer nada.

–No eres débil –le respondió doña María– y sabes hacer teatro.

Todo esto me lo contó Carmita Oliver mucho después.

Carmita Oliver vuelve al teatro

El matrimonio de mis padres estuvo en peligro desde sus primeros años de andadura y yo creo que si consiguió llegar —en buenas condiciones— hasta las llamadas bodas de oro, se debió al carácter conciliador de mi madre, al buen carácter de mi padre, a la inteligencia de los dos y a mi presencia en el mundo, porque romper una familia significaba poner en peligro la estabilidad psíquica de los hijos. Nunca advertí tensiones en casa hasta que fui bastante mayor, tal vez a los catorce o quince años. Luis de Armiñán llamaba de usted a sus suegros y Carmita Oliver, a los suyos. Puede que fuera costumbre de la época, pero también es probable que se debiera al distanciamiento, que eran incapaces de remediar.

Mis abuelos Oliver no acogieron con demasiada alegría la presencia del joven periodista que les quitaba a su hija, sobre todo Carmen Cobeña, que era de carácter recio y dominante. Así decidieron montar una gira en Argentina y Uruguay, y alejar a Carmita de la peligrosa vecindad de su rubio admirador. La abuela Carmen no contó con que aquellos chicos estaban enamorados.

Yo no era una niña prodigio, era una mujer de dieciocho años y había tenido un gran éxito con la comedia de Marquina y Ardavín, Rosa de Francia. *La mañana de mi beneficio me envió Luis no una cesta, una batea de rosas amontonadas, maravillosas. Me las mandó a casa. Mamá apareció con aquel tesoro y sonriendo, pero con los ojos muy serios, me dijo peligrosamente:*

—El regalo de un alma delicada.

Mamá estaba celosa y decidió apartarme del joven Armiñán, que venía todas las tardes al teatro. Así fue como la compañía Oliver-Cobeña se contrató en Argentina y Uruguay. Luis y yo nos despedimos y él prometió escribirme.

Salimos de Málaga en un barco que se llamaba Mendoza. *Yo esperaba las cartas de Luis: teatro Odeón, Buenos Aires, República Argentina... ¡Qué lejos!*

Llevábamos comedias montadas; para mí las mías, para mamá las suyas. Yo iba con sombrero cloche, *melena recortada, medias de seda, largo talle y fal-*

da corta. *Parecía entonces un dibujo de las muchachas de Rafael de Penagos, el espejo donde todas las chicas nos mirábamos ilusionadas y quizá un poco envidiosas, yo menos porque era realista y conocía mis limitaciones: aquellas largas piernas...*

Paco Pierrá —uno de los actores de la compañía— estaba un poco enamorado de mí. Sus escenas de amor tomaban un tinte de sinceridad, aquellas escenas de amor de los años veinte, de las comedias de Martínez Sierra: los besos simulados, las manos que se unían en algún momento y que se soltaban cuando caía el telón... Todo era pulcro, pero nada falso, lo hacíamos bien y los abonos de familias con niños eran muy frecuentes. Paco Pierrá, mi amigo querido, mi gran compañero, no sabiendo decirme que me quería, me cantaba en las noches de luna. La claraboya de mi camarote le parecía una reja cordobesa. Pero yo estaba enamorada de aquel chico rubio que me mandaba rosas.

La temporada del Odeón no fue buena, no gustaban las comedias, que en Buenos Aires llamaban de alpargata, pero tampoco gustaban las de vestir, ni los clásicos de siempre. El clima era triste, y los actores —desmoralizados— nos rehuían, y apenas hablaban. En Nochebuena mis padres y yo cenamos solos, muy tristes, sintiéndonos abandonados y yo notando en mis labios el primer sabor del fracaso, aún más, de mi derrota particular.

Al día siguiente nos reunimos todos los actores españoles que trabajábamos en Buenos Aires y entre ellos el magnífico Ernesto Vilches, que estaba en el teatro Sarmiento. Vilches le pidió permiso a mi madre para sentarse junto a mí, rompiendo el protocolo. Charló conmigo toda la noche, amable, gentil, y poco a poco la conversación se hizo más profunda. Empezó hablándome de la forma de dirigir, de lo importantes que eran los primeros pasos para no caer en la vulgaridad. Yo crucé mi cubierto para mirarle serenamente, dándome cuenta de que me estaba dando una lección difícil y fundamental.

—Eres muy joven, ten cuidado —me dijo—. Tu padre, a fuerza de quererte, te puede equivocar, necesitarías que alguien, que no te quisiera, te manejara inteligentemente. Martínez Sierra es el alma de Catalina Bárcena, sin él, ella... Cualquiera sabe dónde estaría... Tienes condiciones, te sobran, pero necesitas otro director.

No podía decirme nada que me desorientara más, pero era sincero. También me dijo que me habían hecho una propaganda excesiva, y en eso tenía razón.

Y ocurrió el milagro. Terminó Vilches su temporada. El teatro Sarmiento cerró unos días. Nosotros habíamos dejado el Odeón, pedimos el Sarmiento sin demasiada fe, y llegamos a un acuerdo con la empresa. Cambió todo: con las mismas comedias, con los mismos actores, se llenaba la sala tarde y noche. Aquel teatro moderno —sin la carga histórica del Odeón— estaba caliente, como dicen los cómicos. Se acababa el papel, y la alegría nos llenaba el alma.

Como actriz volvía a tener confianza en mí. Como mujer —apenas mujer— la había perdido.

Pasaron los días, más de un mes sin una palabra suya. Luis no me escribió ni una letra. Yo tenía pena, no le olvidaba. Todas las mañanas preguntaba por mi correo y la respuesta siempre era la misma. No hay cartas... No hay cartas.

Una noche me encerré en mi cuarto del hotel y sintiéndome sola rompí a llorar, las lágrimas rodaron por mi cara, como si de pronto se me hubiera hundido el mundo. Algo pudo oír mi madre, que entró sin llamar en mi habitación, y me besó un poco asustada.

—¿Qué te pasa, hija mía, si todo va bien? ¿A qué vienen esas lágrimas? No podía contestarle.

—No llores... Lávate la cara... Bonita vas a estar mañana... A dormir, no pienses tonterías, duerme, mañana tenemos ensayo a las dos.

Acudí al ensayo, hice la función de la tarde, la de la noche. Me despedí de mis padres con un beso y abrí la puerta de mi cuarto. La cama estaba rara, como mal hecha, revuelta. La destapé y no me lo podía creer. No grité de milagro. Entre las sábanas, formando un montoncito, había muchas cartas. Cartas de España, cartas de Luis. ¿Será posible? Era tanta mi felicidad que ni siquiera me encolericé con mi madre. Fui mirando las fechas, ordenándolas. Las cartas estaban escritas con tinta verde, así hasta diez. En las últimas la tinta ya no era verde y llevaban el membrete de un hotel de Bruselas. Leí la última. Luis me decía que estaba en Bélgica para cumplir un encargo de su padre y parecía la carta de un corresponsal de periódico. Me quedé horrorizada. Busqué la primera, en la que me decía adiós: era una carta de amor. Desde aquélla hasta la última el tono descendía. Me deseaba un gran éxito y se quejaba de mi silencio. Era verdad. Mi madre no tenía derecho a hacer lo que hizo. Sin pensarlo más busqué papel, pluma y un libro para apoyarme. Escribí hasta el amanecer, contestando, de una vez, aquel correo que acababa triste y desilusionado.

Aún tardamos en regresar a España, pero nuestra comunicación se estableció normalmente. Las cartas de Luis llegaban —otra vez escritas con tinta verde— y las mías rebosaban alegría.

Al amor y a la felicidad se unió el éxito: estrené Marianela, de don Benito Pérez Galdós. Yo era Marianela. Descalza, vestida con trapitos rotos, delgada y menuda, era justo la niña generosa, feliz primero llevando al ciego de la mano y luego, cuando la situación llegaba al límite del dolor, me sentía inspirada. La muerte inevitable, en su sencillez, resultaba maravillosa.

* * *

303

Al volver a España formalizaron su relación Carmita Oliver y Luis de Armiñán. Mi abuelo Federico le escribió una comedia a su hija, y ella la estrenó el 11 de diciembre de 1925, en el teatro de La Latina, de Madrid. Era una obra de treinta personajes, más *cómicos de la legua* —sin frase—, *el Tío del Queso*, y *chiquillos*. Y se la dedicó: «A mi adorada hija Carmita, Federico».

Mi madre ya tenía veinte años y un talento especial para hacer teatro. «Los ojos de Carmita Oliver hacen comedias solos», escribió María Guerrero.

Poco tiempo después, al faltarle la savia joven, la heredera que sostenía el tinglado, la compañía Oliver-Cobeña se deshizo. La abuela Carmen no quiso volver a trabajar y las dos actrices se fueron juntas interpretando una pieza breve de los hermanos Álvarez Quintero. Desde entonces Carmita Oliver hubo de vivir sin el aire del teatro, que había mamado desde niña, porque también del aire se vive. Tenía un marido y un hijo, pero ¿y todo lo demás? ¿Y el carro de los cómicos? Pasaron cuarenta años, la abuela Carmen murió en casa de Luis de Armiñán y le llamaba «mi Luisito». Los dos se querían y se respetaban.

El 29 de enero de 1908 en el teatro de la Princesa —hoy María Guerrero— se estrenó un drama de Luis de Armiñán Pérez titulado *Los segadores*. Lo interpretaba mi abuela Carmen Cobeña, junto a dos magníficos actores, Francisco Morano y Leovigildo Ruiz-Tatay. Mi madre no había cumplido tres años y mi padre tenía ocho. Luis de Armiñán Jr. —como dicen los americanos— escribió setenta años después estas líneas:

Doña Carmen Cobeña fue mi suegra y le debo el agradecimiento de haber parido a mi mujer. Doña Carmen murió en mi casa con más de noventa años.

Yo le vi hacer Los segadores *en enero de 1908, la primera y única obra dramática de Luis de Armiñán Pérez. Oía en mi casa hablar del estreno y le pedí a mi padre que me llevara. Mi madre se opuso, pero el autor-político pudo convencerla: no quiero que el niño recuerde esta fecha por una negativa. Eso es lo que dijo. Fui al gallinero con mi tía Teresa, y vi trabajar a la Cobeña con Morano y Ruiz-Tatay.*

En aquella temporada doña Carmen estrenó, entre otras grandes comedias, Señora ama, *de Jacinto Benavente, y en aquella misma temporada doña María Guerrero decidió comprar el teatro de la Princesa, para cortar el peligroso éxito de su rival, a la que despojó también del teatro Español en cuanto pudo. Ésa es la verdad y así lo digo.*

Yo a la Carmen Cobeña de sus grandes éxitos la vi mucho después, precisamente en Señora ama, *y años más adelante en* La madre. *Y pasados otros años, y ya en el final de su carrera en* La enemiga, *porque en* La tonta del bote *—de Pilar Millán Astray— hacía un papel secundario. Fue discípula de Emilio Mario, intérprete del mejor teatro de su juventud, trabajó con los galanes más ilustres de su época y entre ellos Thuiller. Para doña Carmen no había más vida que la del teatro. Cuando estaba de buen talante salpicaba sus conversaciones con frases de dramas y comedias: fue esposa de un autor que no escribió nunca obras de actriz, sólo una,* La Neña, *y se la dio a María Guerrero. A doña Carmen le faltó el desparpajo que tuvieron sus rivales en las afueras del teatro: me refiero a María Guerrero y a Rosario Pino.*

Carmen Cobeña fue austera, señorial, tan recta que casaba inexorablemente a los cómicos que en su compañía iban enredados o se enredaban. Tuvo como lastre el concepto teatral de Federico Oliver, socialista o algo más, mientras la Guerrero ofrecía a la aristocracia sus sábados blancos, colmados de duques y marqueses, banqueros políticos, ricos y poderosos, que no olvidaban los títulos nobiliarios de su marido don Fernando Díaz de Mendoza.

El teatro de Ibsen, de las izquierdas, de su propio don Federico, que culmina en El pueblo dormido *y* Los pistoleros, *lanzaba a Carmen Cobeña a provincias en la España del rey Alfonso, que sólo toleró —a su izquierda— a don José Canalejas, y lo vio morir asesinado, casi sin despeinarse.*

Cuando yo conocí a la entonces Carmita Oliver se enfadó conmigo doña Carmen. Tenía la chica diecisiete años y ya era primera actriz. Carmen Cobeña se quedaba en la sombra, para destacar a la estrella naciente, y a mí me acogió con recelo. Era tan lista, tenía un talento tan grande, que vio el peligro de un fin de carrera en la simpatía despertada entre el joven periodista y su hija Carmita, que había logrado consolidar su prestigio. Y así fue.

La familia Armiñán, a pesar del estreno de *Los segadores*, nada tenía que ver con el teatro, ni con ningún otro espectáculo, a excepción del que proporciona la política.

El abuelo Luis escribió, con cuidada letra de imprenta, pegando papelitos en las guardas de su libro *Hoja de servicios del soldado Miguel de Cervantes*, una serie de frases, alguna máxima, datos que quería guardar y también recordar.

El buen linaje no es motivo de vanidad, ni de soberbia, sino de limpieza. Un escudo y una nota: *Escudete y blasón de los Armiñán. Hidalguía era la nobleza que venía a los hombres por linaje. Armiñán: hidalgos de casa y solar en Asturias Restiello-Grado-Oviedo. En los padrones antiguos del Ayuntamiento de Grado (Asturias) figuran con casa, solar conocido y armas pintar, las familias que en él constan, y entre ellas, en Restiello, la de Armiñán, emparentada con la de Cañedo, Coalla, Díaz de Miranda, Cienfuegos y otras. Se conserva la casa solar. Mi hijo se llama Luis, como me llamo yo, por llamarse así el señor don Luis de Armiñán y Cañedo, doctor, abogado de fama, notario apostólico, fiscal de la audiencia de Oviedo, catedrático en su universidad, rector, fundador y primer presidente de la Academia de Legislación. [...] Hijo de éste fue mi tatarabuelo don Álvaro, mariscal de campo y gobernador del Principado de Asturias. [...] Mi padre fue teniente general (1829-1891). Murió de Capitán General de Baleares...*

Y sin previo aviso el joven Luis de Armiñán Odriozola —periodista y abogado— se quería casar con Carmita Oliver, prometedora cómica. Es lógico que mi abuelo Luis no aprobara la boda, aunque tampoco debió de oponerse con mucho empeño. Supongo que la opinión de mi abuela Jacoba no contaba, porque las mujeres habían de obedecer a los maridos y callar sus razones, si es que las tenían. El abuelo Luis —ya estábamos en el siglo xx— se rindió, poniendo una sola condición: Carmita Oliver abandonaría el teatro antes de casarse. Así se celebró aquel enlace, que no tuvo luna de miel, una boda no deseada ni por los Oliver ni por los Armiñán.

A pesar de todo las familias se juntaron y los jóvenes salían juntos, hermanos y hermanas, de tal modo que mi tío Federico y mi tía Carmen también se casaron, pero el matrimonio fracasó y acogiéndose a la nueva y republicana Ley del Divorcio mis tíos rompieron de forma traumática. Las dos familias se distanciaron y mi abuelo Luis no volvió a ver a mis abuelos Oliver. Las relaciones entre el abuelo Luis y Carmita Oliver resultaban difíciles, hasta que poco a poco la sensibilidad de mi madre fue minando el orgullo del abuelo que, como en los melodramas y en las películas en blanco y negro, se dejó querer y quiso a Carmita, que siempre le llamó de usted.

El abuelo Luis murió el sábado 3 de septiembre de 1949 a los setenta y ocho años. Tenía un cáncer y pasó todo el verano del 48 en una casa de don Paco Segovia, en la Cuesta de las Perdices, allí iba mi madre casi todos los días y allí se entendieron. Volvió a Madrid y le mandó una tarjeta, como siempre escrita con letra de imprenta:

Mi querida Carmita, al volver a casa, bien mejorado de mis achaques, gracias a tus solícitos cuidados, quiero por escrito repetirte las gracias, que personalmente te di al separarme de ti en la mañana del lunes. ¡No es bien nacido el que no sabe ser agradecido! Que Dios te dé la dicha que mereces y que el hijo que tanto quieres, mi nieto Jaime, te colme de satisfacciones y alegrías. De corazón te abraza tu muy afecto, Luis de Armiñán.

Carmita Oliver pegó esta tarjeta en su viejo álbum de autógrafos, detrás del de Pedro Muñoz Seca.

Mi madre tuvo algunas amigas y muy pocos amigos, exceptuando el tiempo de su adolescencia. Sus amigas no eran del teatro, que rechazaba quizá dolorosamente. Casi todas, amas de casa y algunas trabajadoras, gente fina de clase media, algunas singulares y muchas fuertes; en la mayoría abundaba el sentido del humor y cierto y entrañable desdén a los hombres. Yo conocí a todas, quise a muchas y a algunas les tomé manía, pero nunca sentí celos de las amigas de mi madre. Recuerdo a María Fe, hija del librero Fernando Fe, el de la Puerta del Sol. Era alta, tenía un cuerpo magnífico y disparaba la risa como no he visto a nadie. María Luisa Bienvenida, casada con Antonio. Pepita Pla —hija del pintor valenciano Cecilio Pla—, de impresionantes ojos verdes y nariz calcada de la de Hedy Lamarr, o al revés. Mari Ángeles Ruiz, catalana socarrona, con un especialísimo sentido del humor. Maita D'Ors; Asunción Bastida, mujer emprendedora, talento creador: tenía dos casas de lo que se llamaba entonces alta costura, en Barcelona y en Madrid, y con ella trabajaba María Fe. Las chicas de García Sanchiz, sobre todo la excepcional doña María, que fue maestra nacional y sabia. Emma Barcini, disparatada pintora italiana. Josefina Carabias —siempre fue Pepita en casa—, periodista, valiente, divertida como he visto a pocas, socialista y luchadora. Pepita Carabias fue, además de colega, amiga de mi padre. África Aranda, a quien paradójicamente protegía Carmita y, como excepción en el gremio teatral, la joven Amparo Rivelles y Carola Fernán Gómez.

Mi madre jamás rechazó a las guapas, ni tuvo envidia de las que sabían más que ella. No era feminista, pero admiraba a las mujeres y también las compadecía. Nunca olvidó lo que su padre dijo un día a sus hermanos:

—Tenéis que ser buenos con ella... Bastante desgracia tiene la pobrecita con haber nacido mujer.

Federico Oliver siempre estuvo de parte de los perdedores: los obreros, los marginados, los disminuidos, los visionarios, las mujeres, incluso los anarquistas. Y así lo reflejó en su teatro, olvidándose del público burgués, que en sus tiempos manejaban con soltura Benavente, Martínez Sierra, Sassone y los hermanos Álvarez Quintero.

* * *

«Rusia es culpable, culpable de nuestra guerra civil. Culpable de la muerte de José Antonio, nuestro Fundador. Y de la muerte de tantos camaradas y tantos soldados caídos en aquella guerra por la agresión del comunismo ruso. El exterminio de Rusia es exigencia de la Historia y del porvenir de Europa.»

Así, con envidiable facilidad, simplificó el complejo problema de la guerra mundial Ramón Serrano Súñer, ex diputado de Gil Robles y nuevo falangista, que sin duda olvidó que a él no le había *fundado* José Antonio Primo de Rivera. Tras encendida arenga, la División Azul salió camino de Oriente, al mando de Agustín Muñoz Grandes, antiguo coronel de la Guardia de Asalto Republicana. Cientos de los hombres que se alistaron en la División Azul, iban a limpiar presuntos pecados políticos, cometidos por ellos mismos, pero sobre todo por sus familias. Les vistieron con uniformes alemanes, muchos murieron en el cerco de Leningrado y a millares quedaron prisioneros en la Unión Soviética.

Mi padre era una sombra de lo que había sido, tenía la cara amarilla y las manos huesudas, estaba en el puro pellejo, pero seguía trabajando en el periódico *Madrid* y además con buen humor, aunque en silencio, lo cual no era novedad, porque nunca habló mucho. Apenas podía comer y le dolía el estómago constantemente. A pesar de sus pesares aceptó un viaje, y se fue a Alemania, a Bulgaria y a Rumania, para llegar hasta Odessa, en la Unión Soviética, a orillas del mar Negro. En aquel viaje —todos vestidos de falange, con más o menos entusiasmo— iban otros periodistas.

Juan Pujol —director del diario Madrid— *me envió a Europa en un viaje que prometía mucho. Lo había proyectado el consejero de Cultura de la Embajada de Rumania, señor Cotrús, un poeta en su lengua y en la nuestra. Eran mis compañeros de expedición Carlos Foyaca, Spectator —démosle su nombre de guerra—, Ismael Herraiz, López Izquierdo, Miguel Moya, y algún otro. Debíamos visitar el frente ruso-germano, Rumania, Bulgaria y Alemania. Lo de Bulgaria no les gustaba a los rumanos, viejos adversarios unidos entonces por las circunstancias.*

Todo en avión. Esto tenía su gracia y sus peligros. Debíamos volar sobre Francia, la Francia ocupada, en un aparato alemán, y bajar hasta Viena, para cruzar el Danubio. En París no nos detuvimos más que para llenar los tanques de gasolina. En el aeródromo nos rodearon los soldados alemanes. Daba la impresión de que íbamos presos. Paseábamos a unos metros del aparato, entristecidos. Veíamos las casitas cercanas, presentíamos París, pero íbamos como nos querían llevar. Bajamos en Múnich. Una ciudad apagada, de calles silenciosas y medio desiertas, cabarets tapados con pesados cortinones, y automóviles mili-

tares, que llevaban los cristales de los faros de color azul. Luego la vieja Austria. Ya había estado en Viena, para mí la ciudad más bella de Europa. Pero no era aquella en la que una chica, al oírnos hablar en castellano, se nos acercó y sin aceptar ni una cerveza, fue nuestra compañera unas horas, creo que solamente para decirnos que los austriacos se habían alegrado mucho al convertirse en provincia alemana, y que entonces sufrían las consecuencias del error. Soñaba con Francisco José, con el Imperio. Y no lo había conocido. Toda la Europa Central era ya el prólogo de su desastre. Militares por todos lados, atentados, miedo y dos guerras: la de Europa y la suya, también dividida en dos ramas. Cruzamos Hungría. La vimos al pasar por tierra, hasta llegar a Rumania, donde debíamos detenernos una semana. En Bucarest era ministro de España el conde Casa Rojas, casado con Victoria Rosado, de la que tenía una hija, ya mujer. Casa Rojas era amigo mío, Victoria era medio paisana. Con ambos enlacé en recuerdos de Madrid y de Málaga.

Fuimos al frente ruso en un avión militar, viejo, desteñido y vacilante. Volamos hasta Odessa en las horas de su conquista por las tropas rumanas. Un vuelo lento e impreciso con peligros y aventura. En una noche helada, de nieve, tomamos tierra en un aeródromo, a escasos kilómetros del frente. El trato era el de oficial, y no podíamos exigir más. Nos dieron como cena tocino madurado en pimentón y pan. Las brasas calentaban aquel manjar de soldado. Dormimos en una sala grande, con los heridos de la batalla. Yo dormí. Ha sido siempre una cualidad de mi naturaleza. Cuando hay que dormir, duermo sin reparar en lo que me rodea. Sin oír, en esta ocasión, quejidos, lamentos, y pasos de médicos, enfermeros o del cura ortodoxo que bendecía algunos catres. Al amanecer nos despertamos con los toques marciales. En el patio rompimos el hielo para refrescar la cara con sus cristales. Un café nos confortó. Salimos a la estepa, una gran sábana blanca, llana, lisa, con muchos grados bajo cero. Pero no hacía viento, y el frío sin viento no se siente al llegar a un punto en el que nada importa ya. Manchitas de columnas que llegaban a pie: eran prisioneros soviéticos. Venían mal cubiertos, con trapos en los pies. Vi a uno comerse un bicharraco deslizante, que salía de la nieve... Me contaron que, en los campos de concentración, habían matado a los más débiles para sostener el hambre. Se comprendía que no era posible que ganaran aquella guerra los alemanes, como no la ganará nadie con infantería, vaya a pie o en tanques. La nieve y la distancia acaban con los ejércitos por frío y hambre. No hay retaguardia y en vanguardia no aparece nadie que pueda ayudar: un hombre comestible, una lombriz en la nieve, si es que se encuentran. Todo era desolador, yo esquivaba la mirada de Aaron Cotrús, que me distinguía con su afecto.

—No es posible, ¿verdad? —me dijo una madrugada.

—No, no es posible.

Y nos miramos sin añadir palabra. Cotrús fue un buen amigo hasta su

309

muerte. Ahora está enterrado en Madrid. Juan Aparicio, intocable director general de Prensa, le había hecho padrino de pila de uno de sus hijos. Tiempo después me habló Cotrús con amargura de aquel falangista adulador, que le olvidó cuando ya era sólo un poeta exiliado y pobre.

A consecuencia del viaje, Luis de Armiñán se echó un nuevo amigo, un poco extravagante: el rey Boris de Bulgaria, que le condecoró. Del viaje se trajo un gorro de piel –con el que yo me disfrazaba– y una extensa colección de discos búlgaros y rumanos, algunos pesadísimos.

Carmita Oliver decidió volver al teatro, al menos hacer dos o tres temporadas, hasta que su marido saliera de la úlcera, si es que salía. Debieron de hablar los dos, es probable que Luis de Armiñán consultara a su padre, pero ya estaba movida la pieza, porque eran otros tiempos. Estoy seguro de que mi madre acogió con alegría –desde luego con valor– su vuelta a los escenarios y que mis abuelos Oliver-Cobeña se regocijaron: al fin y al cabo aquél era su trabajo y Carmita, la más querida de sus creaciones. Mi madre tenía entonces treinta y siete años, había empezado de niña y lo recordaba en el paseo de La Habana, escribiendo frente al sillón vacío de Luis de Armiñán:

En 1919 yo era una chica de catorce años y representé mi primer papel. Repartían para los actores una comedia de los Quintero que se llamaba Febrerillo el loco. *La comedia se había leído antes, tenía gracia de situación, sin chistes, con un diálogo ágil, muy de ellos. Entre los personajes había una chicuza, una criadita muy joven, de esas que llevan el delantal grande y la falda corta, catorce años como yo. Me llamaron:* ¡Señorita Oliver!, *yo me puse en pie muy seria, papá hizo que me entregaran los pliegos. El papel era muy corto. Escrito en letra cursiva, como siempre se hacía entonces y cosido con hilo fuerte. Yo me lo guardé sin comentarios. Mi padre, asombrado ante mi actitud, me dijo:*
—¡Pero si es una broma, devuélvelo!
Yo estaba aferrada a mi tesoro y casi con lágrimas en los ojos le contesté:
—¡Déjame hacerlo, por favor!
Él se puso serio, los demás sonreían. Se consultaron mis padres con la mirada y entre bromas y veras me dijeron:
—Si te atreves...
Yo contesté afirmando sin palabras, y así comencé a ser Carmita Oliver.
Me acuerdo de cómo era yo. Había crecido, pero no mucho, llevaba una trenza doblada y sujeta con un lazo negro, que asomaba enmarcando una carita de niña graciosa. Nunca fui linda, pero había nacido para actriz, no sé si

310

mala o buena. *Mis facciones no eran correctas, pero tenía expresión. Los ojos —perdón por presumir de ojos— eran bonitos, la boca un poco grande.*

No olvidaré nunca las palabras de papá, en aquella su primera lección. Esto que ves —me dijo señalando al patio de butacas— es la cuarta pared del escenario. Piensa que ahí está uno de los secretos que debe saber el actor. Habla con sinceridad y sencillez, olvídate de ti y al ponerte el delantal que lleva tu personaje, piensa que es tu ropa. No te pintes la carita, que ya no es tuya, olvida cómo te llamas y serás una actriz nada más, pero nada menos. Le escuché con la cabeza baja, me dio un cachetito en la mejilla y me volvió la espalda, para ocultar su emoción. Los cómicos, los míos, también se habían puesto serios, pero mi madre rompió el silencio con dos palmadas y exclamó: ¡Vamos a trabajar! Acercaron sillas, agrupáronse alrededor de la mesa donde el lector, con un ejemplar en la mano, se disponía a comenzar lo que llamábamos el primer ensayo de mesa. Yo desdoblé mi papel y me acerqué a mi madre buscando cobijo. Mi intervención era corta, una salida en cada acto, pero colocadas con maestría y la gracia de la chicuza que yo representaba era que, cuando traía un recado o la llamaban, lo hacía asustada, como si ocurriera algo inusitado. Llegó mi primera frase y con mi pliego en la mano la dije a tiempo, como si en lugar del primer ensayo fuera el cuarto o quinto. El apuntador, que seguía la letra, me miró un instante por encima de las gafas y continuó. Al comenzar estaba un poco nerviosa, más bien emocionada, pero fui tranquilizándome. En mi segunda salida coloqué mi frase en su sitio y pensé para mí: esto es facilísimo. Mi madre rozó con su brazo el de mi padre y él sonrió un poquito. Terminada la primera prueba me volvió el alma al cuerpo, temía que me quitaran el papel de Remigia, pero no fue así, al contrario, me daban palmaditas en la cara y yo era feliz. Estaba loca de contenta.

Llegó el ensayo general con todo. Por primera vez vi encenderse la batería. Yo seguía tranquila, debía de ser santa inconsciencia. Mis compañeros, antes de salir a escena, se santiguaban. Yo les imité. El ensayo general, como siempre, fue un desastre, se repitieron escenas, pero no las mías y me acosté tardísimo.

Por fin, la noche del estreno. La comedia se sabía y la dirección era muy buena. Estábamos en el teatro Cervantes, de Málaga. Lo recuerdo tapizado en rojo, magnífico y con unas condiciones acústicas asombrosas. Lo que se decía en escena, sin forzar la voz, llegaba hasta las localidades más altas. En los programas de mano, al final, venía mi nombre: REMIGIA, SRTA. OLIVER. *Y el precio de las localidades, un palco platea veinticinco pesetas. Un dineral las butacas en promoción, pero los de arriba, por una cincuenta, podían ver el mejor teatro que entonces se hacía en España.*

Se levantó el telón. Ése sí que es un momento muy serio. Se hizo el silencio. En la concha, el apuntador oculto dejaba ver la punta de sus dedos, que sostenían el ejemplar de la comedia. Cuando llegó el momento y el segundo apun-

tador me dijo ¡A escena!, besé mis dedos en cruz... ¡A escena! Hice mi prime-
ra salida, todo fue bien y en la segunda, sentí que detrás de la cuarta pared, me
recibía el público con sonrisas y yo comprendí que Remigia tenía gracia o que
hacía gracia. El papel era muy corto, pero muy bueno y yo lo interpreté con esa
curiosa facilidad que tienen los hijos de los cómicos, que parece que han hecho
comedias antes de nacer. Se levantó el telón muchas veces, el éxito fue brillante.

Yo estaba escondida detrás de una caja, mirando, escuchando los aplausos,
que me sonaban distintos. Me descubrió uno de mis compañeros y se me acer-
có, ofreciéndome la mano. Yo me negué horrorizada, pero él insistió cogiendo
mi manita helada y tiró de mí. Salí a escena como un perrillo que llevara una
cuerda al cuello. El público, generoso, sabiendo que yo era hija de Carmen
Cobeña, me aplaudió con simpatía. Entonces por primera vez me enteré de la
fuerza que tiene el teatro en el espíritu de los que se dedican a él con amor, con
vocación. Es algo que no se parece a nada. Yo era un alevín de actriz, una pitu-
sa, pero algo pasó dentro de mí, que no he podido olvidar. Y así nació para la
escena una actriz más.

Al día siguiente se recibió un telegrama de los Quintero, que guardo y dice:
ENHORABUENA A TODOS, PERO SOBRE TODO A LA REMIGIA. *La prensa tra-*
tó bien a la comedia y a los intérpretes y hasta hablaron de mí: intuición, espe-
ranza... Palabras bonitas que me repetía yo asombrada: esperanza, intuición...

Carmita Oliver debutó en el teatro Lara, Corredera Baja de San
Pablo, en Madrid, antes o después de operar a su marido, aunque
supongo que fue después. Recuerdo que le operó un cirujano llamado
G.B. —en una clínica privada— y que al mentado artista del bisturí
debía de gustarle lucirse a costa de los enfermos, alardear de técnicas
nuevas, sin importarle mucho el dolor de los que caían en sus manos.
A mi padre le operaron del estómago con anestesia local y el cirujano
pretendió llevarle a su habitación andando, como si le hubieran quitado las amígdalas. El pobre Luis de Armiñán —sacando fuerzas de su
maltrecho duodeno— se negó a participar en aquella exhibición, y el temible doctor se quedó sin rematar el número. La operación no fue un
éxito precisamente, porque mi padre tuvo que pasar por el quirófano
otras dos veces, hasta que Darío Fernández Iruegas —un extraordinario
cirujano casado con mi tía Marisa— lo dejó en condiciones. A partir
de la tercera intervención Luis de Armiñán recuperó la copita de vino
y descubrió el placer de comerse unos buenos callos a la andaluza, y
todos los dulces que apeteciera, porque era goloso de nacimiento.

Carmita Oliver había firmado un magnífico contrato: trescientas
pesetas diarias, un dineral entonces. El empresario de la compañía se
llamaba Ortega Lopo, era también autor y, como es lógico, pretendía

estrenar. Debutaron en Lara el 17 de septiembre de 1942 con la reposición de uno de los grandes éxitos de mi madre: *Retazo*, de Darío Nicodemi y el estreno de una obra misteriosa —en un acto— titulada *¡Hija del alma!* De aquella pieza no habló la crítica y en los carteles y carteleras fue prohibido el nombre de su autor, que se anunciaba como «el glorioso autor de *Los intereses creados*». Mi madre tenía cierto arrimo sentimental en volver de la mano de «el glorioso autor», porque Carmen Cobeña había estrenado su primera comedia, *El nido ajeno*, en 1894, y la pieza favorita del escritor, *Señora ama*, con la que tuvo uno de los mayores éxitos de su carrera. Sin embargo no quería mucho al hijo del doctor Benavente, y tampoco lo quería mi abuelo Federico, que volcaba su amor literario en Rusiñol y, sobre todo, en Ibsen y en don Benito Pérez Galdós, a quien llamaba maestro.

El premio Nobel Jacinto Benavente estaba mal visto en aquella España, porque no se había apuntado al carro de los vencedores y se mantuvo al margen de la contienda. Poco después del estreno de *¡Hija del alma!*, firmó la paz con la dictadura, limó su pluma y se convirtió en inmortal.

En un viejo cuaderno de mi abuelo Federico Oliver encuentro una perversa trova dedicada a Benavente, versos que jamás se publicaron. La poesía está escrita con letra menuda, letra de miope en tinta azul, afilada en alguna estilográfica hostil.

> Es su genio al parecer humilde
> hermafrodita y sáfico, más técnico,
> creador del latiguillo pirotécnico
> en boca de Isabel, Rosa o Matilde.
> Si buscamos con pinzas una tilde
> a este numen en artes politécnico,
> hallamos en lo psíquico y lo étnico
> lazos de Proust, rosas de Wilde.
> ¿Y el habano? Es símbolo y conjura
> en su obra y su vida impertinente:
> ¿Es Benavente el que se fuma el puro
> o el puro el que se fuma a Benavente?

Siento la emoción que me produjo mi madre cuando apareció en el escenario, casi un sobresalto, una mezcla de orgullo y de vergüenza. Y sobre todo, la turbación que sentí al verla en brazos de un hombre —que no era mi padre— susurrando palabras de amor, y ella le correspondía. Menos mal que en aquellos años las comedias eran inocentes y las escenas de amor apenas sugeridas, pues ni un beso permitía la censura.

Algunas veces he pensado en mi situación frente a mi madre actriz, mi propiedad querida, que ahora tenía que repartir con el público y con el primer actor de la compañía. Indudablemente sentía celos y aborrecía al pobre Vicente Soler, el galán de mi madre, ajeno a mis tortuosas cavilaciones. Me obligaba a pensar que aquél era el trabajo de Carmita Oliver, pero en el fondo lo sentía espeso y repugnante. Si ella hubiera seguido haciendo teatro y yo me criara en un camerino, aquellas escenas de amor me parecerían normales y, quizá, yo mismo hubiera terminado siendo cómico, como Carmen Cobeña, mi tío abuelo Benito, mis tías e incluso mis bisabuelos. Como era de esperar estos retorcidos sentimientos no salieron de mi boca y jamás en la vida, ni cuando fui mayor, se los confié a mi madre, y mucho menos a mi padre.

Por fortuna la costumbre acabó disipando mis celos e incluso me hice amigo de Vicente Soler, que me enseñó a nadar en los Baños de San Sebastián, en Barcelona. En la compañía de mi madre había cómicos —con algunos trabajé después muchas veces— de muy diverso calado, como Olga Peiró —«joven artista de buena planta y mejor escuela»—, Matilde Muñoz Sampedro, Antoñito Soto, Rafaela Aparicio, Antonio Queipo, Erasmo Pascual... Todos me mimaban y alguno me daba coba, por ser hijo de la primera actriz.

El repertorio de la compañía era tradicional: reposiciones de los Quintero, alguna obra de Luis de Vargas y estrenos de García Sanchiz y Francisco de Cossío y, como era de esperar, de Ortega Lopo. Mi madre tuvo que estudiar muchísimo, pero yo creo que todo lo soportaba con buen temple, al comprobar que la cuarta pared seguía en su sitio.

Yo iba en bicicleta por aquel Madrid de gasógenos, tranvías abarrotados, estraperlo y restricciones, y por la noche, entre función y función, aterrizaba en el teatro Lara, donde Carmita Oliver se disponía a cenar en su camerino. Más que por amor filial pedaleaba por hambre de novedades culinarias. Mi madre recibía dos tarteritas de un restaurante con exquisiteces que no estaban a mi alcance: croquetas, filetes de ternera, empanadillas, merluza a la romana, delicadas medianoches, quizá hojaldre... Carmita Oliver me cedía más de la mitad de su cena, porque además ella no podía comer mucho entre función y función.

Vivíamos entonces en el Hotel Nueva York —otra novedad—, que estaba en la avenida de José Antonio, cerca del Palacio de la Prensa, a un paso de la Corredera Baja de San Pablo. Mi madre llegaba al tea-

314

tro en cinco minutos y yo iba al instituto en metro, mi padre convalecía y aprovechaba para escribir. Bajaba a un café de la Gran Vía y trabajaba en una mesa, al modo tradicional. Mis abuelos y mi tío Pepe seguían en Agustina de Aragón, con *Curra* y *Chiki*. En el Hotel Nueva York comencé a espiar por los pasillos. Por la noche abría una rendija de la puerta y miraba, y si alguna señora entraba en su habitación, me ponía en marcha. A la primera me pillaron: estaba con el ojo puesto en el ojo de una cerradura cuando sentí pasos. Era un hombre joven, rubio, bien vestido, de severa expresión: levantó un dedo en señal de advertencia y yo eché a correr. Pasé unos días muy malos, pensando que el rubio me iba a denunciar a las autoridades del hotel o, por lo menos, que se lo diría a mis padres. Pero no ocurrió nada, ni le volví a ver.

Durante aquellos meses fui al teatro con frecuencia y me solían acompañar mi abuela Carmen, el tío Pepe y, a veces, el abuelo Federico: iba por el sencillo sistema de los vales de favor. Así vi a Lola Membrives, que trabajaba con Mariano Asquerino, el padre de María Asquerino. A María Fernanda Ladrón de Guevara y Amparito Rivelles, que me dejó tiritando: cuánto me hubiera gustado espiar por el ojo de la cerradura de la puerta de Amparito.

Fui al María Guerrero y casi descubrí el teatro, al menos un modo de hacer teatro, que yo no había visto nunca: dirigía el inolvidable Luis Escobar y la función que representaban era *La herida del tiempo*, de J.B. Priestley, con Guillermo Marín, Ana María Noé y doña Carmen Seco, una gloria de la escena que se había ganado a pulso el título de *doña*. Hacía falta tener el valor de Luis Escobar —también su posición social— para representar una obra inglesa en aquel Madrid de la posguerra, enfervorizado por los éxitos guerreros de Alemania. A pesar de mis quince años entendí perfectamente que el tiempo es misterioso e inexorable, aunque se cambien las piezas y lo de atrás se eche por delante.

También fui al teatro Fontalba —ahora en compañía de mis abuelos— y vi *El alcalde de Zalamea*, y *El gran Galeoto*, donde tuve que esconder mi risa para no ofender al abuelo Federico. En el Fontalba trabajaban don Enrique Borrás y Rafael Rivelles. Borrás, que había estrenado *Los semidioses*, de Federico Oliver, me regaló una fotografía dedicada, que aún conservo. Pero la función que más me gustó, donde me morí literalmente de risa, de risa de primera clase, fue *Los habitantes de la casa deshabitada*, de Jardiel Poncela, a quien desde entonces rendí culto. Jardiel fue el mejor autor cómico de su tiempo, el que arriesgaba más, un artista inesperado y valiente. El protagonista de *Los habitantes de la casa deshabitada* era Pepe Orjas, un gran actor cómico con el que luego trabajé mucho en televisión; recuerdo también a Milagros Leal, que echaba el telón a la comedia, entre un verdadero alboroto de carcajadas, pero sobre todo no puedo olvidar al Pelirrojo, un joven pelo-pancha, alto y desgarbado, de voz inimitable, que tenía entonces veintiún años: Fernando Fernán Gómez, mi amigo desde el verano de 1943.

Antes de la guerra me había llevado al circo mi padre. Se entiende al Circo Price, de Madrid, aquel precioso edificio que se levantaba en la Plaza del Rey, y que fue implacablemente destruido por la especulación, aliada con la piqueta municipal y la voracidad de los bancos. Desde entonces Madrid es la única capital europea que no tiene un circo estable, circunstancia que produce cierto rubor. No me daban miedo los payasos, ni me asustaban las fieras, ni me parecía un espectáculo triste, tópicos que, en relación con los niños, siempre ha tenido que aguantar el circo. Me emocionaban las «águilas humanas», me asombraban los saltadores árabes y los equilibristas, y me gustaban un disparate las *écuyères* cabalgando en sus caballos blancos. En 1943 asistí a muchas funciones de circo, después conocí a Juanito Carcellé –singular empresario–, a mi querido Arturo Castilla y a Feijoo, pero sobre todo a Alfredo Marqueríe, periodista, crítico de teatro, que fue mi amigo y mi maestro en aquellas cuestiones, porque diez años después publicaba mi primer libro y a él se lo dediqué, convirtiéndome en historiador del circo. El libro se llama *Biografía del circo*, y en él puse todo mi amor a tan precioso espectáculo. En gran parte lo escribí en la Diputación Provincial de Madrid, donde yo estaba empleado, gracias a los buenos oficios de su eterno presidente, el castizo Marqués de la Valdavia. Escribir en las oficinas públicas y en los cafés era práctica común no sólo en aquellos tiempos de posguerra, sino en el siglo XIX. Para salir de dudas conviene repasar las páginas de Mariano José de Larra, Mesonero Romanos, y después, de Ramón Gómez de la Serna, Julio Camba y César González Ruano.

Con el tío Pepe fui al Coliseum, que entonces era teatro y ahora parece que vuelve adonde solía. Estaba al final de la llamada Gran Vía, y era propiedad del maestro Jacinto Guerrero, amigo de mi padre y de mi abuelo Federico Oliver. El Coliseum había sido construido por los arquitectos Fernández Shaw y Muguruza, era un teatro muy grande y muy moderno, que sólo tenía una pega: estaba más cerca de Cercedilla que de la Puerta del Sol. Allí debutaron los Vieneses, una compañía de revistas que hizo cuanto pudo por aliviar la tristeza en España, donde se quedaron para siempre. Venían de Viena —como era de suponer— fingiendo una gira, pero en realidad huían del nazismo. En la compañía, además de su director Arthur Kaps, había numerosos judíos, y un año después no lo habrían contado. En España las autoridades no se enteraron del caso y los protegieron, les halagaron incluso —al menos en sus comienzos—, hasta que entraron en la noria donde todas las compañías de teatro, y aún más las del género frívolo, estaban enganchadas: me refiero a la terrible censura del régimen. La revista se llamaba *Todo por el corazón,* y la butaca valía quince pesetas.

Se levantó el telón en el Coliseum y yo me quedé de una pieza: la música sonaba alegremente y un montón de chicas, todas iguales, bailaban en el escenario, levantando las piernas y sonriendo como en las películas. Llevaban un pantaloncillo minúsculo, y sostén, lo nunca visto por mis ojos, a excepción de cuando miraban por las cerraduras, claro está. Nada en común con nuestras pobres coristas, de pálida tez, mal comidas, triste expresión, voz de gato, tapadas hasta las rodillas por las cucarachas de la censura. El público del Coliseum mantenía un silencio respetuoso, como si estuviera en misa, en realidad asustado de la osadía de aquellos extranjeros. Pronto serían abolidos los pecadores sostenes y tapados los muslos de las hermosas chicas de Viena.

Entre tantísimo teatro, mis paseos en bicicleta, algún cine que otro, el fútbol y las cenas en el Lara, apenas me quedaba tiempo para estudiar.

3
La herencia del Instituto Escuela

Iba en un tranvía amarillo, en el número 51, Sol-Torrijos, Torrijos-Sol. De Torrijos nada, pobre José María de Torrijos, fusilado sin juicio durante la Década Ominosa (1823-1833) por luchar contra la tiranía absolutista del traidor Fernando VII. Franco tampoco toleraba a los liberales decentes y cambió a Torrijos por el Conde de Peñalver. Lo malo es que, al llegar la democracia, fue de las pocas calles de Madrid que no recuperaron su nombre, y aún sigue llamándose Conde de Peñalver. Por fortuna nos queda el mercado de Torrijos y así las merluzas y las coliflores que allí se venden, las criadillas, las naranjas y los melones, recuerdan al valiente militar.

Tranvía amarillo número 51, Sol-Conde de Peñalver. En la calle de Alcalá me subí en marcha, en dirección al barrio de Salamanca y me quedé en el estribo, mal agarrado a una barra. Los tranvías de Madrid y el metro iban siempre de bote en bote; el metro olía a sudor y a miseria, mientras que en los tranvías corría el aire fresco. A mí me gustaba ir estrujado entre señoras y a ellas no parecía importarles, porque yo era un mocito de buen aspecto y estaba limpio. En aquella ocasión viajaba entre hombres malolientes, tirando a viejos. Por fin conseguí alcanzar la plataforma y allí seguí prensado. Nunca he tenido tendencias homosexuales, ni de lejos, ni de cerca, ni me ha gustado ningún hombre, ni ningún chico en el colegio, y ni siquiera he considerado a los campeones o a los héroes viriles. Siempre me gustaron las niñas, las chicas después; de toda la vida, sin la menor duda, he admirado a las mujeres, me han gustado las mujeres, y entre ellas me crié: chachas, abuelas, tías, amigas, mi madre sobre todo, un mundo femenino, apetitoso y seductor. Nada más lejos de mi imaginación que una picha. Y precisamente me agarró de la picha un tío, en el tranvía 51. Me llevé el susto de mi vida, más susto que cuando bombardeaban los barcos en San Sebastián y, sin pensarlo dos veces, me tiré del tranvía, que en aquel momento iba a buena velocidad, y rodé por el suelo. Afortunadamente el tráfico apenas existía en Madrid, y no me atropelló ningún coche con o sin gasógeno, pero no me maté de milagro: todo por un maricón de mierda, que tendría más de cuarenta años y pretendía abusar de un inocente. A través del tiempo me cago en sus muertos.

En el verano de 1942, poco antes de que mi madre debutara en el teatro Lara, fuimos a pasar un mes al Club Alpino, el chalet que estaba —y sigue estando— antes de llegar al puerto de Navacerrada, a menos de un kilómetro de la Fuente de los Geólogos y a cuatro del solar del pobre Ventorrillo, destruido en la guerra civil y que jamás fue reconstruido. Mis pulmones ya no necesitaban el aire de la montaña, pero el Club Alpino era barato y no quedaba lejos de Madrid.

El amor a la Sierra —así escrito, con mayúscula—, al montañismo, luego al esquí, a inventar caminos, a descubrir hierbas del campo, cascadas y pozas, a pescar cangrejos en el río, a sentir el aire de las cumbres del Guadarrama y a tiritar de frío en la laguna de Peñalara y en la de Los Pájaros, se lo debo a la familia Arche, a mis padres y a mis maestros, que creyeron que ir al monte significaba algo más que merendar tortilla de patata, matar conejos o beber un tinto con sifón.

El puerto de Navacerrada era entonces casi un territorio virgen con algunos edificios muy señalados: el chalet de Peñalara, arriba, la Sociedad Deportivo-Excursionista, y abajo la estación del ferrocarril eléctrico Cercedilla-Navacerrada, la capilla de la Virgen de las Nieves, un chiringuito de los Fernández Ochoa, y cuatro o cinco casitas hechas de piedra de colmenar, una de ellas de Lilí Álvarez, campeona de tenis y de esquí, luego escritora muy católica, y otra de Antonio Luna, que fue catedrático mío de derecho internacional público.

Desde el Club Alpino —lo llamábamos simplemente El Club— en las noches claras se veían las luces del valle: los pueblos de Cercedilla, Los Molinos y Mataespesa de Alpedrete, bien separados entre sí. Hoy, desde el mismo lugar, las luces se pierden de vista. Había tres familias ilustres en la zona: los Giménez, del Club Alpino, los Arias, de Peñalara, y los Fernández Ochoa, que al cabo del tiempo escribieron su nombre en la historia del deporte español. Los Giménez y los Arias eran conserjes del Alpino, los Arias de Peñalara, y los Fernández Ochoa vendían bocadillos y cervezas en su quiosco.

El Alpino tenía habitaciones de dos camas o de tres, y algunas llamadas individuales, ninguna con cuarto de baño. Creo que las «camas» costaban tres cincuenta y las «individuales» —que me parecían el colmo del lujo— cuatro pesetas. Sin duda debía de ser incómodo, pero nadie lo advertía, porque entonces —los niños y los mayores— no estábamos hechos al boato, por así decirlo. Al Club iban ilustres escritores, catedráticos, académicos, científicos, famosos doctores, empresarios, aristócratas, arquitectos, espías incluso, y también soldados de fortuna, como Otto Skorzeny, que un año después rescataría a Benito Mussolini en el Gran Sasso. No hay que olvidar que el legendario presidente del Club Alpino fue González Amezua, y que la afición a la Sierra venía ya de la Institución Libre de Enseñanza. Todos a tres cincuenta la cama, sin cuarto de baño y sin darse importancia.

El patriarca de la familia Giménez se llamaba Isidro, su mujer —Juana— era la cocinera y su hija Pilar atendía al comedor. Mauricio, Cipriano y Alfonso, los hijos, hacían toda clase de trabajos, y Alfonso se hartó de ser campeón de España de esquí. Yo era feliz en el Club Alpino, me gustaba abrir la pequeña ventana de mi cuarto, doble cristal, y sorber el olor de los pinares del Guadarrama, entonces incontaminados. Muy pocos coches pasaban por la carretera, y de cuando en cuando, un autobús de la Sepulvedana, donde los sábados venía mi padre, porque ya no teníamos automóvil.

Aquel verano del 42 fuimos al Club con María Luisa y Pirula Arche. Pirula debía de tener entonces dieciséis o diecisiete años y se había convertido en una chica deslumbradora. Ya se sabe lo que ocurre: las chicas crecen mucho más deprisa que los chicos, y de resultas de aquel fenómeno natural, Pirula era ya una mujer y yo seguía siendo niño: un niño que sabía apreciar la belleza femenina y al que le gustaba mucho hacerle fotografías a Pirula, en traje de baño y subida en las piedras de la Sierra. Entre los mayores había una señora muy atractiva, era rubia y sueca, y venía siempre con el doctor Sainz de Aja, que era el presidente del Alpino, sonrosado, de pelo blanco, de buen gusto y en ocasiones un poco solitario.

Mi madre hizo nuevas amigas: María Hidalgo de Caviedes —que luego fue mi *Fräulein*—, Marita Esparza, María Gay, mujer del conocido doctor Vicente Gay y madre de Carlos Gay, médico también e indispensable en las páginas de sociedad, pero sobre todo Mari Ángeles Ruiz, que era mi favorita.

Mi padre solía traer periódicos, libros, y si podía algo de café o de té. Pero la visita más emocionante era la del poeta rumano Aaron Cotrús y su mujer, que se llamaba Virginia. Cotrús —por aquello del cuerpo diplomático— llegaba cargado de regalos: café, pero café-café, mantequilla de antes de la guerra, cacao en polvo, mermeladas inglesas —entonces descubrí la de naranja amarga—, chocolate suizo, delicadas galletas, leche condensada, jamón de York, carne de Chicago en lata, arenques ahumados —también los descubrí—, incluso *plum-cake*.

Todo vía Lisboa. Aaron Cotrús era una mezcla de Papá Noel, los Reyes Magos y las Monitas Republicanas. Lo malo es que aquellas delicias duraban poco, porque Carmita Oliver, de natural generoso, las compartía, además gozosamente. Yo aprendí entonces la bonita práctica de repartir entre los amigos, y también aprendí a despreciar a los avaros.

Ignoro por qué las monas se aburren tanto, pero al principio de aquellas vacaciones yo me aburría como una mona. En el Club no había chicos de mi edad, y siempre estaba con los mayores, mirando por el ojo de las cerraduras o subiendo y bajando al Puerto en bicicleta.

—Qué niño más bueno y más calladito —solían decir las señoras.

Mi madre asentía orgullosa y yo sonreía, melancólico y distante.

Una mañana encontré a tres niños jugando en el suelo. Eran hermanos y de diferentes edades: Fernando, Javier y Mari Ángeles Ruiz. Hablaban en catalán y se ocupaban en algo desconocido. Pronto me junté con ellos, sobre todo con Fernando, que luego vino a mi colegio. Fernando Ruiz se convirtió en mi amigo inseparable. Durante muchos años pateamos la Sierra, subimos a todos sus picos, hicimos marchas, dormimos al raso y en tienda de campaña, esquiamos y jugamos al hockey en el mismo equipo, incluso con su padre —también Fernando— y con Javier. Hay amistades infantiles que se anudan y ya no se rompen nunca, aunque las separe la distancia. Fernando era rubio, ingenioso y deportista, y tenía un gran éxito entre las chicas, aunque él guardaba sus conquistas celosamente. Ahora Fernando y Javier están en Barcelona, y Mari Ángeles se ha quedado en su antiguo piso de Madrid.

Poco después, entre las paredes del Club Alpino, cambió mi vida. Dicho así queda un tanto ampuloso, pero es indudable que la vida de un niño de cuarto de bachillerato —plan del 38— algunas veces puede enderezarse, aunque al principio nada se note.

Era invierno y mi padre y yo habíamos ido a pasar un fin de semana al Club Alpino. Por fortuna se torció el tiempo, apareció la niebla, después saltó la ventisca, y no había forma de salir del chalet. En el salón Luis de Armiñán hablaba con un desconocido; lo que yo no sabía es que hablaban de mí: era un hombre delgado, aún joven, de grandes entradas, e iba con tres o cuatro chicos un poco mayores que yo. Se llamaba Miguel Catalán, profesor de física en la Universidad de Madrid, pero había sido apartado de su cátedra por desafecto al régimen. Fue uno de los pocos científicos españoles que no buscaron el camino del exilio. Miguel Catalán no hablaba de sus penalidades políticas, ni siquiera sé si estuvo en la cárcel. Era yerno de don Ramón Menéndez Pidal y quizá aquel parentesco le libró de mayores problemas. Sin ningún rebozo, y aunque la palabra esté muy usada, digo que Miguel Catalán —de la misma Zaragoza— fue un sabio que no merecimos. Aquel año de 1942 daba clase de física y química en el Colegio Estudio, heredero directo, hijo único del Instituto Escuela, una isla en el mar Negro del Madrid de la dictadura. Estaba casado con Jimena Menéndez Pidal —directora del colegio— y allí consumía su tiempo, el que ganaban sus alumnos de bachillerato y perdía la Universidad. Era un hombre bueno, divertido, entrañable y generoso. Yo creo que le gustaba vivir, que se reía de los convencionalismos, de los tópicos y de otras cosas, y en algunas noches de delirio he llegado a pensar que detestaba a Rodrigo Díaz de Vivar, el Cid Campeador, a doña Urraca y a Alfonso VI, del que nunca quiso ser vasallo. Un día, como si contara un cuento —ya en 1945, seis meses antes de Hiroshima—, nos explicó la desintegración del átomo, lo que podía ocurrir en el planeta Tierra si llegaba a explotar una bomba de tantísimo poderío. Resulta que en la luna hay un cráter que se llama Miguel Catalán, y que —el mundo está lleno de contradicciones— fueron los soviéticos quienes así lo bautizaron, a mayor gloria del profesor aragonés, que andaba por casa en zapatillas.

Miguel Catalán se hizo cargo de mí y me llevó al Colegio Estudio a medio curso, creo que en el mes de enero. Estaba en un hotel de la calle General Mola, esquina a María de Molina, junto a un descampado, donde los niños salían al recreo. Nunca me ha gustado llegar a un colegio a medio curso, cuando ya se han hecho piñas y amistades. El «nuevo» siempre es un intruso a quien se prueba y se mide, el nuevo lo pasa muy mal hasta que consigue adaptarse, y Estudio no fue excepción.

Fundaron la escuela Jimena Menéndez Pidal, Ángeles Gasset y Carmen García del Diestro. Las maestras eran siempre señoritas y los maestros, señores. Algunas de las *señoritas* me causaron especial impresión, como la profesora de ciencias naturales, dulce de voz, morena, y de ojos azules. Aquella chica-mayor me dejaba sin habla en todos los sentidos y temo que siempre la defraudé. Quizá fuera una estrella fugaz en la escuela. También me impresionaba mucho la señorita Pilar, a quien llamábamos la Bruja. Pilar estaba casada con el periodista Alfredo Marqueríe y daba clase de trabajo manual. Iba al colegio en bicicleta, tocada con una especie de fez rojo, vestida con falda corta y jersey ceñido. Al pedalear dejaba al aire sus muslos, cosa nunca vista en aquel aburrido Madrid. Por supuesto la Bruja era consciente de que tenía unas piernas preciosas, y despreciaba la opinión de curas, beatas, señoras bien, e incluso camaradas de la Sección Femenina, y estoy seguro de que resistía y aún contestaba con ventaja a las ordinarieces que los hombres de a pie le dijeran por la calle.

Dentro de la plantilla del colegio Estudio quienes mandaban eran sus fundadoras. Con Ángeles Gasset —sobrina de Ortega— yo tenía poco que ver, porque se ocupaba de los más pequeños. Con la señorita Jimena —de ojos acerados y autoridad indiscutible— no llegué a congeniar; debía de considerarme uno de los peores alumnos de la escuela, además un tanto rebelde e individualista, y por si fuera poco, ocurrente. Nuestra relación, a lo largo de casi cuatro años, nunca llegó a ser cordial. Su frase favorita era «no colaboras». Colaborar significaba someterse, pero en Estudio no nos enseñaban a someternos. Era una magnífica maestra y nos daba clase de historia de España y creo que también de literatura, dependiendo de los cursos. Carmen García del Diestro fue para mi naufragio como un dulce y querido bote salvavidas. Todos la conocíamos por Kuki, y también por tía Kuki, porque era tía de los muchos Lorente que iban al colegio. Carmen García del Diestro me enseñó a escribir, a detestar los tópicos, a querer los libros, la literatura. Jamás aburría en clase, siempre eran interesantes sus lecciones, aunque yo no supiera apreciarlas. Además le caí en gracia y decidió ayudarme. Algunas veces, cuando faltaba al colegio, cuando me refugiaba en el cine Padilla, llegó a seguirme, como si fuera el comisario Maigret. Jamás ejerció su autoridad sin motivo, siempre echó por delante inteligencia y bondad. Ahora es vecina mía, los dos nos hemos acercado en años, la llamo de tú, charlamos mucho, e incluso nos bebemos un whisky, recordando cosas y hablando del futuro. Es una gran mujer, una de las mujeres que más han influido en mi vida.

En aquella escuela aprendí cosas muy útiles: a tratar a las chicas —era de los pocos colegios mixtos del Madrid falangista—, a estudiar sin textos oficiales, a hacer fichas y a resumir, a escribir casi correctamente, a escuchar y a ser una persona decente, este apartado muy dudoso. Del desastre de los primeros cursos pasé a una relativa normalidad en sexto, y a cierto agradable triunfo en séptimo y reválida.

En las notas de fin de mes los profesores de la escuela solían comentar el trabajo de los alumnos con breves frases, que algunas veces resultaban un poco desagradables, y «el padre o encargado» tenía que firmarlas. Grandes disgustos se llevó Luis de Armiñán con aquellos juicios desalentadores, y muchos sobresaltos me causaban las peligrosas notas de fin de mes, hasta que aprendí a falsificar la firma de mi padre, y de la misma tacada nos ahorrábamos berrinches, humillaciones y malos ratos. Sin ánimo de presumir expongo ahora un delicado muestrario de las notas del curso de 1942-1943, que he conservado por indudable humildad:

«Latín.– Ha trabajado poco.
»Matemáticas.– Faltó los días 12, 15, 16 y 25, y su aplicación y aprovechamiento hacen pensar en un fracaso en sus exámenes.
»Física y Química.– Estudia muy poco.
»Filosofía.– Estudia poco y muestra escaso interés.
»Francés.– ¡Mal!».

En resumen, una auténtica injusticia.

* * *

Mis padres habían vendido la casa de Agustina de Aragón y así iniciamos una frenética carrera de mudanzas que nos llevó desde la calle General Ibáñez Ibero, en Cuatro Caminos, hasta Quintana, en Argüelles, pasando por Altamirano y Martín de los Heros. Carmita Oliver se fue con su compañía a provincias, y Luis de Armiñán y yo nos alojamos en la Pensión Delfina, en plena avenida de José Antonio, muy cerca del bar Chicote.

Las pensiones ya no se llaman así, ni casas de huéspedes, ni hospederías, ni posadas, ni mucho menos fondas: ahora son hostales o residencias, una vez más hemos caído en el odioso eufemismo que no disimula, pero convierte la palabra calificada en cursi disfraz, dejando intacto el contenido, porque hay hostales más miserables y cochambrosos que algunas fondas de finales del siglo XIX.

Llegamos a la céntrica pensión Delfina por recomendación del tío Pepe, habitual en la casa, porque allí paraba su amigo Manuel de Agustín. De Agustín era un hombre aún joven, pequeño, nervudo, fuerte y rápido de imaginación. En aquel tiempo –o quizá fuera después– había conquistado el campeonato de España de ajedrez «a la ciega»: es decir, de espaldas al tablero de su contrincante, representando el suyo en la memoria. Yo le he visto jugar partidas simultáneas y ganar casi todas. Durante la guerra civil estuvo en la Unión Soviética y allí se hizo piloto de aviación. Combatió en España y fue hecho prisionero por los nacionales. Cuando consiguió su relativa libertad se dedicó al periodismo, especializándose en la sección económica.

Mi abuelo Federico me había enseñado a jugar al ajedrez y yo no me daba mala maña, aunque nunca pasé de la más absoluta mediocridad. El ajedrez es un juego taimado, feroz y cruel, pero también es grande y complicado. Conviene odiar al adversario y sentir el irrefrenable impulso de matar al rey. Mi abuelo Federico —pese a sus ideas políticas— no odiaba al rey, ni sentía ningún deseo de humillar al adversario y, mucho menos, de ganar a toda costa. Yo aprendí en su blanda escuela y muy pronto olvidé aquel juego para el que no estoy dotado ni moral ni intelectualmente. Los campeones pertenecen a otra raza, desde Raúl Capablanca a su vencedor Alexander Alekhine, a quien tuve el honor de conocer en la pensión Delfina.

Alexander Alekhine —no sé si huésped o visita de la casa— había nacido en Rusia, era campeón mundial de ajedrez, nacionalizado francés, y venía huyendo de la quema europea. Don Alexander tendría entonces unos cincuenta años, y a mí me parecía viejísimo. Murió poco después, al año de terminar la segunda guerra mundial.

Un día tuve la suerte de enfrentarme a él jugando una de las partidas simultáneas que se habían organizado en la pensión por iniciativa de Manolo de Agustín. Alekhine me miró con sorna y debió de pensar que yo era un niño prodigio; a los dos o tres movimientos me sonrió casi con desdeñosa dulzura y me ofreció tablas, ya sabía que no se enfrentaba a un niño prodigio, sino a un inocente. Acepté las corteses tablas y comprendí que Alexander Alekhine era un campeón amable y generoso, o quizá más retorcido de lo que adivinaban mis ojos de niño. Desde aquella fecha le tomé un tremendo respeto al ajedrez y no volví a jugar.

Puede que fuera por los pocos años, pero el caso es que a mí la pensión Delfina me gustaba mucho. Dos o tres criadas se ocupaban de la limpieza y lo hacían a notable velocidad, como impulsadas por un motor eléctrico. El ama era la reina de la cocina y hacía milagros en sus fogones. Los filetes de carne eran tan finos que soplándolos volaban, las croquetas parecían de cemento, abundaban los títulos presuntuosos, los soldaditos de Pavía no llevaban relleno, y las sopas eran como las de los conventos pobres, incluso como las que tomaban los menesterosos del siglo XVII. Sin embargo todo aquello reunido me parecía encantador, divertido, y además sabrosísimo. También los huéspedes eran curiosos, o estrafalarios, pero renuncio a describirlos, porque ahora no atino con la verdad: quizá fueran reales, pero es muy posible que los inventara yo mismo. En televisión he utilizado muchas veces el sórdido y, al mismo tiempo, tierno ambiente de las casas de huéspedes, con sus viudas, sus cesantes, los caballeros tronados, los cómicos hambrientos, las viejas señoritas con pretensiones, los cuatreros de comida, las dueñas tiránicas y avaras. Todo un mundo que ya no cabe en un hostal, señalado con H equívoca, que aspira a hotel, pero no llega a fonda.

En la pensión Delfina mi padre y yo teníamos una habitación que daba a la Gran Vía. Era espaciosa, con dos camas, armario de doble puerta y espejos biselados, una mesa para trabajar, lavabo y balcón de piedra al exterior. Por supuesto, sin cuarto de baño. Mi padre iba al periódico *Madrid*, que estaba bastante cerca y yo, al colegio en metro. Con el buen tiempo salía al balcón y miraba la llamada avenida de José Antonio, por donde circulaban algunos taxis cuadrados, autobuses, y muy pocos coches particulares. Los peatones cruzaban por donde les salía de las narices, hasta que el Ayuntamiento decidió poner multas de cinco pesetas. Los guardias de la porra, vestidos de azul y con casco blanco, parecían de zarzuela.

Una tarde sosegada y solitaria —ya con buen tiempo y ventanas abiertas— descubrí que en la casa de enfrente, justo a mi nivel, se movían figuras borrosas. Fui en busca de los prismáticos de la guerra, de la casa Zeiss, alemanes de toda confianza, y con los cuales al mirar al objetivo se veía por dentro una discreta escala de números, porque eran de artillería, hechos para el combate. Acercaban mucho y así pude descubrir que enfrente había una casa de modas, con varias modelos, que se vestían y se desnudaban sin el menor recato. Bendije a la industria de guerra alemana, y me fabriqué un nido disimulado, desde donde podía ver sin ser visto. Aquello resultaba mucho mejor que las cerraduras, y menos peligroso. Las modelos eran jóvenes y guapas, rubias y morenas, muy blancas, y les traía sin cuidado la ventana abierta. Tengo yo muchas tetas vistas con escala de artillería encima y algún culete sabroso y redondo. Aquellos espectáculos íntimos, sin censura, aumentaban el prestigio de la pensión Delfina.

Más tarde —ya habíamos iniciado la carrera de mudanzas— vendí los prismáticos por mil pesetas, vendí también los cuentos de *Pipo y Pipa*, los de *Pinocho y Chapete*, las novelas de Salgari, algunas joyas de mi niñez, la colección de sellos que amorosamente me había reunido el tío Pepe, y me hice socio del Real Madrid. Mis padres no advirtieron la desaparición de todos aquellos tesoros, y mucho tiempo después pensaron que se habrían perdido en alguna mudanza.

Mientras tanto, yo fracasaba en el colegio Estudio, por falta de vergüenza, y por no haber aprendido lo que tenía que aprender. No estudiaba, pero fundé un periódico, en colaboración con mi amigo Pizarro. Se llamaba *Tata*, estaba claramente influido por *La Codorniz*, y lo vendíamos a diez céntimos. Yo dibujaba el chiste y me encargaba del artículo de fondo, y Pizarro escribía reportajes y hacía entrevistas. Tuvo bastante éxito entre nuestros colegas, así llegamos hasta el número seis o siete y, ya francamente aburridos, abandonamos la empresa. A Jimena Menéndez Pidal no le gustó nada, porque ella no había intervenido en el proyecto, que se salía de la «línea oficial» de la escuela, Carmen García del Diestro (señorita Carmen) nos hizo una terrible crítica –por culpa de la sintaxis– pero en el fondo le divertía nuestra iniciativa.

Aquella publicación tuvo un lector singular: don Ramón Menéndez Pidal. Le hicieron una entrevista para un semanario de Inglaterra o Estados Unidos, de los más punteros, tipo *Life, New Yorker, Time*, no sé cuál, y le preguntaron:

–¿Qué periódico lee usted en España?

–*Tata* –repuso don Ramón sin inmutarse.

El periodista debió de quedarse de un aire, porque jamás había oído hablar de semejante diario, y don Ramón le añadió la guinda:

–Porque es el único que no está censurado.

A los toros iba con mi amigo Pizarro, que también era buen aficionado. Habíamos descubierto un truco magnífico: sacábamos dos andanadas de sol, la entrada más barata de la plaza, íbamos luego a la puerta del tendido 2 alto –el que peor se vendía– y con las andanadas juntábamos un billete de cinco pesetas. El portero se hacía con el duro y nos dejaba pasar. Así vimos torear a Manolete, Arruza, Domingo Ortega, Pepe Luis Vázquez, Marcial Lalanda, el Andaluz, Juanito Belmonte, Gitanillo de Triana, y otras figuras de la posguerra. Los Bienvenida eran de la familia y nos daban entradas. Muerto Manolo mis toreros fueron Pepe y Antonio, y a partir del año 43 el extraordinario Ángel Luis, que ha toreado mejor que nadie. Juanito vino luego. En una agenda yo escribía notas de las corridas, colores de los vestidos, trofeos obtenidos, y también pitos, bronca y avisos.

Aquel año fui por primera vez a un estudio de cine. No es que los haya frecuentado después, porque los llamados *platós* casi han desaparecido o se refugian en las cadenas de televisión. Era impresionante y me dejó sin habla: recorrí varios salones de un palacio, que parecían de verdad, con sus magníficas cortinas, alfombras, y muebles franceses. Yo creo que se debían al buen gusto de Pepe López Rubio, director de *Eugenia de Montijo*.

Mi madre trabajaba en la película y lucía muy guapa, con su vestido de ceremonia, era un poco la mala, muy amiga de Guillermo Marín, que hacía de intrigante. El bueno, el desgraciado emperador Napoleón III, estaba a cargo de Mariano Asquerino. La chica, la protagonista que se llevaba al huerto al emperador, era Amparito Rivelles —Eugenia de Montijo—, que terminaba triunfando en la corte de los franceses.

Por aquel salón de mentira andaba también don Ricardo Calvo —a quien mi abuela Carmen llamaba Ricardito—, viejo, diminuto y cheposillo, con voz ronca, maestro de actores según muchos cómicos. No era ésa la opinión de Carmen Cobeña. Años después le vi interpretar *Don Juan Tenorio,* con Amparo Rivelles como *doña Inés.* El pobre don Ricardo no podía levantar a la novicia, pero en cambio su voz sonaba divinamente. En los mismos Estudios CEA —hoy desaparecidos— almorcé con mi madre y con los actores y disfruté mucho.

4
Verano del 43

En el invierno de 1943 Carmita Oliver estaba en provincias cumpliendo su contrato. Las compañías de teatro aún se formaban al modo tradicional, completas y con repertorio establecido: había primeros actores y primeras actrices, galanes cómicos, damitas jóvenes, características, el *barbas* de toda la vida, la graciosa de siempre y la *segunda*, que solía ser la mala de la función. También apuntador, segundo apunte, representante, maquinista y, en casos excepcionales, un eléctrico. Lo que faltaba entonces —a excepción de los teatros María Guerrero y Español, de Madrid— era el director de escena, un puesto que solía ocupar el primer actor de la compañía o el autor de la comedia que se iba a representar, si es que se trataba de un estreno. Por tanto las compañías formaban una especie de familia, mejor o peor avenida, viajaban todos juntos —casi siempre en tren— y se alojaban en hoteles o pensiones. Así ocurrió en la compañía de Carmita Oliver, y antes en la de mis abuelos.

Desde niño chico yo era muy partidario de los trenes, primero del eléctrico —el juguete que nunca me trajeron los Reyes Magos— y después del auténtico, aunque no viajé muchas veces en tan sugerente medio de locomoción. Me gustaban las películas de trenes y más que ninguna *Alarma en el expreso* —del maestro Hitchcock—, que vi en el cine Salamanca. Me impresionó su protagonista, la hermosa morena Margaret Lockwood, que ganó la partida a las rubias de Hitchcock, y a las mías también. *El expreso de Shanghai* era otra de mis películas, pero se resentía por la zona de Marlene Dietrich, que me venía grande, incluso en la imaginación.

El caso es que aquel año de 1943 hice tres viajes en tren de larga distancia, que muy lejos estaban Sevilla, Bilbao y Barcelona. Tres viajes en busca de mi madre, que trabajó en Sevilla, Bilbao y Barcelona, y en otras poblaciones notables. Carmita Oliver no consentía en estar separada de su niño mucho tiempo y así, con la hoja de ruta de la compañía, señaló tres ciudades durante ocho o nueve meses de gira. La última, Barcelona, coincidía con mis vacaciones de verano.

La primera ciudad, en febrero o marzo, era Sevilla. Luis de Armiñán y yo salimos de la estación del Mediodía, Atocha, para entendernos. Mi padre trabajaba en la Dirección General de Seguros —me parece que en el ramo de ferrocarriles— y tenía derecho a pases de favor, en primera. Había vagones de segunda y de tercera clase, éstos con incómodos bancos de madera, que solían llevar gente humilde y entristecida, soldados —con sus grandes maletas de pino— y muchas monjas. Tampoco era raro encontrar guardias civiles que trasladaban a un preso esposado. Los coches cama eran inalcanzables para mi familia, y aún no existían las democráticas literas, entre otras razones por aquello de la promiscuidad. Los trenes iban completos, incluso con viajeros en los pasillos de primera clase, y los retretes eran un verdadero asco. El coche-restaurante, mal abastecido y con comidas mediocres, estaba a cargo de camareros de raída etiqueta. Los vagones de primera clase, divididos en departamentos de ocho asientos, con sus pañitos de encaje para reposar la cabeza. Mi abuela Carmen tenía dos primas que vivían en la calle de la Palma, en Madrid, y se llamaban Clarita y Anuncia; las pobres —que nada tenían que ver con el teatro— subsistían malamente gracias a una modesta pensión y se ayudaban haciendo pañitos de *crochet* para los trenes, que primero ponían Madrid-Zaragoza-Alicante y luego RENFE. Yo pensaba que quizá iba a dormir reposando en un pañito de mis tías Clarita y Anuncia. A pesar de todo aquel viaje me parecía de película, y subí al tren con el corazón alterado: por fortuna me tocó ventanilla.

Los andenes de la estación presentaban un abigarrado y confuso espectáculo, porque los viajeros, y los parientes que acudían a despedirlos, iban en todas direcciones, como si no supieran adónde acudir. Los adioses se solían acompañar de llantos y los enamorados no podían besarse, ni siquiera abrazarse. Hasta que fui a París —dos años después— no vi un beso de amor en el andén, y por poco me caigo de espaldas de la impresión. Creo que se vendían bocadillos y naranjas, aunque todo el mundo llevaba su propia merienda, una merienda excepcional preparada para el viaje. Los mozos de cuerda —blusa azul, gorra de plato y número en una chapa— acarreaban maletas y baúles, y en unos carritos de metal se alquilaban blancas almohadas para apoyar la cabeza. De este negocio participaba María Fe, la mejor amiga de mi madre.

Ya en el departamento, cuando arrancaba el tren, muchos viajeros se persignaban, otros se ponían zapatillas o se quitaban la corbata y los impacientes sacaban la merienda, ofreciendo algo a sus compañeros de viaje, porque entonces la generosidad era moneda de uso corriente. La bota de vino que circulaba sin papeles, al llegar a mi padre se detuvo.

—Gracias, yo no bebo, porque estoy mal del estómago, y el niño tampoco bebe.

—¿También está mal del estómago?

—No, pero aún es pequeño.

Mi padre no sabía que, en más de un bar, me había echado yo un lingotazo de tinto, y que ya cataba cerveza, entonces ligera como una gasa.

Al poco tiempo de salir de Madrid se abrió la puerta del departamento y un sujeto mal encarado dijo:

—Salvoconductos... Policía.

No hacía falta anunciarlo, sólo un impresentable de los años cuarenta podía entrar de aquella forma en el departamento. Los viajeros —reos de algo o inocentes de nada— se echaron a temblar por costumbre, a mi padre le daba lo mismo y a mí me causaba cierta curiosidad y alguna excitación: yo también tenía salvoconducto, un papelito azul o amarillo, con varias firmas y sellos. El policía miró los documentos, y sin dar las gracias, ni despedirse, se marchó con viento fresco. Nada más salir un suspiro colectivo subrayó la tensión, la bota siguió circulando y las conversaciones se extendieron como una buena mancha de aceite de oliva.

Luis de Armiñán iba de buen talante, dejando que sus ojos de cristal —así los llamaba mi abuela Carmen— se fijaran en la ventanilla, oscura entonces. Yo conocía aquella expresión: sin duda estaba en paz y pensaba en su querida Andalucía. Mi padre se crió en Algeciras y en Gaucín (Málaga), fue un niño de puerto de mar y luego de sierra arisca, sin ataduras, ni familia directa. Quizá sintiera nostalgia de sus años de gobernador en Cádiz y en Córdoba, y es probable que apartara el recuerdo de la tumba de su hermano en Pozoblanco. Yo tenía presente a mi abuelo Federico —nacido en Chipiona—, que antes de emprender aquel viaje me había enseñado un mapa de ferrocarriles: Venta de Cárdenas, a la derecha Linares, Andújar, Córdoba, Palma del Río, que me fijara bien en el Guadalquivir. Y Sevilla. Para él Sevilla era la ciudad más hermosa del mundo, donde había pasado su juventud —en una tienda de antigüedades—; allí estaba su taller de escultor, cuando conoció a los hermanos Álvarez Quintero, que le llevaron a Madrid. Pensando en el abuelo Federico, después de sonreír a mi padre, me dormí sobre el pañito que habían bordado mis ancianas tías Clarita y Asunción.

Me desperté muy temprano, salí al pasillo, y pude asomarme a la ventanilla. A las ocho o las ocho y media fuimos al vagón restaurante a desayunar. Era precioso, de maderas ricas, florones en la pared, lámparas antiguas, pero estaba muy descuidado, en plena decadencia. El desayuno consistía en un líquido gris disfrazado de café con leche, un bollo correoso, algo de mermelada y tal vez mantequilla. A mí me daba lo mismo, yo estaba disfrutando y aquello me parecía el no va más del lujo. Miraba el paisaje de Andalucía, tan verde aquel año, tan distinto del castellano, el río aún limpio —creo que todavía quedaban esturiones—, los juncos de la orilla, las chumberas y las pitas, los cortijos esparcidos por el campo, algún pueblo con pequeñas torres de iglesia, y ganado: toros y vacas de capa negra. Mi padre me dijo que eran bravos, quizá de Pablo Romero, pero no estaba seguro.

Lo que no puedo fijar es el teatro donde trabajaba Carmita Oliver, ni el hotel donde paramos, sólo dos o tres días, domingo incluido. Ya había estado en Sevilla a los ocho años, pero no me acordaba de la ciudad. Mis padres y yo fuimos al barrio de Santa Cruz, que me pareció una preciosidad, a los jardines de María Luisa, al Alcázar, a la Torre del Oro, a la catedral y a Triana; subimos a la Giralda y paseamos en un coche de caballos, como todo turista bien nacido. Sin embargo, lo que más me gustó fue la calle de Las Sierpes, estrecha y populosa, llena de pregones y de ruido, pero de ruido cabal, donde hasta los ciegos que vendían cupones parecían cantar. Por muy triste que fuera la posguerra, la luz de Sevilla ayudaba a soportarla.

Ya avanzada la primavera fui a Bilbao, y esta vez Luis de Armiñán se quedó en la pensión Delfina, por cuestiones de trabajo. El tren salía de la estación del Norte, tan entrañable como la de Atocha, pero un poco más pequeña. Viajaba en coche cama por primera vez en mi vida, en *wagon-lit*, como un rico. Mi madre me había invitado a tan extraordinario lujo y yo me las daba de millonario. El tren iba lleno, pero los pasillos de los coches cama eran exclusivos. Lo primero que hice fue comprarme una cajetilla de Chesterfield, que entonces no tenían boquilla. Yo no fumaba, pero creía imprescindible encender un pitillo en el tren, cosa que había visto hacer a los actores de cine con rara frecuencia. Mi cama estaba abierta, admiré la blancura de las sábanas, pasé la mano por la manta, y dejé discurrir el tiempo. Poco después un empleado del *wagon-lit*, uniformado como militar de pliego recortable, me preguntó si necesitaba agua mineral y me llamó señor. Primero pensé que era cachondeo, y luego que iba en serio. Yo no era un señor, ni nadie podía confundirme con un señor: tenía dieciséis años recién cumplidos, y no aparentaba más de catorce. Claro que a Freddie Bartholomew, en *El pequeño lord,* le daban tratamiento y era más chico que yo. Pero el cine es el cine.

Carmita Oliver se había levantado temprano y me esperaba en la estación de Bilbao. Así como las despedidas eran siempre tristes, aquellos encuentros estaban llenos de alegría. Mi madre me preguntó por los estudios, yo intenté disimular y ya no se habló más del tema.

Nunca había estado en Bilbao, que aquella mañana se acomodaba al tópico: una ligera neblina invadía la ciudad, llovía imperceptiblemente —el conocido sirimiri— y el paisaje urbano se teñía de gris y negro humo. A primera vista me pareció que Bilbao se parecía muy poco al San Sebastián que yo recordaba; los edificios eran demasiado oscuros, y el ambiente más triste, pero a pesar de todo aquella ciudad, por lo menos la parte antigua, tenía encanto. Vivíamos en un hotel, vecino al teatro o quizá fuera cerca de una iglesia. Era un hotel al viejo estilo, de techos altos, habitaciones amplias y camareros a punto de jubilarse, aunque agradable y muy limpio, de trato exquisito, como si nos conocieran de toda la vida. Uno de los camareros del comedor me tomó bajo su protección y al menú habitual —mucho más rico que en Madrid o Sevilla— añadía una cazuelita de angulas. Yo nunca había comido angulas y me parecieron exquisitas.

—No te acostumbres, que cuestan un dineral —me decía mi madre.

Pobres angulas aniquiladas por los japoneses, que apenas emprenden el gran viaje, desde el mar de los Sargazos, que ya no paran ni en Aguinaga, ni en el Miño, y que entonces bullían en miles de cazuelitas, como les pasa ahora a las ballenas, sin cazuelitas sólo por tamaño.

La compañía de mi madre trabajaba en el teatro Arriaga, de ilustre pasado, un histórico donde actuaron todos los grandes actores españoles e incluso extranjeros. Lo malo es que se había quedado en los tiempos de mi abuela Carmen. El entrañable olor a serrín y a pis de gato invadía el escenario, los camerinos eran un desastre, la humedad decoraba las paredes, y la magnífica sala aguantaba difícilmente el peso de la púrpura. Hoy ha renacido el Arriaga, convirtiéndose en uno de los teatros más hermosos de Europa.

Me gustaba pasear por el Casco Viejo, cruzar la ría y asomarme a los puentes. Incluso la recorrí en un barco hasta el mar, pasé por los muelles y las fábricas e hice fotografías. Fui con Vicente Soler, el primer actor de la compañía. Vicente Soler era un valenciano muy simpático, amable y cariñoso conmigo: le vi hacer casi todas las comedias de la compañía y no me gustó nada, aunque nunca se lo dije a mi madre. Me parecía un actor un poco exagerado, y no tenía ninguna gracia, sobre todo cuando fingía el acento andaluz. Nunca lo he vuelto a ver. Quizá este juicio deba quedarse en la opinión de un niño, pero no cabe duda de que aquel niño formaba parte del público. Algunas veces he intentado pensar en los actores de entonces, en los que me gustaban o no me gustaban y nunca me he atrevido a quitarle la razón al niño que fui, y es que los niños, en esto del espectáculo, suelen tener un criterio bastante válido, aunque muy peligroso.

Una de las cosas que más me apetecía hacer en Bilbao era ir a un partido de fútbol en San Mamés, donde jugaba el Atlético, porque estaba prohibido decir «Athletic». Aquélla fue una de las manías más curiosas de nuestro Generalísimo: quitar los nombres extranjeros y españolizarlos, algunas veces de forma ridícula. Tampoco se podía hacer mención a Inglaterra o Francia, y así los hoteles Londres, París, los Bristol y los Savoy, terminaron llamándose Roma, Venecia o Berlín. Y los cines: el Royalty pasó a ser Colón y el Belusia, Azul. Estas aguas llegaron hasta el cine español, que resultó gravísimamente dañado por los que creían defenderlo.

Casi todas las películas se proyectaban en versión original, la mayoría en inglés, algo que no se podía tolerar. Nuestro ramplón Caudillo hizo obligatorio el doblaje −por decreto− para preservar el «idioma del Imperio», y de la misma tacada se cargó al cine español, regalándole nuestra lengua a Gary Cooper y a Greta Garbo. Gran parte de los espectadores creían que las voces que estaban oyendo eran las auténticas, pero sobre todo les ahorraba leer a los perezosos y a los lentos. El «idioma del Imperio» allanó el camino del cine americano, y descargó a Hollywood del trabajo de conquista. El león de la Metro y los hermanos Warner hubieran firmado el decreto con muchísimo gusto.

El Athletic de Bilbao −lo escribo como siempre− jugaba en Baracaldo, y a Baracaldo me fui en un tren de cercanías. Iriondo, Panizo, Zarra, Venancio y Gaínza. Más o menos. Vi el partido en silencio y luego se lo conté al tío Pepe, con quien solía ir al fútbol en Chamartín. Alsua, Alonso, Alday, Belmar y Botella. Otra vez más o menos.

Una noche volví a Madrid, también en coche cama, nadie me acompañó a la estación, porque Carmita Oliver estaba trabajando en el teatro Arriaga, y a mi amigo, el camarero de las angulas, no le dejaban salir del hotel. Yo paseaba por el andén, arriba y abajo, un poco triste, pensando en las matemáticas y el latín, y en el muy probable fracaso de fin de curso. Ni siquiera se me ocurrió fumar un Chesterfield.

Y así fue: en el Colegio Estudio no pudieron hacer nada por mí, y en junio me quedaron cuatro asignaturas pendientes, además de todos los trabajos que debía hacer en el verano, entre ellos leerme *La Divina Comedia*, sólo el Infierno, porque en verdad el Purgatorio y el Paraíso no hay quien los aguante, ni invocando a las sombras de la bellísima Beatriz y de la pecadora Francesca.

Barcelona me pareció una ciudad distinta a Madrid, más abierta y mejor hecha. Mi madre se alojaba en el Hotel Oriente y allí fui destinado a una desproporcionada habitación, de muebles antiguos, y un poco triste. El hotel estaba en las Ramblas, cerca del teatro Barcelona, donde trabajaba la compañía de Carmita Oliver. Pronto me enteré de que aquel viejo establecimiento tuvo épocas gloriosas y larga tradición taurina: allí pararon Joselito el Gallo, los Bienvenida y Manuel Rodríguez Manolete, cuando toreaban en la plaza Monumental. El Oriente era un hotel antiguo, quizá en decadencia, pero como en Bilbao, con personal amable, atento, servicial, de toda la vida, claro que sin angulas.

Una tarde fui a los toros, a una localidad de barrera de sombra, nada menos, donde se sientan los ricos y los gobernadores civiles. Me llevó un amigo de mi madre, antiguo partidario de la abuela Carmen Cobeña, aficionado al teatro y a los toros. Uno de los matadores nos echó el capote de paseo, oía a los mozos de espadas y a los banderilleros hablar entre barreras, y veía a los toros tan de cerca que me impresionaban, más que nada por el ruido, los bufidos y el estruendo de los derrotes en las tablas. Aquella tarde toreaba Manolete e hizo una de sus grandes faenas en Barcelona. Yo he tenido suerte con Manuel Rodríguez, porque también le vi en Madrid, en la lidia del célebre toro de Pinto Barreiro, donde, según el maestro cordobés, hizo la mejor faena de su vida.

Paseaba por las Ramblas todas las mañanas y me acercaba hasta el puerto, para ver los barcos. Me atraían mucho los puestos de flores, y los de pájaros, que armaban gloriosa bulla. Me hubiera gustado llevarme una cotorrita, pero comprendía que el clima de Madrid no era el del Mediterráneo. La columna de Colón me pareció magnífica y desde luego mucho mayor que la de Madrid. Subí a Montjuïc y al Tibidabo, en tranvía, y fui con Carmita Oliver al barrio Gótico. Incluso llegamos hasta Montserrat, donde tiramos un carrete de fotos.

Mi padre me había hablado de los tiempos en que Barcelona temblaba por culpa de los anarquistas, cuando, muy joven, fue corresponsal de un periódico; se había metido en las entrañas del barrio chino, donde conoció a pistoleros muy notables. Me dijo que un día, en una taberna muy particular, vio cómo una vieja recogía armas cortas y las guardaba en un capacho, y si seguían calientes —señal de que habían disparado— pagaba a los pistoleros dos duros de plata. También me contó que el barrio chino estaba unido por las azoteas, y a veces bajo tierra, y que era imposible encontrar a un anarquista. Aquellas historias de fuego y muerte, casi románticas, me impresionaron mucho, y sin decírselo a nadie me solía escapar al barrio chino, y paseaba por él con verdadera curiosidad. No me pareció cosa del otro mundo. Daba la impresión de que los guardias preferían no merodear por aquellas calles, que estaban en poder de estraperlistas, putas y residentes estrafalarios, en apariencia desocupados. Desde luego, los anarquistas no se veían por ninguna parte, o andaban disfrazados y medio en paro. A mí nunca nadie me dijo nada, si acaso alguna puta me sacó la lengua o me guiñó un ojo, burlándose. Carmita Oliver jamás se enteró de aquellas excursiones, ya que las emprendía a la hora del teatro.

En Barcelona se hablaba poco catalán por la calle, porque Franco tenía cierta inquina a los idiomas peninsulares, incluido el gallego. Por supuesto no había un solo letrero en catalán, ni un anuncio, ni el rótulo de una calle. El catalán era entonces cosa de intimidad y puertas adentro, más bien de gente burguesa, porque los obreros solían ser andaluces o extremeños. Aprendí entonces que despectivamente se les llamaba charnegos, como en el País Vasco, maquetos, que es bien triste eso de ser inmigrante y pobre.

Aquel verano fue crucial en la guerra. Los aliados ganaron la batalla de África, desembarcaron en Sicilia e invadieron Italia; Mussolini fue derrocado, prisionero y liberado por las SS. Italia cambió de chaqueta. De Gaulle estableció el Comité Francés de Liberación Nacional, los rusos reconquistaron Jarkov, y en el Pacífico los americanos comenzaban a imponerse a los japoneses. La derrota del Eje ya estaba escrita, aunque la guerra duraría más de dos años.

En España mandaba el estraperlo y la pobreza, y Cataluña no era excepción. Los coches llevaban gasógeno y apenas se veían automóviles particulares. La censura seguía tapando piernas y escotes, sobre todo en los teatros del Paralelo. Los periódicos eran raquíticos, escasos de papel, y todos decían lo mismo: la conjura judeo-masónica se había empeñado en destruir a España, que era el único país del mundo con dignidad. Gibraltar y el Imperio estaban un poco olvidados, pero de fronteras adentro nada había cambiado.

Cuando no iba al barrio chino, acudía a algún teatro, por el práctico sistema de los vales. Me encantó *Pygmalion,* y desde entonces me aficioné a Bernard Shaw. Me reí muchísimo con Martínez Soria, que hacía una comedia de Muñoz Seca, y me aburrí como una ostra en *La venta de los gatos,* del maestro Serrano. Cuando se lo conté a mi madre me dijo que estaba muy mal, porque el maestro Serrano había sido amigo y colaborador del abuelo Federico, y con las mismas me mandó a ver *Bohemios,* al teatro Nuevo. De todas formas, donde me divertí más fue en una revista de Trudi Bora que se llamaba *99 mujeres contra 3 hombres.* Tanto me gustó aquel espectáculo –sobre todo las chicas y la vedette Trudi Bora– que repetí dos o tres veces. También repetí en *2 millones para 2,* pero en este caso por los cómicos Alady y Lepe, y por la orquesta de Bernard Hilda. Yo tenía algunos discos de Bernard Hilda, un músico francés huido de su país por culpa de la guerra, que estaba muy de moda en España, sobre todo en Madrid y Barcelona. Aquella orquesta y las grandes bandas americanas comenzaban a sonar en nuestros primeros guateques de adolescentes.

Claro que mi teatro, mi casa, donde pasaba largo tiempo, era el Barcelona, el de la compañía titular del Lara, de Madrid. De todas las obras que pusieron la que más me gustó fue *Adriana,* de Francisco de Cossío, a quien yo había conocido de niño en Valladolid. *Adriana* parecía una comedia extranjera y eso, a mis ojos, le daba mucho prestigio. Carmita Oliver hacía de una desmemoriada, que vivía feliz fuera del tiempo, sin recordar la muerte de su hijo pequeño. Todo ocurría en un manicomio y a mi juicio los locos estaban magníficos. Lo cierto es que Francisco de Cossío nada tenía que ver con otros escritores vulgares y ramplones, que abastecieron a la compañía de mi madre, o con los cursis de los hermanos Álvarez Quintero, que ya estaban pasados en 1943.

En la compañía de Carmita Oliver Cobeña conocí a muchos cómicos, que luego trabajaron conmigo, tal es el caso de Rafaela Aparicio, que acabó siendo la chacha titular del cine español o la inevitable monja gordita. La pareja de Rafaela Aparicio era Erasmo Pascual, a mi juicio un actor singular, gracioso sin pretenderlo, que nunca alcanzó un gran éxito, pero jamás defraudaba. Había otros más de andar por casa, quizá rutinarios o medio aburridos, y yo no acababa de creérmelos, aunque algunos –tal vez por su físico– me llamaban la atención, como Antonio Queipo, Carmen López Lagar y Antonio Gandía. Pero entre todos yo había elegido a Carola Fernán Gómez, alta, morena, guapa, inteligente y graciosa. Carola fue amiga de mi madre durante muchos años, y trabajó conmigo en la tele, hasta que ya no pudo más: yo la quise mucho y la recuerdo siempre. Carola tuvo el buen gusto y el acierto de parir a Fernando Fernán Gómez.

Yo había visto a Fernando en el teatro de la Comedia, de Madrid, en su primer éxito. Entonces era muy joven y se contrató en la compañía de mi madre, y de la suya. Hizo un papel –la verdad es que no lo recuerdo– en una obra vulgar que se titulaba *¡Dinero, dinero!* Yo lo admiraba ciegamente, porque era muy alto, tenía el pelo rojo y la voz profunda. Me parece que Fernando no se juntaba con los cómicos de la compañía de nuestras madres, ni iba a las tertulias habituales, y supongo que se arreglaba consigo mismo y con su independencia, cosa que ha hecho durante toda su vida. Yo advertía que aquel actor tan joven era distinto a los otros, y me sentía atraído por su personalidad, aunque no era capaz de manifestarlo. No tenía ningún amigo en Barcelona y andaba siempre con los viejos y con mi madre. Fernando debió de advertir mi soledad y, de cuando en cuando, se acercaba a mí, tratando de arrancarme alguna frase. Una noche me llevó a la verbena: yo me sentía orgulloso de ir con un chico tan mayor y tan célebre. Seguramente comimos churros y quizá algodón dulce, tiramos al blanco y montamos en algunos ingenios verbeneros. Jamás olvidaré un aparato que giraba vertiginosamente sobre sí mismo, mientras se ondulaba en círculos mucho más amplios. No sé cómo se llama este invento traidor, pero el caso es que yo me bajé medio mareado. Desde entonces he ido muy poco a la verbena, que inevitablemente asocio con Fernando Fernán Gómez.

Debo hacer aquí una pequeña incursión en esta bonita palabra. Verbena es una planta sagrada, que desde los tiempos antiguos nos beneficia; es también la fiesta en las víspera de San Juan, San Pedro y San Jaime, además de conjunto de atracciones en días de feria, como los caballitos, la ola o la montaña rusa, que entonces se llamaba montaña suiza por imperativo político.

Una noche cayó el telón en el teatro Barcelona. Nunca más volví a ver trabajar a mi madre. No recuerdo si la compañía hizo algunas otras plazas, o se disolvió en aquel mes de septiembre. Mi padre estaba mejor y quizá Carmita Oliver se encontraba cansada o aburrida. Tiempo después hablamos y me dijo que en Barcelona no sintió lo mismo que en Madrid, cuando dejó el teatro para casarse. 1926 nada tenía que ver con 1943, ni la joven promesa de actriz, con mi madre. Así lo escribió luego:

Cuando hice la última comedia, cuando oí el golpe del telón al chocar contra el suelo se cortó mi vida y, cuando mis cómicos y mis padres me rodearon, sentí miedo. Miedo a lo desconocido, miedo a dejar de ser yo misma. Miedo.

338

Yo nunca había pensado que, al chocar el telón contra el suelo, hace ruido. Y mi madre, como muchas otras cosas, se encargó de enseñármelo sesenta años después de sentirlo. Ahora ese ruido apagado, sordo, ese golpe que levanta un poco de polvo del escenario, me parece que es la línea de la frontera que separa mi niñez de mi adolescencia.

Quinta parte
París, 1945

1
Semana Santa

Los hijos únicos tendemos a la soledad, y el vivir aislados, sin niños parejos y rodeados de adultos, acaba marcando. Unos podemos hacernos repipis, otros resabiados, y casi todos dengues y odiosos. Yo creo que la guerra civil y la presencia de mis amigos en Agustina de Aragón me salvaron de mayores daños, pero alguna secuela me tenía que quedar: me había acostumbrado a vivir entre gente cumplida, e incluso a alternar con viejos. Me gustaban los viejos, charlaba con ellos o permanecía en silencio, también me gustaba escuchar lo que decían, aunque no seguía sus prudentes consejos. Por eso —de niño— hablaba con bastante propiedad y nunca utilicé, salvo en mi primer año y medio, el lenguaje infantil, que sin embargo comprendía perfectamente, e incluso traducía sin esfuerzo. Tengo noticias de que un niño, tan chico como yo, intentaba hacerse entender, y en un paseo señalaba hacia el horizonte:

—¡La cacha lala!

Su mamá trataba de averiguar el significado de aquella frase, y todos los mayores aventuraban soluciones. El niño estaba cada vez más furioso, hasta que yo traduje:

—Dice la casa del guarda.

Efectivamente, había una casita blanca en un cerro.

No me costó ningún esfuerzo acompañar a mi padre a una visita al anciano Luis Ruiz Contreras, en la calle de Lista. Ruiz Contreras era un viejo escritor, muy amigo de Luis de Armiñán. Vivía solo y tenía un hermano jesuita al que criticaba de continuo. Era muy alto, flaco, con la frente abombada, ojos pequeños, vivos y maliciosos, y llevaba un gorrito de seda negra, como el de Anatole France —su maestro—, a quien había traducido perfectamente. También tradujo a Colette Willy, la autora de *Claudina*, y a otros novelistas franceses. En su tiempo fue crítico de teatro, y fundó una revista literaria a la que llevó a Azorín, Pío Baroja y algunos escritores del 98.

Luis Ruiz Contreras tenía una biblioteca soberbia y prometió dejársela a mi padre, pero no hubo caso, porque ya estaba sin un céntimo y se la vendió a su editor, cobrando una pequeña cantidad mensual hasta su muerte. Era la tercera biblioteca que se nos escapaba de entre las manos.

Ruiz Contreras me habló mucho y a mí me gustaba oírle. Fui después con mi amigo Pizarro y siempre nos contaba cosas interesantes, historias de mujeres, de políticos, de toreros, y de sus colegas —los del 98—, a quienes ponía a parir. Nos leía poesías. Por las noches le soplaban las musas, que él identificaba: solían ser alientos de Cervantes y de Quevedo. Pero no estaba loco, era un solitario culpable de su soledad, un hombre perspicaz, y un escritor de primera, sobre todo un traductor impecable. Para su desgracia bañado de mala leche. Me regaló dos de sus libros, que conservo con cariño: *Historia de una peseta,* y *Memorias de un desmemoriado,* donde se despacha a su gusto. «A mi joven amigo familiar Jaime de Armiñán con el deseo de que llegue a ser como los Luises de su raza, el Autor.»

Ya vivíamos en la calle Martín de los Heros y mi padre había reanudado su amistad con Salvador González Anaya, novelista malagueño hoy olvidado, alcalde de su ciudad, académico de la Española, correligionario de mi abuelo Luis, del que se separó por cuestiones políticas. Salvador vivía en casa y se carteaba con mis padres, sobre todo con Carmita Oliver, a quien llamaba Mona. Tuvo un enorme éxito con su primera novela, *Rebelión,* y mantuvo su crédito, sobre todo en Andalucía. En Málaga tenía una librería, titulada Ibérica, y era un escritor meticuloso, más puntillista que purista, que decía que don Pío Baroja entraba en la literatura «como una mula en una cacharrería». A mí aquella frase me parecía un sacrilegio, y recordaba alguna de las suyas, como «los múridos no tienen pesquis», que había que traducir previamente: los ratones no tienen talento. *En tout cas* —como dicen los franceses—, González Anaya era un hombre culto, un malagueño de acento cerrado y siete gatos en la barriga —él hubiera dicho siete desmuradores en el bandullo—, pero sobre todo, un gran amigo de mis padres, a quienes confió su soledad.

Durante algunos años le encargó a Luis de Armiñán la promoción de los vinos de Málaga, hoy injustamente olvidados. Consistía aquel trabajo en pedir artículos a autores consagrados, que escribirían de los vinos malagueños sin referirse a ninguna bodega concreta. Todos se publicaban en *Abc* y se pagaban a mil pesetas. Doscientos duros eran entonces una fortuna, y ningún escritor tenía valor para rechazar semejante encargo, desde el mismísimo don José María Pemán, hasta el a veces tronado César González Ruano, pasando por Dionisio Ridruejo, Azorín o Wenceslao Fernández Flórez. Así conocí a mi admirado Fernández Flórez, del cual conservo un artículo escrito a mano, varios libros dedicados, y el recuerdo de una larga e inútil discusión sobre la pluma estilográfica y la máquina de escribir: a Fernández Flórez le parecía una aberración mezclar literatura e industria.

César González Ruano era amigo juvenil de Luis de Armiñán y venía con mucha frecuencia a casa. Siempre que lo anunciaba la chica mi padre me ordenaba:

—Vete con César y no dejes de vigilarle, que puede distraer algún libro.

Así lo hacía yo. González Ruano me hablaba con voz campanuda, baja y cordial, me sonreía, me contaba cosas, y repasaba los libros, rozándolos con un dedo cariñosamente, como si las yemas los empujaran al bolsillo. Por amor, siempre por amor, pero guardando una bala en la recámara. Yo leía todos sus artículos e incluso los libros suyos que había en casa; y así he continuado haciéndolo, releyéndolos, sobre todo la biografía de Baudelaire, su ensayo sobre Oscar Wilde y su libertaria y hermosa *La alegría de andar*.

Muchos años después leí su *Diario íntimo,* poco a poco, pasando las páginas con cuidado. Quizá pensando que algún día yo también me haría viejo. Ahora entre ellas encuentro una nota que escribí entonces:

«Estoy leyendo el *Diario íntimo* de César González Ruano y al final, días antes de morir, doy con una frase que me conmueve: "29 de noviembre por la tarde: dos horas solo. Apiádate, Señor, de mi inmenso y miserable miedo. El miedo me une a Ti como un animal necesitado. He rezado largo tiempo".

»Y al día siguiente, martes 30 de noviembre de 1965: "El terror es blanco. La soledad es blanca"».

Mi querencia al trato con los viejos me llevaba a la tertulia de mi abuelo Luis, algunas veces solo, y otras en compañía de Pepe Pizarro. A eso de las cuatro de la tarde mi abuelo se instalaba en el Café de Recoletos, y cuando lo cerraron se marchó a Coso, a dos o tres portales del otro café. De Coso también fue desahuciado, y así acabó en el Gran Café de Gijón, muy próximo a la plaza de La Cibeles, en lo que entonces se llamaba paseo de Calvo Sotelo. El abuelo Luis se sentaba en su mesa de siempre, pedía un cortado y un vaso de agua, y aguardaba la llegada de sus contertulios, casi, casi, de sus discípulos.

Mi abuelo Luis hablaba magníficamente y contaba historias que no venían en los libros. Uno de sus amigos, Valentín San Román, me dijo que le había oído varias veces en el Congreso de los Diputados y que era un gran orador —ni retórico, ni ampuloso—, que se adelantó a su tiempo. Su carrera política se vino abajo con la muerte de don José Canalejas, su jefe y amigo. Fue ministro menos de un mes, hasta el golpe de estado del general Primo de Rivera en 1923. No quiso mezclarse con *Miguelito* y se dedicó a conspirar, pero no tenía mano de conspirador, ni sabía nadar entre dos aguas.

En la tertulia del abuelo yo estaba en silencio, escuchando, me tomaba mi café y, salvo que me preguntaran algo, no abría la boca. El que más me preguntaba era Emilio Serrano, y en ocasiones con cierta pillería y en voz baja. No sé cómo se había enterado de que Pizarro y yo hicimos en su día una visita a una casa de putas elegantísima, que estuvimos mirando a las chicas —había alguna delgadita y guapa como si fuera una artista de cine—, quisimos saber los precios y nos dijeron que veinte duros. Ni de sueño podíamos gastar cien pesetas en tamaña experiencia, entre otras cosas porque no teníamos el dinero, ni mucho menos el valor para usarlo. Emilio Serrano se enteró del tema y se burlaba de nosotros a costa de los dichosos veinte duros, entre susurros, guiños y sonrisas cómplices. A mí me llevaban los demonios. De todas formas estoy seguro de que si le hubiéramos pedido el dinero nos lo da, y encima disfruta del caso. También estoy seguro de que no dijo nada, y mucho menos a mi padre y a mi abuelo. Ahora, al cabo del tiempo, pienso que éramos completamente ingenuos y que los dieciocho años de entonces nada tenían que ver con los de ahora, ni los sesenta, tampoco.

El primero en llegar a la tertulia era don Paco Segovia. Hablaba poco y nunca decía ninguna tontería. Tenía dos abonos en la plaza de toros de Madrid —tendido 3, fila 14— y uno se lo regaló a mi abuelo de por vida. El abuelo Luis no solía admitir regalos, pero aquél era especial y no tenía trampa. Luego lo heredó mi padre y yo fui muchas veces a esa localidad, en un tendido de buenos aficionados.

Poco a poco iban llegando los demás contertulios: Manuel Valdemoro, el notario de Torralba de Calatrava; Manolo Bienvenida —el Papa Negro— con sus hijos Pepe y Antonio; el doctor Mier; el torero y pintor de brocha gorda Simón Zorilla; el director de la banda municipal de Madrid, maestro Villa; Antonio Solanas, distribuidor de cine; el maestro —ahora de espada y florete— Afrodisio; el cervantista y traductor de Shakespeare, Luis Astrana Marín, antiguo seminarista, a quien en tiempos llamaban Astranilla; el poeta Joaquín Dicenta, protegido de don Paco Segovia; Ángel Carmona, el Camisero, viejo y peculiar torero, que llevaba gafas culo de vaso; Santos Yubero, fotógrafo ilustre y hermano de leche de Carmita Oliver; Pepe Planes, escultor y amigo de la infancia de mi padre; Ricardo García, K-Hito, dibujante y director del popular semanario *Dígame;* el señor Macario —que tenía un chotis alusivo: *Cómo está el mundo, señor Macario*—; Rogelio Pérez Olivares, director de la Editora Nacional; a veces don Natalio Rivas, historiador, académico y ex ministro; acompañado del Papa Negro venía Felipe Sassone, y de cuando en cuando, Valentín San Román.

Valentín San Román era un señor muy curioso, amigo de juventud del abuelo Luis, librero de viejo a quien no le gustaba vender sus libros. A pesar de que llevaban viéndose casi toda la vida, se llamaban de usted, mientras yo le decía de tú. Valentín San Román se quedó viudo a los veinticinco años y desde tan triste fecha vestía de luto. Era muy bromista, y en sus trampas habían caído algunos próceres, como don Torcuato Luca de Tena, el general Queipo de Llano o el marqués de Valdeiglesias, le gustaban mucho las señoras y, según contaba mi abuelo, había inventado un traje —negro, por supuesto— que tirando de un botón le dejaba en pelotas, así aprovechaba las ocasiones y desguarnecía a la atónita víctima. Puede que no fuera verdad, pero merecía serlo.

Don Felipe Sassone era amigo de los Bienvenida desde los tiempos de Manolo, quien empezó a llamarle General, y con General se quedó. Me parece que no le gustaba mucho a Carmelita-madre, ni tampoco a Carmita Oliver. Don Felipe había escrito dos libros sobre los Bienvenida, uno de ellos, *Casta de toreros* —acerca de Manolo y Pepe, Madrid, 1934—, y el otro, *Pasos de toreo*, dedicado a Antonio en 1949. Supongo que el Papa Negro, Manolo, Pepe y Antonio, tuvieron mucho que ver con las respectivas ediciones y que el General no se fue de vacío. Yo conocí a Sassone de niño y de mocito, y nunca me resultó simpático. Era fachendoso, altanero, prepotente, alardeaba de escribir mejor que nadie y se jactaba de que sabía de toros más que el mismísimo Lagartijo. Fue torero, tenor, autor de moda en los años treinta, era despótico con los desgraciados, y hablaba mal de casi todo el mundo. Su sombrero de alas anchas, el extravagante monóculo y sus aires de condotiero de zarzuela se me atragantaron desde la niñez. Supongo que en esto de las antipatías y de las simpatías recordadas hay mucho de influencia escondida: mi madre no se avenía con el personaje representado por Sassone, que visto a través del tiempo —él siempre hubiera escrito *al través*— era lo que ahora llamamos un clasista y otrora —vaya por usted— un pretencioso. Pobre don Felipe, pobre General, sé que estas líneas están dictadas por la implacable memoria infantil, por un reflejo, quizá un justo reflejo, el de Carmita Oliver y de Carmelita Bienvenida, tal vez por la sombra de la actriz que fue su mujer, María Palou.

María Palou era una actriz fina, bien hablada y bien acogida por el público elegante de los teatros de Madrid y Barcelona. Don Felipe era director de escena y se daba aires de genio. Estaban ensayando una de sus comedias y María Palou —la primera actriz— perdió el hilo y olvidó el texto. Tras una pausa angustiosa, doña María sonrió encantadora y se disculpó con su marido-director-autor:

—Perdona, Felipe: ha pasado un ángel...

—Ha *pasao* un ángel y se ha *cagao* en tu padre —le respondió Sassone.

Antipatías infantiles, amores sellados. Conviene buscar la razón. Nada es lo que parece, nadie es culpable, ni el rojo es rojo, ni el blanco, blanco.

El abuelo Luis nunca repetía las historias que contaba, pero en aquel caso —y en honor del maestro Afrodisio— recordó el famoso duelo del escritor y político Vicente Blasco Ibáñez, el del sello de la República, el mismo que mencionara Carmita Oliver casi en secreto. A partir del verano en Las Navas del Marqués yo había leído varias de sus novelas, empezando por *Sangre y arena*, después *La barraca, Cañas y barro*, y algunas de las que le dieron fama en todo el mundo como *Los cuatro jinetes del Apocalipsis* y *Mare Nostrum*.

La historia empieza el 22 de febrero de 1904. A la salida del Congreso de los Diputados —Blasco Ibáñez era de la minoría republicana— la policía cargó contra un grupo de manifestantes. Al día siguiente el escritor se levantó en su escaño:

«Lo de ayer fue una canallada y hay que llamarlo por su nombre. Los guardias comenzaron a repartir sablazos y yo, que estaba hablando con un correligionario, recibí el sablazo de un tenientillo... digno discípulo de los señores ministros de la Gobernación y gobernador de Madrid...».

Los militares, que no podían tolerar el despectivo calificativo de *tenientillo*, lo tomaron como un agravio al Ejército. El duelo estaba servido. Los militares sortearon quién había de ser el adversario de Blasco, y mira por dónde salió la papeleta del teniente Alestuey, campeón de tiro. En los cuarteles estaban dispuestos a borrar la afrenta del Congreso con la sangre del novelista, que jamás había manejado un arma. Canalejas le pidió a mi abuelo que fuera padrino de Blasco, y Luis de Armiñán aceptó la penosa representación. Él lo cuenta en su libro *El duelo en mi tiempo* —Editora Nacional, 1950—, publicado después de su muerte.

En el terreno conocí al teniente Alestuey. Era un hombre joven, más bien delgado y de estatura pequeña, de correctas facciones y mirada serena. Se procedió rápidamente a medir el terreno, a sortear los sitios (la elección recayó en nosotros, los padrinos de Blasco Ibáñez), a leer a los duelistas el acta de combate —requisito indispensable— y a ordenarles que estuviesen atentos a la voz de mando, sobre todo a la de ¡alto!, que se daría reloj en mano, cuando hubiesen transcurrido los treinta segundos concedidos para apuntar, después de la orden de ¡fuego!, que autorizaba el disparo.

Mi abuelo Luis de Armiñán se refiere a aquellos larguísimos treinta segundos, a la peligrosidad de las armas que se iban a emplear, y a las condiciones del duelo:

Pistola de combate de cañón rayado, a cargar por la boca, y bala de plomo redonda, de calibre usual y tipo Gastine (la elección de arma corresponde siempre al ofendido). Distancia veinte pasos. Yo repliqué que ellos, como militares, sabían mejor que nadie que un arma de cañón rayado, pólvora inglesa corriente y carga adecuada, al atacar con la baqueta el proyectil siempre se deforma, convirtiéndose en explosivo o dum-dum, y como la velocidad inicial es enorme, lo mismo mata a los veinte que a los cincuenta pasos. Pedí que se les colocara a treinta. Sólo se prestaron a que fuesen veinticinco. Número de disparos ilimitado. En este punto luché denodadamente. ¿A qué venía ese tesón? ¿Para qué tal dureza? Al segundo disparo mató Montpensier al infante don Enrique. El número ilimitado parece deseo de impedir la feliz casualidad de la falta de acierto en la puntería. Había que dejar apuntar libremente a los adversarios en un espacio de tiempo que podía graduarse desde los treinta segundos a los sesenta. Se aceptaron los treinta segundos, después de dar la orden de ¡fuego!, y yo hice constar en el acta que aquella condición nos era impuesta por la parte contraria. La cosa tiene un aspecto exterior que sobresalta. Cójase un reloj y, poniendo a dos hombres armados de pistolas cargadas, autorícelos para disparar, apuntando en esa eternidad —tal parece la de los treinta segundos— y se verá toda la terrible gravedad del momento.

El teniente Alestuey era un profesional de la milicia y un tirador de primera clase. Mi abuelo Luis estaba convencido de que los militares habían decidido lavar la afrenta del *tenientillo*, borrando del mundo al político republicano. La hora también fue sugerida por los padrinos de Blasco, ya que las sombras del crepúsculo sólo podían favorecer al más débil. Así a punto de irse la luz —eran las cinco de la tarde y aún no existía eso que llamamos horario oficial— los respectivos padrinos examinaron a los duelistas. Prosigue Luis de Armiñán:

Rogué al señor Gómez, padrino de Alestuey, que hiciera el favor de cumplir cerca de Blasco la cláusula del acta, y entre tanto que él lo hacía con nuestro apadrinado, yo me dirigí al señor Alestuey y sin ponerle la mano encima, le supliqué que atendiera a mis requerimientos:

—Caballero oficial, yo le ruego me entregue los objetos que se detallan para cumplir con el acta.

Él me alargó su reloj, cadena y monedero de plata, y me dijo tranquilamente:

—No llevo ninguna cosa más, pues la cartera la dejé en mi casa.

Colocados en sus sitios se les llevaron las armas, y ambos, en la guardia alta, esperaron las voces. Vi cómo Alestuey se colocaba en línea de combate, avanzando sobre el vientre la cadera protectora, y el hombro bien destacado sobre la caja del pecho. Un tirador en línea. Aprecié también al corpulento Blasco colocado sin guardar ninguna de las fáciles prevenciones que aconseja la práctica. Comprendí que mi representado no tenía de la pistola el conocimiento que requiere el arma. Clara y distintamente se oyeron las voces de mando:

—¡Listos!

—¡Fuego!

A la voz de «¡fuego!», suavemente tendió Alestuey el brazo y en los segundos precisos disparó, colocando el proyectil casi en los pies de Blasco. Me percaté de ello por el polvo que arrancó el plomo. Blasco disparó después, sin que me diera la impresión de seguridad en lo que hacía.

En su tertulia mi abuelo deslizaba algunos detalles que la censura oficial le hubiera prohibido en el libro:

—En los ojos del teniente yo podía leer el firme deseo de matar.

Sonreía apenas con la certeza de que Blasco Ibáñez jamás haría blanco. Y en *El duelo en mi tiempo*, añade:

Yo no sé qué angustia atosigó mi aliento cuando me di cuenta del peligro que corría mi apadrinado. La casi seguridad de que iba a ser herido me hizo temblar. Efectivamente no me equivoqué. Se repitieron las voces de mando, Alestuey apuntó larga y cuidadosamente, sonó la detonación y vi a Blasco dar una vuelta en redondo y caer sobre el lado derecho.

El abuelo Luis decía entonces:

–Hizo fuego como si tirara al blanco en los sótanos del Casino Militar, apuntó a la barriga de su enemigo y tiró a matar... Pero no había sangre... Blasco no se había quitado el ancho cinturón de correa que le ceñía el vientre, el proyectil estaba detenido en la triple correa del cinturón. Los padrinos de Alestuey se indignaron, diciendo que era necesario repetir el disparo o al menos descalificar al novelista, que se había batido con ventaja y que ni siquiera, medio aturdido, podía respirar. Yo no pude contenerme y les dije que eran responsables de aquel incidente por no haber examinado a Blasco como les correspondía, y como era su obligación.

El abuelo Luis bajó entonces la voz y dijo, casi en un aparte:

–También era responsable el teniente por no haber apuntado al corazón de Blasco Ibáñez.

En su libro resulta mucho más comedido:

> *Las voces destempladas y los ademanes descompuestos no presagiaban nada bueno, cuando oí a don Nicolás Estévanez, ex ministro de la Guerra y también padrino de Blasco, que añadía enérgicamente:*
> *–Es rigurosamente exacto lo que el señor Armiñán dice, y en absoluto rechazo toda impertinente descalificación.*

Aquella tarde, y así ocurría otras veces, yo acompañé a mi abuelo Luis hasta su casa, en el número 33 del Paseo de Recoletos. Mi abuelo pasaba de los setenta años y yo aún no había cumplido los dieciocho. Por razones de edad tenía que atemperar mi paso al suyo. Además los señores del siglo XIX acostumbraban a detenerse para hablar, algo que a mí me ponía muy nervioso, y me sigue poniendo. Las conversaciones eran lentas y tranquilas y no se podía hablar de nada caminando. Es muy cierto lo que el Papa Negro decía:

–Las prisas son para los delincuentes y para los malos toreros.

El abuelo Luis sonreía con malicia, quizá pensando en sus palabras del café, en lo que calló y en lo que pensaba escribir. Una vez más se detuvo y me dijo:

–El duelo fue en febrero de 1904... Tal vez la literatura española me deba algunas páginas notables... Blasco me dijo que le había salvado la vida... Puede que fuera una exageración..., pero supongamos que el teniente Alestuey hace fuego por segunda vez y no falla... Blasco no hubiera escrito *Los cuatro jinetes del Apocalipsis, Mare Nostrum,* ni *La vuelta al mundo de un novelista...* Y tampoco *Sangre y arena.*

Me miró entonces divertido y se quitaba treinta años de encima. Siguió andando con las manos atrás.

* * *

Mi padre había sido nombrado corresponsal de *Abc* y *Diario de Barcelona* en París, y agregado a la embajada española, como especialista en prensa, técnico literario, *negro* ilustre, escribidor de discursos o algo parecido, siempre sin título y con poco sueldo. La corresponsalía en París de *Abc* era un puesto importante que hasta entonces había ocupado el periodista Mariano Daranas, que cometió el error de brindar su pluma al mariscal Pétain, jefe de la llamada Francia Libre. Al liberar las tropas aliadas París —en agosto de 1944–, Mariano Daranas volvió a España, y *Abc* se quedó sin corresponsal. Luis de Armiñán era desconocido en Francia, no se había significado a favor de Alemania —como muchos periodistas españoles– y fue admitido sin dificultad. Cuenta mi padre:

Hablé con Mariano Daranas antes de salir con destino a París. Yo le conocía desde el principio de nuestra carrera periodística. Él estaba en la Editorial Católica y fue redactor político de El Debate, *cuando yo lo era de* El Heraldo de Madrid *e* Informaciones. *Escribíamos en campos opuestos, pero nos estimábamos y teníamos buena amistad. Era un periodista adivinador y audaz.*

—No hay más que un corresponsal de España en París —me dijo–, Gutiérrez Ravé, de La Vanguardia, *y no sé el tiempo que durará. Encontrarás una Francia bronca y dolorida, que no quiere nada a España. Tú estás limpio de culpa, pero vas por* Abc *y a mí no me perdonan. Busca al yerno de Emilio Herrero, que se llama Juan Bellveser, y dile de mi parte que te ponga en contacto con el sujeto que me daba noticias del gobierno. Te costará unos francos, pero te será muy útil, aunque nunca le verás la cara, ni sabrás su nombre. No creas en bombas milagrosas, las que caen son las que tú ya conoces. Que tengas mucha suerte.*

Aquello era como el principio de una novela de Graham Greene. La guerra seguía en Francia y los alemanes aún estaban en la costa atlántica, frente a Burdeos y otras ciudades. Un trozo de la línea férrea lo tenían batido y los trenes paraban en medio del campo, para tantear el terreno. En una casa amiga me despidieron con un poco de fiesta. Asistía un ayudante del Generalísimo, el teniente coronel Mazas, primo de Enrique del Castillo, director de Diario de Barcelona. *Me llamó en un aparte y me habló con misterio.*

—Como ex combatiente espero que todo lo que escribas resulte positivo.

—*Lo intentaré.*

—*Sólo quiero decirte una cosa: ¿has pensado que la guerra continúa?*

—*Ya... pero por unos pocos meses.*

—*Serán los peores. Alemania tiene un arma terrible que pondrá en la batalla próximamente. París puede quedar destruido de un solo disparo. No vayas.*

—*Lo han intentado en Londres y fracasaron. Ya es tarde para ellos.*

—*No lo creas. Es una carrera contra el tiempo. Si llegan, como sucederá según nuestras noticias, la guerra habrá terminado en una hora.*

—*Más sabréis vosotros que yo. Lo único que pienso es que los aliados trabajan en lo mismo.*

—*Sí, pero van más atrasados.*

—*Hay algo en lo que no pensáis. Alemania puede ser bombardeada todos los días, con luz o sin ella, de noche o con sol. A los Estados Unidos no es posible ir por aire, ni por mar.*

—*Yo te he dicho lo que debía. Suerte. Espero que leeremos unas estupendas crónicas.*

Me abrazó y se fue. A mí aquella conversación melodramática me dejó cavilando. ¿Qué diablos sabían en El Pardo? Pero era tarde para rectificar y sólo esperaba ver de cerca lo que me dejaran.

Mi padre tenía aún muy recientes las cicatrices de la operación de estómago, pero se encontraba con fuerza y no podía desaprovechar su oportunidad. De modo que sin hablar mucho, sin ruido, hizo las maletas.

Sus amigos le ofrecieron un banquete, porque dar banquetes de fuste, homenajes a mayor gloria de los organizadores, era entonces costumbre enraizada. Banquetes, banquetes, banquetes, desde los tiempos de Zorrilla, hasta los de Buero Vallejo, que todo se nos iba en gambas y en mayonesa. Casi siempre el mismo menú: entremeses variados (fríos o calientes), lubina dos salsas —sin especificar de qué salsas se trataba—, ternera a la jardinera, tarta moka, café, copa y puro. El vino solía ser un tinto marqués del Riscal o un Paternina modesto.

El homenaje a mi padre se celebró en el viejo Casino de Madrid y asistieron los mismos amigos de la tertulia de mi abuelo Luis con la incorporación del Marqués de la Valdavia, Tono, uno de los fundadores de *La Codorniz*, el torero y pintor Domingo Uriarte, Rebonzanito, Luis Aranda y algunos de sus compañeros del diario *Madrid*. Las mujeres no iban a los banquetes, ni siquiera estaba allí Carmita Oliver.

En noviembre o diciembre de 1944 Luis de Armiñán salía hacia París por la vieja estación del Norte. Muchos de los amigos de la tertulia del abuelo acudieron a despedirle, también fueron algunos periodistas, y Carmita Oliver. La estación olía a carbonilla y a humo, era de noche y hacía un frío espantoso. Alrededor de los vagones de primera clase —por decirlo de algún modo— paseaban unos carricoches que alquilaban almohadas para acomodar el cuello al duro asiento, unos similares ofrecían tortilla de patata, bocadillos de salchichón, jamón serrano o chorizo y los mozos de cuerda arrastraban eternos baúles. Los altavoces anunciaron la salida del tren Madrid-Irún. Mi padre subió al vagón y se asomó por una ventanilla. Las manos de los amigos se tendieron hacia él, que las estrechaba sonriendo, hasta que mi abuelo Luis se abrió paso, se quitó el sombrero, le cogió una mano y se la besó. No he olvidado aquel gesto, humilde y cariñoso, que tanto me impresionó, era casi como una despedida para siempre o como la huella de un recuerdo doloroso: mi tío Alel muerto en el frente de Córdoba a los cuarenta y dos años. Mi padre se puso serio, acarició la cabeza pelada del abuelo Luis y yo estaba un poco emocionado, porque en aquellos tiempos los chicos aún sentían cierta querencia hacia sus padres, sobre todo si eran corresponsales en el extranjero. Ya el tren estaba en marcha y se alejaba resoplando como en las películas. Mi madre corría al lado del vagón:

—¡Cuídate, cuídate! ¡No te olvides de tomar los polvos y las pastillas! ¡Escribe, escribe todo lo que puedas!

—¡Para eso voy!

—¡A casa, digo a casa!

Gravemente nos encaminamos hacia la salida. Los amigos dejaron a mi abuelo solo en cabeza del grupo, abrigado en su capa negra de esclavina bordada y forro azul, con el sombrero calado hasta las cejas y las manos atrás —recogiéndose la capa por la espalda— y sosteniendo un pañuelo blanco abierto, arrugado, y seguramente muy acatarrado. Así lo he visto andar muchas veces delante de mí, en ocasiones camino del café Recoletos, donde tomaba un traidor vermú de grifo a escondidas.

* * *

Meses después yo emprendía la misma emocionante aventura con destino al París rojo, pecador, misterioso y, según el teniente coronel Mazas, amenazado de muerte.

Ya estábamos en Semana Santa, vacaciones en la escuela, y podía permitirme el lujo de pasar unos días fuera de aquella España entonces cerrada.

La Semana Santa era un tiempo muy especial en la posguerra, mar-

354

cado por las fechas litúrgicas que no limitaban su influencia a los pasos de las cofradías. Todo era pecado entonces, casi todo estaba prohibido. Los empresarios cerraban sus teatros y se dedicaban a ensayar, porque en el Sábado de Gloria –hoy desaparecido– daba comienzo la segunda temporada. En algunos locales se representaban dramas sacros, y así ocurría en el Calderón con *Rey de Reyes,* mientras que en los cines se reponía *Jesús de Nazaret* y *Christus,* ambas toleradas para menores de catorce años. Los cabarets, las salas de fiesta, y las discretas *boîtes,* callaban hasta el sábado. Por supuesto los malos pensamientos estaban más que prohibidos y no se podía ni silbar un preludio de zarzuela, porque era pecado mortal. Las radios sólo emitían música religiosa, lo cual resultaba –a veces– un descanso: *La Pasión según San Mateo* y *según San Juan;* el *Requiem* y el *Stabat Mater,* de Pergolessi, y *Las siete últimas palabras,* de Haydn. Los conciertos de órgano, los coros y las saetas invadían las ondas, hasta que el Sábado de Gloria, a las diez de la mañana, repicaban alegremente las campanas, volvía a sonar *Allá en el Rancho Grande* y el pasodoble *Las islas Canarias,* los vieneses estrenaban la nueva producción de Kaps-Johan y el teatro Martín recuperaba a sus chicas a las siete menos cuarto en punto.

Salí de Madrid el martes 27 de marzo de 1945 y volví el martes 3 de abril: ocho días justos. Tengo desde entonces una pequeña guía de París: *Plan de Paris par arrondissement. Nomenclature des rues avec la station du métro la plus proche. Avec Repértoires.* Con letra menuda –aún del colegio– anoté fechas y direcciones e incluso títulos de películas.

Mi madre ya estaba en Francia y yo vivía con mis abuelos Oliver-Cobeña en la calle Altamirano. Me fui muy triste, porque la pobre *Chiki* había muerto atropellada en el barrio de Argüelles. Por supuesto mi viaje produjo auténtica expectación entre mis amigos, y no era extraño, porque en aquellos tiempos conseguir un pasaporte resultaba tarea imposible. Yo había estado en Francia, no más lejos de Biarritz, pero sólo conocía París –también Nueva York, Honolulú y Londres– por las películas. Me dieron una cartulina blanca, con foto sellada, que era algo así como un pasaporte diplomático de usar y tirar. En la estación del Norte me estaba esperando el valijero de la embajada de España, que me parece que se llamaba Bordejé. A su cuidado me puso el tío Pepe, seguramente envidioso de mi azarosa aventura. El viaje había que hacerlo en dos etapas: por España hasta Irún, cruce a pie del Puente Internacional, en Hendaya, y tren francés nocturno con destino a París. La guerra aún no había terminado y quedaban restos perdidos del ejército alemán a la altura de Burdeos, e incluso más al norte.

En el tren diurno, el señor valijero y yo nos comimos la merienda que me había preparado mi abuela Carmen. Yo iba alteradísimo, pero trataba de aparentar indiferencia, como si aquel viaje fuera algo ya muy visto. El señor valijero me hablaba de usted, porque entonces el tuteo no era costumbre, ni siquiera al dirigirse a mocitos de séptimo y reválida, plan del 38. De todas maneras yo estaba hecho a otros usos y aquel manejo protocolario me sacaba de situación.

Cruzamos el Puente Internacional —que me daba sus recuerdos—, yo con una maleta de cuero y un maletín de cocodrilo, y el señor Bordejé con su valija y un maletín de menos calidad, como el que lleva Groucho Marx en el Oeste. El mío había pertenecido a mi abuela Carmen Cobeña y aún lo tengo en casa; ha trabajado en varias películas e incluso ha salido en televisión.

En 1945 Francia y España prácticamente no mantenían relaciones diplomáticas —ni comerciales— y el Puente Internacional estaba cerrado con barrera y todo. Un carabinero nos despidió en el lado español y echamos a andar por aquel camino, que llevaba a la bandera tricolor y a un gendarme de azul, que nos esperaba con las manos a la espalda. Ante aquella bandera me detuve: era la de madame Recalde, la de los almacenes Biarritz-bonheur, la de mis amigos de la playa, la de *Chiki*, la de mi silenciosa niñez. Para mí aquellos tres colores —rojo, blanco y azul— significaban mucho más de lo que podía suponer el señor Bordejé, y la verdad, la verdad, es que eso sólo sería capaz de entenderlo mi abuelo Federico, que estaba en la calle Altamirano dispuesto a morirse.

En una oficina —ya con el retrato del general De Gaulle— sellaron nuestros documentos: Bordejé y los franceses se preguntaron por la familia, sonrieron e intercambiaron tabaco, porque una cosa son los problemas políticos y otra el trato entre funcionarios. De allí fuimos a la cantina de la estación de Hendaya a esperar la salida del tren, que había de llevarnos hasta la estación de Austerlitz, en París.

—¿Ha traído usted pijama?

Me sorprendió la pregunta del señor valijero.

—Sí, he traído pijama.

—Pues no se lo ponga: los alemanes suelen tirotear el tren y a veces hay que evacuarlo... En más de una ocasión he tenido yo que salir por la ventanilla.

Aquella noticia me dejó de un aire, sin saber si el señor valijero se estaba riendo de mí o si eran justificados sus temores. Subimos al tren —que iba lleno— y emprendimos el viaje a París. Yo tenía que dormir en una cabina distinta a la del señor Bordejé y, por supuesto, iba acompañado, pero no renunciaba al pijama, porque el acontecimiento merecía ciertas formalidades. No recuerdo si aquel tren llevaba coche-restaurante —en tal caso vacío de artículos de primera necesidad—, pero bien recuerdo a una mujer mayor, muy elegante, muy guapa, que parecía actriz de cine. Vestía traje de chaqueta y, al mirarme, me sonrió. Ahora digo que era una mujer mayor, pero es probable que no hubiera cumplido los cuarenta y cinco años.

Bordejé se despidió de mí, volvió a recordarme lo del pijama y añadió un *à demain, mon cher ami*, que yo traduje debidamente, porque ya estaba en séptimo de bachillerato. Juraría que sus ojos brillaban burlones. Sin llamar entré en mi cabina y a pocas pierdo el conocimiento. Retrocedí y, por unos instantes, pensé quedarme en el pasillo, que iba lleno de viajeros desplazados, militares y civiles. Pero la litera de limpias y blancas sábanas, el singular momento que estaba viviendo y, aún más, la maliciosa despedida del señor valijero —que sin duda conocía mi destino—, apalancaron mi voluntad y decidí resistir. La hermosa señora mayor estaba leyendo, tranquilamente, en la litera de abajo. Me sonrió —procurando no asustarme— y con un acento muy parecido al de la artista Arletti, dijo que ella también lo sentía, pero que en tiempos de guerra no se podían hacer remilgos y tendría que soportar su presencia. Luego me prometió no mirar. Recuerdo muy bien aquella escena y toda la vergüenza que pasé. La señora había colgado de un gancho un sostén negro, muy fino, como de encaje transparente. Sin despegar los labios —hecho un paleto— subí a la litera, con el dichoso pijama en las manos, y arriba me desnudé como pude. Por supuesto no me atrevía a moverme y no dormí en toda la noche. De cuando en cuando abría los ojos: allí seguía el sostén negro balanceándose, burlándose. ¿Sería espía?, ¿sería la amante de un general francés o la viuda de un héroe de la resistencia? Muchos años me ha perseguido la historia de la hermosa desconocida y aún hoy me cuesta trabajo creer en las aventuras galantes que según ciertos novelistas se producían en los llamados *wagons-lit*.

Tiempo después le conté a Luis de Armiñán cómo el señor valijero se había burlado de mí y él me contestó que nada de burlas, que en el último viaje que hizo de Hendaya a París los rutinarios alemanes cañonearon el tren y los viajeros tuvieron que seguir andando por la vía, hasta alcanzar otro, que estaba detrás de un puente en zona no batida. Por supuesto no hablé de la hermosa señora y creo que —en tantísimos años— nunca mencioné en casa mi fachosa aventura ferroviaria.

Mis padres me llevaron al hotel Claridge, en Champs Élysées, que era donde ellos vivían. Tenían una habitación —casi en la buhardilla y con balcones a la terraza de la parte trasera— donde hacía un frío muy notable. Me acerqué a la ventana y desde allí pude ver tres ametralladoras antiaéreas, que apuntaban al cielo, y más lejos unos enormes altavoces o algo parecido. Al mando de las ametralladoras había un oficial, con casco y todo, que al descubrirme tras los cristales me saludó militarmente y me sonrió con cierta dosis de lo que los franceses llaman *charme*. Mi padre levantó la mano, respondiendo al amable gesto de bienvenida y me dijo que era el teniente de aquel nido antiaéreo y que él, de cuando en cuando, le daba leche en polvo y el oficial correspondía con auténticos cigarrillos americanos: total, que se habían hecho amigos en la azotea. Las ametralladoras antiaéreas no dispararon nunca, pero sí la ruidosa alarma aérea —los grandes altavoces que yo distinguía en las terrazas—, mucho más peligrosos que los teóricos bombardeos alemanes. Detrás de aquellos ingenios bélicos estaba el recién liberado París, entonces una ciudad en sombras, ya a punto de despertar, pero aún atemorizada por la guerra, y ocupada amistosamente por miles de soldados aliados, donde no faltaban los españoles republicanos encuadrados en el ejército regular francés.

—¿Te gustaría ver rusos? —me preguntó mi padre tendiendo la caña.

Aquello parecía un sueño. Los rusos eran el lobo feroz, el mismísimo diablo, lo más prohibido del mundo.

—Pues espéranos en el vestíbulo, que vamos a comer a la embajada.

El Claridge —como todos los hoteles importantes de París— había sido requisado por los alemanes y después por los aliados. La guerra, el sol y el polvo, que nadie limpiaba, acabaron con las tapicerías y los cortinajes, apenas había calefacción y sólo funcionaba un ascensor y un montacargas. En los amplios vestíbulos —de vitrinas rotas y alfombras carcomidas— nadie atendía al servicio del hotel, y ya es mala suerte, porque yo nunca había estado en un hotel de lujo. De todas formas me instalé en el vestíbulo, que ahora se llama *lobby*, y con el corazón acelerado, me dispuse a espiar la presencia de los oficiales soviéticos.

El destartalado vestíbulo del Claridge estaba lleno de militares, casi todos americanos, ingleses, canadienses o australianos. Pronto distinguí a los oficiales del Ejército Rojo. Iban impecablemente uniformados de marrón o caqui, con briches y botas lustrosas, que parecían de otros tiempos, gorras espectaculares, muy grandes, altas, de plato excesivo, llenas de dorados, y en el pecho lucían bonitas colecciones de cruces guerreras. Menuda diferencia con los americanos o los australianos. Y el idioma. Hablaban en ruso, nada menos, y me prendían en aquella lengua prohibida, literaria, dulce y misteriosa. Yo era entonces un niño pedante y había recorrido con fervor —sobre todo a instancias de mi padrino el tío Federico Oliver— la literatura rusa que pusieron a mi alcance. Tolstói, Dostoievski, Andreiev, Turguéniev, y sobre todo Antón Chéjov, me resultaban familiares y las voces me sonaban a personajes conocidos: bien podía ser un oficial del Claridge el mismísimo Semion Semionovich o Alexander Ignatievich Verschinin, un teniente coronel de artillería alojado en el tercer piso. Por desgracia faltaban hermanas, gaviotas y cerezos. Poco a poco me fui acercando a un grupo de militares y uno de ellos se me quedó mirando.

«Me llevan a Siberia», pensé, mientras me alejaba con estudiada indiferencia.

La embajada de España está en el número 13 de la Avenue de Georges V, muy cerca de los Campos Elíseos —metro Alma—, a un paso de la embajada china —el número 11—, todavía la de Chang-Kai-Chek, y en el territorio que ahora se llama el triángulo de oro de París. Allí nos había invitado a almorzar el embajador Mateu y Pla. Mis padres se hartaron de recomendarme cosas, sobre todo que me portara bien en la mesa. Yo nunca había comido con un embajador, ni lo había visto de cerca. Como el almuerzo era informal servía una doncella gordita, con uniforme negro satinado, mientras un criado de teatro —lo más probable es que fuera propiedad del embajador— trinchaba la carne y se ocupaba del vino, artículos de lujo en aquella ciudad, que se alimentaba de arroz blanco y de raya con margarina, y que había cambiado el café por malta tostada, y la cerveza por un apestoso refresco que llamaban *jus des fruits*. Escribe Luis de Armiñán:

> *La embajada de España era como un barco con bandera amarilla. Los criados se aburrían. El mayordomo jefe, un hombre muy pagado de sí mismo, corría cuando le llamaba el embajador y se detenía en la puerta del despacho, entrando luego con pausa y majestad, derecho como una vela. Alguna vez le sorprendía, y entonces me miraba con aire de suficiencia. La soledad del embajador era terrible. Mateu enviaba semanalmente unas líneas al ministro en Madrid, notas muy breves que lo decían todo. No le contestaron jamás o me ocultó las respuestas, cosa que no creo.*

Aquél era el embajador que yo iba a conocer, y la embajada sería mi casa durante la Semana Santa, todo un lujo para un chico de séptimo y reválida.

Mateu y Pla —don Miguel— era un hombre amable, de pequeña estatura, de bigotillo recortado, catalán y muy rico. Fue alcalde de Barcelona y amigo personal de Franco. Era también sobrino de Pla y

Deniel, cardenal primado de España, que le aconsejó que no cambiara alcaldía de Barcelona por embajada en París, pero don Miguel Mateu tenía ilusiones diplomáticas, que nunca llegaron a florecer, porque nadie le hizo caso en Francia, ni pudo dar una triste merienda en la embajada, ni echar un discurso. Así, poco a poco se fue consumiendo, hasta que un día no apareció más por la Avenue de Georges V. Malos tiempos para los representantes del general Franco.

Don Miguel Mateu era cervantista, mejor sería decir que coleccionaba ejemplares del Quijote en casi todas las lenguas conocidas. Años después —en 1957— publicó el último libro de mi abuelo Luis de Armiñán, titulado *Las hermanas de Cervantes*, porque también tenía una editorial, Publicaciones del Palacio de Perelada. Pero sobre todo era el amo de *Diario de Barcelona*, el viejo *Brusi*.

Fue una comida curiosa, donde yo no me atreví a decir palabra, procuraba atender y, sobre todo, emplear con soltura la pala de pescado y las correspondientes copas de vino blanco y tinto. En el almuerzo alguien contó la historia del primer soldado que entró en el París cautivo de 1944, que era español —quiero decir el soldado— y nunca dejó de serlo. A mí tales noticias me parecían un cuento bélico o una película de guerra.

Aquel hombre fue Amado Granell, comandante de la 49 División del Ejército republicano español. Creo que quien así hablaba era el secretario particular del embajador o quizá otro de los colaboradores de Mateu. Granell pudo escapar del puerto de Alicante el último día de la guerra civil. Y llegó al norte de África. Parece ser que en 1942 entró en Orán, como explorador y guía, delante de los carros americanos. Era un hombre delgado, valeroso y muy inteligente.

Por primera vez en mi vida estaba oyendo elogiar a un rojo y justo en la mesa de un embajador de Franco, sobrino de un príncipe de la iglesia. Granell no quiso ser francés y por tal razón —desdén, torpeza o desprecio— su nombre ha desaparecido de la historia de la guerra mundial. Para combatir a la Francia de Vichy se alistó en el ejército, fue herido en la cabeza y evacuado a Londres. Ya de teniente francés, pero tozudamente español, se incorporó a la división del general Leclerc y con el batallón Tchad desembarcó en Normandía. Luchó hasta llegar a los arrabales de París, en un regimiento donde la mayoría eran soldados españoles. El gran jefe Eisenhower ordenó que se rodeara la capital, pero el general francés Leclerc opinaba lo contrario.

—Entren ustedes en París, muchachos, a ver qué pasa —dijo el general.

Allá fueron por Fresnes. El teniente Granell avanzaba con una guía

Michelin a modo de mapa de operaciones, y así alcanzaron la Porte d'Italie, cruzaron el puente de Sèvres y llegaron al Ayuntamiento, desde donde el teniente Amado Granell dio la novedad al general Leclerc. Su fotografía, con el prefecto del Sena, se publicó en *Liberation* y el teniente Granell abrió el desfile que presidía el general De Gaulle. También fue él quien guardó la embajada española, para que no la saquearan, y su carro de combate con un ¡VIVA ALBACETE!, pintado de cal sobre la chapa, se hizo famoso en París. Siguió combatiendo hasta el Rin, ganó la Legión de Honor y la Cruz de Guerra, y no quiso ser francés.

—Es curioso que precisamente ese hombre protegiera la embajada.

—Con el permiso del señor embajador, la embajada era de la República española.

Supongo que no se pronunciaron estas palabras, pero a mí me suenan de algo.

Aquella noche dormí en la Avenue de Georges V. Me habían destinado una alcoba del último piso —solemne y un poco pretenciosa—, de gran cama de madera clara y cortinas de terciopelo granate. Tenía cuarto de baño y, sobre todo, calefacción. La cama estaba abierta y me llamaba dulcemente desde sus sábanas de hilo, y el fantasma de la hermosa señora del *wagon-lit* y los grandes expresos europeos no iba a turbar mi sueño. Así es que me metí entre las ropas de aquella cama acogedora, apagué la luz y me dormí. Horas después me despertó la alarma aérea, que sonaba en la terraza del hotel Claridge. De golpe se me vinieron encima los recuerdos de la guerra civil: las sirenas de San Sebastián, de Burgos y de Salamanca, el campaneo de las iglesias, las carreras por la calle y las bajadas a los sótanos. Yo, de pequeño, no tenía miedo, incluso me divertía con los combates aéreos, porque aquello era —para un niño— como un juego de guerra, pero ahora —de mocito, de *jeune homme*, como dicen los franceses— sentía la garganta seca y me costaba trabajo respirar. ¿Y si los alemanes habían inventado la bomba terrible y la lanzaban sobre París? Mala suerte, adiós muy buenas, no me daba tiempo ni a hacer el examen de reválida. Bajé de la cama, quise encender la lamparilla de noche, pero no había luz. Tanteando llegué a la puerta y abrí. Ahora todo era silencio y oscuridad, como si la Avenue de Georges V estuviera fuera del mundo de los vivos. Ni una voz, ni un ruido, nadie se movía, ni los criados, ni el embajador, ni el secretario Martí Marfá, ni los funcionarios, nadie se movía, porque todos eran valientes. Por segunda vez volvió a sonar la alarma, yo cerré la puerta y me escondí en la cama, esperando oír el ruido de los motores de los aviones de la Luftwaffe y los disparos de la defensa aérea. Pero no hubo caso, ni volvieron a insistir las sirenas del hotel Claridge. Así que no tuve más remedio que dormirme. A la mañana siguiente bajé a desayunar a un comedorcito, que parecía de casa de huéspedes. El criado particular, que debía de mandar lo suyo, me sirvió café auténtico:

—¿No oyó usted anoche la sirena de alarma..., señor? —cualquiera diría que aquel *señor* se lo habían arrancado del alma.

Yo respondí que sí, que la había oído.

—Cuando suena la sirena de alarma es obligatorio refugiarse en el sótano..., señor.

Y, sin esperar mi respuesta, se alejó dignamente. Vino entonces la doncella gordita, me alargó una fuente de pasteles y dijo que no hiciera caso, que nadie bajaba al sótano. Luego me recomendó los de crema y me aseguró que estaban hechos con huevo de verdad, con harina de trigo y con azúcar de primera.

—Los vende el pastelero de la embajada soviética.

Por su cuenta me sirvió otro pastel y, sin esperar respuesta, se fue a la cocina, dejando aquel misterio de obradores y embajadas sobre la mesa. Me hubiera gustado llevarles algunos dulces a mis padres, pero me daba vergüenza.

Yo iba vestido con un abrigo largo, cruzado, de cuatro botones por banda, color beige, que es color muy francés, pantalones de franela gris, chaqueta de *sport*, camisa con mis iniciales bordadas y corbata a juego. Menos mal que mis compañeros del colegio no podían verme. Un año antes había cambiado mi vestuario y perdido para siempre los pantalones bombachos, que también se llamaban *knickerbocker* —y así se escribe en inglés— aunque nosotros lo allanábamos poniendo niquerboquer, palabra que no se encuentra ni en el *María Moliner*. Los había de dos clases, los que terminaban en las corvas, bien rematados con medias de lana, chulos y muy deportistas ellos, y los tipo bragaza mora, con calcetín vergonzosamente arrugado, que acababan descansando en los tobillos. Por desgracia, ésos eran los míos y, por fortuna, no llegaron a París, que si llegan, la señora del *wagon-lit* no me deja subir al segundo piso.

En aquel tiempo, desde los trece o los catorce años, los chicos iban al colegio con chaqueta, pantalón bombacho en invierno o corto en verano, camisa cerrada y, por supuesto, corbata, y las chicas, modositas, con sus medias —primero de lana blanca y luego de seda—, zapatos bajos o de medio tacón y falda, nunca jamás pantalones. En las familias donde había varios hermanos la ropa pasaba del mayor al último, y terminaba francamente arruinada. Yo heredaba la de mi padre e incluso se le daba la vuelta a los trajes y a los abrigos, estratagema que se descubría por culpa de los ojales bien zurcidos y mal disimulados. Tristezas de la gente de clase media, trágala de chicos y chicas que hoy no tolerarían ni los más pobres, que exigen ropa de marca y zapatos y zapatillas con pedigrí, de los que salen por la tele. Llegó entonces el sastre Neila, que vestía a mis tíos Federico y Pepe Oliver, luego a mi padre y, por último a mí. José Neila era un buen sastre; trabajaba en la calle de Gravina y acabó instalado en la Gran Vía, enfrente del cine Coliseum. Ya ha muerto: él y todos sus hijos. En los últimos años de su vida yo le pagaba mil quinietas pesetas al mes y por ese precio me hacía dos o tres trajes e incluso alguna americana de verano. Mi padre le encargó un esmoquin, un frac y un chaqué, por sugerencia del señor Martí Marfá, secretario del embajador Mateu y Pla, que se hacía cargo del pedido. Parece que toda aquella ropa era necesaria para acudir a las cenas, a los bailes, a las conferencias y a las reuniones que iban a celebrarse en la embajada de París. Dos semanas antes de que mi padre emprendiera el viaje le llamó Martí Marfá.

—¿Ha encargado usted la ropa?

—Ya he elegido las telas y me han tomado medidas.

—Dé marcha atrás, Armiñán, llame enseguida al sastre y dé marcha atrás.

Algo se olía el secretario del embajador; éste no iba a ofrecer ninguna fiesta en la embajada, ni a recibir ilustres visitas de españoles —que serían mal vistos— ni mucho menos a alternar con los franceses. El embajador español estaba aislado, no le hacía falta el chaqué, ni el frac, que bien podía arreglarse con unos pantalones *knickerbocker* y un jersey de lana ordinaria. Comprendo la decepción del sastre Neila, que por una vez iba a cobrar al contado, y tuvo que conformarse con hacerme un abrigo largo de color beige. A plazos.

Para un chico que llegaba del triste Madrid de la posguerra aquel París recién liberado constituía todo un espectáculo. El descubrir una bandera roja —con su estrella de cinco puntas, su hoz y su martillo— me paralizaba en la calle y me hacía mirar asombrado al peligroso balcón, pero aún me extrañaba más ver cómo las parejas se besaban en público, sin ningún miedo, con toda naturalidad, iba a decir como en las películas, pero en las películas los besos estaban más que prohibidos. Yo me quedaba en una esquina, acechando, mirando aquellos besos en la boca, a la luz del sol, que en Madrid hubieran llenado las comisarías de clientes. Mucho me admiraban también los soldados aliados, que en grupos o por parejas, blancos o negros, habían tomado las calles, los cines, los hoteles y los cafés más importantes, convertidos en clubes privados, donde no podían entrar los franceses. Los que más me gustaban eran los canadienses, de polainas blancas y boina ladeada, también los escoceses de gorrito con cintas y falda a cuadros, y los marineros uniformados como Fred Astaire y Randolph Scott en *Sigamos la flota*, pero sobre todo me dejaba de un aire la imponente policía militar del ejército americano, de casco y correaje blanco, esposas colgadas al cinto, porra y pistola. Eran los dueños de París y así lo entendieron los gendarmes de siempre, que al paso de la policía extranjera fingían interesarse por un escaparate donde no había nada que vender, o se dedicaban a observar la circulación, en realidad cuatro Jeeps mal contados, algún camión del ejército y un buen número de bicicletas y de *vélos*. Los chicos de la policía americana eran muy altos y muy jóvenes, pero sobre todo eran los amos de la ciudad, los vencedores de la guerra. Y además lo sabían. Los gendarmes estaban hartos, eran viejos, vestían de azul raído y tenían la mirada triste y cansada de ver tanto alemán. Pero lo que más me llamó la atención fue la presencia de las chicas del ejército americano, todas guapas y rubias, digo yo, vestidas de uniforme, siempre con falda por la rodilla, guerrera ajustada, zapatos de medio tacón y gorrito ladeado. Me parece que los franceses pasaban de lejos, mirándolas con disimulo y —por supuesto— sin atreverse a tocarlas. Sus compañeros no les hacían mucho caso y preferían dedicarse a las mozas de París, más sencillas, con el prestigio de Europa, el hastío de la derrota, atentas al cebo de un par de medias de seda o de un cartón de tabaco rubio. A Veronica Lake le sobraban las tabletas de chocolate; Annabella se iba dócilmente tras medio kilo de café.

Toda aquella fauna militar, las chicas y los soldados, los pretendidos espías, los acaparadores y los derrotistas, el amor en los portales oscuros y el amor al sol, los blancos y los negros, los soviéticos y los chinos despertaron mi inspiración literaria. Decidí entonces escribir, e hice dos o tres artículos, más bien reportajes de lo que veía, y se los pasé a mi padre con cierto pudor. A él le gustaron, aunque me hizo algunas correcciones, e incluso me dijo que los iba a mandar a la revista gráfica *Fotos*, que entonces dirigía el periodista Manolo Fernández Cuesta. También me aconsejó que los acompañara con fotografías y exactamente eso es lo que hice. Los reportajes se publicaron en *Fotos* bajo el título de *Los americanos en París* y yo por poco me desmayo al ver impreso mi nombre. Cobré por cada uno de ellos setenta y cinco pesetas, y los guardé como un trofeo, hasta que el tiempo fue amarilleando las páginas recortadas y se perdieron definitivamente.

A la tertulia de mi abuelo Luis acudía un señor —era un hombre joven— que se llamaba Antonio Solanas y trabajaba en una distribuidora de nombre CEPICSA. Este Antonio Solanas —también muy aficionado a los toros— tenía que visionar el material que llegaba a la distribuidora, ya doblado. Un día invitó a mi abuelo, a quien no le gustaba el cine, otro a mi padre y a mi madre, a Emilio Serrano y a Antoñito Bienvenida, y acabé llegando yo mismo a la sala de pruebas del cine Calatravas, ya desaparecido. Yo nunca había estado en una proyección privada, en un cine para veinte personas, donde incluso se podía fumar. Era muy emocionante. Así vi *La diligencia*, *El fantasma va al Oeste*, *Sucedió mañana* y *Me casé con una bruja*, entre otras. Está claro que los chicos de CEPICSA eran partidarios de René Clair. Mucho me impresionó Veronica Lake, la rubia de melena lacia, que le tapaba un ojo, la sucesora de Carole Lombard y de Jean Harlow. Quedé transido de amor por aquella bruja y odié a su malvado padre, el actor Cecil Kellaway. Hay una escena —entre sombras y contraluces— en la que Veronica Lake se desnuda. Resultaba fácil advertir que en la salita del Calatravas se podía cortar el aire, que los caballeros disimulaban y las señoras no sabían dónde meterse, mi madre me miró de reojo y yo me deslicé por la butaca, queriendo estar y, al mismo tiempo, desaparecer. Veronica Lake se quedó en cueros y apenas se distinguía su silueta en plano general, supongo; además había niebla o algo parecido. Cuando se esfumó la bruja, un suspiro de alivio —o de decepción— rompió el tenso silencio de la salita, se encendieron algunos cigarrillos, mi abuelo Luis carraspeó y yo disimulé mi desengaño: la censura, la maldita censura, que sabe más que la paloma azul y conoce todos los trucos del mundo, se había llevado en el pico el cuerpo desnudo de Veronica Lake.

Por eso, cuando en un cine de Champs Élysées vi anunciada a la *bruja* Veronica Lake, no lo dudé ni un instante. Tenía pensado ir a la Place de l'Opéra, pasear por los bulevares y tal vez darme un garbeo —guía en mano— hasta el río y cruzar uno de los puentes que tanto me gustaban. Pero me ganó Veronica Lake: por fin iba a ver una película sin censurar y sin testigos familiares a mi alrededor. Mentira. En este mundo no existe la felicidad, ni muchísimo menos la libertad. La pobre bruja hacía exactamente lo mismo que en Madrid, y supongo que en Nueva York, y terminaba desvaneciéndose entre el humo, la niebla o lo que fuera. Hasta entonces había pensado que en España éramos unos meapilas y, en aquel momento, se me derrumbó el sueño americano y la mismísima libertad: por desgracia las tetas estaban prohibidas en el mundo entero, la democracia era una farsa y América-América nos había engañado. Luego, cuando en USA empezaron a cazar brujas de verdad, se desmostró que aquel ingenuo *jeune homme* no andaba muy descaminado.

Poco tiempo después, en un cine del Boulevard des Italiens, tropecé con las carteleras de *Sangre en Filipinas*, que en París se titulaba *Les anges du miséricorde*. Estaba interpretada por Claudette Colbert, Paulette Goddard y Veronica Lake, que acabó de rematarme. Ya sé que es un melodrama, una película de guerra, de americanos y japoneses —intachables y malísimos—, pero está presente la embrujadora rubia de lacia melena. Y sobre todo tiene un terrible final, que me llegó al alma. Agarrado a los brazos de la butaca asistí al heroico desastre. Las chicas están encerradas en una cabaña, los americanos no pueden rescatarlas, los japoneses —crueles y lascivos— se disponen a cobrar la pieza-presa, y así llega una patrulla de amarillos, como simios babosos llegan. Las chicas retroceden: están perdidas, van a ser violadas, peor aún: van a ser violadas y torturadas. Veronica Lake se suelta la melena —refulge bellísima al contraluz—, disimuladamente coge una bomba de mano, le quita el seguro y la esconde bajo la blusa. Aquel ingenio bélico reposa, frío y destructor, entre los pechos blancos de mi rubia favorita, pechos que yo imaginaba sin referencia alguna. Veronica sonríe y avanza hacia sus verdugos, que le responden con sonrisas salaces. Uno de los sátiros tiende sus torpes tentáculos, mi ángel de misericordia le ofrece sus labios, y en aquel momento estalla la bomba...

* * *

El lunes 2 de abril comenzó a sonar la campana. Mi padre me dijo que era la más grande de Notre Dame, que había permanecido callada desde 1940, que se llamaba *Marie Therese*, y yo recordé inmediatamente *El jorobado de Notre Dame*, que en España se tituló *Esmeralda la zíngara*, película interpretada por Charles Laughton y Maureen O'Hara, que hacía de gitana. El jorobado Laughton, loco de amor, agilísimo como un mono, agarrado a la campana de la catedral, en un París de la Edad Media.

En el mes de abril de 1945 aún había guerra y seguían muriendo soldados en los campos de Europa. El día anterior, en la cripta de Los Inválidos, un regimiento de infantería veló las banderas del Somme, de Verdún y de Marruecos, y los nuevos estandartes de De Gaulle reposaron junto a los heridos. Caminando despacio me fui con mi padre por Champs Élysées, hasta Étoile, y Carmita Oliver se quedó en el hotel, un poco asustada y haciéndonos mil recomendaciones: que si podían bombardear los *Stukas*, que si podían atentar contra De Gaulle, que en París había alemanes escondidos y podían...

—No pasa nada, Carmen, no te preocupes —le dijo mi padre.

Hacía una mañana lluviosa, gris, fría y desapacible. Los soldados llegaban a Étoile como si brotaran del fin del mundo. Venían desde el Rin, de las costas del Atlántico, del Ruhr y de Magdeburgo. La plaza de la Concordia estaba llena de una multitud gozosa y excitada, que aplaudía al paso de los soldados de Francia —entre los que se contaban muchos españoles— al tiempo que se mezclaban, con los sones de la campana *Marie Therese*, las salvas de artillería. El general De Gaulle condecoró con la Cruz de la Liberación a la villa de París. «La Patria te reserva la victoria.» Esa Cruz la tenían tres mujeres —muertas estaban ya—, los generales Lecrerc y Nederic, las ciudades de Nantes y Grenoble, un submarino, una corbeta y una escuadrilla de aviación. Al día siguiente recorté cuidadosamente las páginas de *Combat* y —al llegar a Madrid— las guardé en un ejemplar de las *Fábulas de La Fontaine* —Montaner y Simón Editores, 1885— ilustradas por Gustavo Doré, precisamente en la fábula XIX, «El oráculo y el incrédulo». Por suerte las he conservado entre lobos, ovejas y asnos habladores.

Por la tarde fuimos al Ayuntamiento, que estaba adornado con banderas aliadas. A mi padre no le hizo ninguna gracia ver la bandera roja, junto a la inglesa y la de Estados Unidos, pero así es la vida. Yo, en cambio, miraba con atención la insólita hoz y su correspondiente martillo y echaba de menos a la republicana, pero me callé la boca. El general De Gaulle salió al balcón y soldados y civiles, mujeres, hombres curtidos y viejos, vitorearon a Francia, a la República recuperada. Iba cayendo la tarde y se encendió la luz callejera por primera vez en muchos años. El general De Gaulle abrió los brazos, consciente de aquel efecto teatral, y gritó:

—¡Vamos a cantar *La Marsellesa*, vamos a cantarla en coro inmenso de multitud, de franceses libres!

Se hizo un silencio tremendo, ni respirar se oía, sólo sorber alguna nariz, o un suspiro al borde de las lágrimas. De Gaulle —que yo lo vi— comenzó a cantar:

Allons enfants de la Patrie...

Y la multitud le respondió:

¡Le jour de gloire est arrivé!

Sin pensarlo pensé en Franco... Cómo quedaría nuestro invicto caudillo entonando el *Cara al Sol* en la plaza de Oriente:

Cara al sol con la camisa nuueva..

Mientras cantaban aquellas voces rotas, emocionadas, liberadas, la vieja *Marie Therese* sumaba su hueca alegría a la fiesta: sólo nos faltaba Quasimodo, insigne jorobado de Notre Dame.

2
Futuro imperfecto

Muchas veces he soñado que volvía al colegio; es un sueño repetido que en ocasiones puede resultar angustioso, pero en la mayoría de los casos lo recuerdo alegre. Vuelvo a la escuela —ya soy mayor— y pido a los profesores, son ellas, las *señoritas* de siempre, que me dejen ir a clase, y así me siento entre los niños, que me miran con cierta curiosidad, pero sin sorprenderse demasiado. Yo sé que no voy a examinarme, porque aquel tiempo está más que cumplido, pero me preocupa mucho mi actitud, y la opinión que puedan formar de mí los alumnos y los maestros. Nunca participo en los juegos, me escondo en un rincón observando cómo los niños salen al recreo y, por supuesto, no conozco a ninguno.

Cuando le he contado este sueño a algún amigo, partidario del psicoanálisis, me ha dicho que se trata de una sencilla regresión, que intento volver al pasado, y que soy lo que se llama un simple, que pretende eludir las responsabilidades del cargo.

Para llegar a semejante conclusión no me hacen faltan hinchas del viejo doctor Freud. Sueño con mi colegio por culpa de un racimo de uvas psicológicas, de tópicos nocturnos, pero también porque en aquella escuela fui desgraciado y feliz, porque anduve en el filo de la navaja, y porque antes de que me atropellara el tren —cuando estaba bien atado a los raíles— me salvó el bueno. En el fondo de la almohada me estoy reprochando el haber perdido el tiempo, el no saber más de lo que sé. ¿Pero qué otra cosa pueden hacer los niños sino perder el tiempo? Les sobra, pero lo ignoran, y a lo mejor lo están ganando.

La universidad abría sus puertas en noviembre. Mis padres insistieron en que hiciera una carrera, y después oposiciones: era lo segurito, garantizar el puchero de cada día. Mis cuatro abuelos estaban de acuerdo, porque todos habían pasado —y seguían pasando— las penas del purgatorio. Los Oliver-Cobeña con el durísimo teatro, y los Armi-

369

ñán-Odriozola con la dichosa política, arte, práctica, oficio o marrullería, que ya no se practicaba en España, si exceptuamos a la persona o general que se encargaba de todo. Mi padre insistió mucho en que la carrera de derecho —la suya— era una preciosidad. Para convencerme me hablaba del derecho natural, y parecía que me iba a dar clase Jean-Jacques. Rousseau, y también del derecho penal, que estaría a cargo de Marie-François Goron, jefe de la Policía de París, en tiempos de Sherlock Holmes. La realidad fue muy distinta; en el derecho natural no salíamos de san Agustín y santo Tomás, y en el Penal, del código que había impuesto Franco. Yo tenía que haber estudiado filosofía y letras, pero el fantasma del latín, que no era una de mis especialidades, acabó espantándome.

A los dieciocho años no se alcanzaba la mayoría de edad, aunque eran el punto de salida hacia la meta, que ya nos convertía en hombrecitos. Por tanto, mi amigo Pepe Pizarro y yo nos compramos dos flexibles, signo evidente de madurez. El mío era marrón y el suyo, gris. Había que achatar mucho la copa, y ladeárselo, porque resultaba más chulo. Lo malo es que yo no me atrevía, porque me daba vergüenza: carita lampiña, sin asomo de barba, sombrero flexible como el de James Cagney, el famoso protagonista de *Contra el imperio del crimen*. Mal asunto.

Una mañana —Pizarro, Plañiol y yo, los tres del colegio Estudio— nos fuimos a la facultad de derecho, que estaba entonces en la calle de San Bernardo, de Madrid. Aquel día empezaba el curso.

El caserón de San Bernardo era un edificio viejo y destartalado, de grandes escaleras, largos y deprimentes pasillos, y aulas del siglo XIX, que parecían arrancadas de una novela por entregas, de las muy dramáticas, con huérfanos, tutores y maestros desaprensivos. Todo era gris en aquella casa, y más aún sus habitantes, los chicos de nuestra edad, con sus chaquetas abotonadas y sus corbatas formales. Apenas había chicas, y las pocas que hubiera se arracimaban, como intentando protegerse de las miradas masculinas: al fin y al cabo lógica consecuencia del hambre de la posguerra y de la separación de sexos en la escuela. A nosotros no nos ocurría lo mismo, porque estábamos hechos a tratar con chicas en el colegio, a ir al cine y a la Sierra. Las mujeres eran compañeras, podían ser novias, objetos amados incluso, pero nunca motivo de paja mental, ni comentario rijoso, más de viejo que de primero de derecho. Ellas lo sabían, se asustaban instintivamente, y apenas miraban a sus vecinos. De resultas, ya espoleadas por la competencia y la discriminación, estudiaban mucho más que los chicos, se sorbían los libros, conscientes de que no podían ser juezas, ni fiscalas, ni diplomáticas, ni abogadas del Estado, ni registradoras, ni notarias, ni ninguna otra cosa bien pagada en masculino.

Como borregos entramos en la pomposamente llamada aula magna, donde un catedrático nos iba a echar un discurso de bienvenida. En primero de derecho estábamos matriculados quizá un millar de alumnos; en aquella clase había unos cuantos centenares, y no cabía nadie más. Algunos sentados, muchos de pie, y otros —yo mismo— subidos a los bancos e incluso a los pupitres. No se entendía una palabra. De pronto alguien me empujó, caí hacia delante y arrastré a dos o tres novatos de mi quinta. El autor del gracioso alarde era un chico guapo con aires de deportista y vientos de fanfarrón: se llamaba Saso y jugaba de portero en el Valladolid o en el Atlético de Madrid. Nunca olvidé aquel gesto hostil, todo un símbolo de comportamiento, de chulería y mala educación; y me preparé para hacer frente a un periodo que ya adivinaba gris marengo.

3
La guerre est finie

—Si apruebas la reválida te vienes a París este verano —me había dicho mi padre en Semana Santa.

Aprobé la reválida en junio y volví a París con un collar de perlas cultivadas en la maleta; esta vez no me acompañaba el valijero Bordejé, ni me esperaba la guapa señora mayor en el *wagon-lit*. Así fui caminando de nuevo por el Puente Internacional, pero sin alemanes en Burdeos, ni sobresaltos en el tren: la guerra en Europa había terminado.

Vivíamos en el elegante barrio de Passy, un piso alquilado en la Avenue Fremiet, que pese a su título era una calle tranquila, ancha y corta. La estación del metro más próxima era la de Passy y a mí me divertía ir en dirección a Porte d'Italie, salir a la superficie y cruzar el Sena, porque se veía una panorámica de tarjeta postal: la torre Eiffel y el Campo de Marte, más lejos los Inválidos y la Escuela Militar, y en la orilla derecha, el Palais Chaillot, y luego el centro de París.

Aquel piso —cuidadosamente amueblado— se lo alquiló a mi padre la mujer de un marino entonces exiliado en el Marruecos español. El piso era grande y muy luminoso. Yo tenía una habitación para mí solo y una cartilla de abastecimientos, creo que de la clase J-3. Seguía siendo *jeune homme* con derecho a un suplemento calórico. En el piso habían quedado los libros e incluso las fotografías del marino y de su familia. Me gustaba mucho repasar dos volúmenes llenos de preciosos grabados: *Histoire de la Marine* y *Les grandes batailles navales,* y también hojear *L'Illustration,* los números que correspondían a los últimos años del siglo XIX, pero sobre todo al periodo de la Gran Guerra. Carmita Oliver dio muy pronto con las obras de Victor Hugo, con los poemas de Paul Valéry, y con los cuentos de Maupassant, y se dedicó a perfeccionar su francés literario.

Todos los días llegaban a casa cuatro periódicos: *L'Humanité, Combat, Le Figaro* y *Le Monde.* Como es lógico me apasionaba *L'Humanité* por aquello del símbolo prohibido —la hoz y el martillo— y a mi padre no le hacía ninguna gracia mi curiosidad. Todos los periódicos, incluido el prudente *Le Monde*, decían verdaderas atrocidades del régimen español y hasta publicaban sangrientas caricaturas del general Franco, cosas que yo no había visto nunca. Carmita Oliver no quería mirar los periódicos y pensaba que jamás volveríamos a España. A mí me tenían sin cuidado las noticias e incluso admitía la posibilidad de no volver a Madrid y quedarme en París. Disponíamos de un aparato de radio muy moderno y de un gramófono con discos de Edith Piaf, Maurice Chevalier, Charles Trenet, Imperio Argentina y Conchita Piquer, en gloriosa mezcla, y muchas veces de Chopin y de Ravel, sobre todo Nocturnos y *La Mer*, en doble versión: Trenet y Debussy. Pero a mí lo que me apasionaba era la radio de los americanos, porque tocaban las grandes bandas y las orquestas de jazz, la música que mi abuelo Luis decía que era negroide.

Lo que más le obsesionaba a mi madre era preservar la casa del fugitivo, no romper nada, no manchar, cuidar hasta el último tazón. Seguramente se ponía en el sitio de la señora del marino, y además no era la primera vez, porque ya habíamos vivido en pisos alquilados, en parecidas circunstancias, en San Sebastián y Salamanca. Afortunadamente yo no tenía que estudiar durante el verano, aunque mis padres se empeñaron en que aquélla era una ocasión maravillosa para que perfeccionara mi francés, el idioma, solían decir. Decidieron, entonces, buscarme una profesora, algo que me horrorizaba. Un día vino la profesora a casa: era una chica morena, de ojos azules y dieciocho años, hija de un periodista exiliado, que fue compañero de mi padre en *El Heraldo* o en *Informaciones*. Se llamaba Isabel aquella chica, y venía los lunes, miércoles y viernes. Dábamos las clases en el despacho del marino y mi madre dejaba siempre la puerta abierta. A Isabel le debió de molestar la vigilancia, se lo dijo a mi madre y a partir del día siguiente cerramos la puerta del despacho. Es muy curiosa, sorprendente incluso, la idea que tienen los padres de sus hijos en el apartado sexual, y de qué forma se equivocaban en terreno tan resbaladizo, y me estoy refiriendo a mis padres, que eran excepcionales, que no tenían prejuicios religiosos, que leían novelas de Barbusse, de Huysmans, de Collette Willy, poesías de Pierre Louÿs e incluso el *Decamerón* y las memorias de Casanova. Jamás me hablaron de sexo, se limitaban a ignorar el tema y a intentar protegerme, nunca a ayudarme, ni siquiera a informarme. La profesora Isabel, la chica de ojos azules, no me enseñó francés, ni ninguna otra cosa: para no mentir, me enseñó a jugar al tenis, y yo me enamoré de ella; claro que nos separaba la edad, y dieciocho años —en una mujer— es mucha tela.

Me vienen ahora al recuerdo dos curiosos sucedidos. Se celebraba en Arganda del Rey un festival taurino, homenaje al Papa Negro, que iba a matar un novillo junto a sus hijos, Pepe, Antonio, Ángel Luis y Juanito Bienvenida. Yo estaba en un burladero con mi padre, junto a una chica del pueblo muy joven y muy prieta de carnes. Las chicas suelen tomar la iniciativa y aquélla se me juntaba, me rozaba jovialmente: era un momento casi de felicidad. Mi padre se dio cuenta de los manejos, me apartó con suave autoridad y me llevó a otro burladero, donde estaba don José Ortega y Gasset. ¿Por qué hizo aquello? ¿Por qué me privó de aquel inocente gozo con la chica de Arganda? ¿Por qué nos dejó en ridículo? Don José Ortega y Gasset llevaba sombrero flexible e intentaba taparse la calva transportando pelos de una sien a la otra y fijándolos con gomina. Cosas de los filósofos.

Fiesta de Fin de Año —para que no se aburrieran los jóvenes— seguramente en mi honor y en el de Ana Mari. Mi madre era muy amiga de la madre de Ana Mari, Pepita Pla, la belleza de ojos verdes. Ana Mari también era muy guapa, de grandes ojos negros, tenía catorce años y yo dieciséis. La fiesta de fin de año la celebramos en la calle Altamirano de Madrid, número 34, para ser exactos. Allí nos juntamos mis padres, Pepita —que estaba separada de su marido— y Ana Mari: lo que se llama un verdadero juergazo. Debimos de cenar pollo, turrón y beber algo de *champagne*. Luego los mayores nos mandaron a bailar al despacho, donde había un *picú*. Rarezas de los mayores. Ana Mari y yo obedecimos dócilmente y pusimos un fox lento. Teníamos que bailar los dos solos, en aquel despacho de moqueta ocre, lleno de libros, mal iluminado. Nos abrazamos, nos estrujamos bailando, perdimos el compás, a mí me ardía la cara lo mismo que a Ana Mari. Pusimos otro fox lento: por fin el año viejo traía algo nuevo. Nos tocábamos, nos rozábamos, éramos muy jóvenes y no hacíamos mal a nadie. Poco después entró mi madre en el despacho.

—Vamos, venid con nosotros, que estamos muy aburridos.

¿Qué tramaron los mayores en nuestra ausencia? ¿Qué se habían dicho? ¿Qué peligros presentían? ¿Por qué no nos dejaban bailar ni siquiera un fox lento?

Poco a poco me iba haciendo con París, me alejaba de casa sin advertirlo, exploraba la Avenue Fremiet, las tiendas y los bares de por allí, la orilla del río, los puentes, pero sobre todo la Rue Alboni y sus curiosos habitantes.

Luis de Armiñán describe el escenario que compartimos, en un texto que yo guardo con amor:

Los vecinos de mi calle son escritores, pintores y danzantes: mala gente. Gente un poco libre en sus ideas y palabras, peligrosa. Es una gente a la que le gusta vivir bien, ganar su vida y trasnochar. Para quitar a mi calle este regusto libertino y madurar su noctambulismo, en una de las casas se ha instalado un hotel: pero no un hotel cualquiera, sino uno de esos de doscientos cincuenta francos la habitación: ahora está requisado por los americanos. El comercio tiene su representación: un carnicero, una panadería, su tienda de comestibles, dos cafés-restaurante y una tintorería deliciosa. La tintorera es una viejecilla toda blanca, que plancha los cuellos admirablemente y sonríe con una gracia lejana, de veinte años constantes. Las viejas aquí tienen la manía de ser niñas, pero mi tintorera sabe que es vieja y no le da vergüenza serlo. Yo le hago el amor todas las mañanas (sic), y ella encuentra que eso es muy español. No me corresponde, pero cuando no hay almidón, yo tengo mis cuellos a punto. No es, como veis, una calle de ricachones, al contrario; unos y otros llevamos nuestra pobreza limpiamente y todos tenemos una butaca, un libro y una radio.

No tengo que decir que ante las puertas de nuestras casas —seis en cada acera— paran pocos automóviles. Bicicletas, sí, muchas, y hasta siete cochecillos de niños, porque en mi calle milagrea la cigüeña hasta ese punto magnífico. De Gaulle debía hablar de nosotros en sus discursos por las ondas. Pues bien, en esta calle que muchos creerán gris e igual, se ofrece el espectáculo de la riqueza de un modo indignante. Hay tres ricos.

Los restaurantes son de la clase D y tienen vinos, cuyas botellas no exceden de los noventa francos; no son demasiado visitados, y los vecinos no somos sus habituales. Los ricos son sus compañeros de comercio, pero no ellos. El más rico de todos es el carnicero. El carnicero abre sus puertas dos días a la semana y despacha los filetes como si tirara cordilla a un enjambre de gatos odiosos. Luego las entorna y hasta las cierra. Pero cualquiera puede ver cómo llegan automóviles, que bajan unas maletas misteriosas, y cómo vienen otros, que se llevan maletines escondidos. Los autos traen polvo de los caminos. Lo mismo hacía con las gentes gamadas que hace con los individuos estrellados. Él corre su comercio, que para eso es comerciante. Y se ha hecho rico, muy rico. El pobre cobra seiscientos francos por un kilo de vaca bretona, y sólo lo vende con recomendaciones impresionantes. A mí me consiente, por el aquel de la tintorera.

El otro ricacho es el panadero. Sí, parece que reglamentado el pan y distribuido con tiquets, la ganancia sería sólo aquella que disponen de abastecimientos, pero algo ocurre. Quizá la harinilla que se vuela al amasar, probablemente ese curioso comercio de los tiquets sobrantes... El caso es el caso.

Y el tercero, el de los comestibles, que expende también vinos y licores. Éste ha engordado de tal manera que acaba de vender su comercio y comprar una finca en el campo, para la que le he visto partir en un buen Citroën con la señora y los niños, ya olvidado de la mantequilla y los quesos. Una tienda de comestibles en París es una mina en el Perú. Yo lo abono.

La fortuna de nuestros tres vecinos apenas nos ha desvelado. Nosotros seguimos con nuestras cuartillas y continuamos con esa infinita paciencia del comprador, quien para cambiar de tienda tiene que luchar en la Tenencia de Alcaldía largas horas. El combate con el tendero es menos cruento y más corto.

Así va mi calle. Cuando el sol se oculta nos quedamos tan tranquilos, seguros de que nadie ha de turbar el silencio, y desde la cama escuchamos el bufido de los Jeeps que cruzan el Quai, veloces. Alguna vez una sirena de los barquitos se desliza por el Sena. Todo tan plácido, tan sereno, que es casi una delicia.

Nunca me han gustado las palomas de la ciudad, y tampoco las torcaces, aunque sean más de respetar. Las palomas de asfalto y adoquín son estúpidas y engreídas, producen un ruido francamente desagradable, caminan por las aceras como ratas con alas, y se hacen las buenas, aceptando limosnas de ancianos y niños engañados, por pacifistas y cristianos en los periódicos y en el catecismo. Tienen muy buena prensa las palomas, que incluso consiguieron equivocar a Picasso, que era listísimo. A los niños se les menta siempre a Herodes o al coco —¡que viene el coco, que viene Herodes!—, a las palomas hay que darles caña con el gavilán pío, pío, el gavilán *colorao*. O con la *madame* que acecha debajo del puente.

Cerca de la Avenue Fremiet hay una calle pequeña y silenciosa que se llama Alboni. A su vera sale, armando bulla, el metro que va a la Place d'Italie y cruza el puente, un puente de pilares de cemento negro, húmedos y tristes, muy al aire de novela de Simenon. Allí se aposta, con su perro veterano y gordinflón la vieja Madame, que comienza a regar el suelo de migajas de pan duro. Debe advertirse que, en el barrio de Passy, había muchas palomas, todas asquerosas, e incluso algunas —las más atrevidas— llegaban hasta la ventana de mi cuarto y me ponían el alféizar hecho una pena. En 1945 se pasaba hambre en París y los únicos alimentos que se podían adquirir libremente eran el pollo —que aún gozaba de prestigio en la cocina y precio en el mercado—, la raya, la langosta y la piña tropical. Rarezas, rarezas carísimas, que sólo estaban al alcance del carnicero, del señor de los ultramarinos y del patrón del café-restaurante. La vieja del puente y su perro andaban muy necesitados. Por eso fundaron una sociedad de socorros mutuos. La vieja del puente no tenía dinero para langosta, y nadie se lo iba a dar. Entre las columnas de cemento se embosca con su perro, y comienza a regar el suelo de migajas de pan. Poco después llegan las ratas voladoras, que se van acercando, insolentes y confiadas. La vieja acecha, las palomas picotean, el perro está tenso, pero disimula, de pronto salta el muelle cazador: el perro agarra una paloma y se la lleva a la vieja, que retuerce su dulce pescuezo, la esconde en el abrigo, mira a un lado y a otro y desaparece hasta mañana. Todos los días ocurre lo mismo, la sociedad funciona perfectamente: la venerable cazadora se come el cuello, la pechuga y los muslitos, y el perro gordinflón, las vísceras y los huesos. En nuestra calle se sabía la historia, algunos sentimentales no saludaban a la anciana Madame, otros admiraban su valor, y todos comprendían su necesidad. Yo no tuve la suerte de asistir a la ceremonia cazadora, aunque muchas veces me crucé con la vieja de las palomas y con su veterano perro.

El calor del mes de julio y la paz en Europa le habían quitado el miedo a la ciudad, que comenzaba a vivir y encendía sus luces, recuperando a medias el título de Ville Lumière. A nadie le importaba, o le importaba a muy pocos, la guerra en el Pacífico y la inminente batalla del Japón. Los escaparates mostraban cajas vacías, frascos de perfume sin perfume, zapatos de un solo pie, botes sin nada dentro, y a todo aquello se le llamaba *factice,* que quiere decir ficticio, falso, engañoso. El perfume de verdad lo compraban los americanos haciendo cola en Guerlain y la cerveza auténtica se la bebían en los cafés requisados. A la orilla del río los puestos de langostas y de piña natural eran objeto del deseo de los hambrientos ciudadanos de la vieja Lutecia. Las bicicletas, los Jeeps del ejército aliado y algunos coches oficiales seguían siendo dueños del asfalto. París estaba lleno de velociclos, como Shanghai de *colis.* El *veló* −pronunciado así− era un triciclo con capota, dos asientos de mimbre y un tipo, que pedaleaba furiosamente en el sillín. A mí me hubiera gustado montar en *veló,* pero no tenía ni figura, ni dinero, ni valor. Todo el mundo iba en bicicleta, amas de casa con la cesta de la compra en el manillar, dignos caballeros de cinta roja en la solapa, funcionarios del gobierno, viejas viejísimas, señoras elegantes vestidas de fiesta, menestrales y obreros. Y chicas. Yo recordaba a las de Madrid, obsesionadas por culpa de la dichosa falda, a punto de matarse con tal de no enseñar las piernas, Gorettis del asfalto, pudorosas de velódromo: a las chicas de París les traía sin cuidado que se les subiera la falda hasta el moño y para un *jeune homme* del otro lado del Pirineo, hecho a la censura, al luto y al pecado mortal, aquello constituía un espectáculo tan colorista como insólito. Me daba vergüenza mirar a las claras, porque yo era el único que reparaba en muslos ciclistas. Incluso llegué a hacer fotografías de las mozas en bicicleta, fingiendo enfocar a un gendarme o a una anciana veloz. A ellas no les importaba, algunas veces me miraban con desdén, y otras me sonreían, aunque casi siempre me ignoraban, como si yo fuera un árbol de la calle, más bien un arbusto de primavera, al fin y al cabo un innombrable J-3. Todas las fotografías me salían movidas, por pulso alterado y conciencia pecadora. Claro que pronto me acostumbré a las chicas de la bicicleta, como al pollo, a la langosta y a la piña tropical. Sospecho que, en aquel momento, empezó mi decadencia.

Mi padre escribía en una máquina portátil y mandaba por correo, o por valija diplomática, sus crónicas a Madrid, donde se publicaban, a veces, con cierto retraso. Yo creo que no era un trabajo agobiante, aunque sí arriesgado, porque la censura en Francia apretaba lo suyo, sobre todo a los corresponsales españoles. Un día le acompañé a la oficina donde se revisaban sus cuartillas, que cuartillas eran entonces. El despacho estaba en un piso entresuelo de un noble edificio de la Place de l'Opéra, antes requisado por los alemanes y ahora utilizado por el Ministerio de Información. Los censores militarizados debían de conocer el idioma de los corresponsales. El nuestro era un hombre de pelo blanco y sonrisa amable, que siempre hablaba en francés. Leía con atención las crónicas y, cuando lo juzgaba conveniente, subrayaba con lápiz rojo, devolvía el artículo con suavidad, y pedía una rectificación. En aquella oficina no se admitían bromas. Una vez publicadas las crónicas, si había algo que no les gustaba a los censores, llamaban al periodista díscolo y uno de los jefes —al que nunca vi— le daba un aviso, como en los toros. Supongo que, a los tres avisos, lo echaban al corral. Más de una vez fui yo solo —ejerciendo de botones— a llevar algunas inocentes crónicas a la Place de l'Opéra. El censor del pelo blanco me las devolvía sonriendo. Mucho le complacían las literarias, las costumbristas, las que no tenían problema alguno. Nunca me preguntó qué estudiaba, ni cómo me llamaba, ni si me gustaba París o cosas así.

Mi padre quería visitar la tumba de María Baskirchieff, y con tal propósito me llevó al cementerio de Passy, que estaba cerca de casa, en la orilla derecha del Sena. Yo no tenía la menor curiosidad por la tumba de aquella señorita desconocida, que murió a los veinte años, que jamás salía de su estudio y fue musa de poetas y pintores. Siguiendo caminos sepulcrales dimos con las tumbas del pintor Manet y de los músicos Debussy y Fauré. No cabe la menor duda de que sentí una especie de regusto interior al contemplar las tumbas de aquellos artistas, que venían en los libros, quizá como si estuviera de visita en sus casas.

Muchos sucesos se han borrado de mi memoria, otros permanecen como si hubieran sucedido ayer mismo, pero lo cierto es que no recuerdo haber pisado un cementerio hasta que llegué a los de París. Ninguno de mis abuelos había muerto aún y mi contacto con la otra orilla se refería a la guerra civil. Alguna vez vi cadáveres, pero eran desconocidos y, sobre todo, no estaban encerrados en ataúdes, ni rodeados de hachones y rezos, que mucho me impresionó la escenografía cuando murió mi abuela Jacoba Odriozola y, dos años después, mi abuelo Luis de Armiñán y eso que, entonces, ya había alcanzado el peligroso grado de adulto.

Comenté con Isabel —mi maestra de francés y profesora de tenis— la visita al cementerio de Passy y ella me sonrió:

—Yo te llevaré al más bonito del mundo.

Y fuimos al Père Lachaise, en realidad llamado padre La Chaize, jesuita y confesor de Luis XIV. Nada más entrar, Isabel me dijo:

—A la derecha está la tumba de Abelardo y Eloísa, ilustres y desgraciados amantes, de los que habrás oído hablar, y la Porte du Repos.

Fuimos en silencio por el paseo central, hasta llegar al terrible Monumento a los Muertos y luego a la colina, donde está la capilla del cementerio, promontorio desde el cual se contempla una preciosa vista de París. Pero a mí lo que más me impresionó fueron las tumbas con esculturas o sin esculturas, pretenciosas, barrocas, humildes, amenazadoras o heroicas, las sepulturas de los muertos con redoble, los paradójicos inmortales bajo tierra. Adelina Patti, Oscar Wilde, La Fontaine, Molière, Balzac, Proust, Chopin, Rossini, Colette, Dukas, Talleyrand, Sarah Bernhardt, David, Gay-Lussac... Más de una vez volví solo y con un libro entre las manos para disimular mi ignorancia.

De la llamada de los difuntos a las plumas de la revista apenas hay media legua.

—En París te vas a poner *morao* de ver tías en pelota —me habían dicho mis amigos del colegio.

Aquél era uno de mis objetivos secretos: ir a un espectáculo espléndido, con unos decorados lujosísimos y unas bailarinas de gran belleza, desde luego en pelota. De modo que fui al Casino, yo solo, un sábado por la tarde en la llamada sesión matiné, que otras veces se decía vermú. Compré una entrada de lujo y, casi furtivamente, crucé el vestíbulo y llegué al patio de butacas. El teatro estaba lleno de soldados americanos, ingleses, canadienses y australianos, apenas había mujeres y civiles. Nada más pisar la platea, ya estaba arrepentido y, desde luego, muerto de miedo. Los negros y los blancos USA, los marinos ingleses, las tropas canadienses y las australianas, alborotaban lo suyo. También había chicas francesas, quizá un poco desplazadas o fuera de situación. Entonces las revistas que se representaban en París hablaban en inglés e iban destinadas al público de uniforme y permiso, casi no había diálogos, ni siquiera chistes, lo único que importaba eran las bailarinas de gran belleza y su discreto desnudo, porque –a pesar del aparente desmadre– el Folies y el Casino siempre fueron conservadores e incluso recatados. El ejército victorioso alborotaba y silbaba cada vez que aparecían las bailarinas, de gran belleza. Yo me hundía en la butaca, porque nunca jamás había visto nada parecido, ni siquiera en la compañía de los Vieneses o en las revistas del teatro Martín. Aquellas chicas del Casino enseñaban las tetas, así como suena, se adornaban con plumas de colores y sonreían siempre. Y los decorados eran lujosísimos. Un derroche.

Inesperadamente salieron a escena cuatro sujetos vestidos de baturros. Uno tocaba la guitarra, otra cantaba una jota y una pareja bailaba. Ellas eran bajitas e iban ahogadas de refajos, ropas y enaguas. Los soldados del público –todo el público– se quedaron de un aire, no se podían creer aquella broma excéntrica. Las chicas francesas sonreían saboreando su pequeña revancha. Primero se produjo un largo silencio y luego se organizó un pateo antológico. Los baturros no parpadearon y, como si el escándalo no fuera con ellos, empezaron a bailar la jota. Era imposible oír guitarrico, ni jotero. Gritos, silbidos, risas, gorros al aire, palabrotas en tres idiomas: un desastre. Hasta que algo, las furiosas castañuelas, la danza de los bailadores –que salía del fondo del tiempo–, la jota valiente, la orgullosa indiferencia de aquellos aragoneses, capaces de enfrentarse a las bailarinas de gran belleza y a los decorados lujosísimos, se fue imponiendo. Poco a poco los gritos callaron y se empezó a oír la guitarra y la jota. Los soldados estaban boquiabiertos y ahora el que no se lo creía era yo. Los baturros se llevaban por delante a las coristas de uno ochenta, y los refajos y los cachirulos barrían plumas y largas piernas. Nunca lo olvidaré. Ya nadie se movía en el teatro. La jota era dueña del Casino. Al terminar aquel número inesperado la sala parecía romperse de meros aplausos, y entonces yo me acordé del tanque donde decía ¡VIVA ALBACETE! Claro que las bailarinas de gran belleza recuperaron su territorio, pero ya no era lo mismo, porque olía a vino de Cariñena. ¿Qué pintaba la jota en aquel espectáculo de revista? Sólo lo sabe la Virgen del Pilar.

Isabel me llevó al cine. Tenía mucho interés en que viera una película francesa cargada de prestigio. Se titulaba *Les enfants du paradis*, y estaba dirigida por Marcel Carné. Se había rodado bajo la ocupación alemana, y para mí fue una sorpresa, porque me descubrió un mundo desconocido, el de *los miserables* de París. Hasta ahora me había conformado con el cine americano y mis estrellas de siempre, pero esta historia fue otra cosa. Hay que tener en cuenta que yo iba entonces de chico pedante y que la *qualité* me podía deslumbrar. *Les enfants du paradis* era una película literaria, muy francesa, entre el teatro y el cine. El título significa, más o menos, las criaturas del gallinero, del paraíso teatral, los últimos de la fila. Aquellos *enfants* son los hijos del teatro, odiados o queridos por el público. Isabel me contó que el argumento se le había ocurrido a Jean Louis Barrault en un café, rodeado de victoriosos alemanes, y que trasladó el tema al director Marcel Carné. Creo que no se estrenó en España —a excepción de los llamados cines de arte y ensayo—, pero sigue conservando su aureola de obra de apuntar en el cuaderno. *Les enfants du paradis* me pareció una película prodigiosa, adornada además por el trabajo de una española distinta, María Casares, la hija del presidente Casares Quiroga, a quien vi después en los escenarios de París y de Madrid. Con ella estaba lo mejor del cine y del teatro francés: Barrault, Pierre Brasser, Arletti, Louis Salou, Pierre Renoir y Marcel Herrand. Isabel me miraba de cuando en cuando, me traducía frases en voz baja, rozándome la mejilla con sus labios, y yo pasé una velada inolvidable. Recomendé la película a mis padres y a sus ojos crecí en refinamiento.

* * *

En mi casa, tanto por rama paterna como materna, nunca se comió ni medio bien, ni antes de la guerra, ni en la posguerra, ni después. No salíamos de sota, caballo y rey, como decía mi bisabuela Julia: filetes con patatas, merlucita en blanco, algún puré y, de cuando en cuando, croquetas o conchas de pescado. Estos platos equivocan, porque suelen tener buena prensa y algunos buen precio; pero el abuso lleva al hastío. Yo era un niño delicado, que muy pronto se hartó de la merlucita en blanco, y no digamos de las compotas de manzana y pera. Todavía hoy rechazo las compotas y las pescadillas mordiéndose el rabo, pijotas, según mi abuelo Federico. Claro que tengo rehabilitada a la merluza, siempre que sea del Cantábrico y se le añada un poquito de salsa mahonesa.

Pasó el tiempo, mi madre intentó hacer algunos platos, pero tropezaba con su falta de interés, con el dos veces operado estómago de su marido y con la escasez de la posguerra. Incluso se compró un libro que se llamaba *La cocina práctica y sabrosa*, al que añadió recetas que sus amigas le proporcionaban. Pero se aburría entre los pucheros, como le pasaba a mi abuela Carmen, que hasta la edad de cincuenta años siempre había comido de fonda.

Pero a veces la cocina impone su ley, es inevitable prestar atención a los fogones y un almuerzo o una cena se convierten en acontecimientos de primera línea, sobre todo cuando la penuria hace de un kilo de arroz una estrella invitada.

El otoño –ya con Europa medio en paz– anunciaba las nuevas y liberadas colecciones de alta costura, las de traza clásica de Jeanne Lanvin, la entonces excéntrica de Schiaparelli o las de Nina Ricci y Robert Piguet. Asunción Bastida llegó a París con un lápiz bien afilado y un bloc de notas, y se quedó en la Avenue Fremiet.

En abril de aquel año 1945, me había metido en un sucio asunto de contrabando, en definitiva el único negocio que me salió bien en mi vida. Y para más vergüenza fui inducido por mi propia madre. Carmita Oliver escondió en mi maleta un paquete grande de abalorios, que sirven para adornar los vestidos de las señoras, y que en Madrid no existían. Era una de las pocas cosas que se podían comprar libremente en París, e iba destinado a Asunción Bastida, que al recibirlo me dio dos mil pesetas, nada menos. Por consejo de María Fe me hice con un collar de perlas cultivadas, que me costaron mil quinientas pesetas; vendí el collar en París –ya en el verano– y me gané un buen montón de francos: con ese dinero me compré el Cossío, enciclopedia taurina.

Un negocio redondo y peligroso, que fue posible gracias a la casa de modas de Asunción Bastida, catalana, con taller en Madrid y en Barcelona, práctica, intuitiva, trabajadora, ambiciosa, alta, rubia de cara grande, cutis muy fino y dientes muy blancos. En Madrid tenía su negocio de modas en el barrio de Salamanca, calle de Hermosilla, esquina a Claudio Coello, frente al teatro Infanta Beatriz. En aquel edificio estaba El Aguilucho, un bar donde servían cerveza y rico marisco, tan de moda como la propia Asunción Bastida, que tenía de encargada a María Fe. Había tres chicas, maniquíes se decía entonces, modelos se dice ahora, que se vestían y se desnudaban a la orden de las señoras. Una de las chicas se llamaba Rocío, fue presentadora de Televisión Española y estrella en el cine de los años sesenta, ya con el nombre de Laura Valenzuela, primero Laurita. Mi madre conoció a Asunción Bastida y se convirtió en visita de la casa. Yo fui algunas veces a ver pases de modelos selectos y bien fácil es suponer que, desde entonces, me hice partidario de la hermosa Rocío.

Asunción Bastida trajo espinacas, tomate, ajos y cuarto y mitad de bacalao, que había sacado del fondo del mar, y cualquiera sabe dónde estaba el fondo del mar en aquel París, que incluso abría las puertas a la moda en la temporada 45-46, y de nuevo se disponía a mandar en la muy, muy alta costura, en la que nadie —ni siquiera los yankis— osaba discutir a los franceses. Mi padre tenía una bolsa de arroz, medio kilo de jamón, un chorizo y una botella de aceite de oliva. Todos estábamos hartos de comer raya cocida, arroz hervido de los chinos, e incluso langosta y pollo.

Asunción Bastida ocupó su cuarto, deshizo el equipaje, de donde sacó una misteriosa botella de jerez, y tomó posesión de la cocina, anunciando que iba a hacer arroz. Luis de Armiñán sonrió de oreja a oreja: arroz, por fin un arroz como Dios manda, y yo, desde la puerta de la cocina, ya me estaba relamiendo.

—Cuánto tiempo hace que no como una paella decente... —murmuró mi padre.

Y puso a disposición de la gloriosa visita el arroz, el chorizo, el jamón y el aceite. Asunción Bastida rió con molesta superioridad y dijo que la paella no lleva chorizo, que cuándo se había visto tamaña excentricidad. Yo me acordaba del Club Alpino y de la paella —o lo que fuera— con chorizo, pero prefería no abrir la boca, y mi madre no sabía dónde meterse.

—Además no voy a hacer paella, voy a hacer arroz *caldós* —añadió Asunción Bastida.

—¿Cómo has dicho?

—¡Arroz caldoso de espinacas y bacalao!

Asunción y mi padre empezaron a discutir, primero con cierta educación, luego a gritos, pisándose las frases. Luis de Armiñán metió a los catalanes en danza, y Asunción le echó los perros a los castellanos. Mi madre intentaba mediar, y yo estaba atónito. Supongo que los vecinos oían las voces por el patio y lo encontraban natural: tratándose de gentuza del sur no se podía esperar otra cosa. Entonces Carmita Oliver escapó de la cocina y se echó a llorar en el salón. Decía que se quería volver a Madrid con su hijo, que no aguantaba broncas ni peleas, que se estaban matando por un simple plato de arroz, y que no era la primera vez. Yo —un humilde *jeune homme*— entendía la alusión de mi madre: por un arroz nos habíamos matado en España y estábamos dispuestos a emprenderla de nuevo. Asunción Bastida trató de consolar a Carmita Oliver, quien según sus propias palabras se quería morir de inmediato. Luis de Armiñán se mantenía discretamente al margen, un poco azarado entre aquellas dos mujeres y el arroz de la discordia, y yo quería huir de la Avenue Fremiet y desaparecer, de una vez por todas, del ridículo mundo de los viejos. Venida la calma tras una reconfortante copita de jerez, Luis de Armiñán tanteó el terreno.

—Y ya que tenemos arroz y bacacalo... ¿por qué no haces arroz a banda?

—¿Pero tú sabes lo que dices?

—¡Pues no cuentes con mi chorizo!

La risa de Asunción Bastida debió de oírse en el Paseo de Gracia. ¿Cómo iba a contar con el chorizo? Ganó Barcelona, y Luis de Armiñán no fue capaz de reconocer que el arroz *caldós* estaba riquísimo. Claro que yo también lo hubiera preferido seco, y si llevaba chorizo mejor.

Parece que el asunto del arroz controvertido es cuestión menor, pero de ninguna forma: un arroz en el París de 1945 podía desatar una guerra. Luis de Armiñán no lo olvidó nunca, era como una espina clavada en su corazón:

Por causa de una paella regañamos Asunción Bastida y yo. Por culpa del arroz pudimos romper las amistades, comprendo que es ridículo, pero aún me escuece el tema. Ella quería hacer arroz caldoso, casi una sopa, a la catalana, que su pueblo sabe mucho de guisos y sopas, pero de arroces no, de los arroces que nos gustan a los castellanos y a los valencianos. Le echaba un río de agua. El que ponía el arroz y sus pizcas de chorizo y jamón era yo, y daba las proporciones justas, en receta bien aprendida. Al final comimos la sopa de arroz, pero todavía lo recuerdo y han pasado treinta y dos años.

Terrible injusticia la de Luis de Armiñán, que en gastronomía estaba más bien perdido. En primer lugar los castellanos saben poco de arroz, y mi padre desconocía «las proporciones justas». Lo del chorizo es pecado mortal, porque ningún arroz valenciano lleva chorizo.

En cambio el postre obtuvo un rotundo éxito, Asunción Bastida se comió dos pasteles de buen tamaño, y Carmita Oliver, que había recuperado su benéfico humor, preguntó:

—¿A que no te figuras de dónde salen estos dulces?

La buena Asunción dijo que no tenía la menor idea.

—¡De la embajada rusa!

Y mi padre, sabedor del secreto, halagado por el misterio que provocaba aquella afirmación, contó la historia del cocinero de la embajada soviética, que yo me sabía de memoria, porque incluso conocía al protagonista.

—Llevaba un montón de tiempo en París sin probar pasteles...

Luis de Armiñán se había rendido y la visita le concedió el favor de una sonrisa. A partir de aquel momento todo iba a ir bien, que mucho nos gusta contar historias y renunciar a incómodas querellas.

—De buena mañana, como decís vosotros, al pasar por una de las calles que desembocan en la plaza Joffre, el mariscal francés que ganó la batalla del Marne, en la Gran Guerra, me extrañó una bien cubierta bandeja, que en la mano derecha llevaba un chico. Me atrajo el olor: un olor tierno, cálido, hundido en las nieblas del pasado. Seguí mi camino, pero no olvidé aquellos aromas, ni la bandeja.

Mi padre contó la historia del pastelero muchas veces, y en ocasiones la adornaba con imágenes nuevas. Pero bien cierto era lo que decía.

—Volví otro día y esperé en el lugar de los hechos. Al poco rato salió, de una puerta semicerrada, una señora con una caja de cartón. Yo crucé aquella puerta misteriosa y un patio, que se estrechaba al fondo, y luego un pasillo. Me iba guiando el olor. En una habitación blanqueada, semisótano, que parecía una sala de espera, me instalé junto a un caballero, que lucía la cinta roja de la Legión de Honor.

Carmita Oliver y Asunción Bastida sonreían, y yo también: el pleito del arroz *caldós* estaba olvidado.

—Si tenemos paciencia salen los de crema —me dijo el caballero.

—Ayer no había de crema, porque era viernes —me informó en voz baja una señora rubia.

—Y los lunes y los viernes sólo trabaja para el embajador.

—¿Quién le ha recomendado a usted?

—Yo mentí, y con toda tranquilidad di el nombre de un funcionario del Ministerio de Asuntos Exteriores. Después la conversación se generalizó, siempre en voz baja, claro está.

Luis de Armiñán, al observar la atención de las señoras, se había crecido.

—El embajador proporciona enormes cantidades de huevos, de azúcar y de harina, e incluso de almendras y de chocolate —me confió el caballero de la Legión de Honor.

—Es que tienen de todo.

—Figúrese... ¡Qué no habrá en Rusia!

—¿Y en Rusia comerán estas cosas?

—Lo tengo por seguro.

—En aquel momento apareció el gran personaje con una bandeja de pasteles de tamaño más que aceptable, que adjudicó —de seis en seis— a los que allí aguardábamos. Yo, entonces, le saludé en nombre del embajador de España y el artista no tuvo inconveniente en venderme la media docena, al precio de veinte francos unidad.

—¿Y te los comiste tú solo? —preguntó Asunción Bastida.

—No... Los repartí con Carmen.

Mi madre me guiñó un ojo, porque las cuentas no le salían.

Cuando llegué a París mi padre me llevó al horno clandestino, y me presentó al cocinero, que se había convertido en amigo. Era un hombre alto, viejo y distinguido, que fue soldado del zar Nicolás II, desertor en la Gran Guerra, y aprendió su oficio de mano maestra. Su condición de pastelero ruso le llevó a la embajada soviética, sin que nadie le preguntara por su filiación política. El maestro —nunca supe su nombre— era admirador de Turguéniev y Tolstói.

Entre las notas que dejó mi padre encuentro una última referencia a tan curioso personaje.

—¿Usted ha oído hablar de Bazanof? —me preguntó un día el pastelero.
—Nunca jamás.
—Es el espíritu creado por Turguéniev, un espíritu racional y certero. Ya sabe usted que Turguéniev y Dostoyevsky son discípulos de Kant: cada hombre ha de ser fin para sí mismo y no simple medio de otros. Lenin siguió el camino de Proudhon. ¿Recuerda aquel diálogo inolvidable?
—No.
El pastelero cerró los ojos y, sonriendo, dijo:
—¿De modo que sois republicano-demócrata?
—No —contestó Proudhon.
—¿Acaso monárquico?
—Tampoco.
—¿Liberal?
—¡Dios me libre!
—¿Aristócrata?
—De ningún modo.
—¿Qué es lo que sois entonces?
—Anarquista.
Y se echó a reír alegremente.
—Yo no volveré a Moscú, señor, ni iré nunca a Madrid: no me gustan los comunistas, ni los fascistas, ni la policía secreta, ni los gendarmes, ni los curas, ni los reyes, ni los generales.
—Sin embargo comercia usted con ellos.
—Porque de algo hay que vivir, señor..., pero los desprecio a todos.

París bien vale un pastel de crema. Luis de Armiñán me mandó más de una vez a comprar dulces al obrador anarquista. Aquella mañana me llevé media docena de pasteles, que era la ración permitida, y volví en septiembre a despedirme.
—¿Qué va a estudiar usted?

—Derecho.

—Mal asunto, pero sobre todo no se le ocurra ser juez: yo ahorcaría a todos los jueces con las tripas de los acusados.

Aquella frase me recordó a una de las favoritas de mi abuelo Luis: yo ahorcaría a Hitler con las tripas de Churchill.

El almuerzo del disputado arroz *caldós* terminó en paz, en gran parte gracias al pastelero anarquista. Asunción Bastida vivió en la Avenue Fremiet investigando —tal vez espiando, que es mucho más emocionante— la renacida moda francesa. Años después mi padre fue director de una revista que editó Asunción Bastida —*Boletín de la Moda*— y no dejaron de verse hasta que el negocio de la llamada alta costura se desmoronó definitivamente. Creo que Asunción Bastida murió en Barcelona. Fue una gran mujer, una catalana *arrecha*, luchadora, voluntariosa, valiente y práctica, que supo defender su territorio y ganarle terreno al mar, hasta que los nuevos tiempos, la ordinariez y la mediocridad del mundo acabaron ignorándola, a ella y a otros creadores de fuste.

En aquel año 1945 los franceses, amantes de la tradición, e incluso de las modas revolucionarias, afilaban la cuchilla de la guillotina. Las paredes estaban llenas de pintadas que pedían la pena de muerte para el mariscal Pétain, el anciano traidor, y para Laval, el vendido y pérfido ministro que pactó con los alemanes. Pétain no iba a luchar por su vida, Laval era un peligro oculto.

En muchos escaparates de tiendas elegantes, junto al letrero de FAC-TICE, había una foto de De Gaulle y en casi todos los muros de la Rue de la Paix, de Rivoli o de la Place Vendôme, las pintadas exigían que Pétain fuera condenado a muerte —PÉTAIN AU POTEAU!— intentando lavar, seguramente, la mala conciencia de los burgueses que habitaban aquellos lujosos inmuebles. Yo seguía jugando al tenis con mi profesora Isabel y dando falsas clases de francés. Por cierto, jugábamos en el último piso de un edificio negro —tal vez fuera la fábrica Peugeot o Citroën—, en una terraza aún más negra que el edificio, rodeada de gran tela metálica, como si fuera un campo de concentración. Isabel me hablaba de política y aventuraba el final del juicio del mariscal, que ya estaba en puertas.

—Pétain será condenado a muerte, pero no se cumplirá la condena, tal como ocurrió con el almirante Esteva, un carcamal medio chocho.

Eso dijo Isabel, que a veces parecía la pura reencarnación de una miliciana del 36, o la protagonista de una novela de Paul Bourget.

—A Laval no le libra ni Dios.

Acertó de pleno. A mí no me importaba mucho lo que pudiera ocurrirle al mariscal Pétain, ni al presidente Laval, pero Isabel estaba viviendo aquel drama desde pequeña, porque era una niña cuando los alemanes ocuparon París y había crecido en el odio a ese ejército invasor, mirando de reojo al otro, al que tenía secuestrada su ciudad, su Madrid del alma, pues había nacido en la plaza de Santa Ana, muy cerca de la calle del Prado, donde vino al mundo Carmita Oliver.

—¿Qué vais a hacer cuando echemos a Franco?

Un día Isabel me regaló una banderita republicana y me desafió a que me la pusiera delante de mi padre.

—Mi padre ha sido tres veces gobernador de la República —le dije a Isabel.

Otro día me trajo una insignia del partido comunista, bandera de esmalte rojo con la estrella de cinco puntas y la hoz y el martillo.

—¿Y ésta, te atreves a ponértela?

Yo me acordé de la pulsera de mi madre —*¡Me cago en Francia!*— y pensé que bien podía repetirse la historia en delicado esmalte: la bandera yanqui, la inglesa, la francesa con su Cruz de Lorena, la china de Chang-Kai-Chek, la soviética y ya tenemos un *¡Me cago en Franco!*, que además sonaba muy parecido. Se lo dije a Isabel, que se rió mucho y retiró el envite. Isabel fue la primera mujer que encontré en mi vida, pero me venía grande. Por ella afirmé mi fervor republicano y me prometí que, a la hora de la muerte, ordenaría que me enterraran envuelto en la bandera tricolor, aquella bandera que tanto me había marcado y que nunca llegué a olvidar. Ahora voy más tibio —cosas de la edad—, pero siempre pienso que está ahí, guardándonos sin odio, que no la podemos perder, que la franja morada no es sólo un color. Nada de esto le dije a Isabel, entre otras cosas porque no venía a cuento, pero sobre todo porque era mucho mayor que yo, un año hecho y derecho.

Además de Luis de Armiñán, por *Abc* y *Diario de Barcelona*, eran corresponsales en París Antonio Mira, de *Ya*, y Luis González Linares, por el diario *Madrid*. Antonio Mira era un hombre gordito, de bigote rubio, que desapareció pronto del periodismo y al que yo apenas vi un par de veces. Luis González Linares escribía muy bien, pero era un poco frío, y tal vez fuera buena cualidad. Había empezado a escribir en los periódicos *Nuevo Mundo*, *Mundo gráfico* y *Crónica*, un semanario que dirigía su padre. Se quedó en París y fue agregado de prensa en la embajada de España durante muchos años. Era muy amigo de mis padres, yo le conocí en el Club Alpino, y venía muchas veces a la Avenue Fremiet con su mujer —Carmen— y sus hijas, la pequeña se llamaba María Luisa y tenía un año. Una tarde se hizo caca, cosa de lo más normal en una niña tan chica, lo raro es que no encontramos la caca, aunque la buscamos por todo el piso durante días y días. Y es que París es mucho París.

Yo no sé si a Juan Bellveser se le podía llamar periodista, aunque él presumía de corresponsal en el extranjero. Con mi padre tuvo una buena relación y llegó a ser su interino en París, como lo fuera de César González Ruano, durante la ocupación alemana. Habían llegado a un acuerdo, y mi padre le pagaba en ropa que traía de Madrid. Bellveser le proporcionó un confidente, alguien que estaba en algún ministerio o en un puesto delicado, y al que había que untar con tres mil francos al mes por su información, delación, susurro telefónico, traición o como se le quisiera llamar. De todo esto me enteré mucho tiempo después.

Juan Bellveser me paseó por París y me llevó a sitios inesperados, incluso a un café donde se reunían algunos republicanos españoles con su suegro el periodista Emilio Herrero, buen amigo de mi abuelo Luis, y antiguo jefe de prensa de don Niceto Alcalá Zamora. Una de las tertulias la presidía Nicolau D'Olwer, político catalán que fue ministro y embajador de la República y salvó la vida de milagro. Por supuesto a mi padre no le conté estas excursiones, ni siquiera cuando nos íbamos a pintar a la orilla del Sena o a la colina de Montmartre, que siempre fue barrio notorio, refugio de artistas, ya en franco declive y en poder de los americanos. Mi padre llevaba boina, sacaba una sillita, instalaba un caballete dominguero y sobre pequeños cartones pintaba paisajes, ahorrando colores —sobre todo el carmín y el bermellón, que estaban muy caros—, e iba representando el París que veía, y que muchas veces se le resistía. Mi madre nunca elogió aquellos óleos y creo que yo tampoco abrí la boca, pero conservo uno pequeño, entrañable, de Notre Dame de París, y cuando lo veo sonrío.

Luis de Armiñán me parecía viejo y no había cumplido cuarenta y seis años. No hablaba casi nunca, o hablaba lo imprescindible, y se expresaba por gestos, como cuando pedía la medicina del estómago —los polvos, decía mi madre— moviendo el dedo índice de la mano derecha, como si fuera una cucharilla. Aquella noche —como tantas otras— cenábamos en la Avenue Fremiet. Venía del juicio del mariscal Pétain, singular espectáculo que le había hecho meditar. El viejo fiscal Mornet pedía la pena de muerte del mariscal. Entonces nos contó cuánto le había impresionado el juicio del almirante Esteva y cómo al término de las sesiones el juez Mongibeaux, mirando a los ojos del acusado, se preguntó en voz alta: «¿Víctima o cómplice?». Yo creo —reflexionó mi padre— que era víctima y cómplice a la vez, pero sobre todo, mediocre. Me vinieron a la memoria las palabras de Isabel, pero no me atreví a repetirlas.

En los años de la posguerra se leía poco y mal en España —tampoco hemos avanzado gran cosa en el tema— y estaban prohibidos la mayoría de los autores, tanto nacionales como extranjeros, que eran habituales en las librerías de Buenos Aires, México o Montevideo, por citar ciudades de habla hispana. En Madrid nos nutríamos de libros traducidos en la República Argentina y de ediciones impresas en mal papel. Claro que también había autores de moda, escritores tolerados que se hicieron imprescindibles en los años cuarenta y que hoy están prácticamente en el limbo literario. En una biblioteca bien —o entre dos docenas de libros escogidos— no podía faltar Vicki Baum, que causaba furor entre las señoras, e incluso decían que sus novelas resultaban un poco fuertecitas, tan fuertecitas como *Gran Hotel*.

Estación Victoria, de Cecil Roberts, era de necesaria lectura. El húngaro Lajos Zilahy también gozaba del favor del público —y de las autoridades— y sus novelas eran obligatorias: *Primavera mortal, El alma se apaga* y *La ciudad errante*. Louis Bromfield arrasaba con *Vinieron las lluvias*, y no digamos *Rebeca* y *Posada Jamaica* —Daphne du Maurier—, novelas consagradas por el cine y, sobre todo, por Alfred Hitchcock. También vestía mucho y era incluso elegante leer *Climas*, de André Maurois, y alguno de sus educados ensayos, quizá subiditos de tono para las jóvenes casaderas. A mí personalmente me gustaba muchísimo Stefan Zweig, y gran admiración me causó su suicidio, disimulado por los periódicos en España, porque en aquel tiempo quitarse la vida estaba más que prohibido, y del trabajo sucio se encargaban los demás, que había hasta voluntarios. Stefan Zweig no soportó la guerra y la destrucción de Europa y se mató con su mujer en 1942.

Uno de sus libros, *Momentos estelares de la humanidad*, me hizo pensar luego en el almirante Esteva, juzgado en París. Se refería a la batalla de Waterloo.

El mariscal Grouchy tuvo en sus manos la suerte de Napoleón, pero no se atrevió a desobedecerle: al valiente y fiel Grouchy le faltó genio y no acudió en ayuda de Napoleón, que esperó en vano la llegada de su mariscal. Algo muy parecido le ocurrió al almirante. Esteva no fue capaz de desobedecer a sus jefes y se apuntó al bando perdedor; su mediocridad, seguramente su falta de genio y de personalidad, le llevaron a la ruina, a lo que en el ejército llaman la deshonra: estaba acostumbrado a obedecer y obedeciendo vio cómo le arrancaban sus galones y sus medallas, y tronchaban su espada. Como Grouchy, el anciano almirante Esteva no se atrevió a desobedecer las órdenes de sus superiores. Si hubiera puesto la flota francesa al servicio de los aliados y de la Francia libre, habría alcanzado la gloria y estaría a la vera del general De Gaulle, pero cumplió con las ordenanzas y fue incapaz de rebelarse: él era un soldado y tenía que obedecer, siempre obedecer al superior.

—He consagrado a Francia mi vida entera —dijo en el juicio—. La he servido en la marina con un esfuerzo apasionado. Os pido que me dejéis salir de aquí libre, para que pueda dirigirme al gobierno, rogándole que me permita continuar la guerra, para terminarla con las armas en la mano ocupando un puesto cualquiera, el más peligroso, en el grado más humilde de la jerarquía.

Ya era tarde. El almirante Esteva —como Grouchy— no fue capaz de desobedecer las órdenes recibidas. Fue condenado a muerte, pero el general De Gaulle —al fin y al cabo eran colegas— lo indultó.

El presidente Pierre Laval —en tiempos socialista y siempre ambicioso— jugó la carta de Alemania, juntó su suerte con la de Hitler y perdió en la ronda final. Sin duda era un traidor, a quien su amigo Franco entregó sin el menor problema de conciencia al general De Gaulle. Fue condenado a muerte y fusilado en Fresnes.

Pero la estrella era el mariscal Philippe Pétain. Media Francia quería ver colgado al anciano militar, y la otra media quería olvidar tan penosa situación. Pétain —como Esteva y Laval— fue condenado a muerte, y el general De Gaulle lo indultó. De Gaulle indultaba a los militares y fusilaba a los civiles, querencia de casta, que se arranca por arriba o por abajo. El general Aranda fusilaba a sus compañeros e indultaba a los civiles, quizá despreciándolos. Franco fusilaba generosamente a los civiles y a los militares, a los curas y a los paisanos. Y yo, en la Avenue Fremiet, apenas prestaba atención a los referidos sucesos y seguía oyendo a las grandes bandas americanas.

Mi padre había comprado una cámara Leika a un soldado americano y con ella colgada al hombro yo recorría la ciudad, incluso me acompañaba a la piscina. Observé primero que el liberado pueblo de París se bañaba a la orilla del Sena, unos se mojaban y otros muchos les contemplaban desde las escaleras próximas. Pronto descubrí una piscina —había varias— formada en el río por un tinglado de madera y algunas barcazas que encerraban el agua. Yo tomaba el sol y nadaba, pero sobre todo me ocupaba en mirar a las chicas de minúsculos trajes de baño —así me lo parecía a mí— impensables en las playas españolas. Con el corazón angustiado hacía fotografías disimulando, y con tales artes conseguí atrapar la imagen de una señora, que llevaba un dos-piezas blanco, y mucho me recordaba a la seductora dama que me acompañó en mi primer viaje a París. Curiosamente, aun arrostrando algunas miradas ceñudas, a nadie parecía importarle mi escandalosa curiosidad.

Mis padres llevaban dos o tres días cuchicheando misteriosamente, lanzándome miradas furtivas, sonriendo a destiempo, como si trataran de ocultar alguna cosa o les pesara en el alma una confesión difícil de plantear, tanto es así que yo pensé que París se me había acabado y que me iban a mandar a España.

—Vamos a ir a merendar a casa de Pepito Zamora —al fin me dijo mi padre—. Pepito Zamora es un buen amigo y quiero que le conozcas, pero es un poco raro... ya sabes... hay hombres a quienes las mujeres no les llaman la atención y no por eso... Antes les decíamos de la cáscara amarga... Éste es un artista y los artistas, tal vez por exceso de sensibilidad...

Me explicaba, penosamente, algo que yo sabía desde primero de bachillerato, y a los dos nos resultaba difícil aguantar el tirón. Por lo visto yo no había crecido: podía hacer el ridículo, confundir la pala de pescado con el cuchillo de la carne en la embajada de España, o sobresaltarme al conocer a un mariquita tan singular como Pepito Zamora.

Mucho tiempo después recorté el suelto de un periódico, que guardo entre las páginas de *Historia del teatro español:*

«De aburrimiento y sin una perra encontraron muerto por estas fechas, hace un año y en Sitges, a José Zamora y Vaxeras, más conocido por Pepito Zamora, que alumbró el lado superpicante del Madrid de "El Cuento Semanal", según se puede leer en el fabuloso Pombo, de Ramón. En aquel Madrid de los primeros años del Hotel Palace, con los inevitables murattis y el tango como música de fondo, y en donde escritor hubo que, para dar la sensación de señorío, escribiera aquello tan adorable de que "en un rincón del bufete hasta había mortadela". A Pepito Zamora, siempre seguido de Juan José Constantinides Magnes, emparentado con los Papandreu, le sorprendió la proclamación de la Segunda República española en Atenas, y ni corto ni perezoso declaró que Alcalá Zamora era su tío. Imagínense ustedes el lío que se armó, cosa de la que Pepito se aprovechó al máximo, pues ya tenía una tienda de modas en Atenas. Años más tarde, en París, saltó en tanto que director artístico al Casino de París y al Mogador, el importante imperio de Monsieur Henri Varna, muy ducho en cosas de teatro, y el primero en presentar mujeres lo menos vestidas posible. Estos días, la

Galería Don Quijote presenta una exposición de sus obras, que merece ser visitada. Porque allí volvemos a encontrar al fabuloso Pepito Zamora, descarado y artista».

Pepito Zamora tiene una biografía sorprendente. Según sus propias palabras se escapó –a los trece años– con el novio de su hermana. Vivió en Grecia, puso una tienda de modas, fue *sobrino* del presidente Alcalá Zamora y triunfó en París como dibujante y decorador. Le gustaba llamar la atención. Cuando los alemanes eran dueños de Francia, en el invierno de 1941, se inventó un uniforme de *falange de montaña*, con cuello de piel blanca –de conejo, se supone–, buen paño azul celeste y botas negras de montar. No le gustaba nada la camisa azul proletario, y a los falangistas tampoco les gustó la innovación montañera, así que –por prudencia– tuvo que guardar el uniforme en un baúl.

Vivía en una casa pequeña con su José Constantinides, un griego alto, de voz ronca, que le reía todas las gracias y le miraba embelesado. Aquella casa había sido antes cuadra de un palacete de ricos señores, y tenía un jardín diminuto cuidado con verdadero mimo por el griego Constantinides. El salón estaba lleno de almohadones de seda y terciopelo, de mantillas, de canapés, butaquitas, vitrinas, abanicos, fotografías dedicadas y dibujos firmados; pero su cuarto maravilloso, su escondite, era la cocina, donde todos los pucheros estaban adornados con lacitos de colores. Pepito Zamora nos recibió en bata y redecilla goyesca, una bata de seda roja hasta los pies, que parecía del mismísimo cardenal Richelieu. El griego Constantinides iba de negro, con camisa blanca y chalina de artista. La merienda fue absolutamente memorable. Yo no sé de dónde había sacado Pepito Zamora aquellas ricas viandas, que hasta había jamón de verdad, caña de lomo, toda suerte de quesos y sardinillas en aceite. Pepito Zamora me hizo poco caso, a él lo que le gustaba era hablar con mis padres de los cafés, de las tertulias y de los teatros de Madrid, de los cómicos, que conoció en tiempos, de modas, de música. La política le traía al fresco, y Constantinides le seguía mirando. Estaba escribiendo un drama en cuarenta actos, y preparaba una exposición de dibujos. Carmita Oliver se rió muchísimo y entre los dos –como si jugaran al frontón– iban surgiendo nombres conocidos, historias, chismes, recuerdos del teatro, incluso maldades. Mi padre decidió callarse. De cuando en cuando me miraba, yo me hacía el tonto y comía jamón sin parar. Por educación el griego Constantinedes me preguntaba alguna cosa del colegio o de fútbol, pero a él lo que le interesaba de verdad era la charla Pepito-Carmita, que acabó convirtiéndose en un largo monólogo del disparatado artista, que no dejó títere con cabeza. Así transcurrieron varias horas, que no olvidaré nunca, porque aquellos dos personajes —incluyo al griego de la chalina— me tenían imantado de verdad. Cuando nos fuimos, me regaló el boceto de uno de sus figurines. Yo no me atreví a contar el episodio de la jota aragonesa ni mi escapada a la sesión vermú del Casino de París.

* * *

Mi padre tenía en Madrid cinco volúmenes esplendorosos, sobre todo considerando la fecha de su impresión: *Galerías de Europa*, Editorial Labor, 1932, arriba o abajo. Aquellos libros me iban a servir en París, al menos en el recuerdo y las fijaciones de uno de ellos: el Louvre. Años atrás yo pasaba, con peligrosa frecuencia, las páginas de los libros de pintura, y solía quedarme enganchado en algunos desnudos singulares: Olympia, la turbadora Psiquis e incluso la pudorosa Odalisca, de Ingres. Ahora los iba a ver de verdad, porque aquel verano de 1945, precisamente el 10 de agosto, el Museo del Louvre abrió de nuevo sus puertas.

Poco después Isabel me llevó a la gloriosa galería. Muy pronto, en una escalera de mármol, dimos con la Victoria de Samotracia, que fue mascarón de proa de una nave griega (siglos III-II a.C.). Una mujer alta, magnífica, de cuerpo recio, modelado por el viento. Era muy emocionante alternar con la señora Victoria —tantísimas veces contemplada en los libros de texto—, que dirigía el tráfico de soldados y viejos admiradores en las escaleras del museo. Hoy la señora Victoria ha perdido panorama y libertad y se aburre, encerrada en una vitrina de cristal.

—¿Tú sabes dónde está la Venus de Milo? —le pregunté a Isabel con cierta vergüenza.

La chica sonrió comprensiva. Victoria de Samotracia, Venus de Milo, lo de siempre, vulgaridad, alma de turista, qué le vamos a hacer. Y como un paleto me quedé plantado delante de la Venus de Milo, que había visto reproducida cientos de veces a todos los tamaños. Isabel me miraba burlona, yo creo que con cierta ternura maternal. La Venus de Milo, nada menos: la Venus de Milo rota y verdadera.

—Ahora quisiera ver la Gioconda.

—Me lo temía.

Y así fuimos hasta la mismísima Gioconda, en la ocasión rodeada por dos filas de soldados con la boca abierta. Era un retrato más pequeño de lo que yo suponía, un poco oscuro y aburrido. Cuando llegué a la primera fila lo estuve observando durante mucho tiempo y no me pareció que la sonrisa de aquella chica fuera tan misteriosa como decían los libros, además casi ni sonreía. Monna Lisa me defraudó con sus marrones, pero no dije nada a Isabel.

—¿Y Olympia? ¿Sabes dónde está Olympia?

—Tú eres un degenerado.

Algo así me respondió Isabel, porque las mujeres trabajan siempre de imprevistas. No le importaba la Venus de Milo, ni la Victoria de Samotracia, ni siquiera la Odalisca de Ingres, pero Olympia era una indecencia establecida, un peligro y una provocación, incluso para una chica revolucionaria.

Pronto dimos con la Olympia —de Édouard Manet— con el mantón de Manila, la flor en el pelo y zapatillas de andar por casa, con un poquito de tacón. Al volver a Madrid busqué el libro del Museo del Louvre, y no me resisto a copiar parte del texto:

«La cabeza se yergue picaresca, con el rictus galante y escéptico de mujer de *boulevard*. Una negra —en la que Manet ha llegado a la mayor sencillez de medios— le ofrece un ramo de flores. Este cuadro fue expuesto a instancias de Baudelaire en el Salón de 1865. Causó un gran escándalo y fue violentamente atacado. Zola lo elogió con ardor. En 1890 un grupo de artistas lo ofreció al Museo del Luxemburgo, pasando al Louvre en 1910».

Dos guerras mundiales —sin contar la franco-prusiana— ha vivido ya la atractiva Olympia, que ahora se ha mudado de casa: vive en el Museo D'Orsay, tiene sala propia y simpáticos vecinos, Lola de Valencia y Émile Zola, su caballeroso paladín.

Por último estuvimos en las salas de pintura española, dimos una vuelta a buen paso y salimos a la calle. Al Louvre —casi siempre lleno de soldados americanos— volví varias veces, algunas solo y otras con mis padres y entonces —aunque pasara delante de la Victoria de Samotracia e incluso la saludara como a una vieja conocida— solía interesarme por las antigüedades orientales y las egipcias, que me parecían mucho más misteriosas que la Gioconda. Me fascinaba el Código de Hammurabi, las leyes inspiradas al rey de Babilonia por Shamash, dios de la justicia.

Desde entonces siempre que voy al Louvre me quedo un rato con el Código de Hammurabi, que se me apareció después en la vieja facultad de derecho, en la calle de San Bernardo.

El 12 de agosto de 1945 el mariscal Pétain fue condenado a muerte. Luis de Armiñán llegó a casa, se encerró en su cueva —una habitación pequeña atestada de libros y de periódicos– y comenzó a escribir a máquina. Mi madre y yo cenamos, frente a frente, patatas cocidas y un pollo aburrido. La radio americana ofrecía música de jazz y, de cuando en cuando, un boletín de noticias. Escribió entonces mi padre:

El procurador Mornet reunió a la prensa y éstas fueron sus palabras:

«El proceso es necesario para disipar el equívoco que el nombre de Pétain ha creado en Francia y fuera de Francia. No habrá ningún efecto teatral, de la misma manera que no hubo en la actuación del mariscal ningún acuerdo secreto con Londres; Pétain es un enemigo feroz de la República, y está acusado de complot contra la seguridad interior y exterior del Estado; dos crímenes que llevan a quien los comete al poste de ejecución. Las acusaciones son enormes y si yo pido la pena capital es porque tengo la convicción de que la merece; no se da al proceso un carácter político, sino simplemente de traición a la Patria».

Fue condenado el mariscal después de las defensas de los abogados Payent e Isorni y de haberse repartido millares de octavillas defensivas, no sólo en la calle, sino en la misma audiencia, y de haberlas lanzado sobre París cierto avión fantasma.

El mariscal estuvo durante todo el proceso como ausente de la sala y, a veces, hasta adormilado, rompiendo su silencio para decir la última frase: «Mi vida y mi libertad están en vuestras manos, pero mi honor se lo confío a la Patria». Tuvo la causa el momento violento de la presencia de Laval, pero sin más interés que el humano. No podía cumplirse la sentencia, pero ello no restó importancia al hecho de la condena; toda la derecha francesa y la mayoría del ejército profesional se consideró ofendida al decretarse públicamente la alta traición de Pétain. Yo, por mi cuenta, me atrevería a afirmar que el general De Gaulle, en el hermético silencio de su conciencia, ha apreciado lo injusto de la condena, aunque él se viera obligado a facilitar el cauce revolucionario del procedimiento. La impasible y fría serenidad de De Gaulle ante el proceso y condena de Pétain nos advierte del doloroso momento en el que se presenta el destino con el tremendo dilema enhiesto: la Patria —Francia— o ese hombre.

No había dado yo toda su importancia a este fiscal Mornet hasta que le vi actuar en la causa del general Dentz, prólogo y anuncio de la del mariscal Pétain. No le había dado importancia, porque comprendo, disculpo y hasta defiendo la conducta de un fiscal. Su oficio es acusar, hacer que brote de un simple gesto el argumento de su sentencia, conducir el juicio a sus fines y llevar al acusado a presidio o al patíbulo. Cuanto haga un fiscal por demostrar su tesis acusadora está dentro del cumplimiento de su estricto deber. Mornet era ya célebre personaje de su necesaria y desagradable profesión. En 1914 tenía un historial limpio de peticiones de muerte, pero tres años después comenzó a especializarse abjurando de sus viejas teorías, luego de haber sido testigo de algunos

396

casos de traición. Fue el fiscal de Bolo Pachá y de Pierre Lenoir, iniciadores de una campaña pacifista pagada por Alemania, y él llevó al poste de fusilamiento a la bailarina Mata-Hari.

De mi paso por el cine Kursaal de San Sebastián recordaba yo la película *Mata-Hari*, que interpretaba Greta Garbo con Lionel Barrymore, Lewis Stone y Ramón Novarro, que hace de oficial ruso enamorado (Rosanoff). No me gustó nada el relamido Ramón Novarro y mucho menos Greta Garbo, que se marcaba un baile exótico junto a una estatua oriental. Sin embargo me apasionó el juicio de la espía y sobre todo su trágico fusilamiento en el bosque de Vincennes. Ahora resulta que el fiscal Mornet —tan famoso en París 1945— era uno de los personajes reales del drama de Mata-Hari.

* * *

«Han pasado tres meses desde que Alemania se rindió a los aliados. El 7 y el 8 de mayo firmaba la capitulación incondicional en Reims y Berlín. Japón no podía tardar en derrumbarse. Hoy 15 de agosto el emperador Hiro-Hito, en un mensaje difundido por radio a todo el país, ha anunciado al pueblo japonés el fin de la guerra. El lunes 6 de agosto la primera bomba atómica de la historia había arrasado Hiroshima. Tres días después una segunda bomba caía sobre Nagasaki. Toda voluntad de resistencia era suicida.» (De los periódicos.)

Pensándolo despacio, volviendo a aquel tiempo, advierto hoy que no tenía conciencia de que estuviéramos en guerra, porque la última batalla se libraba muy lejos. Lo cierto es que en París sólo se vivía la guerra mundial en sus efectos, o en las réplicas, como se dice ahora en los medios, que también se dice ahora eso de los medios. Estaban los soldados aliados —ya de permiso—, las chicas que los acompañaban, el deplorable zumo de frutas, el falso café, las bicicletas y el mercado negro, pero iban encendiéndose luces en la ciudad, iluminándose algunas carteleras, se estrenaban películas y en los teatros se empezaba a ensayar. Yo seguía escuchando en la radio a las bandas americanas, sobre todo a Glenn Miller, desaparecido el año anterior. En París triunfaba una dama joven, la prometedora trágica María Casares, que, como el teniente Amado Granell, nunca quiso renunciar a la nacionalidad española y a la que luego, andando el tiempo y muerto Franco, no le hicimos ningún caso en España.

Aquella mañana del mes de agosto comenzaron a sonar las sirenas, mi madre vino de la cocina un tanto nerviosa, pensando que los ejércitos alemanes habían resucitado o que el fantasma de Hitler se disponía a arrasar la ciudad. Mi padre dejó la máquina de escribir y salió al pasillo... ¿Qué podía ocurrir? Yo me asomé a la ventana, le tiré un viaje a una paloma, mientras una vecina corría gritando:

—*La guerre! La guerre est finie!*

Vi cómo el rico carnicero echaba el cierre de la carnicería.

—*Vive la France!*

La verdad es que *la France* en aquel pleito tenía poco que ver, o quizá no tan poco, porque ahí estaba Indochina amenazadora, Ho-Chi-Minh en armas, y la sombra del Vietminh, que pronto se convertiría en Vietnam. Por la radio la emisora yanqui soltó sin previo aviso *Barras y Estrellas,* luego *America, America* y, casi sin dar un respiro a los oyentes, *Yankee doodle.* Yo me puse mi americana de verano, la corbata de rayas —que se llevaba mucho— y decidí salir a la calle. Tenía dos o tres corbatas de rayas transversales, pero elegí la más alegre, donde dominaba el blanco-estío, que nada tiene que ver con el blanco-invierno. Mi madre seguía nerviosísima, pensando que todo aquello suponía un peligro terrible, pero en realidad no pasaba nada. Crucé el portal y antes de pisar la Avenue Fremiet se me vino encima una señora gorda: me dio dos besos y me estrujó contra su poderoso pecho, que en Francia se dice *poitrine.* Era la señora del carnicero, el más rico de la calle. Luego, y sin más explicaciones, me arrastró hasta un pequeño restaurante, donde yo nunca había entrado. El local estaba lleno de gente, se descorchaban botellas de vino y se repartían vasos, la señora del carnicero me abandonó a mi suerte y yo me encontré con una magnífica copa de vino, mientras los vivas a Francia atronaban el local. No sabía por qué me había metido allí dentro la señora del carnicero, supuse que sería en calidad de cliente ocasional —algunas veces comprábamos en su tienda— o de vecino de la Avenue Fremiet.

Fue una bonita experiencia, que nunca había vivido. Entre aquellas paredes, bebiendo *beaujolais,* ligero y vulgar, sí que se notaba el fin de la guerra, ahora muy lejos, en Japón, pero sufrida dramáticamente en París. Alguien empezó a cantar *La Marsellesa:* era un viejo que alzaba el vaso de vino y a quien, poco a poco, siguieron los vecinos de la Avenue Fremiet. Aquel himno resultaba emocionante, casi todos tenían los ojos húmedos y yo también. Luego, cuando vi Casablanca, me emocionó *La Marsellesa,* que se canta en el bar de Rick (Humphrey Bogart), en pugna con la marcha militar alemana del Mayor Strasse (Conrad Veidt), y tuve que disimular las lágrimas, para no hacer el ridículo. Pero no me libro, porque cada vez que veo *Casablanca* lloro sin remedio. Tira mucho *La Marsellesa*.

Iba hacia la puerta y de nuevo se me abalanzó la señora del carnicero, que ahora, emocionadísima y más animada, me dio un beso en la boca sin previo aviso. Yo me quedé más o menos congelado, sin entender una palabra y ella, riendo, agarró mi corbata y casi la hizo ondear en mis narices: las rayas horizontales eran azules, blancas y rojas. Madama la *bouchonnière* supuso que aquel adorno significaba un detalle gentil, un homenaje a la bandera francesa, y puede que tuviera razón.

Salí a la Avenue Fremiet y eché a andar por la orilla del río, cruzando a la izquierda por el puente de Iéna, luego volví atrás, crucé de nuevo el río y llegué a l'Étoile. Poco a poco París se echaba a la calle y aparecían banderas francesas por todas partes y algunas americanas, quizá de compromiso. De cuando en cuando pasaba un jeep militar haciendo sonar el claxon, con los soldados yanquis de pie, pues a ellos sí les afectaba el fin de la guerra. Sin duda alguna París ya tenía sitio en el carro de los vencedores. Volví por la Avenue de Georges V y me parece recordar que en la embajada española –prudentemente– no había bandera alguna: en cambio, en la de China, estaba la de Chan-Kai-shek. Por poco tiempo.

El 20 de agosto de 1945 moría el poeta Paul Valéry. A veces mi madre se salía de Lope de Vega, san Juan de la Cruz, Rubén Darío –sobre todo Rubén Darío–, Amado Nervo, Gabriela Mistral, Manolo Machado o de alguna rima de Bécquer, y me recitaba poesías de Alfred de Musset, Verlaine, Pierre Louÿs y Paul Valéry, de los libros del marino exiliado. En la Avenue Fremiet leía, en su francés original, a Paul Valéry e incluso a Victor Hugo, que le divertía mucho. Carmita Oliver hablaba un francés de andar por casa e ir a la compra, pero tenía un acento precioso y leía maravillosamente, sin ningún énfasis, con emocionada sencillez. Muchas veces venía a casa Luis González Linares –cuya madre era de Auvernia–, que hablaba español con ligero acento francés, sobre todo al pronunciar la arrastrada erre. González Linares escuchaba a Carmita, y ella le hacía traducir algunos versos complicados y luego todo lo escribía, porque no le gustaba hablar de memoria.

Es difícil que yo olvide la noche de las honras fúnebres en honor de Paul Valéry, que había muerto en París a la edad de setenta y cuatro años. Isabel me llamó por teléfono y me dijo que no podía perderme aquella ceremonia, y que vendría a buscarme, porque se celebraba en el Trocadero, muy cerca de casa. Mis padres también iban a ir. Salimos los cuatro juntos y echamos a andar hacia el río, Carmita Oliver se retrasó y nos dijo:

—Id vosotros, que vais más deprisa.

Llegamos a la gran baranda del Trocadero iluminado por una descomunal luna llena que pocas veces he visto y que no creo que vuelva a ver en París, ni en Nueva York, ni en Madrid, ni en ninguna ciudad contaminada. La Guardia Republicana, con sus viejos uniformes de oscura levita, tocados con *chacot* de rojo pom-pom, llevaban el cuerpo ligero del poeta, que se asomaría —entre antorchas y por última vez— al Campo de Marte. Los roncos tambores de la Guardia acompañaban al féretro, mientras una banda comenzó a tocar la *Marcha fúnebre,* de Chopin. En París, desde Victor Hugo, no se habían celebrado exequias populares por ningún otro poeta, me dijo, casi temerosa, Isabel.

Paul Valéry había vuelto a Francia para morir. Cuando los alemanes estaban a las puertas de París escapó a África en el último tren, y tal vez viajara en el mismo departamento del Humphrey Bogart de *Casablanca,* que había esperado en vano a su amada Ilsa. Así son los poetas y las sombras de los personajes.

No había mucha gente en el Trocadero: viejos pulcramente vestidos, veteranos de la Gran Guerra, lectores de las poesías de Paul Valéry, muy pocos jóvenes y algunos soldados. Me fijé en un grupo de chicas de uniforme, del ejército americano: una de ellas lloraba y otra le decía algo al oído, riendo, quizá burlándose de su tristeza. Yo intentaba recordar los versos de *Le cimetière marin.* Los soldados de la Guardia Republicana —mientras sonaban los tambores— colocaron el féretro en uno de los espacios abiertos del Palais de Chaillot, justo donde dos filas de estatuas flanquean la terraza: desde allí —iluminado por la luna— se veía el gran estanque, y luego el río, el puente de Iéna, el Campo de Marte y la torre Eiffel. Algunas mujeres se acercaron a depositar ramos de flores, lirios rojos y blancos. Isabel me señaló unas letras de bronce que brillaban sobre la piedra del monumento, y me susurró al oído que Paul Valéry había escrito aquella frase, sin imaginar que una noche de agosto de 1945 el pueblo de París le honraría allí mismo: IL DÉPEND DE CELUI QUI PASSE QUE JE SOIS TOMBE OU TRÉSOR.

* * *

En el mes de octubre salí de París por la estación de Austerlitz. El día anterior me había despedido de Isabel, mi profesora de tenis, mi novia imposible, la de los ojos azules, que me besó en las mejillas.

—Hasta el año que viene —le dije—, porque vendré a verte.

Seis años después gané un premio literario en el periódico *Informaciones* y me dieron cinco mil pesetas. Me compré una tienda de campaña, un saco de dormir y unas botas, en Deportes Cimarra, calle del Arenal, y me dediqué a recorrer la Sierra de Guadarrama. Tres años después volví a París, y ni siquiera busqué el rastro perdido de Isabel.

Epílogo

Han pasado muchos años, tantos que el carnet de identidad se me ha quedado viejo y con una frase advierte que vale para siempre. «Siempre» es un adverbio que señala un tiempo indefinido, pero que, en este mundo traidor, está bien claro que termina. Otra frase parece subrayada: muchos años. No son tantos. En la niñez, incluso en la juventud, corren muy despacio, luego caen torrencialmente. Vulgaridades, qué le vamos a hacer.

Desde que tenemos uso de razón —yo creo que nunca se tiene y aun menos se llega a usar— sabemos que no tan escondida anda la muerte, pero nadie nos prepara para la visita. También yo me he enfrentado —es un decir— a tan indeseada señora. ¿Es una *Mujer Alta*, que corretea entre las tumbas, una belleza romántica que te lleva suavemente de la mano? ¿Es un caballero de etiqueta que baila el *Vals triste*? ¿Es un adefesio con guadaña, un esqueleto, un soplo, un murciélago?

En el invierno de 1945 la muerte se cruzó conmigo en la Sierra del Guadarrama. Yo estaba esquiando solo y había llegado a lo más alto del viejo remonte, donde me disponía a bajar, para luego volver a subir. Hacía mucho frío, la nieve era escasa y estaba helada, dejando al descubierto rocas y piedras. En la primera curva no conseguí dominar los esquíes, que derraparon en el hielo, y comencé a caer por la ladera, dando vueltas, aumentando la velocidad. Nadie me vio. Yo sabía que aquella pendiente terminaba en un barranco. Los esquíes se me partieron en pedazos. Intentaba agarrarme al vacío e incluso me iba dirigiendo hacia las piedras, que saltaba con el cuerpo. Estaba seguro de que había llegado mi hora, pero no sentía miedo, sino estupor. El tiempo entonces no cuenta. No me encomendé a Dios, ni grité, ni pedí socorro. Tampoco pasó ante mis ojos, ni ante nada, mi corta vida, como suele ocurrir en las novelas. Sólo me hacía una pregunta: ¿por qué gritarán los negros en las películas de Tarzán cuando se caen por un barranco? Con tan estúpido pensamiento me hubiera ido a la Otra

403

Orilla. Al llegar a pocos metros del barranco me detuve, y no sé de qué forma, ni por qué razón. Como en las novelas, en el teatro o en el cine, digo yo que sería porque no había sonado mi hora, porque en mi carnet de identidad aún no ponía VAL PERMANENTEMENTE, que sin duda es cuando menos «val» le queda al desgraciado documento.

* * *

Era el día 11 de febrero de 1991. Sonó el teléfono. Una voz me habló con cierto regodeo, fingiendo bondadosa paciencia:

—Si te interesa saberlo, a tu madre le han dado la extremaunción esta tarde... Te lo digo por si te apetece venir.

Carmita Oliver estaba muriéndose en el Hospital de San Rafael de Madrid, y allí fuimos mi hijo Eduardo y yo. Mantenía los ojos cerrados y mi tía Carmen, cerca de ella, velaba y hacía punto. Eduardo y yo nos sentamos a los dos lados de la cama y buscamos las manos de Carmita Oliver: eran tan pequeñas y tan suaves, que no parecían de vieja. Nos miramos por encima de su cuerpo inmóvil. Yo no sentía ganas de llorar. Pensaba en mi madre, en que la dejé sola muchas veces, al tiempo que ella me recordaba, en que hablaría sola —como la abuela Carmen Cobeña y la bisabuela Julia— preguntando: ¿por qué no vienes más? ¿Por qué no estás conmigo? Desde entonces me lo he reprochado día tras día, pero ya no tiene remedio. Seguramente pensaba que Carmita Oliver era eterna, que siempre iba a encontrarla sonriendo, de buen humor, mirándome como si fuera un niño chico, protegiéndome desde la cama del hospital, contra su mismo dolor.

—Siento sus manos más frías... —me dijo Eduardo.

También lo noté yo. Las manos tibias de mi madre se iban enfriando. En aquel larguísimo minuto me hice mayor, porque todos somos pequeños mientras vive mamá, pero cuando muere se nos vienen los años encima y nos hacemos viejos de repente. Carmita Oliver, con los ojos abiertos, no me dejaba cumplir catorce, al cerrarlos me llegaron a traición los sesenta y cuatro. Demasiados para ser rey y muy pocos para ser mendigo.

He soñado muchas veces con mis padres, con mis abuelos, con el tío Pepe, también con Antonio Bienvenida, y todos están mientras se duerme. Mi tío Federico decía que la muerte es un sueño eterno sin recuerdo. Comprendo que el pensamiento no es original, pero bien cierto resulta. Así, mientras alguien nos sueñe estaremos aquí, por lo menos entre algunas sábanas tibias y acogedoras.

Carmita Oliver fue La Dulce España para el niño Paupico, que sólo tenía una patria: su propia infancia. El mundo sigue dando vueltas y en los escaparates ya no caben los piononos, las yemitas de Santa Teresa, las almendras de Alcalá ni los mazapanes de Toledo. De todos nosotros depende que no vuelvan a amargar, que no amarguen nunca más.

Madrid, Pilas (Sevilla), Almiruete (Guadalajara), San José (Almería).
1998-2000

Índice onomástico

Últimas biografías, autobiografías y memorias en Tusquets Editores

Hannah Arendt y Martin Heidegger (Andanzas 281)
Biografía
Elzbieta Ettinger

El fin de la inocencia (Andanzas 285)
Willi Münzenberg y la seducción
de los intelectuales
Biografía
Stephen Koch

Pretérito imperfecto (Andanzas 294)
Autobiografía
IX Premio Comillas
Carlos Castilla del Pino

Memorias de un soldado cubano (Andanzas 295)
Vida y muerte de la Revolución
Memorias
«Benigno» (Dariel Alarcón Ramírez)

Albert Camus. Una vida (Andanzas 301)
Biografía
Olivier Todd

El maestro en el erial (Andanzas 324)
Ortega y Gasset y la cultura del franquismo
Biografía
Gregorio Morán

Contra el olvido (Andanzas 332)
Memorias
X Premio Comillas
Alberto Oliart

El aire de Chanel (Fábula 125)
Biografía
Paul Morand

Aquel domingo (Andanzas 387)
Memorias
Jorge Semprún

Sin rumbo cierto (Tiempo de memoria 1)
Memorias conversadas con Fernando Valls
XII Premio Comillas
Juan Luis Panero

La sonrisa de Maquiavelo (Tiempo de memoria 2)
Biografía
Maurizio Viroli

Un maestro de Alemania (Tiempo de memoria 3)
Martin Heidegger y su tiempo
Biografía
Rüdiger Safranski

Historia del presente (Tiempo de memoria 4)
Ensayos, retratos y crónicas de la Europa de los 90
Crónica
Timothy Garton Ash

Pilatos (Tiempo de memoria 5)
Biografía de un hombre inventado
Ann Wroe

Billy Wilder (Tiempo de memoria 6)
Vida y época de un cineasta
Biografía
Ed Sikov

Persona non grata (Tiempo de memoria 7)
Memorias de un diplomático en la Cuba de Castro
Jorge Edwards

El nudista del turno de noche (Tiempo de memoria 8)
Y otras historias verídicas de Silicon Valley
Historia
Po Bronson